大汉荣耀

西汉王朝二百年

张玮杰 著

中国出版集团　现代出版社

图书在版编目（CIP）数据

大汉荣耀：西汉王朝二百年 / 张玮杰著 . -- 北京：
现代出版社，2022.4
ISBN 978-7-5143-9671-3

I.①大… II.①张… III.①中国历史－西汉时代－
通俗读物 IV.①K234.109

中国版本图书馆 CIP 数据核字（2022）第 025693 号

大汉荣耀：西汉王朝二百年

作　　者：张玮杰
责任编辑：姚冬霞
出版发行：现代出版社
通信地址：北京市安定门外安华里 504 号
邮政编码：100011
电　　话：010-64267325　64245264（传真）
网　　址：www.1980xd.com
印　　刷：三河市宏盛印务有限公司

开　　本：710mm×1000mm　1/16
印　　张：25.75　　　　　　　字　　数：390 千
版　　次：2022 年 4 月第 1 版　　印　　次：2022 年 4 月第 1 次印刷
书　　号：ISBN 978-7-5143-9671-3
定　　价：58.00 元

目录

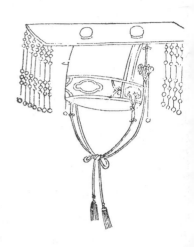

第一章

一统天下

刘邦称帝

楚汉经过长达四年（前206年八月—前202年十二月）的血腥战争，以楚霸王项羽自杀，汉王刘邦取得最后的胜利而告终。

楚王韩信、淮南王英布、梁王彭越、故衡山王吴芮、韩王韩信、赵王张敖和燕王臧荼联合上书，向汉王刘邦献上皇帝尊号，恳请刘邦登基称帝。这里需要说明，楚王韩信和韩王韩信是重名的两个人，楚王韩信就是"受胯下之辱"的韩信。当时，这七个诸侯王都拥有强兵，占据了天下一半的领地。七个人同时上书让刘邦称帝，估计也是受了刘邦的暗示。

刘邦假意推辞，诸侯王再请。刘邦最后"不得已"，说道："诸侯王认为这样便于天下，就这么办吧！"

诸侯王和太尉卢绾（wǎn）等三百人，与博士叔孙通认为二月初三是甲午日，是个良辰吉日，就在这天向刘邦奉上了皇帝的尊号。当天，刘邦在汜水北岸（今山东省菏泽市定陶区境内）登基称帝。后世称刘邦建立的"汉"为西汉或前汉，史称刘邦为汉高帝（祖）。刘邦封王后吕雉为皇后，太子刘盈为皇太子。

有朋友要问了：项羽被杀于公元前202年十月，刘邦却在当年二月登基，时间上是不是弄错啦？其实没有错，秦始皇把十月定为每年的第一个月，每年的月份顺序就成了这样：十月、十一月、十二月、一月、二月、三月、四月、五月、六月、七月、八月、九月。汉初沿袭了这样的月份顺序，直到公元前103年，汉武帝刘彻改回夏朝历法，把元旦定为正月初一。所以，接下来我们的叙述，还有一段相当长的别扭期。

西汉建立的时间，一般以公元前206年二月，刘邦被封为汉王时开始算起的，

▲ 元　佚名　汉高祖刘邦　美国弗利尔美术馆藏

而我们的故事，从刘邦登基称帝开始讲起。

刘邦认为，故衡山王吴芮率领百粤之兵，诛暴秦，立有大功，被诸侯立为王，却被项羽夺取了土地，称为"番君"，大大不妥，于是下诏封吴芮为长沙王，都临湘（今湖南省长沙市）。刘邦又下诏，故越国王族无诸（生卒不详，勾践后代）率领闽中部队，辅助灭秦，立有功勋，封为闽粤王，统领闽中（今福建省）之地。

刘邦定都洛阳。他认为天下已定，除保留必要军队，命令士兵各归其县，继续耕种旧田。

此时西汉所能控制的领土比秦朝减少不少。西北部因为匈奴的掠夺，丧失了黄河以北的土地，甚至河南数地也被匈奴占领；南方岭南三郡（象郡、桂林郡、南海郡）在南越皇帝赵佗（tuó）的控制之下；闽中在无诸之手，西汉鞭长莫及。西南边界退缩到了僰（bó）道地区（今四川省宜宾县西南）；以阳山关（今广东省阳山县西北）、横浦关（今广东省南雄市东北，江西省大余县西南大庾岭上之梅关）与南越为界；东北部修复了辽东故塞，至浿（pèi）水（今朝鲜青川江和大同江的古称）为界。

关于西汉初年的人口问题，有多种说法，葛剑雄教授在前人研究的基础上，经过反复比较、计算，得出了"西汉初（公元前202年）全国（包括东越、南越）人口的下限约一千五百万，上限约一千八百万"的结论。

刘邦在洛阳南宫置酒，大宴群臣。大臣频频向刘邦敬酒，席间又多溢美之词，刘邦很兴奋。他对于能够战胜有万夫不当之勇的项羽觉得不可思议。回首过去，刀光剑影，自己几次命悬一线，侥幸逃脱，直至取得最后的胜利，他身上冒起了冷汗。

刘邦向群臣问道："列侯诸将不要隐瞒朕，都要实话实说。你们分析一下，我为什么能得到天下，项羽为什么失去了天下。"

高起（生卒不详）和王陵（？—前181）回答说："陛下对人轻慢侮辱，项羽对人仁爱礼敬。但陛下派人攻城略地，每当有斩获的时候，就加以赏赐，与天下同利。项羽却妒贤嫉能，有功劳的他嫉妒，贤能之人他猜疑，取得战果他不记功，夺取城池他不加封赏，这就是他失去天下的原因。"

刘邦坐在榻上，两腿岔开，像个簸箕一样。他闻听高起和王陵之言，用手一抚络腮胡子，哈哈一笑，说道："爱卿只知其一，不知其二。运筹帷幄之中，决胜千里之外，吾不如子房（？—前189）（张良字子房）；安定国家，抚恤百姓，供应粮饷，源源不断，吾不如萧何（前256—前193）；统率百万之众，战必胜，攻必取，吾不如韩信（？—前196）。他们三人都是人中俊杰，我能把他们用好，这是我取得天下的原因。项羽只有一个智囊范增，还不能用，所以被我擒住了。"

群臣闻听，纷纷点头称是，打心底里佩服刘邦性情通达，有自知之明，知人善任。

田横五百士

齐国是当年周武王封给吕尚（姜子牙）的诸侯国，传位到第三十二任国君齐康公吕贷（前455—前379）。齐康公沉湎酒色，不理朝政，被国相田和放逐到一个海岛之中。田氏取代吕氏成为齐国的国君。

时间一晃，到了项羽灭秦后分封十八诸侯的时期，项羽把跟随他入关的齐将田都封为齐王。但田都被齐田氏后人田荣赶走，田荣又杀死了项羽封的济北王田安和胶东王田市，尽收三齐（今山东省）之地，自立为齐王。项羽大怒，出兵攻打田荣，田荣兵败后被人杀死。正在这时，汉王刘邦明修栈道，暗度陈仓，出汉中，打败三秦王（雍王章邯、塞王司马欣、翟王董翳），出关攻打项羽的老家彭城。项羽立田假为齐王，然后他从齐国挥师救援彭城。田荣的弟弟田横趁机收拢散兵，聚集了好几万人，立田荣的儿子田广为齐王，赶跑了田假，收复了齐地。田横为国相，专制国政。齐地事无巨细，皆由田横决断。

刘邦命韩信攻灭了魏国、代国和赵国后，燕国望风而降，韩信大军继续东进，准备攻打齐国，田横也派将严防。这时，刘邦的谋士郦食其（lì yì jī）主动请命，要前去游说齐国归降。于是刘邦派他前往。郦食其到了临淄（齐国都城，今山东省淄博市东临淄镇）后，凭借三寸不烂之舌，说服了田广和田横。他们准备归降。正在这个时候，事情出了意外，韩信接受了谋士蒯通（彻）的建议，认为功劳不能被郦食其抢去，于是率军渡过黄河，攻打齐国。齐国军队这时候放松了警惕，韩信率军长驱直入，进逼临淄。田广和田横大怒，认为郦食其是个大骗子，那一番说辞不过是想麻痹他们，为军队行动争取时间，他们一怒之下，烹杀了郦食其。

韩信攻取了齐地，田广在逃亡中被杀死，田横投靠了彭越。刘邦打败项羽后称帝，封彭越为梁王。郦食其是刘邦的重要谋士，田横担心自己会被彭越送给刘邦，

▲ 明　佚名　前代君臣故事图·郦食其见刘邦　美国弗利尔美术馆藏

或被彭越处死，便率领五百多名手下，逃到了大海上的一座孤岛，那就是后来的田横岛（位于今青岛市即墨东部海域的横门湾）。

刘邦认为田横兄弟本是齐国王族，过去齐人贤达多投靠他们的门下，在齐地号召力比较强，田横如今逃亡到了海岛，若不能及时收服，恐怕会成为日后的祸患。于是，刘邦派使者到田横所在的海岛宣召田横。田横充满歉意地说道："我烹了陛下的使者郦生（郦食其），今听说郦生的弟弟郦商（？—前180）为汉大将，颇有威望，臣恐惧，不敢奉诏，请让我以平民身份守护海岛。"

使者如实回报刘邦，刘邦认为田横的担心是有道理的。为了让田横信任他，他向卫尉（掌禁卫军，守护皇宫）郦商下诏说："齐王田横即将到来，你敢动他们一行人的一根指头，灭了你的族！"刘邦又派使者"持节"到了海岛，把刘邦下诏给郦商的事告知田横，让他放宽心，并说："如果回来，田横本人封王，下属封侯；如果不回来，就派兵攻打，统统诛杀。"

田横认为刘邦诚意足够，也为了保住属下五百余人的性命，别无他法，于是他只带了两名随从，乘坐驿车，前往洛阳。

田横思考了一路。等到距离洛阳三十里一个叫尸乡（今河南省偃师市西）驿站的时候，田横对使者说："人臣见天子，应当沐浴更衣。"于是，他们就在驿站住了下来。田横支开使者，对他的随从说："我之前和汉王同为诸侯王，今汉王贵为天子，而我为逃亡的俘虏，北面而侍奉他，已经是很羞耻的事了，我还烹杀了郦商的兄长，却和郦商同殿并肩侍奉天子。虽然郦商害怕天子的诏书，不敢动我，但难道我内心不感觉惭愧吗？我认为陛下之说，不过是想一睹我的面目，今陛下在洛阳，现在砍掉了我的头，疾驰三十里路，还不至腐烂，面貌还能看清楚。"

田横说完，立即拔剑自刎，两个随从啊的一声，也无法制止。随从按照田横所说，砍下田横的脑袋，用布包好，和使者飞奔洛阳，奏报刘邦。

刘邦看了一下田横的头颅，感叹道："唉，可惜了！田横起自布衣，兄弟三人为王，岂不贤乎哉！"说完，他流下了眼泪。刘邦封田横的两名随从为都尉，征调了两千人的庞大队伍，以诸侯王的礼仪安葬了田横。

两名随从很悲伤，作了一首名为"薤（xiè）露"的挽歌。歌中说："薤上露，何易晞。露晞明朝更复落，人死一去何时归。"薤是一种植物的名字。挽歌的意思是，薤的露水容易消失，第二天又会产生，但生命一旦逝去，何时才能再归来？听者无不流泪。

埋葬了田横之后（田横墓位于今河南洛阳市偃师市首阳山镇东），两名随从在田横的墓旁挖了两个大坑，就在坑中自刎而亡，陪伴田横。

有人把这个消息报告给了刘邦。刘邦大吃一惊，认为田横的属下皆是贤良，听说还有五百人在海岛上，就派使者前去征召。使者到达海岛后，五百名壮士听说田横已死，纷纷自杀身亡。

后人命名这座海岛为田横岛，以纪念田横及五百名壮士的壮烈之举。

一诺千金

季布（生卒不详），是楚地人，有勇力，喜欢行侠仗义，特别信守承诺。当时楚地有谚语说："得黄金百，不如得季布一诺。"这就是成语"一诺千金"的出处。

季布当初为项羽的部将，多次把刘邦陷于窘迫之中。项羽覆灭之后，刘邦发布悬赏令，悬赏千金捉拿季布，胆敢窝藏季布的，罪及三族。季布藏匿到了濮阳周氏家中。周氏说："陛下急于得到将军，很快就会追踪到臣家里。如果将军愿意听臣之言，臣方敢献计。如果不听，我现在就自刎而死。"

季布听了周氏的话，剃去了头发，在脖子上戴上铁圈，穿上粗布衣服，躲藏到一辆伪装成丧葬车的车上，和其家童数十人被卖到了鲁地的朱家。

鲁国是孔子的故乡，鲁人绝大多数信奉儒家，但朱家以侠义闻名。他养活的豪侠多达百人，还养有很多资质平庸的人。朱家为人低调，从不对外夸耀自己的才能和德行，总是担心自己的善行被传扬出去。救济他人，先从贫贱者开始。养活这么多人，所以朱家也无余财，他只穿素布衣服，吃饭只吃一个菜，出行只乘坐小牛车。他急人所急，把别人的事看得比自己的事都重要。

朱家对于季布一行来到自己家里，心知肚明，为他们购置田地和房舍。朱家还告诫儿子说："田地里的事情听从这个奴仆，吃饭的时候要和他们吃同样的饭。"

朱家赶到洛阳，求见刘邦的嫡系汝阴侯夏侯婴。夏侯婴之前就和朱家相识，他见到朱家很高兴，留下了他豪饮了几日。朱家看机会差不多了，就问夏侯婴："季布犯了何等大罪，而陛下求之甚急？"

夏侯婴回答说："季布多次替项羽给陛下造成窘迫，陛下怨恨他，所以必须要抓到他。"

朱家又问道："明公认为季布是什么样的人？"

夏侯婴回答说："季布这个人我知道，他是个贤良之人。"

朱家又说："臣子各为其主，季布替项羽卖命，是他的本职所在。项羽的臣下难道能全部诛杀吗？今陛下刚得天下，因为一己之私怨，抓捕一个人，难道不是向天下人显示胸怀不够宽广吗？以季布的才能，陛下如此急迫地想要抓到他，他不投向北边的胡人，就会投向南边的越人。因为嫉恨壮士而使他投向敌人，这就是伍子胥鞭打楚平王尸首的原因（春秋时期，楚国楚平王冤杀了太子太傅伍奢。伍奢之子伍子胥出逃吴国，成为吴国重臣，后来率军攻入楚国都城。当时楚平王已死，伍子胥挖开了楚平王的墓，鞭尸三百，以报杀父之仇）。明公为何不找机会，温和地劝说一下陛下呢？"

夏侯婴闻听朱家的一席话，感觉非常有道理，特别是朱家举出的伍子胥的例子，让夏侯婴受到了触动。他明白是朱家藏匿了季布，便许诺说："可以。"等到刘邦单独接见夏侯婴时，夏侯婴就用朱家的一番话劝说刘邦赦免季布。夏侯婴是刘邦的嫡系，刘邦对夏侯婴很信任，又感觉他说得很有道理，就下令赦免了季布，并召见他，任命为郎中（负责守卫官廷）。

当时，人们都认为季布能屈能伸，摧刚为柔。朱家也因此事闻名于世。从此，朱家不再见季布。

季布的弟弟季心，以勇猛闻名。季布的同母异父弟弟丁公，是项羽的部将。彭城之战，刘邦大败。丁公追赶刘邦，两马交接，丁公用短兵器就能刺到刘邦。情势危急，刘邦上天无路，入地无门，抱着侥幸心理，回头对丁公说道："我们都是贤人，岂能互相伤害！"没想到真说动了丁公，丁公竟然引兵退走了，刘邦这才得以逃脱。

项羽失败之后，丁公认为他救过刘邦的命，刘邦一定会对他加官晋爵，重重赏赐，就高高兴兴地前去大营拜见刘邦。没有想到，刘邦立即命人把丁公捆绑，在军中巡回展示。刘邦说："丁公为项羽的臣子，不忠于项羽，使项羽失去天下的就是丁公。"于是，他将丁公处斩。刘邦又说："后世为人臣者，都不要效仿丁公！"

丁公选错了投降的时机，落得个悲惨下场。刘邦的目的是想杀一儆百，使手下效忠于他，不敢背叛。从之后的事态发展看，他的这一目的也没有达到，因为不久，臧荼、陈豨等人接连反叛。

迁都长安

娄敬（生卒不详），是齐国人，曾经作为士卒被朝廷征发前往戍卫陇西郡（治所狄道，今甘肃省临洮县）。他经过洛阳的时候，汉高祖刘邦正在洛阳。娄敬是个有想法的人，听说刘邦在洛阳，就脱下拉车的绳子，前去拜见老乡虞将军。虞将军深受刘邦的信任，但他是个谜一样的存在，史料对他交代不详。

娄敬见到虞将军，对他说："我想拜谒陛下，言说一些对国家有利的事情，烦请将军引荐。"虞将军对娄敬很热情，见他穿着粗布织成的短衣（褐衣），准备给他换一身华丽的衣服，再去见刘邦，给刘邦留个好印象。

娄敬不同意，说道："我穿锦衣，就锦衣拜见；我穿褐衣，就褐衣拜见。"

虞将军前去拜见刘邦，趁机说有个叫娄敬的有对国家有利的话要对刘邦说。既然对国家有利，刘邦就召见了娄敬，对娄敬还挺客气，赐给他食物吃。不一会儿，娄敬问刘邦道："陛下定都洛阳，是准备和周室（周平王东迁洛阳）比兴旺吗？"

刘邦说："不错。"

娄敬说："陛下得到天下的方式，与周室那时候不一样。周的始祖为后稷（尧舜时的农官），尧封他到邰（今陕西省武功县西南），积德行善十余世。公刘（后稷曾孙）为了躲避夏桀而迁居豳（今陕西省彬县东北）。太王（古公亶父，周文王祖父）为了避开戎狄的袭扰，离开了豳地，打马扬鞭，居住于岐（今陕西省岐山东北），国人争相前去投靠。等到文王为西伯侯时，化解了虞（今陕西省平陆县北）和芮（今陕西省大荔县境内）关于田地问题的纠纷，两地归附。接受新的使命后，吕望（吕尚，即姜子牙）和伯夷（商末孤竹国君长子）从滨海前来投靠。武王伐纣，没料到能和八百诸侯在孟津（今河南省孟津县东北）相会，都说可以伐纣，遂消灭了殷商。成王即位，周公辅佐他，以洛阳为东都，营建了王城（今河南省洛阳西）

和成周城（今河南省洛阳东），以此作为天下的中心，诸侯四方纳贡，路程远近大体相当。有德者易以为王，无德者易以覆亡。凡是定都于此的，就是想要以德行使人咸服，不准备以险阻为靠，而使后代以骄奢淫逸虐待人民。周室兴盛时，天下和洽，八夷莫不顺服。等到周室衰落，一分为二（周平王迁王城，周敬王迁成周城），天下诸侯都不来朝拜，周室没有办法。不是因为德行浅薄，而是因为势力太弱。

"今陛下起自丰沛，收拢三千名士兵，依靠他们一往无前，席卷蜀汉，定三秦，和项羽相峙于荥阳，大战七十场，小战四十场，使天下百姓肝脑涂地，父子暴尸于野，人数之多，不可胜数，哭泣之声还未绝，受伤的人还没能康复，就准备要和成康时期（周成王和周康王的"成康之治"）媲美，臣私下认为，这并不可同日而语。

"关中地区，依靠华山，毗邻黄河，四方险固，即使突然有紧急情况发生，也可以聚拢百万之众。秦在此经营很久，土地肥沃，粮食产量高，这就是所说的天府之国。陛下如果入关定都于此，即使山东（崤山或华山）变乱，仍可保有关中之地。与人打斗，不掐住他的脖子，击打他的背部，不能全胜。今陛下入关而定都于此，拥有秦的旧地，这就是掐住天下的喉咙，攻击其后背啊！"

刘邦听了娄敬的一席话，觉得有道理，但迁都事大，他就交给文武大臣讨论。文武大臣绝大多数都是山东人，不愿意西迁，争相说："洛阳东面有成皋关，西有崤山渑池水，靠黄河向洛水，险固足以依靠。周室在洛阳存续了数百年，而秦传了二世就灭亡了，还是定都洛阳合适。"

这么多人反对，刘邦也犹豫了，就向高参张良征求意见。

张良说："洛阳虽然有大家所说的有利地形，但面积太小，不过数百里，田地还薄，四面受敌，这里并不是用武之地。关中左有崤山、函谷关，右有陇山、岷山（由此可见，古代的地图和今天是反着的），沃野千里，南有巴蜀的富饶，北有可以饲养牲口的苑地，三面险固，一面东制诸侯。诸侯安定时，可以利用黄河和渭水运输天下物资，西供京师；诸侯有变时，顺流而下，足以输送。这就是所谓的金城千里，天府之国。娄敬说得很对。"

多年的战争经历使刘邦养成了对张良言听计从的习惯，因为张良每次说的都对。这次迁都之事，经过张良的肯定，刘邦也下定了决心，他是个急性子，没有留下缓冲时间，当天就起驾赶往关中了。

刘邦赐娄敬姓刘，任命他为郎中，封为奉春君（春为一年起始，褒奖娄敬首提迁都关中，君比侯低一级）。

臧荼造反

臧荼（？—前202）是前燕王韩广的部将，被韩广派去援救被秦将章邯包围的赵国，后跟随项羽入关灭秦有功，被项羽分封为燕王。项羽把前燕王韩广改封为辽东王。韩广不肯走，为臧荼所杀，地盘也被强占。燕国拥有广阳郡、上谷郡（今河北省沽源县至宣化、蔚县一带）、渔阳郡（今北京市密云区西南）、右北平郡（今天津市蓟县）、辽东郡（今辽宁省辽阳市）和辽西郡（今辽宁省义县西）共六个郡，地盘大致与战国时候的燕国相当，都城为蓟县（今北京市）。

刘邦不断捕杀项羽的旧部，连饶过刘邦性命的丁公也被杀，这让燕王臧荼感觉非常恐惧。他一不做，二不休，于公元前202年七月，起兵反汉。刘邦得知臧荼造反，大怒，亲率大军前去征剿。大将郦商表现英勇，大战臧荼军于龙脱（今河北省保定市徐水区西），他冲锋在前，攻陷敌阵，又在易县（今河北省保定市西北）击退了臧荼军。九月，刘邦生擒臧荼，把他处死。臧荼的儿子臧衍逃向了匈奴。

不久，传来了赵王张耳（前264—前202）和长沙王吴芮（约前241—前201）死去的消息。刘邦命张耳的儿子张敖承袭了赵王的王位，张敖也是刘邦的女婿，他的妻子鲁元公主是刘邦和吕雉之女。刘邦命吴芮的儿子吴臣承袭了长沙王的王位。

臧荼被灭，燕王之位空缺，刘邦让诸位将相列侯推荐接替人选。群臣都明白刘邦属意的人选是卢绾，便纷纷说："太尉、长安侯卢绾跟从陛下平定天下，功劳最多，可封王。"

卢绾和刘邦是邻居，他们的父辈关系就特别好。两人同日出生，是光屁股一起长大的。同日出生这种情况比较罕见，当时乡亲们牵着羊，拿着酒，前来祝贺两家。这件事也从侧面说明，两家人很会做人，和邻里相处和谐。等到刘邦和卢绾长大，他们的父亲又让他们一起读书学习，两个小朋友也很对脾气，能玩到一起，相处得非常好。刘邦是个调皮的孩子，做了违背法令的事情，被迫离家，四处躲避，卢绾不嫌弃他，总是和他做伴。

刘邦在沛县起兵反秦的时候，卢绾就以宾客的身份跟随。等到刘邦被封为汉王，进入汉中后，就任命卢绾为将军，卢绾常在刘邦身边陪从。刘邦率军东进，攻打项羽，卢绾以太尉的身份跟随，能随意进出刘邦的卧室。刘邦赏赐给卢绾的衣服、食物，比赏赐其他臣子的多。萧何和曹参等人，是因为事业的需要，刘邦特别对他们礼遇，但论及亲近及宠爱，都比不了卢绾。刘邦封卢绾为长安侯，长安就是之前的咸阳，位置重要，可见卢绾在刘邦心目中的位置。

项羽死后，刘邦命卢绾和刘贾（刘邦堂兄）一起率军攻打临江王共尉，消灭了共尉。这一次，卢绾又跟随刘邦讨伐臧荼，俘虏了臧荼。

刘邦消灭了项羽，平定天下之后，本想封卢绾为王，但当时非刘氏为王者已经有七个，卢绾的战功又没有那么大，恐怕引起群臣的嫉妒甚至怨恨，于是作罢。这次燕王之位空缺，大家又都推荐卢绾，正合刘邦的心意，于是封卢绾为燕王。

智擒韩信

　　韩信指挥军队百战百胜，在战胜项羽的过程中立下了汗马功劳，前文说过，刘邦也承认韩信的军事才能。但韩信不是刘邦的核心幕僚圈子成员，他是半路跟随刘邦的，刘邦对他并不知根知底，对他并不放心。特别是韩信攻下齐国的时候，"逼迫"刘邦封自己为齐王，更让刘邦坚信韩信靠不住，但正是用人之际，刘邦无奈，只得封了韩信为齐王。

　　齐国地理位置重要，让韩信统辖齐地只是权宜之计，因此灭了项羽之后，刘邦班师路过定陶（今山东省菏泽市定陶区）的时候，突然率人径直进入韩信的大营，没收了韩信的兵符和印信，把韩信的军队纳为己有。

　　这也不是刘邦第一次突然夺韩信的印信，两年前在小修武（今河南省获嘉县）的时候，刘邦就有过突然进大营夺取韩信兵符和印信的事。对于这次夺印信，韩信也没有太在意。一是以前发生过，二是强敌已灭，如今天下太平，他再掌握强兵也不合适。

　　刘邦改封齐王韩信为楚王，下令说"齐王信习楚风俗，更立为楚王"，以东海郡、会稽郡、泗水郡、薛郡和陈郡共八十八城作为楚国的领土，都下邳（今江苏省睢宁县北）。韩信本是淮阴县（今江苏省淮安市境东南）人，属于楚地，自然对楚地的风土人情熟悉，刘邦改封他为楚王，韩信也无话可说。

　　刘邦又封建成侯彭越为梁王，以砀郡建梁国，都定陶（今山东省定陶县西北）。

　　改封韩信为楚王和封彭越为梁王，这是刘邦称帝之前两个月的事。

　　韩信乖乖地到楚国上任了，他做的第一件事，就是立刻去找曾经给他饭吃的漂母。韩信年轻的时候家贫，他又不善营生，因此经常饥一顿饱一顿。有一次，他到河边钓鱼，漂母——一个利用河水漂洗丝絮的妇人，历史上也没有留下她的姓名——看韩信面黄肌瘦，身体乏力，可怜他，就从家里给他带饭吃，一连几十天，直到漂母把所有的衣物被絮之类的物品全部洗完。

韩信很感激漂母，对她说道："我日后一定重重报答您。"

漂母一听，来气了，说："你作为男子汉大丈夫，不能自食其力，我是可怜你才给你饭吃，岂能指望你报答！"

韩信这次衣锦还乡，立即找到了漂母，赠送了她一千斤金。如今在淮安市境内，仍然屹立有漂母墓、漂母祠，成为国内著名的母爱文化教育基地。

韩信又找到了曾经让他受"胯下之辱"的青年人，封他为中尉（负责都城治安）。韩信对他的属下说："此人是名壮士，他羞辱我的时候，我难道不能杀了他吗？但杀了他又有多大意思，又不能扬名立万，所以我忍了过来，才取得了今天的成就。"

从这两件事可以看出，韩信懂得感恩，受人滴水之恩，当以涌泉答报，也心胸宽大，懂得驭人之术，不计较个人恩怨，以德报怨，以宽恕加提拔换得对方的誓死效命。

钟离昧为项羽的大将，家住东海郡的伊卢，属于楚地，素来和韩信关系不错，项羽败亡后，钟离昧投奔了韩信。刘邦忌恨钟离昧，得知韩信私自窝藏钟离昧，非常恼怒，专门给韩信下诏书，要求他拘捕钟离昧。

韩信刚到楚国上任，巡视各地的时候，携带众多将士，前呼后拥，戒备森严，阵势如皇帝巡视一般。这就容易给人以口实。

公元前 201 年十月，有人向刘邦揭发楚王韩信准备谋反，刘邦很焦急，向诸将问计。他们说："请即刻发兵，活埋了那小子。"刘邦沉默不语，又问陈平（？—前 178）。

陈平在楚汉战争中屡出奇谋，立下了汗马功劳，刘邦很倚重他。

刘邦问他，他反问刘邦："诸将怎么讲？"

刘邦把诸将的话告诉了陈平。

陈平又问："有人上书说韩信准备谋反，其他人有听说的吗？"

刘邦回答："没有。"

陈平又问："韩信知道有人告发他吗？"

刘邦回答："不知道。"

陈平接着问："陛下的兵精还是韩信的兵精？"

刘邦回答："不能精过韩信。"

陈平接着问："陛下手下将领用兵有能敌得过韩信的吗？"

刘邦叹口气，回答："都不及呀！"

陈平说："今兵不如楚精，将比不了韩信，却出动大军，是逼着他迎战啊，我私下替陛下的安危担忧。"

刘邦着急了，问道："这该怎么办？你快说！"

陈平说道："古代天子巡狩四方，会见诸侯，陛下也可以照此行事。南方有云梦（今湖北省安陆市南），陛下只管外出，谎称到云梦游览，在陈县（今河南省淮阳县）会见诸侯。陈县，是楚国之西界，韩信听说陛下只是到云梦游玩，他不会戒备，势必到郊外迎接、拜谒，到时候陛下趁势把他擒住，只需要一个力士就能办到了。"

刘邦很高兴，心想，还是陈平这小子鬼点子多，照陈平说的，派使者到诸侯国传达诏书，到陈县会合，说："吾将南游云梦。"

刘邦伪游云梦，实袭韩信。对此，韩信并不知情，但他心里还是七上八下，燕王臧荼被灭在前，他担心自己覆灭在后，当刘邦到达楚国地界的时候，他一度想发兵攻打刘邦，但又思量自己无罪，准备前去拜谒，又恐怕被擒。韩信左右不定。

这时候，有人给韩信出主意说："杀死钟离眜后去拜见陛下，陛下见到钟离眜的首级，必定欢喜，届时可以消除隐患。"

韩信听从了，决心一试，他去找钟离眜商议。钟离眜对韩信说："汉不攻取楚，就是因为我钟离眜在此。明公如果要逮捕我去向刘邦献媚，我今天死了，明公随后也就亡了。"

韩信沉默不语。他有愧疚感，也不敢看钟离眜。钟离眜明白了，他随即对韩信破口大骂道："明公不是令人尊敬的长者！"

钟离眜没用韩信动手，拔剑自刎。韩信砍下了钟离眜的首级。

公元前 201 年十二月，刘邦在陈县大会诸侯，韩信携钟离眜的首级前来拜见刘邦。刘邦大喜，立即命武士把韩信绑了起来，塞进后面的车子里。

韩信这才恍然大悟，叹息道："果然像人们所说，'狡兔死，良狗烹'。"

刘邦哈哈大笑，颇显尴尬地说道："有人向朕告发公要造反。"于是，刘邦也不再说游云梦的事了，命令给韩信戴上手铐、脚镣等刑具，押解西归。刘邦担心引发韩信旧部的激变，命令大赦，以示只问罪韩信一人，跟其他人等无关。

这时候，田肯上奏说："陛下拿住韩信，又定都关中。秦地，是形胜之地，靠山环河，地势便利，东方如有变乱，率兵东出，如高屋之上打翻瓴水啊（这就是成语'高屋建瓴'的出处）！齐国，东有琅邪、即墨的富饶之地，南有泰山，西有黄河作为屏蔽，北有渤海之利。地方圆两千里，战士百万，和秦地有一比，非陛下的儿子、弟弟，不可任命他们为齐王。"

刘邦闻听，点点头说："爱卿言之有理。"他赏赐了田肯五百斤黄金。这就是刘邦的优点，只要是合理化建议，他不吝惜奖赏。

刘邦抵达洛阳，赦免了韩信，但降了他的级，封他为淮阴侯。

韩信知道刘邦是忌惮他的军事才能，才收了他的兵权，把他弄到京师，便于看管，因此他声称患病，不朝见，也不陪同刘邦游玩、视察。至此，他每天充满怨恨，在家里经常发泄不满，羞与绛侯周勃（？—前169）和颍阴侯灌婴（？—前176）处于同样的地位。周勃和灌婴都从事过小贩的工作，韩信看不起他们。

韩信有一次前去拜访樊哙（前242—前189）。樊哙对韩信，从刚开始不服气，到后来佩服得五体投地。他听说韩信到他的府上来了，急忙出门跪拜迎接，口中称臣，说道："大王肯光临寒舍，我感到非常荣幸。"韩信走的时候，樊哙又跪拜相送。韩信出了樊哙的府门以后，苦笑着，自言自语："没有想到，余生要与樊哙等人为伍。"

刘邦曾经和韩信在一起讨论诸将能统率士兵多少的问题。

后来，刘邦问韩信："你看我能领多少兵？"

韩信回答："陛下最多能领兵十万。"

刘邦又问："那和你比怎么样？"

韩信回答："臣多多益善。"

刘邦哈哈大笑，说："多多益善！那你为何被我擒住？"

韩信回答："陛下不善领兵，但善于领将，这是韩信为陛下所俘的原因。皇帝，就是所说的'天授，非人力'呀！"

韩信并不是拍刘邦的马屁，他说的是实情，刘邦善于把各路人物团结在自己的周围，让他们甘心为自己效命，这是刘邦的一个显著优点。是长期的生活磨炼造就了刘邦的这种性格，但韩信认为这是上天授予刘邦的特殊本领，非后天努力能达到。

封侯（上）

公元前201年十二月二十二日，刘邦开始论功行赏，大封功臣，这距消灭项羽、平定天下已经过去了一年多。其间有各种平衡、比较等大量筹备工作要做，一些将领还争功，刘邦为此颇费脑筋，但终于还是把方案搞了出来。

刘邦先封萧何为酂侯（酂县为今河南省永城市酂城镇），食邑八千户。萧何为刘邦的老乡，刘邦为平民的时候，萧何当时在县衙做事，对刘邦多有接济。刘邦起事后，萧何做他的大总管，为他出谋划策。刘邦入关后，诸将争相抢着收罗金银财宝，萧何却到秦的丞相、御史府找到律令图书收藏起来。他研究一番，将天下要塞之处，户口多少，强弱如何，人民生活水平如何等告知刘邦。萧何又向刘邦推荐了韩信，使刘邦终于杀出了汉中，平定了三秦。在和项羽争雄的过程中，萧何作为丞相留守关中，苦心经营后方，源源不断地给前线输送兵力和粮草，使刘邦在一次次失败后能重新振作，为刘邦最后战胜项羽立下了汗马功劳。

但刘邦重封萧何的做法还是引起了诸多功臣的不满。他们纷纷说："臣等披坚执锐，多者身经百余战，少者也有几十合，攻城略地，大小各不等。萧何不曾有征战劳苦之功，只是做些舞文弄墨、写写画画的工作，没有战功，反而居于臣等之上，这是为何？"

其实对于今天的场面，刘邦也早有准备，他微笑着问诸功臣："诸位知道狩猎的事情吗？"

这谁能不知道？他们都回答说："知道。"

刘邦又问："知道猎狗吗？"

诸臣又回答："知道。"

刘邦说："狩猎，追逐野兽的是猎狗，而发指令、做手势告知野兽行迹的是猎

▲ 明　李在　张良圯上得授书图　台北故宫博物院藏

人。今诸位之说，以能够捕获野兽，功劳如同猎狗，至于萧何，负责发号指令，功劳如同猎人啊！而且诸位有的独自追随我，多者也不过两三个人，而萧何携宗族数十人追随我这么多年，他的功劳不能忘记呀！"

群臣闻听刘邦的这番话，不敢再多说什么。

张良是文臣，加之身体不好，没有亲自上战场领兵打仗，所以也没有战功。刘邦对他说："运筹帷幄之中，决胜千里之外，这是子房的功劳哇！你自己在原齐国选择一块三万户人家的地方，作为你的采邑吧！"

张良说："臣始起自下邳（今江苏省睢宁县北），和陛下在留县（今江苏省沛县东南的微山湖湖区内，微山岛西南已被湖水淹没）相遇，此乃上天有意把臣授予陛下。陛下采用臣的计策，幸运的是有时还能奏效，如果能把臣封到留县，臣就非常满足了，不敢拥有三万户。"

刘邦深知张良的志向，也就没有勉强，封张良为留侯。留县当时约有一千户人家。

张良的恩师黄石公曾授予张良《素书》一书，书中有言"吉莫吉于知足""绝嗜禁欲，所以除累"。张良深深领悟其中的道理，加之身体有病，刘邦平定天下，迁都长安之后，他就极少出门，练习气功，不怎么吃饭，服用一些据称可以祛病强体的药物。张良说："我家世代侍奉韩国，为国相，等到韩国被秦所灭，我不吝惜万贯家产，变卖后，立志要为韩国复仇。我刺杀秦王的行动，天下震动（张良曾在博浪沙刺杀秦始皇嬴政），今天只是动动嘴皮子，却捞得帝王师的称号，受封万户侯，这是一个平民所能达到的最高荣耀，对张良来说，这已经足够了。我希望能够抛弃人间俗事，想要像赤松子（上古神仙）那样自由遨游。"

人最难舍弃的是名利二字，张良能急流勇退，处于半隐退的状态，远离名利圈，同时也远离了是非的圈子，这是他的明哲保身之举。张良能够善终，充分说明他是一个充满智慧的人。

刘邦封陈平为户牖（今河南兰考县东北）侯，食邑万户。阳武县户牖乡也是陈平的老家。陈平推辞说："臣的功劳没有这么大。"

刘邦说："我用先生的计谋，克敌制胜，怎么能说功劳不够呢？"

陈平说："如果没有魏无知，我怎么能有机会见到陛下？"

刘邦点点头，说："像你这样的，可以说是不忘本啊！"于是刘邦又封赏了魏无知。

刘邦又封曹参为平阳侯等，不再一一细表。

天下初定，刘邦的儿子们都还年幼，他一共兄弟四人，大哥已经死去，只剩他们兄弟三人，在古代算是弟兄比较少的。刘邦借鉴秦朝灭亡时没有亲王救援的教训，决定大封同姓宗族，用以镇抚天下，拱卫首府。

刘邦把原来韩信的楚国淮东淮西之地一分为二，以淮河东南五十三县为荆国，立刘贾（刘邦堂兄）为荆王，首府为吴县（今江苏省苏州市）；以淮西三十六城为楚国，立刘交（刘邦四弟）为楚王，首府彭城（今江苏省徐州市）。至于淮北之地，刘邦则收归朝廷。古楚国又称荆楚，所以这样称呼刘贾和刘交的封国。

刘邦又把云中郡（今内蒙古自治区托克托县东北）、雁门郡（治所善无县，今山西省右玉县南）和代郡（今河北省蔚县）的五十三县立为代国，封宜信侯刘喜（刘邦二哥）为代王。以胶东郡（今山东省平度市）、胶西郡（今山东省寿光市南）、临淄郡（今山东省淄博市）、济北郡（今山东省济南市长清区）、博阳郡（今山东省泰安市）和城阳郡（今山东省莒县）的七十三个县立为齐国，封刘肥（刘邦长子，是刘邦为平民时与曹氏所生）为齐王。

韩王韩信身高八尺五寸（约 1.81 米），威武雄壮，刘邦把他放到中原腹地很不放心，于是以太原郡的三十一县立为韩国，把他迁到了这里，北御匈奴，首府在晋阳（今山西省太原市）。韩王韩信认为他的韩国处于北部边疆，匈奴数次入侵，但晋阳距离边塞比较远，请求把首府迁到马邑（今山西省朔州市），刘邦准许了。

封侯（下）

刘邦已经封了二十多个功臣，其余人日夜争功，都在说自己杀的敌人多，夺取的城池大，但有时候又没有资料能够佐证，整天闹哄哄的。刘邦也不能马上得出结论，暂时搁置了封侯之事。

有天，刘邦居住于洛阳南宫，从天桥上看见诸将几个人一堆地坐在沙地那里，窃窃私语。

刘邦很奇怪，询问张良："他们这是在做什么？"

张良回答："陛下难道还不知道吗？他们准备谋反啊！"

刘邦大吃一惊，急问道："天下方才安定，他们何故造反呢？"

张良回答："陛下起自布衣，依靠他们才取得了天下，今陛下已经贵为天子，而所封的全是萧何、曹参这样的故友或亲近的人，而所诛杀的都是和您有仇怨的人。如今军中将领计功，就是把天下的土地封完，都不够封的。他们既担心陛下不再分封，又恐惧因为过去的过失而被诛杀，所以相聚在一起合计，准备谋反。"

刘邦面露忧色，问计张良："我将如何是好？"

张良反问："陛下平生所憎恨的人，还得是群臣都知道的，谁最靠前？"

刘邦回答："雍齿（？—前192）和我有旧恨，数次使我困窘，并羞辱我，我想杀了他，但他功劳多，我不忍心。"

雍齿是刘邦的老乡，刘邦起事的时候，雍齿就跟随他。但雍齿向来轻视刘邦。刘邦起事的第二年，处境非常艰难，但雍齿献出了丰县，投靠了魏国周市。刘邦大怒，数度攻丰邑攻不下，只好到薛县投奔项梁，刘邦因此对雍齿非常痛恨。后来雍齿投靠赵国，再降刘邦。

张良说："如今应该先封雍齿，向群臣表明态度，群臣看见雍齿都被封了，也就坚信自己也会被封，于是就安定下来了。"

刘邦听从张良所说，大摆酒宴，就在酒宴上封雍齿为什方侯，食邑两千五百户。刘邦又催促丞相、御史大夫加快论功封赏的力度。

酒宴散后，群臣都松了一口气，高兴地说："雍齿尚且封侯，我等还有什么可忧虑的。"

不久，终于封侯完毕。

每次封侯的时候，就把符节一剖为二，所以又称"剖符封侯"。刘邦还把丹书铁券赠予几位功劳最大或最亲近的大臣，铁券上面用朱砂写着："使黄河如带，泰山如砺，汉有宗庙，尔无绝世。"

刘邦又让大臣评议出十八位最有功劳的大臣，给他们排排位次。群臣都说："平阳侯曹参，身受七十处伤，攻城略地，功劳最多，应该列为第一名。"

刘邦压制了诸臣，强行封了萧何，他想让萧何排名第一，但如今也不能再为难他们了。

谒者、关内侯鄂千秋明白刘邦的心思，进言道："群臣所说的都不对。曹参虽然有野战略地的功劳，但都是一时一事之功。陛下和楚国相持五年，数次交锋，损兵折将，只身奔走多次。然而，萧何经常能从关中征调兵士补充，不等陛下下诏令，数万将士源源不断地输送过来，使得陛下绝地逢生。我军与楚军在荥阳相持数年，军中缺粮，萧何从关中转运粮饷，使得军中粮草不绝。陛下虽然在山东多次战败，萧何却能保全关中以待陛下，此乃万世之功劳哇！没有一百个曹参这样的人，对我朝也没有多大损失；得到一百个曹参，也不见得能保全汉朝。为何要让一日之功高于万世之功呢？我认为应该萧何第一，曹参第二。"

刘邦遂说："鄂爱卿说得对。"于是评定为萧何第一，可以佩剑上殿，拜见刘邦的时候不用俯身快跑。

刘邦又说："我听说推荐贤良的，应该受到上赏。萧何功劳虽高，有了鄂爱卿才得以彰显。"于是他封鄂千秋为安平侯，食邑二千户。根据秦制定的二十等爵位制，二十级的彻侯（列侯）位置高，关内侯为十九级，是个准侯爵，不是真正的侯爵，所以从关内侯到安平侯属于提拔。

当日，刘邦又对萧何的父母兄弟十多人悉数封赏，都有食邑。同时增加萧何食邑两千户。

在此列举评定功劳最大的十八个人的名单及位次：萧何、曹参、张敖、周勃、樊哙、郦商、奚涓、夏侯婴、灌婴、傅宽、靳歙、王陵、柴武、王吸、薛欧、周昌、丁复和虫达。其中张敖能上这份榜单并排名靠前，沾了是刘邦女婿的光，论功劳他还不够格。为什么刘邦能够如此偏私？恐怕还是因为张敖的丈母娘、皇后吕雉在强力干预。

这十八位功臣，有的是刘邦刚起事的时候就跟随刘邦的，是刘邦的嫡系部队，如萧何、曹参、周勃、樊哙、奚涓（战功和樊哙相当）、夏侯婴和灌婴。除了张敖，其他人则是刘邦起事之后半路投靠刘邦的。至于从项羽那里投靠刘邦的陈平等人，没能挤进前十八位。

刘邦由洛阳返回了长安，因为长乐宫还没有修建完成，他就暂住在栎阳（秦国秦献公和秦孝公的都城，今陕西省西安市阎良区武屯镇官庄村与古城屯村之间）。刘邦五日一拜见父亲刘太公。太公的管家对太公说："天无二日，地无二王。皇帝虽然是您的儿子，但他也是天下的主人；太公虽然是皇帝的父亲，却是人臣。为什么要让人主拜人臣呢！如果一直这样的话，皇帝的威严庄重就无法体现出来。"

刘太公认为管家说得很有道理，为了体现皇帝儿子的权威，他不惜自降身价。过了几天，刘邦又来朝见刘太公，刘太公早早地抱着扫帚站在路旁等候。等迎上刘邦以后，刘太公又退着走路，表示尊敬的意思。刘邦被父亲的这一套闹蒙了，赶紧下车，搀扶刘太公。

刘太公说："皇帝，是人主，不能为了我而乱了天下之法！"

刘邦也体悟到了父亲的良苦用心，又赐给了刘太公的总管（家令）黄金五百斤。刘邦尊父亲为太上皇。

匈奴犯汉

匈奴，其祖先是夏后氏（古代部落）的后代，名叫淳维。尧舜之前，有山戎、猃（xiǎn）狁、薰粥（xūn yù）等旁支，居住于遥远的北方，随水草而转移，没有城堡，不从事耕田的作业，但有各自畜牧的地盘；没有文字，用语言来沟通、管束。他们的习俗是，父亲死了之后，儿子要迎娶自己的后母为妻；兄弟死了，活着的弟兄要迎娶死去兄弟的妻子为妻。

夏朝衰落后，公刘（周部落祖先）失去了农官的职务，在西戎改变他们的习俗，在豳（bīn）（今山西省旬邑县西南）建立城市。三百多年后，戎狄攻打周太王古公亶父（文王祖父），古公亶父败走于岐山（今陕西省岐山县东北）。豳人大都跟随古公亶父到了岐山，他们建造房屋，建立了周国。又过了一百多年，周文王曾率军攻打犬戎。一晃又过了十多年，周武王伐纣，营建洛邑（今河南省洛阳市），后又居住于酆镐（fēng hào）（酆和镐皆为西周国都。酆在今陕西省西安市长安区沣河西岸，镐在今陕西省西安市西南），放逐戎夷在泾水、洛水之北，距离京师两千五百里之外的边远地区，名曰荒服（五服之一，京师之外，以五百里为标准，由近及远，分为甸服、侯服、宾服、要服、荒服，合称五服），让他们按时纳贡。

其后又过了二百多年，周朝衰落，周穆王攻打犬戎，得到了四只白狼、四只白鹿而回。从此之后，处于荒服地带的戎夷不再向周朝进贡了。等到周懿王时，戎狄交相进攻，凌暴中原。等到周宣王时，派大将征伐戎狄，取得胜利，四夷归顺，史称"宣王中兴"。

周宣王之子周幽王沉湎酒色，不理国政，他为了博取冷美人褒姒的一笑，竟然"烽火戏诸侯"，致使犬戎攻破了镐京，被杀死于骊山脚下。周平王东迁洛阳。秦襄公率军攻打犬戎，救援周朝，被封为诸侯。

六十五年之后，山戎越过燕国攻打齐国，齐釐公（僖公）亲率大军与山戎交战。四十四年之后，山戎又攻打燕国，燕国向齐国求救，齐桓公率军北进，攻打山戎。山戎被赶跑。又过了二十多年，戎狄攻打周襄王，周襄王逃出洛邑，投奔郑国的氾（fàn）邑（位于今河南省襄城县）。当初，周襄王为了争取戎狄的支持而攻打郑国，所以娶了戎狄之女为王后，然后一起攻伐郑国。后来，周襄王废黜了狄后，狄后心怀怨恨。此时周襄王的后母惠后有一子名子带，准备立他为王，于是惠后、狄后和子带形成了一条战线，串通戎狄，打开城门迎接，把周襄王赶跑了。他们立子带为王。戎狄得以居住于陆浑（今河南省嵩县东北），东边到了卫国边界，骚扰更甚。周襄王在外逃亡四年，求救于晋国。当时晋文公刚继位为王，准备建立霸业，于是举兵攻打戎狄，诛杀了子带，把周襄王又迎回了洛邑。

当时秦国和晋国逐渐强大，成为强国。晋文公驱走了戎狄。戎狄便居住于圁（yín）水（今陕西省北秃尾河）、洛水间，号称赤狄、白狄。秦穆公得到大夫由馀的相助后，西戎八国归顺了秦国。陇山以西有绵诸、犬戎和狄獂等部族，岐山、梁山、泾水、漆水之北有义渠、大荔、乌氏和朐衍等部族，晋国的北部有林胡、楼烦等部族，燕国的北部有东胡、山戎等部族。他们分散于溪水山谷之间，各有各的酋长，往往一百多个戎狄居住在一起。他们各自为政，号令无法统一。

一百多年之后，晋悼公派魏绛和戎狄讲和。戎狄到晋国朝见，这就开创了我国历史上民族大团结的先例。又过了一百多年，晋国大夫赵襄子越过句注山（今山西省代县西），攻破了代县（今河北省蔚县东北），临近胡貊（mò）。后来，赵、魏、韩三家分晋，赵国据有代县、句注以北的土地，魏国据有西河郡（今陕西省东部黄河西岸地区）和上郡（今陕西省榆林至延安一带），与戎接壤。

其后，义渠国的戎人修筑城堡自卫，而秦国不断蚕食他们的土地，到了秦惠王时，夺取了义渠二十五座城池。秦惠王又攻打魏国，魏国把西河郡和上郡割让给了秦国。到了秦昭王（秦惠王之子）时，宣太后（秦昭王母亲芈八子，电视剧《芈月传》中芈月的原型）为了消灭义渠国，与义渠王私通，消磨他的意志，还生了两个儿子。宣太后使诈，把义渠王杀死于甘泉（山名，今陕西省淳化县西北），并发兵消灭了义渠国。秦拥有了陇西郡、北地郡（今甘肃省庆阳县）和上郡后，修筑长城以抵御胡人。

赵国赵武灵王进行"胡服骑射"改革后，攻破了林胡和楼烦，从代县沿阴山山麓直到高阙（今内蒙古自治区杭锦后旗东北），设置了云中郡、雁门郡和代郡。

之后燕国出了一员名将，名叫秦开（和荆轲一起刺杀秦王的秦舞阳，就是秦开的孙子），他假装到东胡那里做人质，取得了东胡人的信任，摸清了东胡的虚实。回到燕国后，秦开率领大军攻打东胡，东胡败退一千多里。燕国也修筑了长城，从造阳（今河北省张家口市赤城县独石口镇）直达襄平（今辽宁省辽阳市），设置了上谷郡、渔阳郡、右北平郡、辽西郡和辽东郡，以抵御胡人。

当时战国七雄中有三个国家（秦、赵、燕）和匈奴接壤。后来，赵国名将李牧重创匈奴，李牧在时，匈奴不敢袭扰赵国。之后秦灭六国，统一天下，秦始皇派大将蒙恬率领十万大军北击匈奴，收复了黄河以南的土地，以黄河作为屏障，临河修筑了四十四座城池，强制犯罪之人去戍边。又开凿了直道，从九原（五原郡郡政府所在县，今内蒙古自治区包头市）直达云阳（今陕西省淳化县西北）。又依山傍谷，修建了长城，从临洮（今甘肃省岷县）至辽东，长达万里。之后秦国又攻过了黄河，占据了阴山北假（今内蒙古自治区河套以北、阴山以南地区）地区。

当时东胡和月氏强盛。匈奴实力还不够强大，匈奴的单于名叫挛鞮（luán dī）头曼（第一任单于），抵御不住秦国的进攻，就向北迁徙。十多年后，秦始皇去世，诸侯国攻打秦国，中原陷于战乱，过去秦国派到边疆戍边的人也都纷纷离开，匈奴得以渡过黄河，居住于和中原接壤的旧地。

挛鞮头曼的太子名叫挛鞮冒顿。后来，阏氏（yān zhī）（单于皇后的称呼）生下了小儿子，头曼非常喜欢这个小儿子，加之阏氏吹枕边风，头曼就准备废掉冒顿，立小儿子为太子。头曼想借刀杀人，他派冒顿到月氏国去做人质后，率军攻打月氏，准备让月氏杀掉冒顿。月氏果然中计，冒顿得到消息，盗取了一匹快马，逃回了匈奴。头曼认为这是天意，此子又天生勇壮，于是让他统率了一万骑兵。

冒顿是个胸怀大志之人，月氏之劫更磨炼了他的意志。他制作了一种响箭（鸣镝）供自己专用。冒顿命令将士道："鸣镝所射向的东西，而你们中胆敢有人不射的，立即处死。"狩猎的时候，将士中有不射的，被当即杀死。不久，冒顿将鸣镝射向了自己的坐骑，当时有不敢射者，又被杀死。又过了一段时间，冒顿又将鸣镝射向了自己的爱妻，将士感到惊恐，有的人不敢射，又被冒顿杀死。这之后，将士中没有人敢不遵从他的命令。又过了些时日，冒顿外出打猎，用鸣镝射向头曼单于的爱马，将士纷纷射击。冒顿这时候明白，他的手下听从使唤，不敢再抗令了。冒顿跟随父亲头曼外出狩猎，找准机会，用鸣镝射向了头曼。他的手下立即乱箭齐发，一起射向了头曼，头曼当即被射杀身亡。冒顿又杀死了他的后母和弟弟以及不服从于他的大臣，自立为单于（第二任单于）。

东胡听说冒顿杀父自立，派使者对冒顿说："我们想得到头曼的千里马。"冒顿征求群臣的意见，大臣都说："此乃我们的宝马，不能给他们。"冒顿说："为了和邻国搞好关系，何必爱惜一匹马呢？"于是，他把千里马给了东胡。

过了些时日，东胡以为冒顿害怕他们，派使者对冒顿说："想要得到单于的一位阏氏。"冒顿又征求群臣的意见，群臣愤怒地说道："东胡太过分了，竟然想要阏氏，请派兵攻打他们。"冒顿说："为了和邻国搞好关系，何必爱惜一女子呢？"于是，他把一位非常喜欢的阏氏送给了东胡。

东胡王越发骄横，准备西侵匈奴。东胡与匈奴中间有一千多里的缓冲区，东胡派使者对冒顿说："这一千里土地，匈奴不能染指，我们准备占有它。"冒顿又征求群臣的意见，有人说："这是一片弃地，比较荒凉，可以给他们。"冒顿闻听，怒道："土地，是国家的根本，为什么要给别人！"冒顿把说给东胡土地的人全部斩首。

冒顿上马后，严禁将士后退，违令者斩，然后率军袭击东胡。东胡轻视冒顿，不加防备。冒顿长驱直入，大破东胡，俘虏了很多人和牲畜。东胡逃走，分裂为乌桓、鲜卑、契丹等族。

冒顿又向西攻打月氏，月氏不敌，西逃。匈奴又向南吞并了楼烦、白羊河南王，全部收复了蒙恬当年夺下的匈奴土地，与中原政权以河南塞为界，又抵达了朝那（今宁夏回族自治区固原市东南）、肤施（今陕西省榆林市南），侵略燕、代之地。当时刘邦正和项羽激战，无暇顾及匈奴，匈奴得以强盛，部队多达三十多万。匈奴北部的浑窳（yǔ）、屈射、丁零、隔昆、新犁等各部落，无不慑服。匈奴的贵族和大臣（单于以下设置有左右贤王、左右谷蠡王、左右大将、左右大都督、左右大当户、左右骨都侯）都对冒顿佩服得五体投地。

公元前 201 年秋季，匈奴进攻汉朝，把韩王韩信围困在了马邑（今山西省朔

州市)。韩信向朝廷告急，因当时情况危急，他多次派使者到匈奴请求和解罢兵。朝廷派了救兵，得知韩信秘密派使者联络匈奴，怀疑他有二心。刘邦写信给韩信，责备他说："作为统帅，一心要战死算不上勇敢，一心求生就不能胜任，贼寇攻打马邑，你的将士难道不足以防守吗？这时候，安危存亡之地不能有闪失，这是我要责备你的原因。"

韩王韩信收到刘邦的信后，害怕日后被诛杀，于是和匈奴约定共同攻打汉朝，韩信献出了马邑，投降了匈奴。他们合兵一处，向太原进发。

叔孙通制朝仪

前文说过，博士叔孙通（约前245—约前190）曾经参与筹备刘邦登基大典。叔孙通是鲁国薛县（今山东省滕州市官桥镇）人，叔孙为复姓，他非常博学，熟读大量文献典籍，秦朝的时候被征为待诏博士。过了几年，陈胜、吴广起义，秦二世胡亥召集博士和众儒生征询对策。

秦二世问博士及众儒生道："楚地兵卒攻下蕲县（今安徽省宿州市东南），进入了陈县（今河南省淮阳县），你们有什么建议？"

三十多名博士和儒生回答说："作为人臣蓄意作乱，作乱就是谋反，杀无赦，请陛下紧急发兵，剿灭他们。"

胡亥喜欢听些吹捧、粉饰太平的话。他听了这些博士和儒生的话，有些生气，勃然变色。

叔孙通看到了胡亥的反应，上前说道："他们说得不对，目前天下一统，拆毁了郡县城墙，熔化了兵器，宣告天下不再使用。今明主在上，法令施行于下，官吏人人忠于职守，四方百姓敬仰明主，哪里会有造反的呢！这不过是一群小偷小摸的盗贼罢了，何足挂齿，郡守、尉正在下令捕捉他们，有什么好忧虑的？"

胡亥听了叔孙通所说，转怒为喜，又一一询问在场的博士和儒生，有的说是反贼，有的说是盗贼。于是，胡亥命令御史追究说是造反的博士和儒生的责任，惩罚他们的错误言论，又把说是盗贼的全部罢免。胡亥赐给叔孙通帛二十匹、衣服一套，拜为博士。

叔孙通拜谢出来后，返回了馆舍。

众博士和儒生责怪他说："你为什么说话如此谄媚？"

叔孙通回答说："公等有所不知，我也差一点难逃虎口。"

叔孙通预感秦二世大势已去，逃回了薛县。这时候，薛县已经被起义军占领。等到项梁（项羽叔叔）抵达薛县，叔孙通又跟随了项梁。项梁在定陶被秦将章邯打败，身死，叔孙通又追随了楚怀王熊心。熊心被项羽迁往长沙，叔孙通就留下追随项羽。公元前205年，汉王刘邦趁着西楚霸王项羽去攻打齐地田荣的机会，率领常山王张耳、河南王申阳、韩王郑昌、魏王魏豹和殷王司马卬（司马懿先人），攻下了项羽的老家彭城，叔孙通就归降了刘邦。叔孙通穿着儒生的服装，刘邦很是憎恶，他就换成了短衣等楚地的服装，刘邦这才高兴了。

叔孙通归降刘邦，跟随他一起归降的有一百多名弟子，然而，他一概不向刘邦推荐，而是专门推荐一些江洋大盗式的人物。众弟子不解，问叔孙通："我们跟随先生多年，有幸降汉王，今不推荐我等，专门推荐大盗，为何？"

叔孙通对他们说："汉王以武力争天下，你们能上战场战斗吗？所以我先推荐斩将夺旗之人。你们要耐心等待，我不会忘记你们的。"

刘邦拜叔孙通为博士，封稷嗣君。刘邦登基后，删减了秦朝制定的礼仪制度，使之简单易行。群臣争功，特别是喝酒后争功争得更厉害，大呼小叫，面红耳赤，激动的时候还拔剑砍向柱子。刘邦对这种情况很是忧虑。

叔孙通知道刘邦对这种现象很苦恼，就劝说道："儒生，难与进取，可与守成。臣愿意前去征召鲁地的儒生，与臣及众弟子共同研究制定朝会的礼仪制度，规范他们的言行。"

刘邦问："这个应该不会很难操作吧？"

叔孙通回答说："五帝时期，乐制不同；三王时期，礼仪不同。礼仪，因世事人情而规范和调整。所以夏、商、周礼仪有删减和增加的情况就好理解了，都不会重复。微臣愿意参考古代和秦朝的礼仪制度，制定我朝的礼仪制度。"

刘邦鼓励他说："你可以试试，但要容易理解，要仔细斟酌我能不能够做到。"

于是，刘邦派叔孙通到鲁地征召儒生。鲁地是孔子的故乡，是天下儒生最多的地方，叔孙通挑选了三十二人。有两个儒生不肯跟叔孙通西行，他们说："明公侍奉了好几个主人，你都巴结奉承。今天下初定，死者还没有安葬，伤者还不能下床，却要制定礼乐制度。礼乐，是积德百年之后才能兴起。我们不能接受明公所为，明公所为不合古礼，我们不能跟你走，你快走吧，不要污染了我们。"

叔孙通并没有生气，笑着说："你们真是迂腐，不知道跟随世事而改变！"

叔孙通和征召的三十个儒生西行，到达长安后，和刘邦左右有学问者及叔孙通的弟子共一百多人，在野外扎草人，把它们看作大臣，按照位次的尊卑，依次排列，模拟朝会场景进行练习。练习了一个多月之后，叔孙通找到刘邦说："请陛下一观。"刘邦看他们按流程演练一番后，很高兴，说："我能做到。"

于是，刘邦下令让群臣照着练习，定于十月（一年之始）举行朝会。

公元前200年十月，历时二年修建的长乐宫（位于今西安市西郊）终于落成，诸位王侯将相都来朝见刘邦。天明之前，谒者引导诸臣依次进入了殿门，宫廷中排列有车骑和禁卫官，遍插各种兵器和旗帜。谒者传呼道："趋！"宫殿前后两旁站立有数百个禁卫兵。功臣、列侯、诸位将军、军官依次站立西面，面向东；丞相以下的文官依次站立东面，面向西。大行（负责接待宾客）设置了九个传达人员，接力传达。汉高祖刘邦乘坐御辇出房，百官执戟，齐声呼喊警戒，引导诸侯王到六百石（俸禄）的官吏依次朝拜。包括诸侯王在内的众大臣都被这种场面镇住了，无不庄重肃敬。

礼毕，摆设酒宴，诸臣正襟危坐，低着头，不敢仰首直视刘邦，又以尊卑的次序依次起身，向刘邦敬酒祝福，祝福刘邦长寿。饮酒九次之后，谒者说"罢酒"。御史根据观察结果，指出不合礼仪者，把他们带走追责。从朝会到礼毕，没有敢喧哗、故意失礼者。

刘邦对这种场面很满意，很高兴，说道："我今天才知道作为皇帝的贵不可言啊！"御史任命叔孙通为奉常（太常，九卿之一，掌管宗庙礼仪），赐给黄金五百斤。

叔孙通趁机进言说："诸位弟子儒生跟随臣很长时间了，和臣共同制定礼仪，请陛下给他们封个官吧！"

刘邦当即答应，全部任命他们为郎。叔孙通出宫以后，把刘邦赏赐的五百斤金全部分给了弟子。

弟子们高兴地说："叔孙先生真是圣人，通晓谋身治世之道。"

刘邦还命萧何制定汉朝律法。萧何制定了《汉律》九篇，并制定了文书标准。

刘邦又让张良和身在长安、被贬为淮阴侯的韩信编排兵法的次序。他们把一百八十二家兵法，经过甄别比较，去粗取精，选定了三十五家。

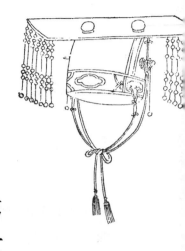

第二章

大风歌

白登山遇险

　　举行过朝会仪式后，经过短暂的休整，刘邦亲自率领大军，讨伐叛变的韩王韩信。户牖侯陈平、绛侯周勃、汝阴侯夏侯婴、颍阴侯灌婴和信武侯靳歙（xī）等人随同。

　　西汉军大破韩王韩信的军队于铜鞮（dī）（今山西省沁县南），韩信大将王喜被斩，韩信逃往匈奴。韩信的部将曼丘臣、王黄等人拥戴战国赵王后裔赵利为赵王，收拢韩信的逃兵，他们和韩王韩信及匈奴取得了联系，约定共同抗击汉军。

　　匈奴冒顿单于派左右贤王率领一万多骑兵与王黄等人率领的军队屯扎于广武（今山西省代县西南）以南至晋阳（今山西省太原市）一带。两军交战，西汉军大胜，匈奴骑兵败退，但不久又聚集在了一起，继续阻挡西汉军北进，西汉军队再发动攻击，又胜，并乘胜追击。十月的代北已经气温很低，恰好又袭来一阵寒流，风雪交加，气温骤降，西汉军对这种极端天气准备不足，措手不及，被冻烂手指的十有二三。

　　这时候刘邦身在晋阳，他对前线的艰难处境判断不足，听说冒顿单于正在代谷的消息后，他准备攻击冒顿，于是派使者前去侦察。冒顿很狡猾，他了解使者的来意，把精锐的士兵和肥壮的战马隐藏了起来，所以使者见到的都是些精神不振的老弱士兵和体格瘦小的战马。使者回禀刘邦，说匈奴羸弱不堪，可以进攻，刘邦大喜。刘邦不放心，前后又派了九个使者前去侦察，这九个人都和先前的使者看到的一样，刘邦坚定了攻击冒顿的信心。刘邦派刘（娄）敬前去做最后一次侦察，刘敬还没有回来，刘邦就迫不及待地命令全部三十二万名将士向北进发，越过了险峻的句注山（今山西代县北）。

　　这时候，刘敬从匈奴那里赶了回来，向刘邦禀告道："两军交兵，对方应该夸耀他的武力，欲先声夺人，而微臣在匈奴看到的是羸弱之兵，这必定是匈奴故意展示其短，准备埋伏奇兵，夺取军事胜利，臣以为不可以进攻匈奴。”

刘邦听不进去，认为刘敬这是长匈奴志气，灭自家威风，怒骂刘敬道："你这个齐国俘虏，真是混账，以口舌之利取得了今天的地位（娄敬劝刘邦迁都长安，赐姓刘），今天胆敢胡言乱语，动摇军心，来人，军法伺候！"

刘邦命令武士把刘敬捆绑起来，加上刑具，关押在了广武县（句注山南）。

刘邦急行军，提前到达了平城（今山西省大同市），其余大部队落在了后面。这时候，早有斥候把消息报告给了冒顿，冒顿大喜，认为擒获刘邦就在此举，于是他率领三十多万铁骑把刘邦重重包围在白登山（平城东北，山上有台，名白登台）。

刘邦从白登山望见匈奴骑兵西边是清一色的白马，东方是清一色的青马，北方是清一色的黑马，南方是清一色的红马，军容整齐，密密麻麻，一眼望不到边，大吃一惊，这才意识到中计了。

冒顿把刘邦围困在白登山七天七夜，汉军内外消息不通，眼看军粮将要用尽，形势非常危急。陈平脑子灵活，想出了一个计策，向刘邦做了汇报。刘邦认为可行，让他立即实施。于是，陈平让画工画了一幅美女图，让使者携带美女图及厚礼前去秘密拜访阏氏。当时天有大雾，使者有金钱开路，终于见到了阏氏，对她说道："汉有一美丽女子，如图中所画，本人比画像上还要漂亮百倍，我家皇帝非常喜欢她，但今天皇帝被困，准备忍痛割爱，把这个美女献给单于。"使者同时向阏氏奉送了贵重的物品。

阏氏听了使者的话，非常着急：这位美女如果到了冒顿身边，肯定自己就要失宠了。她找到冒顿，说："两国的主人不应该互相围困。因为我们习惯了放牧的生活，不善于耕作，今天我们得到汉的土地，单于也终究不会居住在这里。而且汉的皇帝有神灵的庇佑，单于不能不察。"

冒顿听了阏氏的一番话，又因为和王黄及赵利约定的时间已过，他们迟迟不来，怀疑他们和刘邦有密谋，于是就命令放开了一个通道，让汉军撤离。

刘邦恐怕中途有变，命令将士拉满弓，每张弓上装上了两支强弩，面向匈奴骑兵，从通道一步一步地撤出。出了匈奴的包围圈，刘邦狂喜，准备像过去逃避项羽的追捕一样狂逃，但夏侯婴一再劝说刘邦，这样容易使敌人警觉，于是汉军继续缓行。刘邦抵达平城，大部队也逐渐会聚过来，冒顿看到西汉军势大，也撤围离去。

刘邦受到了惊吓，无心再战，命令大军回军。

刘邦抵达广武，命人释放了刘敬。刘敬拜见刘邦，刘邦说："朕不用爱卿之言，以致被困平城，朕已经把之前所派的十个使者全部斩首。"刘邦封刘敬为关内侯，号建信侯，采邑两千户。刘邦能做到正确对待刘敬，看似简单，实则不简单，充分显示了他知错就改、头脑清醒的优点，这也是他能够得到众人效忠的原因之一。

刘邦继续南返，路过曲逆县（今河北省顺平县东南）的时候，赞叹道："多么雄壮的一个县城，我行走天下，感觉只有洛阳可以和这里相提并论。"于是，他改封陈平为曲逆侯，全县所有户数均为陈平的采邑。

陈平曾经为刘邦六出奇计，每次都收到奇效，刘邦每次都增加他的采邑。我们不妨列举一下陈平的这六次奇计。

一是公元前 204 年，陈平用重金雇人在楚军散播消息，离间项羽和钟离眜等大将的关系。

二是公元前 204 年四月，楚军包围荥阳，陈平用计，故意说以为是范增的使者，所以才上的精美食品，听说是项羽的使者，换了粗茶淡饭，以便离间项羽和范增的关系，使得范增还乡，病死于途中。

三是公元前 204 年五月，陈平派两千娘子军伪装成战士，使刘邦逃出荥阳。

四是公元前 203 年，韩信平定了齐地，要假齐王的封号，刘邦刚开始不同意，陈平轻轻踢了刘邦一下，刘邦封韩信为齐王，稳住了韩信。

五是前文讲过的，劝刘邦假装游云梦，抓住了韩信。

六就是今天解了白登之围。

未央宫

刘邦率军继续南返，于公元前 200 年十二月抵达了赵国首府邯郸（今河北省邯郸市）。赵王张敖娶了刘邦唯一的闺女鲁元公主，因此以女婿的礼节来接待刘邦，每天早晚亲自奉上饮食，态度非常谦恭。刘邦以对待晚辈，而不是诸侯王的态度来对待张敖，还是一贯簸箕式的坐姿，说到激动的地方，不时对张敖破口大骂，态度傲慢。

这一切都被赵国的丞相贯高、赵午等人看在眼里。他们已经年过六十，之前跟随过前赵王张耳。他们认为刘邦这么做非常无礼，没有把赵王当回事，因此愤怒地说："我家王爷太懦弱了！"

他们找机会游说张敖："当初天下豪杰并起，能者先立为王，今天王爷对当今皇帝甚是恭敬，但皇帝对王爷无礼，请让我们除掉他，为王爷出气。"

张敖一听，大吃一惊。如果这话传到刘邦耳朵里，会以大逆不道治罪他们的，因此他把自己的手指头伸进了嘴里，牙关紧咬，手指头被咬出了血，以此表示对刘邦的忠诚。

他对贯高、赵午等人说："君等此言差矣！先王（张耳）亡国，赖当今皇帝才得以复国，恩德泽被赵国子孙，赵国的一草一木都是皇帝的恩赐呀，君等不要再乱讲话。"

贯高等十几个人辞别赵王，商议道："我们做错了！我们的王爷是德行高的人，不会忘记恩惠，说服王爷很难做到。但我等要忠于道义，我们的君主受辱，我们不能不有所行动，所以是我们要杀皇帝，何必要让王爷知道，给他带来不好的影响？事情如果成功了，功劳归于王爷；如果失败了，与王爷无关。"

贯高他们主意已定，就开始密谋策划，制订行动方案，寻找行动时机。

刘邦继续向首府西安进发，这时候，传来了匈奴攻打代郡（今河北省蔚县），代王刘喜（刘邦二哥）逃跑的消息，刘邦很生气，贬刘喜为郃阳侯。

刘邦封三子刘如意为代王。刘如意为刘邦和宠妃戚夫人（戚姬）所生的儿子，出生年月不详，因为刘邦做汉王时娶的定陶戚姬，距今也不过几年时间，所以刘如意年尚幼，刘邦只是遥封，并没有派他到代地去。

公元前200年二月，刘邦回到了长安。这时候，萧何主持修建的未央宫已经落成，萧何是总负责人，具体的修建工作是由巨匠阳城延负责的。未央宫在长乐宫（在被项羽焚毁的秦朝的离宫旧址上建成）的西边，方圆二十多里，坐西朝东，以东门和北门作为正门，设有东阙（阙，皇宫大门前两边供瞭望的楼）和北阙，还建有前殿（举行朝仪的大殿）、武库（未央宫和长乐宫中间，东西宽八百米，南北长三百二十米，由七座兵器库组成）、太仓。这样，从东至西，太仓、长乐宫、武库和未央宫形成了一排盛大壮丽的建筑群。

刘邦见到后非常生气，冲萧何发火："天下纷纷扰扰，已经持续了很多年，至于成败仍是未知数，你为什么建造宫殿如此过分奢华！"

萧何回答："天下未定之时，可以因陋就简，如今天子以四海为家，不建得壮丽些，不足以体现天子的威严，这样也可以让后世不用再多费力气建造。"

刘邦对萧何的回答很满意，转怒为喜，从暂居的栎阳迁入了未央宫。

公元前199年冬，刘邦亲率大军东进，在东垣县（今河北省石家庄市东北）攻打韩王韩信的残余部队，回师的时候路过赵国，准备宿于赵国的柏人县（今河北省隆尧县城西南）。

贯高等人一看，机会来了，收买了杀手，把接待场地厕所的内壁挖空，让杀手埋伏在内壁中，准备伺机刺杀刘邦。

刘邦准备在柏人县过夜，但突然感觉心头一动，感觉不好，就问随从："这个县叫什么名字？"

随从回答："柏人县。"

刘邦说："柏人，谐音和'迫人'相近，迫于人啊！"于是刘邦就继续前进，没有在柏人县留宿。

贯高等人的刺杀阴谋也宣告破产。

和亲匈奴

冒顿不断加强军事能力，当时拥有四十万铁骑，数度侵扰汉朝北方边境，刘邦感到很苦恼，就向建信侯刘（娄）敬征询对策。

刘敬说："今天下初定，士卒疲于战事，不宜再用武力去征服匈奴。冒顿杀父自立为王，接纳了他的后母为妻（匈奴习俗如此），凭借武力耀武扬威，仁义道德那一套无法说服他。为今之计，我们需要做长远打算，想办法让冒顿的子孙臣服于大汉。微臣有一计策，但恐怕陛下无法办到。"

听到能让匈奴臣服，刘邦眼睛一亮，问道："诚然可以，为什么不能呢，你快说，朕该如何去做？"

刘敬说："陛下如果能把嫡长公主嫁给冒顿为妻，陪送丰厚的嫁妆，冒顿仰慕公主的美貌和大汉的威力，必会立为阏氏（皇后），长公主生子后，必会立为太子，日后会成为新的单于。为什么一定会这样？因为匈奴贪图我朝的重金厚礼。陛下每年把汉朝剩余的而匈奴又稀罕的东西多次赠送给他们，派辩士给他们讲解礼仪道理。冒顿在世的时候，是陛下的女婿；冒顿死了之后，陛下的外孙就成为单于。谁又听说过外孙敢和外祖父抗衡的呢？可以不用发动战争而使匈奴逐渐称臣。如果陛下不能派遣长公主去，而选择宗室或后宫的女子假称为公主，冒顿一旦发觉，就不肯亲近她，不肯立她为阏氏，到时候可就没有什么益处了。"

刘邦短暂沉思后，说："很好。"

应该说，刘敬的和亲政策是个创举，也是无奈之举，这样可以以最小的代价换取利益的最大化，刘敬的这项政策遇到了刘邦，遂能得以实现。刘邦久经磨难，战争的残酷性让他刻骨铭心，嫁一女子能使强大的匈奴臣服，他愿意这么做。屈辱经历得太多，又何必在意多这一次。在古代，女人是战争的牺牲品，也是政治的牺牲品。

刘邦准备送鲁元公主前往匈奴和亲，吕皇后（吕雉）得到消息后，顿时崩溃，哭成了泪人，她一把鼻涕一把泪地对刘邦说："妾身只有一个儿子，一个女儿，为何要把她遗弃到遥远的匈奴呢！"

刘邦禁不住吕皇后的恳求，决定不让长公主去了，就从皇室中选择了一位美女，封为公主，嫁给单于为妻。公元前 198 年冬，刘邦派刘敬作为娘家人，护送"公主"前往匈奴和亲。

刘敬持节到了匈奴，见到冒顿，献上了汉朝的公主，同时按照刘邦的吩咐，和匈奴划定边界，并颁发丹书铁券。铁券上说："自海以南，冠盖之士处焉；自海以北，刚强之士处焉。"

刘敬还多了个心眼儿，对匈奴周边环境进行了一番深入了解。他回来后向刘邦复命，对刘邦说道："匈奴居于河南（河套以南）的白羊部落和楼烦部落，距离长安最近的仅有七百余里，轻骑兵一天一夜就能到达关中。关中才经历战乱，人烟稀少，满目萧条，但关中地区土地肥沃（八百里秦川），我们应该使人口增加，充实关中地区。当时诸侯起事的时候，齐国王族田氏，楚国王族昭氏、屈氏和景氏大力响应，队伍才得以壮大。如今陛下虽然定都关中，人口却不足，这里北部靠近匈奴，东方有前六国的强族，一旦事情有变，陛下也不能安枕无忧哇！我建议陛下迁徙齐国诸田氏，楚国昭氏、屈氏、景氏和燕、赵、韩、魏的王族以及当地豪强人家，充实到关中。无事的时候，可以防备匈奴；东方诸侯一旦有变，也有足够的兵力予以讨伐。此乃强本弱末的办法。"

刘邦一听，非常高兴地说："行得通。"能听进去劝，是刘邦的一大优点，也是他能成事的一大法宝。

公元前 198 年十一月，刘邦下令把齐地、楚地的田氏、昭氏、屈氏、景氏、怀氏及豪强约十多万人口迁徙到了关中，赐给他们田地宅院，便利他们生产生活。

刘敬提出的三项策略（定都关中、和亲匈奴和迁徙豪强），深谋远虑，对汉初形势的稳定起到了重要的作用，功不可没。

此后，史书上便没有了刘敬的消息。刘（娄）敬墓位于今陕西省永寿县店头镇娄敬山，距咸阳城西北七十公里。

贬赵王张敖

官场上既有盟友，又会有仇家，概莫能外，贯高等人谋划刺杀刘邦的行动外泄，贯高的仇家得知后，上报了朝廷。刘邦大怒，命人逮捕了赵王张敖等人。

逮捕赵午等十几个人的时候，他们知道不能活命了，纷纷要拔剑自刎。贯高怒骂他们："你们也不好想想，谁让你们如此做的？如今王爷并没有参与谋反，却被逮捕，你们死了，谁来表白王爷是清白的？"

赵午等人一听也对，为了保全赵王，他们放弃了自刎。

使者宣读诏书："赵国群臣、宾客敢追随赵王的，皆灭族。"众人都不敢跟从，唯独赵国郎中田叔和孟舒剃光了头发，脖子上戴上铁链，以家奴跟从赵王。赵王、贯高等人被用槛车押送到了长安，关进了监狱。

贯高对狱卒说："是我们背着赵王单独谋划的，王爷一直蒙在鼓里。"

狱卒用鞭子抽打他数千下，又用铁刺对他身上乱刺，还用火灼烧他的皮肤。贯高被折磨得体无完肤，但意志坚强，始终没有更改口供。

吕皇后也在积极营救女婿张敖，数次向刘邦求情，说张敖是刘家的女婿，按情理说不应该会走上谋反的道路。刘邦恼怒地说："如果张敖计谋得逞，据有了天下，还缺一个女人吗？到时候他还会在意你的女儿？"

廷尉把贯高的口供送给刘邦过目，刘邦赞叹道："好一个壮士！谁过去认识他，可以私下里试探一下他，也许能问出事情。"

中大夫泄公是贯高的老乡，他们熟识。泄公就自告奋勇地说："臣早就认识贯高，也了解他。在赵国，贯高是个非常重信义、信守诺言的人。"

刘邦命令泄公持节前去询问贯高。泄公见到了已经无法站立，躺在床上的贯高，像个老朋友一样，嘘寒问暖，叙述离别之情。两个人谈得很尽兴。言谈中，泄公问贯高赵王张敖到底有没有参与谋反。贯高说："哪个人会不爱自己的父母妻子？今日谋反之罪，会被诛灭三族（父母、妻子、兄弟），难道会以王爷的性命来交换我的亲人吗？只不过赵王确实没有参与谋反，是我等自己所为。"

然后贯高把事情的来龙去脉详细地说了一遍。泄公找不到贯高话中的破绽，认为贯高说的句句属实，就回去禀报了刘邦。

公元前198年春，刘邦赦免了赵王的死罪，收回了王爵，贬赵王为宣平侯。把代王刘如意改封为赵王。开国时的七个异姓诸侯王楚王韩信、韩王韩信、淮南王英布、长沙王吴芮、梁王彭越、赵王张耳（张敖父亲）和燕王臧荼，已经被刘邦收拾了四个，地盘被没收，只剩下淮南国、梁国和长沙国了。

刘邦也很欣赏贯高的敢作敢当，重信守诺，就让泄公前去赦免贯高。泄公见到贯高，对他说："赵王张敖已经出狱，皇帝非常看重足下，所以赦免了足下。"

贯高说："我没有自杀，就是为了表白赵王没有参与谋反。现在赵王已经平安无事，我的责任也就尽到了。人臣背负了弑君的名声，哪里还有面目再侍奉皇上！"说罢，贯高脖子猛地向后一仰，喉咙折断而死。

刘邦认为田叔和孟舒也是贤才，召见了他们，和他们攀谈，发现两个人知识渊博，出类拔萃，便任命他们为太守和封国丞相。

周昌保太子

刘邦感觉太子刘盈心地仁慈，性格懦弱，自己百年后，刘盈很难守住刘氏基业。这时候，戚夫人（汉初后宫排名为皇后、夫人、美人、良人、八子、七子、长使、少使）正受刘邦宠爱，她和刘邦生的儿子刘如意本年（公元前197年）十岁，深受刘邦喜欢，刘邦认为刘如意很像自己。

前文说过，刘邦封刘如意为代王的时候，没有让他去封国，这次改封为赵王，还是没有让他前去封国，把他留在长安，这样就能经常看到这个宝贝儿子。刘邦每次到关（函谷关）东，都会带上戚夫人，让吕皇后在长安留守。这样一来，他和戚夫人的感情日益增加，而吕皇后也人老珠黄，刘邦对她日渐疏远。戚夫人想让自己的儿子成为太子，也时常吹枕边风，说刘盈的一些坏话，想让刘邦改立刘如意为太子。

有一次朝会时，刘邦提出了这个想法，立即遭到百官的反对，刘邦一概不听。御史大夫周昌（？—前192）据理力争，情绪激烈。

周昌也是老资格，刘邦起事的时候，他在泗水郡任职，刘邦打下泗水郡后，周昌和堂兄周苛跟随了刘邦，然后和刘邦入关。刘邦被封为汉王后，任命周苛为御史大夫，周昌为中尉。后来项羽攻破荥阳城，烹杀了拒不投降的荥阳守将周苛，于是刘邦任命周昌顶替堂兄为御史大夫。周昌为人刚强正直，敢于直言，即使萧何、曹参也非常忌惮他。

周昌曾经入宫奏事，当时刘邦正在吃饭。刘邦吃饭也不老实，怀里抱着大美女戚夫人一起吃，周昌看到后，立即转身就走了。刘邦推开戚夫人，前去追赶周昌，追上后，把周昌按倒，刘邦骑到周昌的脖子上，问道："我是什么样的皇帝？"周昌仰着脖子回答："陛下是夏桀王、商纣王一样的荒淫君主。"刘邦哈哈大笑。

这次准备废太子刘盈，周昌情绪很激动，刘邦就问他原因。周昌口吃，加之情绪原因，说话更不利索了："臣口不能言，然臣期期知其不可。陛下欲废太子，臣期期不奉诏。"

刘邦看他的模样，放声大笑，废太子的事情也就暂时作罢了。当时吕皇后就在大殿东厢房偷听，听到了周昌的话。散朝后，吕皇后见到周昌，跪谢道："如果没有明公，太子就要被废了。"

刘邦今年（公元前197年）已经六十岁了，担心提议废太子没有成功，自己百年之后，吕后会报复戚夫人母子，便向身边人寻求对策。符玺御史赵尧说："陛下可以为赵王配备一名强悍的丞相，他得是吕后、太子及群臣都忌惮的人才行。"

刘邦说："对，我也是这么想的，可是群臣谁可以担任此职呢？"

赵尧说："御史大夫周昌就可以。"

刘邦说："对，我应该想到他呀！"

刘邦召见周昌，对他说："我要烦劳爱卿，让你去赵国做相国。"

周昌一听就哭了，说："臣从陛下起事的时候就跟随陛下，为何陛下中途要把我弃之于诸侯呢？"

刘邦说："我知道这样做是委屈你了，可是我非常担心赵王，反复比较，除了你，没有更合适的人选了。爱卿就请将就一下吧！"

话说到这个份儿上了，周昌只好答应。于是刘邦任命周昌为赵国的相国。

公元前197年五月，太上皇刘太公（刘执嘉）在栎阳宫去世，被埋葬于万年（今陕西省西安市临潼区北）。

刘太公生前，有一次皇帝刘邦为他祝寿，刘邦笑着问父亲："我小的时候，父亲常说我没有生存本领，不能治产业，没有我二哥勤快。今天我的产业和二哥相比，谁的更多？"殿上群臣一听，都高呼万岁，哈哈大笑。

刘太公也干预过刘邦的封侯工作。当时刘邦已经分封过二哥刘喜和四弟刘交，大哥刘伯死得早，按理说应该分封大哥的儿子刘信为侯，来继承父亲的那份爵位，但刘邦迟迟不封。这也是有原因的。早年刘邦是孩子王，喜欢带同伴到大嫂家混吃混喝，次数多了，大嫂就烦了。有一次，刘邦又带同伴到大嫂家吃饭，大嫂有些生气，盛饭的时候故意把勺子和锅碰得叮当响，显示没饭了，刘邦的伙伴也知趣地走了。刘邦到锅边一瞅，锅里还有饭，从此对大嫂心存怨恨。

刘邦称帝后，封了二哥和四弟，没有封大嫂的儿子刘信。大嫂找到刘太公诉苦，刘太公自然为亲孙子说话，就找到刘邦说情。刘邦说："并不是我忘了封爵，是因为他的母亲没有长者之风。"

刘邦自然给刘太公面子，于是封刘信为羹颉侯。取这么个侯爵的名字，也是为了发泄当年的怨气。其实，羹颉也是一座山的名字，叫羹颉山，位于今河北省涿鹿县西南保岱镇南十五里。

陈豨造反

陈豨（？—前195），是宛朐（今山东省菏泽市曹县）人，史书上没有交代他什么时候开始追随刘邦的。他曾经为大将军韩信的部将，上次以郎中的身份跟随刘邦到了平城攻打匈奴，回来后被封为列侯。刘邦任命陈豨为代国的丞相，同时监管赵国和代国边境，边疆将士都归他统领，防御匈奴。

陈豨要到代国赴任了，他向老上司韩信辞行，这时候的韩信已经无兵无权，不受刘邦待见，在朝廷没有什么发言权，也基本不上朝。韩信见到陈豨，很高兴，认为陈豨很念旧。他拉着陈豨的手，在庭院里转悠了数圈，然后仰天长叹："我可以和你谈谈心吗？我有些话要对你说。"

陈豨说："将军您尽管说。"

韩信说："明公所统辖的地区，会聚了天下精兵，而明公也深受陛下之宠幸，如果一旦有人告发你要谋反，刚开始陛下肯定不信。第二次告发的时候，陛下会开始对你有所怀疑。等到第三次告发的时候，陛下必会震怒，然后亲自带兵讨伐。真有这么一天，我就在京师作为明公的内应，到时候，天下可图了。"

陈豨一向钦佩韩信的才能，对这位老上司的境遇也很同情，于是说："属下接受您的教导。"

史书上并没有交代陈豨的军事才能，从之后的战绩看，他的军事才能一般般，韩信作为老上司，应该知道陈豨难成大器。他为什么要对陈豨这么交代？难道他不怕陈豨告发他吗？

可能有这么几种情况：一是当权者为了构陷韩信谋反，故意制造了这么个桥段；二是韩信了解陈豨的为人，知道他不可能去告发自己；三是他了解陈豨有怨气，因为陈豨并不在第一批封侯之列；四是韩信对今天的处境不甘心，预料到自己不会有好结果，勉力一试，调唆陈豨，为自己再度崛起创造条件。

陈豨常仰慕信陵君魏无忌（与春申君黄歇、孟尝君田文、平原君赵胜并称为"战国四公子"）的风采，对信陵君收养了很多门客很是羡慕，他也极力效仿，招揽宾客。陈豨对宾客以礼相待，待如上宾，像多年的老朋友一样。

待到陈豨这次为代国相国的时候，他告假回老家向亲人告别，经过赵国的时候，随从的宾客乘坐的车子多达千辆，浩浩荡荡，邯郸（赵国都城）的宾馆全部被他们包下，才勉强够住。这时候，周昌已经就任赵国相国，见到陈豨一行队伍这么盛大，很是忧虑，就请求入京师汇报工作。得到批准后，周昌到了长安，见到了刘邦，向刘邦报告说，陈豨此去上任，跟随的宾客众多，如果他在边疆带兵久了，在宾客的怂恿下，恐怕会发生兵变。

周昌的话引起了刘邦的警觉，他派人到代国，收集陈豨的宾客在财物等方面违法乱纪的罪证，而很多违法乱纪的事情背后，都能看到陈豨的影子。陈豨感到恐慌。而这个时候，韩王韩信也派亲信大将王黄和曼丘臣秘密找到陈豨，游说他造反。

太上皇刘太公驾崩，刘邦趁机征召陈豨入朝，准备收拾他。但陈豨也感觉风声不对，声称自己得了重病，拒绝入朝。

后来，陈豨干脆一不做，二不休，于公元前197年九月，和王黄等人勾结，宣布反叛，自立为代王，抢劫掠夺赵国和代郡。

刘邦得到消息，大怒道："陈豨曾经为我的身边人，当时感觉他很有诚信，代地靠近匈奴，地理位置重要，所以我才封陈豨为列侯，以相国的身份镇守代地，没想到他今天竟然和王黄一起造反，反过来祸害代地！代地普通官员和百姓没有罪，能舍弃陈豨、王黄归顺朝廷的，一概赦免。"

刘邦准备御驾亲征陈豨，信武侯周緤（xiè）流泪劝阻道："秦始皇夺得天下之后，就不曾亲征了，如今陛下常常御驾亲征，是我朝无人可用了吗？"

刘邦很受感动，认为周緤忠心耿耿，设身处地为自己着想，特别恩赐周緤"入殿门不趋"（上殿觐见皇帝不用小步跑）。

但刘邦还是率将领御驾亲征了，抵达邯郸后，发现邯郸完好无损，他大喜说："陈豨这厮，不占领邯郸，反而扼守漳水，他是平庸之辈。"

周昌奏报说："常山郡二十五城，已经被占领二十城，请诛杀太守和都尉。"

刘邦问："太守和都尉造反了吗？"

周昌回答："没有。"

刘邦说："是他们能力不足，他们没有罪。"

刘邦下令周昌从赵国中选拔壮士可以任将军者。周昌挑选了四个人，来见刘邦。刘邦见到他们，先给他们来了个下马威，谩骂道："你们几个小子能担任将领吗？"

四位壮士见了皇帝胆怯，也感觉很惭愧，伏在地上，不敢抬头。刘邦哈哈大笑，封他们为侯，食邑一千户，任命为将军。

刘邦左右官员谏言说："自从入蜀郡、汉中郡，后和楚国交兵以来，都没有普遍进行封赏，今天为何封他们为侯？他们又有什么功劳呢？"

刘邦说："你们有所不知，陈豨反叛，赵、代之地大都被陈豨占领。朕以羽檄（古代军事文书，插鸟羽以示紧急）征召天下兵马，如今都还没有来到。为今之计，只有邯郸兵可用，我以四千户的封赏，来安抚赵地百姓，鼓励他们奋勇杀敌。"

左右这才领会刘邦的用意，齐声道："陛下此举甚妙。"

刘邦又问道："现在还有乐毅（战国时期名将，赵国人）的后代吗？你们找一找。"有人找到了乐毅的孙子乐叔，刘邦把他封在了乐乡，号华成君。

刘邦问陈豨的属下都是些什么人，有人回答说之前大都是商人。商人重利，刘邦微笑着说："我知道该如何做了。"于是刘邦派人携带金银财宝，收买陈豨的将领。陈豨的将领很多人都投降了朝廷。

刘邦征召梁王彭越前来一同剿灭陈豨，彭越声称有病，只派了一位部将率军前来，刘邦很不高兴，派使者前去责备彭越。

公元前 196 年冬季，陈豨的部将侯敞率领一万多人迂回运动，王黄率领一千多人驻扎在曲逆县（今河北省顺平县），张春率领一万多人渡过黄河攻打聊城（今山东省聊城市）。朝廷将领郭蒙和齐国派来的将领一起攻击叛军，大胜。

太尉周勃率军从太原北上，抵达了马邑（今山西省朔州市），防守马邑的叛军负隅反抗，周勃的军队攻取不下。周勃大怒，亲自督战，命令发起更凌厉的攻势，终于攻破了马邑，周勃命令把城墙摧毁。

刘邦亲自率军攻打占据东垣（今河北省正定县）的伪赵王赵利，久攻不下，城墙上有士兵冲着刘邦辱骂，刘邦大怒。等东垣被攻下的时候，辱骂刘邦的士兵被斩首。刘邦把东垣改名为真定。刘邦又悬赏二十四万两重金，求购王黄和曼丘臣的人头，二人的部将见钱眼开，杀死了王黄和曼丘臣，提着他们的人头投降了朝廷。

陈豨军队士气低落，大败。

韩信之死

　　淮阴侯韩信装病，没有跟随刘邦前去征讨陈豨，但他也没有闲着，秘密派人前去给陈豨送信，为陈豨出谋划策。韩信和家臣商议，准备趁着夜里假传诏书，特赦官府中的罪犯和奴隶，然后把他们组织起来，袭击吕后和太子，把吕后和太子控制起来，再顺势夺取长安城。

　　准备停当，韩信就派人前去告知陈豨，等候陈豨的回信。可就在这个时候，出了意外情况，韩信的一个家臣得罪了韩信，韩信很愤怒，把他关押了起来，准备杀死他。公元前196年正月，家臣的弟弟为了营救哥哥，向吕后上书告发韩信准备谋反。

　　吕后得到消息，大惊，准备召韩信进宫来除掉他，又担心这么做会打草惊蛇，于是就找相国萧何商议对策。经过一番紧张的商议，吕后对外宣布说，皇帝已经派人来到京城，说陈豨已经被杀死了，然后命令百官到宫中祝贺。派谁到韩信那里去传达消息好呢？吕后指定让萧何前去，因为萧何曾经"月下追韩信"，说服刘邦拜韩信为大将军，对韩信有知遇之恩，萧何的话，对韩信很有分量。

　　萧何无法推辞，来到了韩信府中。韩信以礼相迎，萧何告诉他陈豨已经被消灭的消息，并说："明公虽然身体有病，但这么大的喜事，也要强撑着去一趟。"

　　韩信闻听陈豨已死，内心很是惊慌，但没有表现出来。如果陈豨死了，他自己就没有发动的必要了，又有萧何亲自来劝，因此韩信就随萧何进宫去了。

　　韩信和萧何来到了长乐宫，吕后见韩信到了，阴笑几声，马上命武士把韩信捆绑了起来，押到了长乐宫的悬钟之室。

　　韩信长叹道："我不用蒯通之计，今天反而为一女子所欺诈，难道不是天意吗？！"

吕后尖叫道："一切都晚了！给我斩了，诛灭韩信三族！"

武士手起刀落，把韩信当场斩杀。韩信又被夷灭了三族。

韩信谋反的经过，史书上就是这么记载的。韩信是否真的要谋反，这是千古之谜。如果说当初他伸手向刘邦要齐王的时候，是为了镇住彪悍的齐人的话，那他私自窝藏项羽的大将钟离眛，就应该会意识到这是多么严重的后果，即使他没有反意，任何一位皇帝也不会饶恕他的。

在韩信的老家，今江苏省淮安市的韩信墓地祠堂上有一副对联："生死一知己，存亡两妇人。"一知己指的是萧何，成也萧何败也萧何。两夫人指的是漂母和吕雉。这副对联高度概括了韩信的一生，读来令人唏嘘。

巧合的是，这时候，韩王韩信在参合（今山西省阳高县）被汉大将柴武斩杀。两个韩信，一前一后身死。

战场上，刘邦大胜陈豨。陈豨逃跑，刘邦班师回洛阳。刘邦得到淮阴侯韩信被杀的消息，又高兴又怜悯。一方面韩信被除掉，是除掉了自己的心病，他感到高兴；另一方面，刘邦并非不讲道理的残暴肆杀之人，而且韩信立下了汗马功劳，如今遭遇如此下场，他也哀怜韩信。

刘邦问韩信留下什么遗言没有，吕后就把韩信临死之前说的话告诉了刘邦。刘邦说："我知道蒯通这个人，他是齐国的辩士。"

蒯通，本名蒯彻，范阳（今河北省定兴县固城镇）人，因为避汉武帝刘彻之讳，史书把蒯彻改为蒯通。蒯通后来成为韩信的谋士，劝说韩信攻打齐国，招致在齐劝降的汉谋士郦食其被烹杀。韩信立为齐王后，他又劝说韩信背叛刘邦，和项羽、刘邦形成三国分立的状态，但韩信感念刘邦的恩情，没有听从蒯通之计。蒯通感到惶恐，就装疯卖傻做起了巫师，留在了齐地，没有继续跟随韩信。

刘邦命令齐王刘肥抓住蒯通，押送到了京城。刘邦命令支起大锅，烧开水，准备把蒯通烹杀。

他问蒯通："你为什么鼓动韩信谋反？"

蒯通回答："狗总是对着主人以外的人吠叫。当时，我跟随齐王韩信，只知道有齐王，不知道有陛下。且秦失其鹿，天下共逐之（鹿、禄同音，指的是禄位、政权，后称争夺天下为逐鹿。成语"逐鹿中原"出自此），才能高的人先得。天下纷纷扰扰，众人争着做陛下所做的事业，只是能力都不如陛下罢了，所以没有成功。难道陛下能把他们杀光吗？"

蒯通不愧为著名辩士，这番话说得在理，又拍了刘邦的马屁，刘邦听后大悦，就赦免了蒯通。蒯通后来做了曹参的宾客。

刘邦认为代国接近匈奴，容易受到匈奴攻击，因此他把原云中郡一分为二，西部为新的云中郡，东部改为定襄郡（今内蒙古自治区和林格尔县西北土城子）。他又把太原郡划归了代国，充实代国地盘，使代国增加战略纵深。这样，新的代国就包括定襄郡、雁门郡、代郡和太原郡等四个郡。

因为之前代王刘如意已经转任赵王，立谁为代王呢？刘肥已经为齐王，刘盈为太子，按年龄顺序该四子刘恒了。刘恒，出生于公元前203年，今年才八岁，他的母亲是薄姬。薄姬早年嫁给魏王魏豹，魏豹为韩信所败，薄姬被送入刘邦的后宫做杂活。有一次，刘邦看见了薄姬，见她颇有几分姿色，于是和她同床，生下了儿子刘恒。但薄姬不受刘邦宠爱，刘恒出生后，就很少有侍寝的机会了。

这时候，燕王卢绾、相国萧何等三十三人都劝刘邦说："皇子刘恒多才睿智，性格温和善良，请立为代王，建都晋阳。"

刘邦批准了。代王刘恒就是日后的汉文帝。

商山四皓

　　刘邦越来越认识到人才对于治理和安定天下的作用。于是他于公元前196年二月发布了《求贤诏书》，诏书中说："人们都说帝王之中没有高于周文王的，诸侯之中没有高于齐桓公的，他们都以善待贤人而成名。如今天下的贤者、智者，难道还不如古人多吗？朕认为不是的，问题就出在人主不去主动结交，士人凭借什么渠道晋见？今朕承蒙上天保佑，得贤士大夫相助才取得天下，四海一家，朕准备让江山永固，世世代代宗庙祭祀不绝。贤人已经和朕一道平定了天下，而不与朕共享安定，这样行吗？贤士大夫有肯和朕一道治理天下的，朕要让他显贵。布告天下，使天下人明了朕的心意。御史大夫把诏书传达给相国，相国酂侯（萧何）传达给诸侯王，御史中丞传达给郡太守。凡是推荐德才兼备之人的，郡太守要亲自去勉励，为贤人驾车，送到相国府，记录好年龄、品行等。有贤才而不推举的，被发现后，免职。至于年老身体有病的，就不要再送过来了。"

　　别的文武大臣向朝廷推荐贤良之事不提，单说张良，他之前就听说距离长安不远的商山（今陕西省商洛市境内）上隐居着四位高人，他们是东园公唐秉、夏黄公崔广、绮里季吴实、甪（lù）里先生周术。四个人年龄已非常高了，须发皆白，人们称他们为"商山四皓"。他们是秦始皇七十名博士中的四名，学识渊博，博古通今。秦末天下大乱，他们躲进商山中，以待天下太平。张良亲自向商山四皓修书一封，希望他们下山辅佐刘邦治理天下。这封书信就是《张良与四皓书》，张良对四皓的操行大赞一番，劝说他们顺应时势，出山辅佐朝廷。但四皓认为刘邦不够尊重士人，选择继续归隐，还给张良写了一封回信《四皓答张良书》，表示要继续坚守"兔鹿之志"。

　　刘邦并没有因为上次周昌的相劝而熄灭了更换太子的想法，只是暂时把想法

▲ 五代十国　王齐翰　四皓图　大都会博物馆藏

放着，目前周昌也被派到赵国担任相国了，刘邦身边少了一个忠直的谏臣，他又有了废掉刘盈立刘如意为太子的想法。母因子贵，吕后非常恐慌，急得团团转，但计无所出。

这时候，有人对吕后说："留侯（张良）足智多谋，深得皇帝信任，可以请他帮着想想办法。"

吕后知道明着去请，张良肯定不会来，于是派吕泽（吕后大哥）胁迫着张良来到了长乐宫。

吕后问张良："明公常年为皇上的谋臣，如今皇上准备更换太子，明公怎么能够安枕而卧呢？"

张良回答："从前皇上多次陷在急困之中，才能采纳臣的计策；如今天下安定，因为偏幸而准备更换太子，这是骨肉之间的事，即使有一百个张良，又有何用啊？"

吕泽在旁边着急了，要挟张良道："给我们想个办法。"

张良这才说："这事难以用口舌去争取。有四个人，皇上征召不到，但这四个人已经年迈，因为皇上轻视侮辱士人，所以他们隐藏在商山中，守义不为汉臣。然而，皇上非常推崇他们四个人，认为他们是世外高人。现今如果明公能够不吝惜金银财宝，让太子亲自手书一封，言语谦恭，送去专车，派辩士诚恳地坚持请求，四皓应该会来。他们来了之后，你们要作为上宾相待，时机适当的时候，让他们跟随太子入朝，让皇上见到他们，对太子必定会有帮助。"

吕后和吕泽闻听，大喜过望，照着张良所说，派人奉上太子的书信，携带厚礼，入商山迎接四皓。果然如张良所言，四皓被太子的诚意打动，随使者下山，住到了吕泽的府中。

商山四皓不负所望，帮助刘盈保住了太子之位，这是后话。

彭越之死

前文讲过，刘邦征召梁王彭越共击陈豨，彭越称病，只派了一个将军领军前去相助，刘邦很不高兴，就派使者前往批评彭越。我们简单回顾一下彭越的经历。

彭越（？—前196），字仲，是昌邑县（今山东省菏泽市巨野县昌邑村）人，有勇力，早年以在巨野泽（又名大野泽、钜野泽、广野泽，上古九泽之一，故址在今山东省菏泽市巨野县北）打鱼为生，后聚集了一千多人，起兵反秦。当初沛公刘邦从砀县向北攻打昌邑的时候，彭越率众援助刘邦。昌邑城坚不破，刘邦率军西进。彭越继续率众留在巨野泽中，招兵买马，扩充实力。

项羽入关，分封诸侯的时候，尽管彭越已有了一万多名属下，但被项羽无视，因此彭越忌恨项羽。之后彭越跟随汉王刘邦，在楚汉相争之际，彭越经常率兵在梁地袭击楚军的粮道，使得楚军断粮。项羽很恼怒。有一次，他亲自率军前去攻打彭越，彭越自然不是项羽的对手，但他能打则打，不能打则跑。等项羽走了，彭越又回来袭扰。彭越还把得到的粮食供应给汉军，解汉军燃眉之急。垓下之战的时候，彭越又率军前去和刘邦会合，终于打败了项羽。项羽死后，刘邦立彭越为梁王。

彭越受到刘邦的责备，感到了恐慌，打算亲自找到刘邦谢罪。部将扈辄劝他道："王爷刚开始不去，受到责备后再去，去了就很可能被擒住，不如起兵反汉。"

彭越一听，连连摇头，他了解自己的实力，梁国仅有砀郡（今河南省永城市东北）和原东郡济阴之地，现在天下已定，自己有什么资本去反抗刘邦！但他也打消了亲自去向刘邦赔罪的想法，仍然对外宣称自己身体有病，需要静养。

几乎和韩信谋反罪状如出一辙的是，梁国的太仆犯罪了，他怕受到彭越的惩处，就逃到了刘邦那里，状告彭越和扈辄准备谋反。刘邦大怒，派人突然来到梁国，以迅雷不及掩耳之势逮捕了彭越，并把他囚禁在洛阳。经过调查，认为彭越谋反的证据链已经形成，请求依法判决。

刘邦念及彭越过去的功劳，赦免了他的死罪，贬为平民百姓，发配到蜀郡青衣县（今四川省乐山市北）。扈辄被处死。

也该彭越倒霉，他走到郑县（今陕西省渭南市华州区）的时候，恰好碰到从长安东来，准备前往洛阳的吕后。彭越以为抓到了救命稻草，赶紧上前拜见吕后。他老泪纵横，向吕后哭诉自己无罪，愿意回到故乡昌邑终老。

吕后假意安慰彭越几句，让他随自己一同去见刘邦，承诺帮他求情。彭越随同吕后东行。到了洛阳，吕后对刘邦说："彭越是位壮士，今天把他迁徙到蜀郡，这是自己给自己留的隐患，不如把他诛杀。妾身已经把他带回来了。"

刘邦问："以什么名义好呢？"

吕后说："这个就让妾身去办吧！"

然后吕后指使彭越的属下向朝廷告发彭越准备再次谋反，廷尉王恬开（本名"王恬启"，《史记》避汉景帝刘启讳改称"开"）也收到了指令，快审快判，判处彭越灭族。刘邦批准了。

公元前 196 年三月，彭越被夷灭三族，彭越的首级被挂在高竿上示众。刘邦下诏说："胆敢收殓彭越尸首的，立即逮捕。"吕后又出主意，把彭越的尸体熬成了肉酱，给每位诸侯送去一碗，震慑他们。

梁国大夫栾布（？—前 145）和彭越是布衣之交。彭越被问罪的时候，他正在齐地办事。他赶回来的时候，彭越已经被斩首示众。栾布跪倒在彭越的头颅下，向彭越叙述了出使齐地的情况，摆上祭品，放声痛哭。官员闻讯赶来，把栾布逮住。

刘邦召见栾布，怒骂道："你准备追随彭越造反吗？朕禁止任何人收殓或者祭拜，你却偏偏祭拜，反迹已明，我要立即烹杀你。"

刘邦命人支起大锅，把水煮沸，准备把栾布扔进去。

栾布回头朝刘邦喊道："让我说一句，再死不迟。"

刘邦吩咐道："慢！听他有何话说。"

栾布说："当初陛下被困于彭城，败于荥阳、成皋间，项羽之所以不能西进，是因为彭王居于梁地，和汉军呼应，而使楚军疲于应付。当时，如果彭王偏向楚则汉破，偏向汉则楚破。且垓下之战，如果没有彭王参与，项氏不亡。天下已定，彭王剖符受封，陛下许诺要传之万世。前些日子陛下征兵于梁，彭王有病不能亲自带兵前去，竟被怀疑为谋反。谋反之事并没有发生，陛下却以苛刻琐碎的小事杀死了彭王。臣恐怕功臣会人人自危。今天彭王已死，臣生不如死，请现在就烹了我！"

刘邦自觉理亏，认为栾布一片赤诚之心，便命令把栾布释放，任命他为都尉。

刘邦封五子刘恢为梁王，六子刘友为淮阳王。

陆贾出使南越

当初，秦朝统一天下之后，秦始皇派屠睢为主将、赵佗（tuó）为副将，率领五十万大军平定岭南（南方五岭以南地区的概称。五岭为越城岭、都庞岭、萌渚岭、骑田岭和大庾岭，大体分布在广西东部至广东东部和湖南、江西四省边界处）的百越（先秦时期对南方各族总称）之地，但战争失利，主将屠睢被杀。

任嚣接替屠睢，与赵佗再率军入岭南，于秦始皇三十三年（前214）统一岭南。任嚣（前268—前206）为首任南海郡尉，并节制岭南南海、象郡、桂林三郡，郡府设在番禺（今广东省广州市）。因为龙川县（今广东省龙川县）地理位置非常重要，任嚣委任赵佗为龙川县令。

公元前208年，中原战乱之际，任嚣病重，临死前，他把赵佗叫到床前，叮嘱他说："我听说陈胜等人起兵作乱，众英雄豪杰相继叛秦自立，南海郡偏僻荒远，我担心会有叛军侵略至此。我准备派兵封锁新道（秦朝开辟的通向南方的道路），以此保护我们周全，静观天下变化，无奈病情日重。且番禺北部有山，南部有海，南北东西数千里，还有中原人辅助（秦朝曾经发配犯罪之人到岭南），以这里为基地，可以建国，成为一方君主。郡府中官员没有可以同谋者，所以召来明公，委托你完成我的遗愿。"

说完，任嚣当即把有关文书印信交给了赵佗，让他行使南海尉的职责。任嚣死后，赵佗立即下发命令，告知横浦、阳山（今广东省阳山县）和湟溪关（今湘粤交界处的古湟水驿道上的地点，为由楚入粤之要道）守将说："叛军即将到来，要紧急部署兵力把守要道自守。"

赵佗又动用法律，诛杀了秦朝设置的官吏，把这些位置都换上了自己的亲信。秦朝灭亡之后，赵佗率军夺取了桂林郡（今广西壮族自治区桂平市西南）和象郡

（今广西壮族自治区崇左市）。赵佗自封为南越武王。

因为南越距离遥远，水土不服，且中原久经战乱，刘邦不想再派兵攻打南越，想承认赵佗的王位，换取他效忠汉朝，消除南方边关隐患。于是公元前196年五月，刘邦下诏任命赵佗为南越王，并派陆贾作为使者，前去送达诏书及符节印信。

陆贾（约前240—前170），楚地人，他以宾客的身份跟随刘邦平定了天下，以能言善辩闻名，在刘邦左右服侍，刘邦经常派他出使诸侯。

陆贾辗转来到了番禺，但赵佗对他颇为傲慢，接见陆贾的时候，赵佗把头发弄成一束，系于头顶，像锥子一般，坐在地上，两腿像簸箕一样伸开。陆贾劝赵佗道："明公是真定县（今河北省正定县）人，亲戚弟兄的坟墓也都在家乡。今明公反天性，抛弃礼仪教化，却准备以区区南越之地与天子抗衡，灾祸很快就要加身了。秦朝失去政权，诸侯豪杰并起，只有汉王首先入关，占据了咸阳。项羽背弃誓约，自立为西楚霸王，诸侯都归属他领导，不可谓不强。然而汉王从巴蜀起兵，挥鞭指挥天下，诛灭了项羽。五年的时间，海内遂告平定，这不是人力所致，而是上天授命。天子听说明公在南越称王，没有相助天下人诛灭项羽，文武百官建议发兵诛杀王爷，天子怜悯百姓刚享受太平，所以让他们休养生息，派遣臣前来授予您君王印信，剖符为信，互通使节。明公应该亲自到郊外奉迎，北面称臣，但您准备以新建的人心还不齐的百越之地逞强。汉朝皇帝如果得知，必然会挖掘焚毁明公先人的坟墓，夷灭宗族，派一名偏将率领十万大军，兵临百越之地，越人恐惧，必奋起而杀死明公投降汉朝，这易如反掌。"

陆贾晓之以理，动之以情，绵里藏针，让赵佗醒悟了过来。他收起了之前的姿态，端坐起来，致歉道："我久居蛮夷之地，太失礼了。"

赵佗问陆贾："我和萧何、曹参、韩信相比，谁更有才能？"

陆贾回答："王爷似乎能力更大些。"

赵佗又问："我和皇帝（刘邦）相比呢？"

陆贾回答："皇帝起自丰沛，讨伐暴秦，消灭西楚，为天下兴利除害，继承五帝三王之伟业，统一天下，统治中国。中国（中原）之人以亿计（20世纪30年代之前，十个百万是一亿），地方万里，身居天下膏腴之地，人员众多，车马无数，万物丰饶，政出一家，自开天辟地起从未有过如此景象。今王爷率众不过数万，皆是蛮夷之人，居于崎岖的山海之间，就好比汉朝的一个郡，王爷怎么能和皇帝相提并论！"

赵佗哈哈大笑道："本王不在中原，所以在此为王；如果我居于中原，又怎会知道不如汉王呢？"

赵佗对陆贾的口才很佩服，留下他宴饮了数月，并说："南越之中没有可以交谈之人，先生到来之后，让我大开眼界，听到了过去没有听说过的很多事情。"赵佗赠送陆贾价值千金的珍贵礼物。

陆贾遂按照诏令，封赵佗为南越王，命他向汉朝称臣，遵守汉朝律令。

陆贾回到长安，向刘邦汇报了出使的经过。刘邦大喜，任命陆贾为太中大夫。

陆贾经常在刘邦面前谈论《诗经》《尚书》。刘邦听不下去，诟骂他："老子我马上得到的天下，跟我说《诗经》《尚书》何用？"

陆贾回答道："马上得天下，难道马上能治天下吗？且商汤与周武王以武力夺得天下而以仁义治理天下，文武并用，这才是长久之道。过去吴王夫差、智伯（晋国六卿之一）崇尚武力而亡；秦朝刑罚严峻，终致灭亡。假如秦吞并天下之后，施行仁义，效法先圣，陛下又如何能得到天下呢？"

刘邦听后，面露惭愧之色。他对陆贾说："你试着写写秦所以失天下，朕所以能得天下，以及古今成败的事情，写好后交给我，以资借鉴。"

于是，陆贾旁征博引，陈述治国利害关系，主张"行仁义，法先圣"，礼法结合，同时强调人主必须无为而治。他文风纵横，逻辑严密，著述了相关文章十二篇。他每写好一篇交给刘邦，刘邦都连连称妙，这时候左右也高呼"万岁"，称陆贾的书为"新语"。

英布反叛

公元前196年夏季，刘邦生病了，他不想让外人看到自己生病后的狼狈模样，便命令禁卫军看好门，不让群臣入内，连绛侯周勃、颍阴侯灌婴也都被阻挡在外。一连十多天，群臣见不到皇帝，不知道里面究竟发生了什么，都非常焦急。

舞阳侯樊哙是刘邦的连襟，性格直爽，他失去了耐心，顾不上禁令，直接推开守卫闯入宫中，群臣紧随。樊哙等人来到了刘邦的病榻前，看见刘邦躺在床上，把头枕在一位宦官的腿上。

樊哙等人跪拜，流着泪说："起初，陛下与臣等在丰沛起事，平定了天下，是何等壮伟！今天下已定，陛下却又这般怠倦！且得知陛下病重，群臣震恐，陛下不召唤臣等议事，难道要独自和一个宦官诀别吗？陛下难道不知赵高之事（秦始皇病死，宦官赵高和李斯勾结谋杀了太子扶苏而立胡亥）吗？"

刘邦呵呵一笑，坐了起来。

公元前196年七月，刘邦接到淮南王英布反叛的消息。韩信被杀的时候，英布就很心惊，因为他清楚自己不是刘邦所信任的人。等到彭越被杀，又把彭越的尸体剁成肉酱，把肉酱装起来赐给诸侯，送到淮南国的时候，英布正在打猎。他见到肉酱，非常惊恐，秘密派人部署军队，暗中观察临近郡县的军事动向。

英布有个美丽的妾，他非常宠爱她。一天，他的这个妾生病了，就到医生家就诊。医生家和中大夫贲赫家是对门邻居，贲赫可能是爱慕或者是想攀附英布的这个妾，就送给医生一份贵重的礼品，让他从中牵线。贲赫来到医生家里，得到了和英布的这个妾宴饮的机会。

一次，这个妾侍奉英布，在闲聊中，她说贲赫是个忠厚老实的人。英布一听就生气了，问道："你是从哪里知道的？"这个妾就把事情的前后讲了一遍。英布闻听，更是恼怒，他怀疑这个妾和贲赫有了奸情。

贲赫得知消息，装病在家，避免见到英布，这样一来，英布更是愤怒，准备派人捉拿贲赫。贲赫提前得到消息，急忙乘马车逃奔长安，要状告英布谋反，英布派人去追赶，没有追上。贲赫到了长安，上书告发英布有谋反的苗头，可以在他没有发动之前派人予以诛杀。

刘邦把贲赫书中的话和相国萧何讲了。萧何说："英布不应该会这样，恐怕是他的仇人怨恨他，故意栽赃他。请陛下把贲赫关押起来，派人暗中调查淮南王谋反的证据。"

英布耳目众多，得知贲赫逃到长安并向刘邦上书他谋反之事，怀疑贲赫已经把淮南国内兵力调动的情况告知了刘邦。朝廷派来的使者调查的结果，又不断验证贲赫的话，英布已经没有别的路可以选择，他不听丞相朱建的劝告，派人诛灭了贲赫满门，起兵造反。

英布对众将说："刘邦垂垂老矣，已经厌倦了战场的厮杀，他必定不会亲征。他会派一位将军领军，诸将中，我忌惮的只有韩信和彭越，如今他们都已经死了，剩下的都不是我的对手。"

刘邦接到英布反叛的消息，立即释放了贲赫，任命他为将军。

刘邦召集文武大臣商议对策，问道："英布反了，我们该如何应对？"

众臣纷纷说："发兵活埋了那个家伙，他有什么能耐！"

之前，汝阴侯夏侯婴召见他的宾客薛公，征求对策。薛公是原楚国令尹，很有见识，他说："英布必然会反。"夏侯婴问："皇上封给他土地，加封王爵，使他贵为一国之主，他为什么要造反？"薛公说："先杀韩信，后杀彭越，韩信、彭越和英布对皇帝的贡献相当，他自然会疑虑下一步要消灭的是自己，所以造反。"因此，这次夏侯婴对刘邦说："臣的宾客，原楚国令尹薛公，此人有谋略，可以询问他。"

于是刘邦召见了薛公，薛公说："英布反叛也不值得大惊小怪。如果英布使用上计，到时候山东就非汉所有了；使用中计，则胜负未知；使用下计，陛下可以安枕而卧了。"

使用上计，刘邦的天下就不保了，因此他急问道："什么是上计？"

薛公回答说："英布向东进攻吴国，向西夺取故楚国，吞并了故齐国和鲁地，然后向燕、赵之地传发檄文，通知他们固守，到时候，山东（太行山以东）就不会再属于陛下了。"

刘邦接着问道："什么是中计？"

薛公回答说："向东夺取吴国，向西夺取故楚国，吞并了故韩国和魏国之地，据有了敖仓（今河南省荥阳市北敖山粮仓）的粮食，占据了险要的成皋关（今河南省荥阳市汜水镇），则胜负未知。"

刘邦又问道："什么是下计？"

薛公回答："东取吴国，西取下蔡（今安徽省凤台县），把辎重放置到古越国（今浙江省）土地，然后英布向长沙国求援，则陛下可以安枕而卧，汉不会有事了。"

刘邦接着问道："你估计英布将采取哪个计谋？"

薛公回答说："下计。"

刘邦感觉很奇怪，问道："他为什么不采用上计而选择下计呢？"

薛公回答说："英布是原来的骊山刑徒，现在贵为一国国君，他只考虑自身利益，不会为百姓和子孙万世考虑，所以会采用下计。"

刘邦点点头，道："你分析得对。"于是封薛公食邑千户。刘邦下令收回英布淮南王的封爵，封儿子刘长（刘邦第七子）为淮南王。

刘邦因为身体有病，准备派太子刘盈作为主帅，率军讨伐英布。商山四皓得到消息，找到建成侯吕释之（吕后二哥），对他说："太子出征，有功了，位置也无法再提升；没有功劳的话，恐怕会引来灾祸。明公应该立刻去找皇后，让皇后找机会向皇上泣言说：'英布，是天下猛将，善于用兵，如今各位将领自起事起就跟随陛下，资格很老，如果让太子统领他们，无异于让羊领导狼，肯定指挥不动。如果这个消息让英布知道，他必会击鼓西进。陛下虽然身体有病，也请勉强登上辎车（一种有帷盖的大车），即使躺着指挥军队，众将也不敢不尽力拼杀。这样陛下虽然辛苦些，但为了妻子、儿女考虑，也要奋力图强。'"

吕释之听了商山四皓的分析，了解了事关重大，连夜入宫求见吕后，把四皓的话学给了吕后。吕后找准时机，流着泪，学着四皓的话对刘邦讲了一遍。

刘邦无奈地说："朕就知道这小子成不了气候，老子我就亲自出马吧！"

大风歌

汉高祖刘邦御驾亲征淮南王英布，陈平、郦商、夏侯婴、灌婴、靳歙（xī）等人随同，留守长安的群臣亲自送刘邦大军到了霸上（今陕西省西安市东灞河畔）。留侯张良身体有病，也强打精神，起床前来送行，一直送到了曲邮（今陕西省西安市临潼区北）。

张良对刘邦说："我应该跟随陛下一起出征，怎奈病情日渐加重。楚人彪悍，希望陛下尽量减少正面对决。"张良又劝刘邦给太子加将军衔，监领关中军队。刘邦说："子房要保重身体，你虽然有病，也请卧在床上辅佐太子，看好老家。"刘邦又征发上郡、北地郡、陇西郡的人马，巴蜀的预备部队，以及中尉所属的军士共约三万人，作为皇太子刘盈的卫兵，驻军霸上，以防不测。

刘邦率大军浩浩荡荡东进。不出薛公所料，英布起兵后向东攻打荆国（首府吴县，今江苏省苏州市），荆王刘贾不敌逃走，逃到富陵（今江苏省淮安市洪泽区西北）的时候，被叛军杀害。英布吞并荆国的部队后，北渡淮河，攻打楚国（首府彭城，今江苏省徐州市）。楚王刘交排兵布将，在徐县（今江苏省宿迁市泗洪县南）和僮县（今安徽省宿州市泗县东北）之间和叛军展开大战，刘交把部队分成三支，准备一方有难的时候，互相支援。

有人劝楚军将领说："英布久经沙场，善于用兵，百姓向来怕他。而且兵法有云'诸侯自战其地，为散地'，今分为三支，叛军一旦击破一支，其他两支部队也将会四散奔逃，怎么能够互相救援呢！"将领听不进去。不出所料，英布首先攻破了楚军的一支军队，另外两支畏惧逃走，英布遂西进。

公元前 195 年十月，刘邦和英布在蕲（qí）县（今安徽省宿州市南蕲县集）西遭遇。英布治军有方，部队训练有素，刘邦坚守庸城（蕲县西），望见英布的军队排兵布阵犹如项羽的军队。刘邦内心非常厌恶，这时，他看见了英布，英布也正看向他，英布对刘邦亲征深感意外。

刘邦冲英布喊道："你何苦造反？"

英布也不想多废话，直接回答："我准备过过皇帝瘾！"

刘邦大怒，对英布破口大骂。两军遂开战，大将郦商率军攻击叛军的前锋，连破两阵，英布军大败；大将灌婴也在相地攻击英布的偏将，斩杀英布的副将三人，又乘胜进军，消灭了英布的上柱国和大司马的军队，接着击破了英布别将肥铢，灌婴亲自擒获英布的左司马一名，他的手下斩杀叛军小将十人。英布抵挡不住，败走，渡过淮河后，再组织反扑，又败，这样数次都无法取胜之后，他的军心崩溃，将士四散奔逃。英布率领一百多名亲信逃向长江南岸，刘邦派军猛追。

刘邦在乱军中受了箭伤，他认为英布已经构不成威胁，于是启程返回长安。路过家乡沛县（今江苏省沛县）的时候，刘邦命令停驻，在沛县行宫里宴请父老乡亲，刘邦命从县里选拔了一百二十名儿童，教他们唱《大风歌》。

酒至半酣，刘邦亲自击筑（古代一种弦乐器，似筝，以竹尺击之，声音悲壮），亲自吟唱《大风歌》："大风起兮云飞扬，威加海内兮归故乡，安得猛士兮守四方！"刘邦让一百二十名儿童跟着唱。这些儿童的声音整齐划一地响起，刘邦非常激动，站起来手舞足蹈，回忆起在家乡的时光。如今一晃过去那么多年，不少玩伴都已经仙逝，他感慨伤怀，流了几行热泪。刘邦动情地对父老乡亲说："游子顾念故乡。朕虽然定都关中，万岁之后，朕的魂魄必还会在沛县安家。且朕以沛公起家，讨伐暴逆，遂得天下，朕今把沛县作为汤沐邑，现免除沛县百姓的赋税，世世代代都不用缴纳。"父老乡亲陪刘邦日日欢饮，还讲起往事，以为乐趣。

十多天后，刘邦准备西归长安，父老乡亲依依不舍，一再挽留。刘邦开玩笑说："我带的人太多，恐怕父老乡亲管不起饭啊！"众人哈哈大笑。刘邦于是率众离去，沛县万民空巷，献上牛肉美酒，在城西欢送他们。刘邦知道这一走，此生再回来的可能性已经不大，因此又命在城外停驻，搭帐篷和父老乡亲又痛饮了三日。

父老乡亲叩拜道："沛县有幸得免赋税，丰邑还没有享受这个优惠政策，请陛下哀怜。"

刘邦说："丰邑，是我生长的地方，我终生难忘。我之所以如此做，是因为他们出于雍齿的原因背叛我，投降了魏国（公元前208年，刘邦命雍齿留守丰邑，雍齿献城，投降了魏国相国周福）。"

父老乡亲坚持请求，于是刘邦免除了丰邑的赋税，和沛县享受的政策相同。然后，刘邦率军西返长安。

汉军别将在洮（táo）水（一说洮水，即长荡湖，在今江苏省宜兴市、溧阳市之间；一说为泚水，即今安徽境内的淠河）南北攻打英布残军，都大胜。

英布是前长沙王吴芮的女婿，吴芮已死，目前的长沙王为吴芮的长子吴臣，是英布的小舅子，但吴臣很懂政治，他为了摆脱自己家族和英布的关系，就派人欺骗英布说，他愿意和英布一同投奔南越。英布深信不疑，跟随来人动身前往长沙国（首府临湘，今湖南省长沙市），经过番阳县（今江西省鄱阳县）境内的时候，有番阳人在县内兹乡民舍之中把英布杀害（年龄不详）。

汉初的七个异姓诸侯楚王韩信、韩王韩信、淮南王英布、梁王彭越、长沙王吴芮、赵王张敖和燕王臧荼，仅剩下长沙王了。

这时候，北方战场也传来好消息，太尉周勃平定了雁门郡十七个县、云中郡十二个县和代郡九个县，并在当城（今河北省蔚县东北）斩杀陈豨，陈豨之乱也平息了。

荆王刘贾被乱军杀死，因他没有儿子，无法继承爵位，刘邦就改荆国为吴国。刘邦命大臣建议吴王人选，长沙王吴臣等人建议说："沛侯刘濞为人沉稳敦厚，请立为吴王。"

刘濞是刘邦二哥刘喜的大儿子，本年（公元前195年）二十一岁，他性格彪悍，有勇力。因是自己的亲侄子，刘邦就任命刘濞为吴王，并召刘濞来见。刘濞拜见刘邦后，刘邦对他说："你的相貌有反相。"刘邦轻轻拍打刘濞的背，说："汉立国五十年以后，东南会有叛乱，难道会是你吗？然而，天下已经是一家人，希望你要处事谨慎，不要谋反。"

刘濞一听，眼泪就下来了，叩头道："臣不敢。"

不出刘邦所料，刘濞日后挑头发起了"七国之乱"，这是后话。

刘邦回京，经过鲁县（今山东省曲阜市）的时候，用太牢（牛、羊、猪各一头）祭祀了孔子。著名的儒家学者、经学家鲁人申培（西汉今文《诗》学中"鲁诗学"之开创者）跟随老师在鲁南行宫拜见了刘邦。

羽翼丰满

刘邦击败英布回到长安，箭伤发作，加之之前身体就有病，他对自己的身体有不好的预感，考虑到自己百年以后继承人的问题，更换太子的想法就越加强烈。张良劝谏，刘邦这时候也听不进去了，张良就称病，不再过问朝廷之事。

太子太傅叔孙通劝谏道："今太子仁爱孝顺，天下皆知，吕皇后和陛下一路共患难走了过来，怎么能忘记皇后的功劳呢？陛下如果要废长立幼，臣愿意首先伏诛，以颈血染地。"

刘邦看叔孙通情绪很激动，就说："爱卿罢了，我是开开玩笑而已。"

叔孙通说："太子，是天下之根本，根本一摇，天下震动，为何陛下以这等天大的事情来开玩笑呢！"

刘邦只是敷衍叔孙通，他还是没有改变变更太子的想法。商山四皓得知，认为该是他们上场直面刘邦的时候了。有一次，刘邦在宫中摆酒，召太子刘盈侍奉，四皓随太子入宫。刘盈拜见刘邦，刘邦突然看见刘盈身后站着四个人，年纪在八十开外，头发眉毛皆白，打扮不俗，仙风道骨，宛若神仙。

刘邦感觉有些怪异，问道："你们是何许人也？"

商山四皓上前对答，一一报出了自己的姓名。

刘邦听说过他们的名字，大吃一惊："我曾经征召诸公，你们逃匿起来，今诸公怎么跟随了我的儿子呢？"

四皓回答说："陛下轻慢士人，喜欢辱骂他人，我们为不使道义受辱，因为恐惧而藏匿。今听说太子仁爱孝顺，尊重士人，天下之人都愿意抻着脖子去为太子而死，所以臣等也来了。"

刘邦说："烦请诸公调理、扶持太子。"

四皓为刘邦祝寿毕，就快步离开了。刘邦看着他们的背影，目送他们离开，召来戚夫人，指着四皓的背影说："我准备更换太子，但太子有他们四个人辅佐，羽翼已成，动不了了。吕氏命中注定是你的主人啊！"成语"羽翼丰满"就出自此。

戚夫人眼泪当时就下来了。刘邦说："你为我跳楚舞吧，我为你唱楚歌。"戚夫人擦擦眼泪，跳起了楚地的舞蹈。刘邦唱道："鸿鹄高飞，一举千里。羽翼已就，横绝四海。横绝四海，又可奈何！虽有矰缴（zēng zhuó）（指射鸟的箭），尚安所施！"这首歌的名字就叫"鸿鹄歌"，是刘邦所创。

刘邦一连唱了好几遍，戚夫人唏嘘流涕。刘邦也不喝酒了，起身离开。之后，刘邦再也不提更换太子了。

刘邦越来越对他人不放心，甚至开始怀疑相国萧何。他出征英布的时候，数次派使者在长安观察萧何的所作所为。使者回禀说："抚慰百姓，拿出自己的家财资助军队，和陛下出征陈豨时一样。"

萧何的宾客劝萧何说："明公距离灭族的日子不久了。您贵为相国，功劳第一，已经无法再封赏。您初入关的时候，本就深得民心，已经十多年了，百姓都拥戴您，您还孜孜不倦，勤勉为民。皇上已经多次询问明公所为，就是担心您撼动关中。今明公为什么不多买田地，往外放贷，来败坏自己的名声？这样的话，皇上必定会安心了。"

萧何就照着宾客的话去做了。刘邦听到后，很高兴。

当初刘邦攻打陈豨的时候，燕王卢绾也率军攻打陈豨的东北方向，陈豨承受不住两方面的攻击，就派王黄到匈奴请求救援。卢绾为了不让匈奴援救陈豨，派大臣张胜出使匈奴，告诉匈奴陈豨已经被击溃了。

张胜抵达匈奴后，投降匈奴的前燕王臧荼的儿子臧衍前去拜会张胜，游说他道："明公之所以在燕国受到重用，是因为熟悉匈奴事务。燕国之所以能存在到现在，是因为各诸侯国反叛，汉朝廷战事不断，所以还无暇收拾燕国。今明公为燕国着想，急着消灭陈豨，陈豨一旦被消灭，下一个就轮到燕国了，明公等人也将会成为俘虏。明公为什么不让燕国军队暂且放过陈豨，而与匈奴暗和？事情过去后，燕王的王位也能长久，即使汉军进攻，因为有陈豨和匈奴相助，也可以保全国家。"

张胜闻听臧衍所说，句句在理，私下让匈奴军队进攻燕军。卢绾怀疑张胜和匈奴沆瀣一气，上书朝廷，请求诛灭张胜一族。张胜回到燕国，向卢绾汇报了出使的情况。卢绾这时候也犯了糊涂，听信了张胜的话，就把另一个人的家族灭了，放过了张胜全族，并把他们送到匈奴，作为和匈奴沟通的使者。卢绾又派范齐去见陈豨，让他打持久战，不着急决战。

刘邦率军攻打英布的时候，陈豨常率军进驻代郡，后为周勃所灭。陈豨的副将投降朝廷，把卢绾派范齐联络陈豨的事给告发了。因为卢绾和刘邦是光着屁股长大的，同年同月同日生，感情非常好，刘邦将信将疑，派使者征召卢绾。卢绾称病不来。

刘邦又派辟阳侯审食其和御史大夫赵尧亲自赶往蓟县接卢绾，顺便暗中调查燕国动向。卢绾非常惊慌，躲藏了起来，并对左右说："不是刘姓而为王者，现在只剩下我和长沙王吴臣了。韩信和彭越被灭了三族，这都是吕后的主意。如今皇上生病了，把权力交给了吕后。吕后不过是一个妇人，准备借故把异姓王和大功臣杀尽。"

卢绾继续称病不去，他的亲信权衡利弊，不断逃离，卢绾的话也泄露了出去，传到了审食其的耳朵里，他回到长安禀报了刘邦。刘邦更加愤怒。这时候，碰巧有匈奴人前来投降，禀告刘邦说张胜还没有死，就躲在匈奴，充当卢绾的使节。刘邦冷笑几声，说："卢绾果然反了！"

公元前195年二月，刘邦任命樊哙以相国的身份统率兵马，攻打卢绾。刘邦封第八个儿子刘建为燕王。

樊哙刚走，就有人开始在刘邦的面前诋毁樊哙，说："樊哙是吕后同党，陛下一旦晏驾，他准备起兵诛杀赵王刘如意、戚夫人及其随从。"

樊哙娶了吕后的妹妹吕媭（xū），和吕后关系亲近，造谣者大概是戚夫人的同党，他们准备铲除掉吕后的一个大帮手。刘邦闻听，大怒道："樊哙见我生病了，盼我早死呀！"

刘邦召陈平过来商议对策，计议已定，刘邦召周勃来到床前，给他们下诏说："陈平乘坐马车，周勃同乘，快速赶往前线，传达诏书，由周勃代替樊哙的统帅之职，陈平在军中立斩樊哙人头。"

樊哙是刘邦的同乡和连襟，和刘邦一起起事，曾经在鸿门宴上救过刘邦的命，关系非常亲密，如今刘邦也信不过他了，事实再次说明，再好的关系也禁不住岁月的洗礼，天下没有不散的筵席。

陈平和周勃领诏，赶往北方前线，两个人一面走一面合计说："樊哙，是皇上的故交，功劳大，又是吕后的妹夫，既亲且贵，皇上是因为一时愤怒才要斩樊哙，恐怕事情过了之后就会后悔。我们最好把樊哙捉住，交给皇上自己处理。"

陈平和周勃到了军中，筑坛，用皇帝的符节召见樊哙。樊哙见到诏书后，二话不说，让人把自己反绑，陈平命把樊哙装入囚车，他亲自押着赶往长安，由周勃率军继续平定燕地。

高祖驾崩

刘邦箭伤不断发作，他要做最后一件事，使刘氏江山永固。刘邦召集群臣，杀了一匹白马，而和群臣盟誓："非刘氏不得为王，非有功不得侯，不如约，天下共击之。"这就是历史上著名的"白马盟誓"。

刘邦病情不断加重，吕后亲自派人找来良医为刘邦诊治，医生入宫拜见刘邦，刘邦问他："我的病还能治吗？"

医生回答："可治。"

刘邦破口大骂："朕以布衣提三尺宝剑夺取天下，这不是天命吗？朕的命在天，虽然扁鹊在世，也无药可治。"

因此，刘邦拒绝治疗，他赐给了医生金五十斤，让他回家。

吕后问刘邦："陛下百年之后，萧相国一死，谁可接替他？"

刘邦说："曹参可以。"

吕后又问曹参之后谁可接替，刘邦说："王陵可以，但王陵为人正直憨直，可以让陈平协助他。陈平人很聪明，但难以独担大任。周勃为人忠厚，读书少，然而，安刘氏江山者必是周勃呀，可以任命他为太尉。"

吕后再往下问，刘邦闭上了眼睛，说："这之后，你也就无法知道了。"

公元前195年四月二十五日，刘邦在长乐宫驾崩，享年六十二岁，在位十二年。刘邦没读过几年书，但他为人性情通达，计谋多，听劝，亲和力强，从看门人到戍卒，都和他一见如故。入关后，他顺应民心，约法三章。在艰苦卓绝的楚汉相争时，他有如天助，最终战胜了战神项羽。天下初定，他命萧何制定律令，张良和韩信整理兵法，张苍制定章程，叔孙通制定礼仪，陆贾著《新语》。又和功臣剖符立誓，丹书铁券，金匮石室，藏于宗庙。

吕后和审食其商量说:"诸将过去和皇帝相识于平民时期,后来才北面称臣,心里常常不服气。今又侍奉少主,如果不把他们灭族,天下不得安宁。"所以吕后秘不发丧。

官内有人把消息告诉了郦商,郦商找到审食其说:"听闻皇帝已经驾崩有四天了,还不发丧,又准备诛杀诸将。真这么做的话,天下就危险了,陈平、灌婴领兵十万守卫荥阳,樊哙、周勃领兵二十万平定燕代,如果他们听到皇帝驾崩,诸将皆被诛杀,必会掉转刀头,攻打关中。大臣乱于内,诸将反于外,抬脚之间就会灭亡了。"

审食其闻听大惊,急忙入宫劝说吕后。于是,四月二十八日,朝廷对外发布刘邦驾崩的消息,并大赦天下。

再说陈平押着樊哙返回长安,在途中听到了刘邦驾崩的消息。陈平大吃一惊,又暗中庆幸没有处斩樊哙,他担心吕媭在吕后那里告自己的状,就立即骑快马先行赶往长安。走到中途,陈平遇到了从长安城赶来的使者,诏令陈平赶往荥阳,和灌婴一起镇守荥阳。

陈平聪明,接诏书后并没有马上赶往荥阳,而是立即赶到长安的长乐宫中,在刘邦的灵柩前痛哭流涕,汇报了自己完成任务的情况。吕后也一阵伤心,说:"你出去休息一下吧!"

陈平担心自己一走,就会有人趁机进谗言,就坚决要求留下来守灵,因此得以在宫中值守。吕后任命陈平为郎中令(九卿之一,掌宫中门户),日夜辅导刘盈。因此,吕媭在吕后那里告陈平的状,吕后也没有理会。

五月十七日,刘邦被埋葬于长陵(今陕西省咸阳市东北)。群臣说:"皇帝出身低微,扫平乱世,平定天下,为汉太祖,功最高。"群臣奉上尊号为高皇帝。

卢绾本来要等刘邦痊愈后,亲自上长安向刘邦解释,刘邦一死,他就再也没有解释的机会了,于是逃向了匈奴。一年后,卢绾死在了匈奴。

五月二十日,十六岁的皇太子刘盈即位称帝,尊母亲吕雉为皇太后。

樊哙被押到长安,立即释放,并恢复了爵位和封邑。

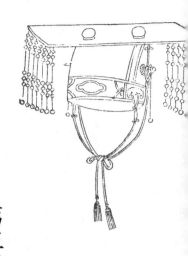

第三章
铲除吕氏

人 彘

　　皇太后吕雉大权在握，做的第一件事就是报复戚夫人。她命永巷令（官名，掌后妃宫女及宫中狱事）囚禁了戚夫人，剃光了戚夫人的头发，在她的脖子上戴上铁圈，给她穿上囚犯才穿的赤褐色衣服，命她舂（chōng）米。

　　戚夫人边舂米边口中唱道："子为王，母为虏，终日舂薄暮，常与死为伍！相离三千里，当谁使告汝？"

　　有人把消息报告给了吕后。吕后大怒道："难道准备依仗儿子吗？"

　　于是，吕后派人召赵王刘如意入京，准备借机杀死他。前文交代过，刘邦早有安排，让周昌做赵国的相国，辅保刘如意。使者接连来了赵国两次，周昌都不让赵王入京。使者第三次来的时候，周昌对使者说："高帝叮嘱臣要保护赵王，赵王年少，我私下听说太后怨恨戚夫人，准备召赵王进京，一并诛杀。臣不敢让赵王前去，且赵王身体有病，不能奉诏前往。"

　　使者回京后，把周昌的话对吕后讲了一遍。吕后非常生气，心生一计，准备先调开周昌。她派使者前去征召周昌入京。周昌不能不来。周昌抵达长安后，吕太后大骂周昌："你不知道我怨恨戚氏吗？为什么不让赵王来！"

　　吕后从赵国支走了周昌，就派人前去征召赵王刘如意。刘如意果然来到了长安。惠帝刘盈生性仁慈，之前刘邦交代过，让他好好照顾弟弟刘如意，因此他亲自到霸上迎接刘如意，两个人一同入宫。刘盈把刘如意放在眼皮底下，他们一起吃饭，在一张床上睡觉。吕后一时没有找到下手的机会。

　　公元前194年十二月的一天早上，刘盈起早到郊外打猎，他唤刘如意起床和自己一起去打猎。但刘如意这时才十三岁，正是贪睡的年龄，他不肯起床。刘盈叫不起来，只有作罢，自己带领属下前去打猎了。只剩刘如意一个人在睡觉的消息，马上传到了吕后的耳朵里，她立即派人携带鸩酒，强行给刘如意灌下。不一会儿，赵王刘如意毒发身亡。刘盈打猎回宫，发现刘如意已经死亡，放声大哭。他知道是自己母亲所为，无可奈何。

周昌得知刘如意被害，之后就称病拒绝上朝，三年后去世。

吕后一不做，二不休，派人砍断了戚夫人的手脚，挖去了眼睛，把耳朵熏聋，又强行给戚夫人灌下了一种药物，使她成为哑巴，然后把戚夫人放到了阴暗潮湿的地下室内。吕后称戚夫人为"人彘"。彘，就是猪的意思。

朝内功臣都心向吕雉和太子刘盈，戚夫人在没有强有力的同党支持的情况下，自不量力，企图游说刘邦更换太子，没有成功，付出了惨重的代价。吕后歹毒狠辣，这么残忍地对待情敌，制造了历史上惨绝人寰的一幕。吕后去世后，吕氏满门被灭，大概也是上天报应吧！

过了些时日，吕太后派人引领刘盈来参观"人彘"，刘盈见到眼前似人非人、似动物非动物的怪物，就询问左右。左右回答说："是戚夫人。"刘盈自幼胆小仁慈，一听说是戚夫人，当即头脑眩晕，差点跌倒，继而放声大哭。他当时就被吓病了，一年多都不能起床。

刘盈派人对吕太后说："这不是人所能做出来的事。臣虽然是太后的儿子，终究没有能力治理天下（指的是保护不了赵王和戚夫人）。"不久，戚夫人就死了。

从此之后，刘盈日日听音乐，饮酒，不再处理朝政，全权交给吕后处理。商山四皓感觉刘盈精神已经垮了，他们也无力回天，于是又归隐去了。

时间一晃，过了一年（公元前193年十月），齐王刘肥来长安朝见，吕后设宴款待。当时惠帝刘盈也在场，他认为刘肥是哥哥，就让他坐在吕后的右手边（右为尊），自己坐在左边。吕太后看到后，非常愤怒，命人取来了一杯鸩酒，放在了刘肥的面前，赐福刘肥。刘肥站起身拜谢，举杯就要饮下，刘盈看在眼里，赶紧站起来，抢下了酒杯。吕后大惊，以为刘盈要喝下，打落了刘盈的酒杯。

刘肥对吕太后的举动感到很奇怪，立刻意识到了酒里有问题，他也不敢喝了，就假装喝醉了，然后离开了宫中。刘肥经过打听，得知那杯酒是鸩酒，大惊失色，以为这次无法离开长安回国了。

随刘肥一起来长安的齐国内史建议道："太后只生了皇帝和鲁元公主，王爷今有七十多座城池，而鲁元公主的食邑不过数城。王爷如果把齐国的一个郡献给太后作为鲁元公主的汤沐邑，太后必定欢喜，王爷就可以脱离危险了。"

当时齐国共有七个郡七十三个县，这七个郡分别为胶东郡、胶西郡、临淄郡、济北郡、博阳郡、城阳郡（今山东省莒县）和琅玡郡。于是，刘肥接受内史的建议，把齐国的城阳郡作为鲁元公主的汤沐邑。

吕后终于露出了笑脸，批准了，并在齐国设在京城的官邸内置酒，和刘肥一起宴饮，然后送他回国。

萧规曹随

酂侯、相国萧何病情加重，惠帝刘盈亲自前去探视，并趁着萧何清醒的时候，问他："相国百年之后，谁可以接替您？"

萧何回答："知臣莫如主。"

刘盈又问："曹参如何？"

萧何无法下床，以头点枕头，表示叩拜，然后说："陛下用他，我死而无憾了。"

萧何和曹参年轻时就相识，关系不错，当年跟刘邦一起起事，后来萧何做了相国，他们两人也产生了不少矛盾，但萧何心怀坦荡，以国事为重，仍然推荐曹参接替自己。

公元前 193 年七月五日，萧何病逝，年六十五岁，他的儿子萧禄继承了他的爵位。

萧何购买的田产，都选择在无人青睐的偏僻贫瘠的地方，宅院不修建院墙。他说："如果子孙贤能，将效仿我的节俭；否则，这些都将为权势人家所夺。"

此时曹参正担任齐国相国之职，听到萧何去世的消息，因又失去一位昔日老友而一阵伤感，然后命下属整理行装，说："我将入朝担任相国了。"

二十多天后，朝廷派来的使者果然到齐国征召曹参入朝。

曹参担任相国以后，对朝廷事务都保持不变，全部按照萧何之前的做法办理。曹参从郡国中选择年龄大些、不善文辞、性格敦厚的人，担任相国府的属官。而对那些文辞华丽，追究名声者，曹参都一律罢免。曹参日夜饮酒。很多官员及宾客看曹参不尽职，来拜会曹参的都想劝动他。但他们一到，曹参就拿出美酒和他们同饮，来人准备开口规劝的时候，曹参就又让他们喝酒，来人直到喝醉离开，都没有机会规劝。后来大家也就习以为常了。

相府后院是小官吏的住所，这些小吏下班后，经常聚在一起喝酒，喝完后又大声唱歌，相府中的属官不堪其扰，但也不好强行干涉，于是他们邀请曹参游后园，希望他能制止一下。听见这帮小吏喝醉后在唱歌，萧何不但不怪，反而命人取来酒菜，就地铺设酒席，也大呼小叫地与小吏们附和。

曹参发现别人有小过失的时候，就替他遮掩，因此府中也平静无事。

刘盈希望曹参能担起责任，对吕太后进行牵制，但眼见曹参并不理事，他心想："难道是因为我年轻，看不起我吗？"于是他对中大夫曹窋（zhú）（曹参之子）说："你回家之后，心平气和地问问你的父亲，就这样问：'高帝驾崩不久，皇帝年轻，您身为相国，日日饮酒，无所作为，怎么为天子分忧？'但你不要对你父亲说这话是我说的。"

曹窋趁休假（洗沐）在家的时候，劝父亲曹参。曹参非常生气，怒打曹窋两百下，斥责他道："抓紧去朝廷做事，天下之事不是你该操心的。"

曹窋入朝后，就把在家的遭遇对刘盈讲了一遍。等到朝会的时候，刘盈责备曹参说："为什么要抽打曹窋呢？是我让他劝你的。"

曹参脱下帽子，叩拜谢罪道："陛下和先帝比，觉得谁更圣明？"

刘盈说："朕怎么敢和先帝相提并论？"

曹参问："陛下观察臣和萧何，谁更贤能？"

刘盈说："好像你比不上。"

曹参接着说："陛下所言极是。而且高皇帝和萧何定天下，法令制定完备，陛下垂衣拱手，臣等忠于职责，遵守法令，而不偏废，这样做不可以吗？"

刘盈词穷，就说："你说得对，下去休息吧！"

这就是成语"萧规曹随"的来历。

曹参为什么要这么做？因为他听了盖公之言。曹参上任齐国相国的时候，听说齐国胶西郡有个高人叫盖公，擅长研究黄老学说（黄老之学，为黄帝之学和老子之学的合称，主张休养生息，清静无为），于是派人携厚礼把盖公请来。盖公见到曹参，给他讲了些治国之道贵在清静无为，而百姓自然安定的道理。曹参信服，于是避开正堂，和盖公住在一起，听他说教。

曹参清静无为的行为，也符合西汉初年的实际情况，因为经过多年的战乱，百姓疲惫，需要时间恢复生产生活，朝廷施行的不过分打扰的清静政策，对生产力的恢复和发展起到了积极的作用。

曹参为相三年后（公元前190年）去世。百姓歌颂他说："萧何为法，颙若画一；曹参代之，守而勿失。载其清靖，民以宁壹。"

匈奴辱吕后

　　为了和匈奴维持关系，安定北方边境，吕后从刘姓宗室的漂亮女子中选了一位，封为公主，派人护送到匈奴，嫁给冒顿单于为妻。

　　当时匈奴在冒顿的经营下，兵强马壮，他得知汉高祖刘邦已经死去，更不把吕后和皇帝刘盈看在眼里。公元前192年春季，冒顿单于派使者给吕后送了一封信，措辞极其污秽傲慢。

　　信中说："孤独无靠的君主，生于潮湿寒冷的沼泽之中，长于广阔的牧马放羊之地，我数次到达两国边境，愿到中原一游。陛下（指吕后）单身，形单影只，我们两个孤男寡女，都很不快乐，生活百无聊赖，不如以自身具有的，来交换彼此所没有的。"

　　吕后见到信，勃然大怒，召集群臣开会，准备杀死匈奴的使者，然后发兵攻打匈奴。樊哙摩拳擦掌，请命道："臣愿意统率十万大军，横扫匈奴。"

　　吕后询问季布，季布说："应该砍掉樊哙的脑袋！前些年韩王韩信谋反，匈奴把高帝围困于平城（白登之围），汉军三十二万，樊哙任上将军，尚不能解围。当时有歌谣说'平城之下亦城苦！七日不食，不能彀（gòu）（把弓张满）弩'，今天歌吟之声还在耳畔回响，受伤者还不能起床，而樊哙准备震动天下，妄言以十万兵众横扫匈奴，是当面撒谎欺骗。夷狄之人犹如禽兽，得其善言不足喜，得其恶言不足怒。"

　　吕后久经磨难，曾经被项羽俘虏，差点丢掉性命，自然不想因为几句话而和匈奴大动干戈，因为还不一定会赢。她忍下屈辱，称赞季布道："爱卿所言非常正确。"

　　于是，吕后派大谒者张释出使匈奴，前去送达回信，信中说："单于不忘弊邑

（古代对自己的国家以及出生或出守之地的谦称），赐给我们书信，弊邑诚惶诚恐。闲暇时自我审视，年老气衰，发齿堕落，走路不稳，单于误听他人所言，请不要这样污损了自己。弊邑无罪，应该被放过。窃（谦辞，称自己）有御车二乘（古代四匹马拉的兵车一辆为一乘），马二驷（驷，指同驾一辆车的四匹马），奉送给您供经常乘坐。"

吕后回信极其谦恭，冒顿见信，自感失礼，为了打圆场，又派使者回信说："我过去不知道中国的礼仪，幸好陛下不计较，宽恕了我们。"

单于又向吕后献上了良马，这事也就过去了，两国于是和亲。

吕后封闽越部落酋长姒摇为东海王，姒摇和闽越王姒无诸都是姒勾践的后代，都反抗暴秦有功，又归降汉朝，所以分封了他们。东海国首府在东瓯（今浙江省温州市），所以俗称为东瓯王。

伏生授《尚书》

秦始皇平定天下后，焚书坑儒，下令胆敢窝藏儒家书籍者杀无赦，《诗经》《尚书》等大量儒家书籍被焚毁，"六艺从此缺焉"。

汉朝刚建立的时候，学术凋敝，"敢有挟书者族"的秦朝律令当时影响还没有消除，刘邦本人也不重视学术，学者心存顾忌。惠帝四年（前191）废除了"挟书之律"，学术之风渐渐复苏。

当时有名叫伏生的人，家是济南郡的，之前是秦朝的博士，擅长《尚书》（儒家十三经为《诗经》《尚书》《周礼》《仪礼》《礼记》《周易》《左传》《公羊传》《穀梁传》《论语》《尔雅》《孝经》《孟子》）。他眼见经书被焚毁，痛心疾首，冒着生命危险，把《尚书》藏在了家内墙壁之中。后来天下大乱，伏生也四处流亡。汉朝平定天下之后，生活逐渐安定下来，儒学学者逐步受到重视，伏生这时候才敢去墙壁内取他保存的《尚书》。但因老鼠撕咬，《尚书》丢失了数十篇，仅仅得到了二十九篇。惠帝废除了"挟书之律"后，伏生就用这残存的二十九篇《尚书》，在齐、鲁之间公开教授学生。因此齐鲁之地的学者讲起《尚书》来头头是道。伏生的学生有济南张生和欧阳生等人。后来，汉文帝派晁错亲自来向伏生学习《尚书》，这是后话。

当时还有鲁人高堂生保存了《士礼》（《仪礼》别名）十七篇，传授给了学生萧奋等人。

河间郡人颜贞向惠帝献出了父亲冒险珍藏的《孝经》，共一十八章。

总之，惠帝四年废除了"挟书之律"，学者丢掉了思想包袱，西汉学术氛围逐渐浓厚。

▲ 唐　王维（传）　伏生授经图　日本大阪市立美术馆藏

吕氏封王

吕后的女儿鲁元公主嫁给了赵王张敖，生下个女儿叫张嫣，皇帝刘盈就是张嫣的亲舅舅，吕后准备亲上加亲，坚持让刘盈迎娶张嫣。公元前191年十月，二十岁的惠帝刘盈迎娶了十二岁的张嫣，封张嫣为皇后。现在看来，这是典型的乱伦婚姻，但在古代，这种近亲结婚的现象非常多。

公元前190年八月，丞相曹参去世，吕后遵照刘邦的遗愿，任命王陵为右丞相，陈平为左丞相。右为尊，陈平辅助王陵。公元前189年，齐王刘肥、留侯张良和舞阳侯樊哙都去世了。刘肥的长子刘襄继承了齐王的位置，张良的长子张不疑继承了他的侯爵，樊哙的儿子樊伉继承了舞阳侯的爵位。

这时候，长安城墙的修筑工程终于完工，这项浩大的工程历时长达五年，征调三十一万一千人次，耗费巨万。

吕后希望张嫣能生个男孩儿，这样就可以被封为太子，但几年过去了，张嫣的肚子还没有动静，吕后很着急，就把后宫其他美人生的儿子抱了过来，并把这个幼儿的母亲杀死，谎称是张嫣所生，给这个幼儿取名叫刘恭。刘恭顺理成章地被立为太子。

有消息说，并非张嫣没有生育能力，而是刘盈作为亲舅舅，不好意思宠幸张嫣，所以，直到刘盈驾崩，张嫣仍是处女。

公元前188年八月十二日，汉惠帝刘盈在未央宫驾崩，年二十三岁。吕后哭吊儿子，只干号却不见眼泪。张良的次子张辟疆当时为侍中，年方十五岁，但自幼聪明，他对左丞相陈平说："太后只有一个儿子（惠帝），今天哭泣了，但看起来并不悲伤，您知道这是什么原因吗？"

陈平反问道："你说说这是为什么。"

张辟疆说："皇帝没有成年的儿子，太后畏惧明公等功臣。现在如果请太后任命吕台和吕产（吕台和吕产为吕太后已经死去的大哥吕泽的长子和次子）为将军，统领南北军（汉初京师驻军分为南北，南军守卫未央宫，由卫尉统领；北军守卫长乐宫，由中垒校尉统领。等到汉文帝的时候，南北军合一），等吕氏诸人都被封官，在朝廷做事，如此一来，太后心安，明公等人也就能够免祸了。"

陈平连连点头，竖起大拇指说："不愧是留侯之后也。"于是陈平按照张辟疆所说奏请吕后。吕后表面不动声色，但心也放下了，哭声也悲痛起来。

九月五日，刘盈被安葬于安陵（今陕西省咸阳市东北约十五公里），和刘邦的长陵相距不远。安葬刘盈之后，刘恭继位为帝，史称刘恭为前少帝。吕雉被尊为太皇太后，临朝听政。

太皇太后吕雉（简称"吕后"）准备进一步封诸娘家人为王。有一次，在朝会上，她征询右丞相王陵的意见。王陵为人正直，他说："高帝曾经杀白马盟誓'非刘氏而王，天下共击之'，今封吕氏为王，就背弃了盟约。"

吕后听后，非常不高兴。她感觉王陵书生气太重，为人刻板，从他身上不容易找到突破口。于是她又找到了陈平和周勃，征求他们的意见。陈平和周勃都回答说："高帝定天下，把子弟封王，今太后临朝听政，把诸吕封王，没有什么不可。"吕后闻听，大喜。

散朝后，王陵责备陈平和周勃道："高帝和我们歃血为盟的时候，你们难道不在场吗？太皇太后临朝称制，准备封诸吕氏为王，你们却背叛盟约，死后有何面目见高帝于地下呢？"

陈平和周勃回答说："当廷力争，我们不如明公；但保全社稷，安定刘氏之后，明公不如我们啊！"

公元前187年十一月三日，吕后任命王陵为太傅。太师、太傅、太保被称为三师，或者叫上三公，地位比三公要高，但三师不兼任朝廷职务的话，没有实权，平时在家闲着，供朝廷咨询。吕后这是把王陵明升暗降，夺取了他的实权。王陵发怒称病，吕后又以他年老有病为由，把他免职。过了六年，王陵去世。

吕后任命陈平为右丞相，审食其为左丞相。审食其是吕后的情夫，受吕后的宠爱，他对朝廷事务并不关心，却热衷于宫中事务，职责如郎中令。审食其得宠于吕后，所以公卿大臣多找他请示汇报工作。

吕后先从吕家已故之人封王开始，这样阻力会小一些，她追封死去的父亲吕文为宣王，死去的大哥吕泽为悼武王。为了进一步扫平吕氏封王的障碍，吕后又封刘盈的次子刘疆为淮阳王，三子刘不疑为恒山王，其余三个儿子为侯。

大谒者张释发动大臣，请求封郦侯吕台为吕王。吕后批准，封吕台为吕王，把齐国的济南郡割出来，设立了吕国，首府为平陵（今山东省济南市章丘区）。吕台为吕氏第一个被封为王爵的人。但吕台福浅，被封为吕王不到一年就死去了。

吕后废前少帝

太皇太后吕雉为了拉拢刘氏宗亲，封前齐王刘肥的次子刘章为朱虚侯（朱虚县属琅邪郡），命他入宫宿卫，更把吕禄（吕雉二哥吕释之的三子）的女儿嫁给刘章为妻。

皇宫之地是非多，前少帝刘恭一天天长大，关于他身世的话题也逐渐传到他的耳朵里。刘恭不懂得隐忍，愤愤地说道："皇太后（张嫣）怎么可以杀死我的母亲，而让我成为他的儿子！我长大后，要找她们报仇。"

吕后放在刘恭身边的耳目众多，刘恭的这番话自然也传到了她的耳朵里。吕后震怒，她命人把刘恭关押到了永巷之中，对外散布消息说皇帝生病了，且不让任何人看望。过了一段时间，吕后对众文武大臣说："皇帝已经病了很长时间，病情很严重，已经精神错乱，发疯癫狂，不能继续治理天下，我们要选择合适的人来替代他。"

群臣也不敢多说，跪拜说："太皇太后为天下百姓考虑，对安定宗庙、社稷思考得很周全和长远，臣等奉诏。"

于是吕雉废掉了刘恭，并处死了他。公元前184年五月十一日，吕雉立九岁的恒山王刘义（惠帝刘盈第四子）为帝，并更名为刘弘。史称刘弘为后少帝。吕后继续临朝听政，因为这是她听政的延续，所以刘弘登基后，没有更改年号，也不称元年。

吕雉封轵侯刘朝（刘盈第五子）为恒山王。

继任吕王的吕嘉（吕台之子）很不争气，骄奢淫逸，吕后非常生气，废除了他的王位，封吕台的弟弟吕产（吕泽次子）为吕王。

赵（赵国首府为邯郸，今河北省邯郸市）王刘友（刘邦第六子）的王后为吕氏家族之女，这位吕王妃是由吕后指派给他的，刘友并不喜欢，时常冷落她，而喜欢别的姬妾。吕王妃发怒，离开赵国前往京城，向吕后诬陷刘友："赵王曾经说'吕氏怎么能够封王？太后百年之后，我必会出兵捉拿他们'。"

吕后大怒，这正是她忌讳的。公元前181年正月，吕后征召赵王刘友回京，准备惩治他。刘友不敢不来。他到达京城后，吕后拒绝接见他，把他安置在赵国设在京城的宾馆，并派兵看守，不给他供应食物。赵国的臣属有人私下里给赵王饮食，都被逮捕后定罪。

正月十八，刘友被活活饿死。吕后命用平民百姓的礼节，把刘友埋葬在了长安城外。

吕后把梁王刘恢（刘邦第五子）改封为赵王，改封吕王吕产为梁王。吕后命吕产留在京城，任命他为太傅。

营陵侯刘泽（刘邦堂弟）之前带兵打败过陈豨的将军王黄，因此被封为营陵侯，他资助过向他求助的一名叫田生的人二百金。田生知恩图报，刻意结交吕后的宠臣、大谒者张释，企图让张释为刘泽美言。在吕产被封为王的过程中，张释听从了田生的劝告后，向吕后颇多建言。事后，吕后赏赐给张释一千金，张释拿出一半准备分给田生，田生坚决不接受，他对张释说道："吕产封王，诸位大臣未必心悦诚服，今营陵侯刘泽，在刘氏宗族里，属于长者，为大将军，只有他还没有封王，因此心存抱怨。今明公如果游说太后，分出十个县封营陵侯为王，不但营陵侯感激您，诸吕氏为王者的位置也会更加牢固了。"

张释就入宫向吕后建言，吕后又因为刘泽的妻子是临光侯（吕媭所封）吕嬃和樊哙的女儿，就把齐国的琅邪郡划了出来，封刘泽为琅邪王。

刘泽和田生动身前往琅邪国，田生劝刘泽急速前行，路上不能停留。他们刚出函谷关，吕后派的人就追来了。来人看他们已出函谷关，也就没有继续追击，撤了回去。

刘恢从梁王被改封为赵王，闷闷不乐，吕后又把吕产的女儿强行嫁给他做王后。吕王后的随从都是吕家的死党，狐假虎威，作威作福，还暗中监视赵王的一举一动。刘恢行动严重受限。刘恢非常喜欢他的一个妾，吕王后醋意大发，派人毒死了这个宠妾。刘恢非常伤心，亲自作了诗歌四章悼念宠妾，并命乐师歌唱。

刘恢对宠妾日思夜念，悲伤过度，觉得生无所乐，在公元前181年六月自杀身亡。吕后得到消息，认为刘恢竟然会为了一个女人而自杀，实在可恶，因此不准刘恢的儿子继承他的王位。吕后封吕禄（吕释之第三子）为赵王。

朱虚侯刘章年方二十，有勇力，眼见诸吕擅权用事，刘氏被架空，就愤愤不平。刘章曾经入宫参加吕后的酒宴，吕后命他做酒官。

刘章请求道："我出自将门，请求以军法行酒。"

吕后说："可以。"

酒至半酣，刘章要求唱《耕田歌》，吕后批准。

刘章唱道："深耕穊（jì）（稠密的意思）种，立苗欲疏；非其种者，锄而去之！"意思是要多生子孙，派出去做藩王，保卫朝廷，要把非其种者锄去。

吕后听后，沉默不语。过了一会儿，有个吕家人不胜酒力，喝醉了，他就离席避酒。刘章追了上去，拔出宝剑，把吕家人刺死后返回。

刘章禀报吕后道："有一人逃酒，臣按军法已经把他处斩！"

包括吕后在内，举座皆惊。她之前已经批准刘章按军法行酒，因此也没有降罪于他，但酒席也无法进行了，中途解散。从此，诸吕氏都非常忌惮刘章。

吕媭报复心强。因为之前右丞相陈平曾经向刘邦献计捉拿樊哙，吕媭念念不忘，多次在吕后面前状告陈平："陈平作为丞相不理事，日夜饮酒，和妇人戏耍。"陈平听说后，变本加厉。

吕后听说陈平不理事，日夜饮酒作乐，这正好方便她专权，因此不怒反喜。吕后当着陈平的面训斥吕媭，说："俗语说'儿妇人口不可用'，我对丞相非常了解，不要害怕吕媭的谗言。"

铲除诸吕（上）

少帝被架空，诸吕专权，如此下去，刘氏政权就危险了，右丞相陈平对此忧心忡忡，但仅凭他的力量，非但不能够抗衡吕氏，如果硬来的话，恐怕会祸及自身。陈平常常独坐，埋头深思。

太中大夫陆贾不和诸吕同流合污，他明哲保身，称病，被免职。有一次，他去拜访陈平，直到进入陈平房间坐下，还在沉思中的陈平竟然没有发觉。

陆贾问道："何事让丞相思虑如此深？"

陈平反问："你猜我在想什么？"

陆贾说："足下身为上相，食邑为三万户侯，可谓达到了富贵的极限，可以说已经无欲无求了。然而您所忧虑的，不过是诸吕、少主罢了。"

陈平叹了一口气说："是的，你有什么办法吗？"

陆贾说："四海安定的时候，天下人关注的是丞相；四海危险的时候，天下人关注的是将军。将相和，则天下人会心悦归附，则天下虽有变，权力不会分裂。江山社稷全在将和相的掌握之中了。我常想把这番话告诉太尉、绛侯周勃，绛侯喜欢和我开玩笑，容易轻视我的话。明公为何不和太尉深交？"

陆贾又为陈平谋划了几个对付诸吕氏的办法。陈平采用陆贾的计策，用心结交太尉周勃，还在周勃生日的时候，送上了五百金作为寿礼。周勃置办了丰盛的酒菜，招待陈平，两个人开怀畅饮。周勃也投桃报李，回报陈平。周勃和陈平，二人将相深交，共同谋划对付诸吕。

陈平送给陆贾奴婢一百人，马车五十辆，钱五百万，作为陆贾的吃喝开销。有了本钱，陆贾在朝廷公卿间游走更加顺畅，名声也越来越大。

公元前 181 年九月，燕王刘建去世。本来刘建和美妾生了一个儿子，可以继承他的王位，但吕后为了剪除刘氏宗族的势力，派人秘密杀死了刘建的这个儿子，燕国后继无人，封国遂被撤除。过了一个多月，吕太后封东平侯吕通（吕台之子）为燕王，又封吕通的弟弟吕庄为东平侯。

公元前180年三月，吕后到霸上举行除灾去邪的仪式，回来的时候，路过轵道（今陕西省西安市东北，公元前206年十月，秦王子婴在此投降刘邦）的时候，吕后突然看见一只如青色狗般的动物，如闪电般窜进了她的胳肢窝，又猛然消失了。青狗在古代是不祥之物，吕后大惊失色，急忙命人占卜。巫师占卜后，说："是赵王刘如意的鬼魂！"吕后闻听，回想起刘如意母子惨死的景象，顿觉腋下非常疼痛，病势逐渐沉重。

吕后自感时日无多，开始着手安排后事。她认为外孙、鲁王张偃的父母张敖和鲁元公主都已经去世，张偃孤苦无依，因此封了张敖两个小妾所生的儿子——张侈为新都侯，张寿为乐昌侯——命他们辅佐张偃。吕后不忘大谒者张释劝封吕氏为王的功劳，封他为建陵侯。

吕后任命吕禄为上将军，掌管北军，吕产掌管南军。吕后把吕禄和吕产叫到病榻前，告诫他们说："当年高祖和大臣有约，非刘氏为王者天下共击之，如今我们吕家封王，众大臣很不服气，但我在的时候，他们也不敢轻举妄动；我死后，恐怕他们要有所行动，你们一定要待在兵营里，千万不要给我送葬，防止为人所制。"

公元前180年七月三十日，太皇太后吕雉在未央宫去世，年六十二岁，被埋葬于刘邦的长陵。

后少帝刘弘宣布太皇太后吕雉的遗诏：任命吕产为相国，封吕禄的女儿为皇后，并赏赐给各诸侯王一千金，将相列侯下至郎吏，各有赏赐不等。

吕禄和吕产等吕氏家族预谋发动政变，除掉朝中开国大臣，进而夺取皇权，但他们又畏惧身经百战、在军中威望甚高的周勃和灌婴等人，不敢贸然行动。

朱虚侯刘章的妻子是吕禄的女儿（吕禄的另一女儿嫁给刘弘为皇后），她经常回娘家，有时候和刘章闲聊，刘章有意试探，她无意之中也会透露些吕氏准备起兵的零散消息。刘章大惊，急忙派人密告了自己的大哥、齐王刘襄，请他发兵长安。刘章还告诉刘襄，准备和三弟、东牟侯刘兴居及亲信在京师作为内应，里外夹攻，诛杀诸吕，并拥戴刘襄为帝。

刘襄得到刘章的密报后，就和舅舅驷钧、齐国郎中令祝午、中尉魏勃等人商议，准备发兵长安。齐国的国相召平是朝廷命官，他拒绝配合刘襄，刘襄准备除掉他。召平得到消息，率兵包围了齐王府邸。魏勃欺骗召平说："齐王准备发兵，但没有拿出朝廷的虎符作为证明，因此属于非法行为，而国相率军包围王府，是好主意。我请求为您率军包围王府，防止府中有人逃脱。"召平轻信魏勃，把军队指挥权交给了他。魏勃得到兵权后，来了个一百八十度的大转弯，反而率军包围了相府。召平这才恍然大悟，但已经迟了，他仰天长叹："哀哉！当断不断，反受其乱。"于是，他自杀身亡。

刘襄任命驷钧为国相，魏勃为将军，祝午为内史，征调齐国全部兵马。刘襄派祝午拜见琅邪王刘泽（刘邦堂弟），游说他："吕氏作乱，齐王准备发兵西进，诛灭诸吕，齐王认为自己年少，不熟悉战场之事，把齐国交付给大王。大王自高帝时就位列将军之位，熟悉军事。目前状况，齐王不敢擅自离开，特命臣前来请大王莅临临淄商议计策，并率领齐国军队西平关中诸吕之乱。"

琅邪王刘泽信以为真，于是就随祝午前去齐国见齐王刘襄。但这是刘襄他们使的一计，目的是控制刘泽，然后吞并琅邪国的兵马。果然，到了临淄，刘襄和魏勃等人软禁了刘泽，而派祝午接收了琅邪国的兵马。

刘泽发觉上当，已经晚了。他无法返回，就顺势劝刘襄："齐王是高皇帝的嫡长孙（刘邦长子刘肥的长子），应当被立为皇帝。今诸位大臣犹豫不决，而我在刘氏皇族中辈分最长，大臣也都在等着我的建议。今大王把我留在这里，也没有多大用处，还不如放我入关和诸位大臣共同计议大事。"

姜还是老的辣，刘泽这番说辞打动了刘襄，刘襄给他派出车队，送刘泽入京。

送走刘泽后，刘襄发兵向西攻打吕国（济川国）的济南郡（原属齐国，后封给了吕台，吕台死后，吕产继承）。刘襄向各位诸侯王发出了檄文，文中说："高帝平定天下，封诸子弟为王。悼惠王（齐王刘肥，谥号悼惠）去世后，惠帝派留侯张良立臣为齐王。惠帝驾崩，高后弄权，她年事已高，任凭诸吕擅自废除高帝誓约，又杀害了三位王爷（刘如意、刘友、刘恢），废除梁、赵、燕三国，以王诸吕，并把齐国一分为四。忠臣进谏，太后昏庸不听。今高后已死，皇帝年幼，不能治理天下，全指望大臣诸侯。今诸吕又擅自居于高位，聚集兵马，威逼列侯忠臣，矫诏以令天下，刘氏宗庙危殆。今寡人率兵入关，诛杀不应该称王的那些人。"

铲除诸吕（下）

相国吕产得到刘襄起兵的消息，派颍阴侯灌婴率军阻拦，吕产希望灌婴和刘襄拼个你死我活，互相消耗实力，为他发动政变创造机会。灌婴自然知道吕产的这个心思，因此当他率军抵达荥阳（今河南省荥阳市）的时候，灌婴对他的将领说："诸吕拥兵关中，准备篡位而自立，今天如果我打败了齐国的军队，反而是增加了吕氏政变的资本。"于是灌婴屯兵荥阳，派使者通知齐王刘襄及诸侯，要联手以待吕氏变化，然后一起起兵诛灭他们。刘襄得到灌婴的通知后，就拔营回去了。

当时济川王刘太、淮阳王刘武、常山王刘朝和鲁王张偃因为年少，没有到封国去，都留在了长安，他们都是吕氏的同伙。

赵王吕禄和梁王吕产分别控制着南北二军，太尉周勃没有军权。曲周侯郦商年老多病，他的儿子郦寄和吕禄关系非常好，周勃就和陈平策划，"劫持"了郦商，让他交代郦寄按照他们的意思办。郦商就吩咐郦寄前去找吕禄，欺骗吕禄说："高帝和吕后共定天下，刘氏有九个王（楚王刘交、代王刘恒、淮南王刘长、吴王刘濞、琅邪王刘泽、齐王刘襄、常山王刘朝、淮阳王刘武和济川王刘太），吕氏有三个王（梁王吕产、赵王吕禄和燕王吕通），都是和众文武大臣商议而定的，也已经向诸侯发了布告，他们都认为没有不妥。今太皇太后驾崩，皇帝年少，而足下佩戴赵王的印信，不急忙赶往封国，却在京担任上将，率兵在此驻留，势必引起众文武大臣的怀疑。足下何不归还大将军印信，把军队交给太尉，并敦请梁王归还相国印信，然后和文武大臣盟约后赶往封国。到时候齐国必会罢兵，大臣得安，足下也可以在千里之外高枕无忧地做一个逍遥的王爷，此乃利于万世之举呀！"

吕禄并不知道郦寄是被逼无奈才来"献计"的，加上平时关系要好，因此对郦寄的话深信不疑，准备把兵权交给太尉周勃。吕禄派人报告给了吕产和吕家的长辈。他们有人认为可以这样做，有人说不行，讨论来讨论去，无法做出最后的决定。

吕禄并没有感觉危险逼近，反而和郦寄出去游猎，有一次还路过姑姑吕媭的府门，碰巧被吕媭撞见。吕媭大怒道："在如今的情势下，你身为将军，却私自离开军队，我们吕家死无葬身之地了！"吕媭回到府中，把珍藏的珠玉宝器拿了出来，发给府中的仆人，说："我不再替别人看守这些玩意儿了！"

公元前 180 年九月十日凌晨，平阳侯、行御史大夫事曹窋找相国吕产议事，正在这时，郎中令贾寿从齐国回来，告诫吕产道："王爷不早点儿回到封国去，今天就是想走，还能走得了吗？"然后，他趴在吕产的耳朵边把灌婴准备联合齐国、楚国兵马诛灭诸吕的消息告诉了吕产，并催促吕产快点进宫。贾寿说话的时候情绪很激动，声音不免大了点儿，曹窋隐隐约约听到了他们说的话，感觉事关重大，退出来后，急忙把情况报告给了丞相陈平和太尉周勃。

形势千钧一发，周勃准备直入北军夺取兵权，但无法进入。襄平侯纪通是开国功臣，位列功臣表第五十六名，他当时负责保管皇帝的符节，于是命人持符节假传圣旨，命太尉周勃接管北军。周勃进入北军前，又令郦寄和典客（掌管邦交和边陲部族事务）刘揭游说吕禄道："皇帝已经让太尉接管北军，准备让足下返回封国。足下应该立即归还将军印信，辞别而去，不然，就祸及自身了。"

吕禄认为郦寄不会欺骗自己，于是解下将军印信交给了典客刘揭，而把兵权授予了周勃。周勃赶到北军的时候，吕禄已经离去了。周勃走到军营的大门，对军中下令说："效命吕氏的，脱衣露出右臂；效命刘氏的，脱衣露出左臂！"周勃在军中威望很高，将士内心也都拥护刘氏，因此纷纷袒露了左臂。周勃遂领导了北军。

但当时南军还在吕产的手中。陈平命朱虚侯刘章辅助周勃，周勃命刘章监守大营。陈平又命曹窋转告卫尉说："不要让相国吕产进入殿门！"

吕产这时候不知道吕禄已经离开了北军，他准备进入未央宫，趁机为乱。但吕产到了殿门口之后，无法进入。他六神无主，来回踱步。曹窋也不敢轻易发动，就急忙飞报周勃。周勃也担心不能战胜诸吕，不敢公开声讨诸吕，于是对刘章说道："赶紧入宫保护皇帝。"刘章领命，请求拨付给他士兵，周勃交给了他一千多人。

刘章率军赶到了未央宫，在庭院中撞见了吕产，刘章命令把吕产及其随从包围，二人对峙了很长时间，刘章也不敢发动攻击。眼看到了傍晚时分，刘章再也按捺不住，发起攻击，吕产逃走。当时突然刮起大风，吕产的卫兵和随从乱作一团，不敢战斗。刘章追逐吕产，吕产慌不择路，逃到了郎中府吏的茅房中躲藏。刘章追了上来，在茅房中斩杀了吕产。

皇帝刘弘命谒者持节慰劳刘章，刘章准备夺取符节，但谒者不肯交给他。刘章如果硬抢，这是犯了欺君之罪，因此他想到了一个办法，强行和谒者一同乘车赶赴长乐宫，凭借皇帝的符节，得以进入长乐宫，斩了长乐宫卫尉吕更始。刘章飞驰入北军，报告周勃。刘章立下大功，周勃起身拜贺。刘章说："我所忌惮的，唯有吕产，今他已伏诛，天下已定了。"周勃和刘章分派人马，悉数逮捕了吕家的男女老少，不分年龄大小，通通斩首。九月十一日，他们抓获了吕禄，就地处决。陈平等人痛恨吕媭，命人把吕媭活活打死，吕媭和樊哙所生的儿子樊伉同时被杀。他们又派人诛杀了燕王吕通，废掉了鲁王张偃，改封济川王刘太为梁王。

陈平和周勃派刘章赶往齐国，告诉齐王刘襄，诸吕已经被消灭，让他遣散人马。

这场惊心动魄的政变，是功臣派对吕氏的一场围剿战。当时吕雉具有战场经验的两个哥哥吕泽和吕释之都已经去世，吕家第二代缺乏战争的历练，胆魄不足。功臣派斗争经验丰富，占了上风，得以诛灭诸吕，保住了刘氏江山，也保全了他们自己。

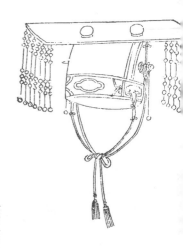

第四章

文帝时代

刘恒登基

吕氏被灭门，接下来，怎么处置少帝刘弘及济川王刘太、淮阳王刘武和恒山王刘朝的问题，摆在了文武大臣的面前。他们秘密商议后认为："少帝及济川王、淮阳王、恒山王都不是惠帝（刘盈）的亲生儿子，而是吕后杀死了他们的母亲后，谎称是皇子，把他们养在后宫，让惠帝以亲生儿子一样对待他们，立为后嗣，用来加强吕氏的力量。今天已经消灭了诸吕，少帝年长之后，我们就会被灭族了，不如在诸侯王中选择贤能之人立为皇帝。"

这时候，有大臣说："齐王（刘襄）是高帝的嫡长孙，可以立为皇帝。"

这一提议遭到了众大臣的反对，他们说："齐王的舅舅驷钧凶恶乖戾，是一只戴了官帽的老虎。吕氏差点祸乱天下，今又立齐王，等于又立了一个吕氏。代王如今是高帝诸子中最为年长者（刘邦共有八个儿子，目前仅剩四子代王刘恒和七子淮南王刘长），仁孝宽厚。太后薄氏家有君子之风。以长幼顺序而言，名正言顺，而且代王以仁孝闻名天下，则大臣也会心安。"

众大臣计议已定，就秘密派人前去恭迎代王刘恒入京。

刘恒时期的代国拥有定襄郡（今内蒙古自治区和林格尔县西北土城子乡）、代郡（今河北蔚县西南）、雁门郡（今山西右玉县南）和太原郡等四郡之地，首府为晋阳（今太原市），地处北部边陲，经常受到匈奴的袭扰。刘恒因为远离京城，所以得以保全，吕后曾经想改封他为赵王，但被刘恒婉言谢绝。

朝中大臣秘密派遣使者见到了二十三岁的刘恒，表明了来意。刘恒既喜又惊，征求左右的意见。代国的郎中令张武等人说："朝廷大臣都是高帝时的开国将军，久谙军事，计谋多端，他们并不满意现在的地位，只是畏惧高帝、吕太后威信，没有发动罢了。现今已经消灭了诸吕，血染京城，以迎接大王为名，实在不可相信。

希望大王称病，不要前去，以观其变。"

中尉宋昌持不同意见，建议道："他们说得都不对。秦朝失势，豪杰并起，自以为能得到天下的数以万计，然而，最终夺取天下的是刘氏，天下人断绝了念想，这是其一。高帝分封子弟为王，派往各地，这些地方犬牙交错，互相牵制，天下已经如磐石般坚固，天下人都意识到了汉朝的强大，这是其二。汉兴以后，废除了秦朝烦琐的苛政，简约法令，广施恩德，人人安居乐业，人心所向，无可动摇，这是其三。以吕太后之威严，立诸吕为王，擅权专制，尽管这样，然而太尉周勃持一个符节进入北军，振臂一呼，将士皆袒露左臂，为刘氏效命，抛弃了诸吕，这才把吕氏消灭。此乃上天授予的，非人力所能达到。如今大臣尽管想作乱，但百姓已经不受他们驱使，难道仅仅靠党羽吗？朝中有朱虚侯（刘章）和东牟侯（刘兴居）等刘氏宗亲，外有吴国、楚国、淮南国、琅邪国、齐国、代国之强大，都让大臣有所忌惮。方今高帝皇子中，仅剩大王和淮南王，大王年长，贤能仁孝，闻名天下，所以大臣因为天下人之心准备迎立大王，大王不用怀疑。"

刘恒经过仔细分析，认为宋昌说得很有道理，就前去报告薄太后。薄太后也犹豫不定，决定采用占卜的办法决定。龟壳上卜得"大横"（龟壳上全是横纹），巫师说："大横庚庚（谐音"更更"，变更之意），余为天王，夏启以光（夏启为大禹之子，光大了祖宗的基业）。"

刘恒问道："寡人本身已经是王，又何为王呢？"

巫师回答："所谓天王，乃是天子呀！"

为了稳妥起见，刘恒又让舅舅薄昭亲自前往京师面见太尉周勃。周勃等人把决策的前后经过告诉了薄昭。薄昭大喜，返回代国后，对刘恒说道："可信，不用再怀疑了！"

刘恒也面露微笑，对着宋昌说："果然如你所说。"

刘恒决定动身前往长安，命宋昌和自己一同乘车，让张武等六个人乘坐其他车辆，随同自己前往。他们一路南下，在西南方向渡过黄河后再往前走，抵达了高陵县（今陕西省西安市高陵区）。高陵距离长安很近了，为了保险起见，刘恒命令队伍停了下来，令宋昌前去长安打探情况。

宋昌到达了长安城北偏西的渭桥，望见丞相陈平等文武大臣已经在此恭迎。

宋昌没有发觉有任何异常，就回报刘恒。刘恒等人这才出发，抵达了渭桥。群臣见到刘恒的车子后，纷纷拜谒称臣。刘恒也下车答拜。太尉周勃上前一步，请求和刘恒单独讲话。宋昌冲着周勃说："明公如果说的是公事，请当众说；如果说的是私事，王者没有私事。"于是周勃跪倒，献上了天子玉玺。刘恒表示感谢，并推辞说："等到达代国官邸后再议。"

公元前180年闰九月二十九日傍晚，刘恒下榻位于长安城内的代国官邸，群臣尾随而至，上奏说："丞相陈平、太尉周勃、大将军陈武（陈武存疑，有人说是柴武，还有人说是灌婴）、御史大夫张苍、宗正刘郢、朱虚侯刘章、东牟侯刘兴居、典客刘揭再拜大王言大王足下：刘弘等人皆非孝惠皇帝亲子，不应当侍奉宗庙。臣等经和阴安侯（刘邦大嫂）、顷王后（刘邦二嫂）、琅邪王刘泽、列侯、两千石官员商议后认为，大王为高皇帝亲子，应该继承大位。请大王即天子位。"

刘恒谦虚地回答说："侍奉高帝宗庙，事关重大，寡人不才，不足以担此重任。请和楚王（刘交，刘邦的四弟）商议最佳人选，寡人不敢当。"

群臣纷纷跪倒，坚持请求。刘恒在面向西方的座位上让了三次，在面向南方的座位上让了两次。陈平等人说："臣等经过仔细考量，大王侍奉高祖宗庙最为称职，天下诸侯万民也都认为合适。臣等为宗庙社稷大计考虑，不敢疏忽大意。请大王接受臣等的劝告。臣等奉上天子玉玺和符节。"

刘恒也就不再推让了，说道："宗室将相王侯认为寡人合适，寡人也就不敢推辞了。"于是，刘恒登上了皇帝的宝座。

刘恒就是史上赫赫有名的汉文帝。

刘兴居说："诛杀吕氏，臣无功劳，请派我清理皇宫。"于是刘兴居和太仆夏侯婴入宫，对后少帝刘弘说道："足下非刘氏子孙，不能为帝。"他命令左右卫兵放下武器后自行离开。大部分人看到这种场面，纷纷扔掉兵器离去，但仍有少数人不肯放下武器。宦者令张释警告他们，他们这才放下武器。

夏侯婴命人准备车辆拉着刘弘出宫。

刘弘问道："准备把我安置在哪里？"

夏侯婴回答说："安置在少府。"

紧接着，夏侯婴等人派出天子专用法驾，到代国官邸迎接刘恒，报告说："皇宫已经清理干净。"当晚，刘恒入住未央宫。当时有谒者十人持戟守卫未央宫的端门（前殿正南门），不让他们进去，说："天子在，你们有什么事要进入！"刘恒征召太尉周勃，周勃向谒者解释，这十人才放下兵器离去，刘恒这才入宫。

当夜，刘恒任命宋昌为卫将军（汉初将军次序：大将军、骠骑将军、车骑将军、卫将军、左将军、右将军、前将军、后将军），统率南北二军，任命张武为郎中令，负责守卫皇宫。他又分派人员，分别诛杀了梁王刘太、淮阳王刘武、恒山王刘朝和后少帝刘弘。可叹刘盈的儿子一个也没有留下。

刘恒登上大殿，连夜下发诏书，大赦天下。

太子刘启

刘恒改封琅邪王刘泽为燕王，封故赵王刘友（被吕后饿死）的儿子刘遂继赵王位。刘恒任命舅舅薄昭为车骑将军，并派他前去代国迎接皇太后薄氏入京。

右丞相陈平托病请辞，刘恒挽留他，陈平说："高祖时，周勃功劳不如臣，但这次诛灭诸吕，臣的功劳没有周勃大，希望能把右丞相之位让给周勃。"于是刘恒任命周勃为右丞相，陈平为左丞相，灌婴为太尉，又把诸吕夺取的齐国和楚国的土地，全部交还。

刘恒评定诛杀诸吕的功劳，赏赐周勃五千金、食邑万户，其他人等不再一一细表。每次散朝后，周勃走出大殿，志得意满。刘恒对他也很尊敬，甚至有点恐惧，常常目送他离开。有一次，郎中令袁盎劝刘恒道："当年诸吕大逆不道，大臣同心协力，诛杀了他们。当时右丞相（周勃）为太尉，掌握军权，给他成功创造了条件。而今右丞相有骄傲的神情，陛下对他谦让，君臣失礼，臣以为陛下这样做不妥。"刘恒接受了，以后再举行朝会的时候，变得端庄肃穆，包括丞相在内的臣子都开始敬畏他。

公元前179年正月，主管官员请求立太子，于是刘恒立嫡长子刘启为太子。刘启本年十岁，是刘恒和姬妾窦漪房所生。

窦漪房（？—前135）是清河郡（今河北省清河县）观津县（今河北省武邑县）人。惠帝时，吕后专政，窦漪房以良家女的身份被选入宫中。吕后挑选宫女赏赐给诸侯王，每人五个宫女，窦漪房名列其中。她希望能到赵国去，这样离家也近一些。她嘱咐负责派遣的宦官说："一定要把我放到赵国的名册里。"不巧的是，宦官忘了这回事（估计窦漪房没有给宦官送礼），误把她放到了代国的队伍里，然后上奏，得到批准。准备出发的时候，窦漪房知道自己要被派往边远的代国，痛哭流涕，埋怨宦官，不肯走，但名单已经经过批准，不走不行。在宦官的强迫下，她终于上路了。到了代国，代王刘恒对她非常痴迷，她深受宠爱，生下了女儿刘嫖和儿子刘启、刘武。刘武的出生年月不详，不知道这时候刘武出生没有。没过多久，窦漪房自然也被册封为皇后。

窦漪房自幼家境贫寒。她有一个哥哥叫窦建，字长君；一个弟弟叫窦广国，字少君。窦广国四五岁的时候，在大街上玩耍，被人拐走后卖掉，家里人四处找寻也找不到。这时候，窦漪房已经入宫，得到弟弟失踪的消息，非常伤心，好长一段时间每天以泪洗面。

窦广国被转卖了十几家，最后卖给了宜阳（今河南省宜阳县西）的一户人家，负责给主人进山烧炭。有一天，黄昏时分，他劳累了一天，一百多个工人在一处山崖下躺着休息。突然，山崖崩塌，除窦广国外，其他人全被砸死。窦广国大难不死，认为有神灵庇佑，就自己占卜了一卦，卦象显示日后能被封侯。

窦漪房被立为皇后不久，有一天，窦广国跟随主人到京师长安办事，他听说册立的皇后家是观津县的，姓窦，这让他心里一动。窦广国被拐走的时候，虽然年幼，但已经记得县名及他的姓氏。他还记得曾经和姐姐窦漪房到桑树上采桑，一个不注意，从树上掉了下来，姐姐当时心疼得不行，还掉了泪。他认为，如果新立的皇后是他的姐姐，肯定会记得这件事，因此他把采桑的事写了下来，上书言明自己的身世。

皇后窦漪房见到窦广国的书信，非常惊喜和激动，她预感失散多年的弟弟很快就要和自己相见了，她把这件事告诉了文帝刘恒。刘恒和窦漪房召见了窦广国询问。窦广国把事情的前前后后讲述了一遍，果然不差。窦漪房又问窦广国是否还记得其他一些事情，窦广国说："姐姐离开家西去入宫的时候，在驿站分别，讨来沐具为我洗头，又喂我吃饭，方才依依不舍地走了。"

说到这件事的时候，一旁的窦漪房早已泣不成声。她走到窦广国跟前，拉起他的手，放声痛哭。左右侍从也被他们姐弟情打动，无不悲痛。窦漪房重重地赏赐了弟弟窦广国，在长安城内给他安了家。窦漪房也召来了哥哥窦长君，赏赐了田宅，安置在了长安。

周勃和灌婴商议说："我们以后是死是生，命运就在他们兄弟手里了，他们出身低微，不能不为他们选择良师，否则，吕氏家族的事情就又会出现了。"于是，他们为窦长君兄弟选择了有德行者与他们共同居住生活，潜移默化地影响他们二人。窦长君、窦少君兄弟二人日后成为懂得谦让的君子，没有以贵戚的身份去凌辱他人。

有人向刘恒献上了一匹千里马，刘恒说："銮旗在前，侍从车辆在后，平时日行五十里，出征时日行三十里。朕如果乘坐千里马，能单独奔到何处呢？"

于是刘恒归还了千里马，赏赐给了来人路费，还下诏说："朕不接受进献，转告天下，不要费心费力来献。"

贾谊作《过秦论》

刘恒对国家大事越来越熟悉。有一天朝会的时候，他问右丞相周勃道："全国每年判决的案件有多少？"

周勃一听就蒙了，这么具体的问题他记不清，回答不上来。

刘恒又问道："每年钱粮收支多少？"

周勃又回答不上来，大庭广众之中，周勃惭愧加紧张，汗流浃背（成语"汗流浃背"出自此）。

刘恒又拿同样的问题问陈平，陈平回答道："各有主管官员，他们掌握详细数据。"

刘恒又问道："主管官员是哪位？"

陈平回答道："陛下如果问刑狱之事，应该问廷尉；如果问钱粮之事，应该问治粟内史。"

刘恒接着问道："每件事都有主管官员负责，那你负责什么呢？"

陈平回答道："臣罪该万死！陛下不嫌弃臣不才，把我放到了丞相的位置上。丞相的职责是，对上辅佐天子，协调君臣关系，顺应四时，下遂世间万物的运转规律，对外镇抚四夷诸侯，对内亲近团结百姓，使各级官吏各司其职。"

刘恒对陈平的回答很满意。

周勃感到很惭愧，散朝走出大殿后，他责备陈平道："明公平时不单独教教我。"

陈平笑着说："明公身居相位，难道不知道丞相的职责吗？如果陛下再问长安城内有多少盗贼，难道明公也要勉强回答吗？"

周勃这时候才明白，自己的行政管理能力远不如陈平。这时候也有人劝周勃说："明公诛灭了诸吕，立代王为帝，威震天下，而明公得到了厚厚的赏赐和尊贵的地位，长此下去，则会大祸临头了。"

周勃恐惧，为自己的安危担忧，就向刘恒提出辞呈。刘恒批准了，免去了周勃的右丞相之职，废掉了左右丞相的设置，只设置丞相一职，由陈平任丞相。

当年刘邦去世后，南越武帝赵佗就躁动不安，开始骚扰长沙国，图谋中原。吕后派隆虑侯周灶前去攻打赵佗。当时是夏天，南方天气潮湿，军队水土不服，发生了瘟疫，死伤不少人，不能翻过大庾岭。一年之后，吕后去世，周灶也率军撤回。赵佗用重金收买了闽越国、西瓯国和骆越国的国君，让他们服从自己的领导，于是越发骄横，出行和汉朝的皇帝一样的排场，分庭抗礼。

刘恒认为南越距离遥远，不宜用兵，决心以怀柔手段解决南越的问题，他命人整修了赵佗在真定的祖坟，派人守墓。刘恒又派陆贾（公元前196年五月，陆贾曾经出使南越）出使南越，晓之以理，动之以情，赵佗认识到了自己的错误，撤销了武帝的称号，归附汉朝。

刘恒听说河南郡（郡府洛阳）太守吴公政绩天下第一，又与故秦朝丞相李斯是老乡，还跟随李斯学习过，就征召吴公进京担任廷尉一职务。吴公向刘恒推荐说，自己的属下贾谊虽然年轻，但通晓各家之学，是个不可多得的人才。刘恒就征召贾谊入京，任命为博士。

贾谊（前200—前168）是西汉初年著名的政治家和文学家，洛阳人，十八岁的时候，以能背诵诗书和善于写文章而闻名河南郡。当时的河南郡守吴公听说他后，便把他召到门下做事，非常欣赏他。

刘恒任命贾谊为博士时，贾谊二十岁出头，在诸位博士中是最年轻的。每次刘恒召集博士议事，诸位老先生不能表达尽的意思，贾谊都能一一接续，并且老先生们都认为贾谊表达的就是他们要说的意思。博士们都夸赞贾谊的才能。刘恒很高兴，超规格提拔贾谊，一年之内就把贾谊提拔到了太中大夫（三级官员）的位置。贾谊善于学习，得知御史大夫张苍精通《左传》，就拜张苍为师，跟随张苍学习《左传》。

贾谊认为汉朝已经建立二十多年，目前天下太平，人民安居乐业，应该更改正朔，把每年的一月作为第一个月，改变官服颜色，用以区分官员的级别，修订官员名称，振兴礼乐。于是，他草拟了礼仪和法令制度，建议崇尚黄色，以"五"

为吉数，重新确定官员名称，大幅度改变现有制度。但刘恒刚登基，不敢马上改变现有制度。

贾谊又提出让居住在京师遥控指挥封地事务的列侯到封地就任。刘恒采纳了，正准备实施，但这时曲逆侯、丞相陈平（公元前178年十月去世，年龄不详）去世了，只好暂缓实施。处理完陈平的丧事，刘恒下令说，除在朝廷任职或特别批准之外，列侯通通返回封地，留在长安城的，派遣嫡长子前去。

陈平去世后，丞相之位空缺，刘恒又起用周勃为丞相。

贾谊作了名篇《论积贮疏》和《过秦论》。

《论积贮疏》建议重视农业生产，以增加积贮，有名句"生之有时而用之亡度，则物力必屈"，"淫侈之俗日日以长，是天下之大贼也"，等等。

《过秦论》名气更大一些，是当代中学生必读篇目。《过秦论》是贾谊政论文的代表作，分上、中、下三篇。全文从各个方面分析秦王朝的过失，希望汉朝借鉴秦朝迅速灭亡的教训，改革制度，为长久的统治地位奠定基础。其中有名句"及至始皇，奋六世之余烈，振长策而御宇内，吞二周而亡诸侯，履至尊而制六合，执敲扑而鞭笞天下，威振四海"，"胡人不敢南下而牧马，士不敢弯弓而报怨"，"一夫作难而七庙隳，身死人手，为天下笑者，何也？仁义不施而攻守之势异也"，等等。

济北王造反

刘恒采纳贾谊的建议，命令列侯返回封地，有的接到命令就走了，有的留恋京城的繁华，找各种理由迟迟不肯前去。刘恒又下诏说："丞相，是朕所倚重的左膀右臂，请丞相率领各列侯赴任。"

公元前 177 年十二月，周勃被免去丞相的职务，他按照刘恒的要求，返回了封地绛县（今山西省侯马市）。刘恒任命太尉灌婴接任丞相一职，并取消了太尉这一职务，太尉的职责归属于丞相。

当年，赵王张敖向岳父刘邦进献了一位美女赵姬，不久就怀上了刘邦的孩子。接着，贯高刺杀刘邦的事件爆发，张敖、赵姬等人都被牵连，赵姬被关押到了河内郡。赵姬的弟弟赵兼携厚礼向辟阳侯审食其求情，请求吕后向刘邦求情，赦免赵姬。吕后妒忌赵姬，拒绝了审食其。赵姬这时候也产下了一子，她又气又恨，自尽了。有官员把赵姬所生之子送交刘邦。刘邦想赦免赵姬，但为时已晚，刘邦就给这个苦命的孩子取名叫刘长，让吕后养育。刘邦把赵姬埋葬在真定县。后来，淮南王英布叛变被消灭，刘邦封刘长为淮南王。刘长是由吕后养大的，所以吕后当权期间，刘长平安无事。刘长得知母亲的死因后，对审食其一直怀恨在心，认为是他没有尽力争取，才使自己的母亲身死，他伺机报复审食其。但他知道审食其和吕后的关系，不敢轻举妄动。

前文说过，刘恒继位为帝的时候，刘邦的诸多儿子中，只剩下了刘恒和刘长了，刘长也自认和刘恒最为亲近，日渐骄横，多行不法之事。刘恒听说后，也常常宽恕他。长大后的刘长，膂力惊人，力能扛鼎。公元前 177 年四月，他来到京师长安，把铁锥藏在宽大的袖袍里，前去拜会辟阳侯审食其。趁审食其不备，刘长拿出铁锥砸向审食其，把他砸倒在地，并命令随从魏敬杀死了他。刘长飞驰皇宫，光着背脆倒，请求治罪。刘恒念他是为母报仇，因此赦免了他。

公元前 177 年五月，匈奴右贤王率军攻打上郡（郡府高奴，今陕西省延安市）地区降服汉朝的蛮夷部落，烧杀抢掠。刘恒御驾亲征，到达了甘泉（今陕西省淳化县西北）后，命丞相灌婴率领八万五千名将士，援救高奴。右贤王得知汉朝大军增援，率军撤退。

刘恒从高奴北上，到达了太原郡（郡府晋阳，今山西省太原市），接见了他做代王时的臣属，免除了晋阳县和中都县三年的赋税。

铲除吕氏的时候，朱虚侯刘章立下了很大的功劳，大臣许诺封刘章为赵王，东牟侯刘兴居（刘章弟弟）为梁王。等到刘恒继位，他得知刘章兄弟本来是准备拥戴齐王刘襄为帝的消息，非常恼怒，因此故意贬低他们的功劳，迟迟不封，直到去年刘恒分封儿子们为王的时候，才分割了齐国的两个郡分别封给刘章和刘兴居。刘章为城阳（首府莒县，今山东省莒县）王，刘兴居为济北（首府卢县，今山东省济南市长清区）王。不久，刘章郁郁而终，刘兴居颇为不满。这次刘恒亲征匈奴，刘兴居认为长安空虚，趁机起兵造反，杀向长安。

刘恒得到刘兴居造反的消息后，命令灌婴率军回保长安。他任命棘蒲侯柴武为大将军，率大军十万阻击刘兴居，任命祁侯缯贺为将军，率军屯扎荥阳。

公元前 177 年七月，刘恒从太原郡返回长安，下诏瓦解刘兴居的军队。

诏书中说，济北国的官民，朝廷大军还没有抵达的时候，先明辨是非及献出城池投降者，皆赦免，官职和爵位一律保留，弃暗投明者，赦免。

诏书的威力很大，济北国不断有人投降朝廷，等到八月的时候，济北国的军队和柴武的军队遭遇，济北国的军队大败，刘兴居也自杀而死。济北国被废除。

五个月后，丞相、颍阴侯灌婴去世，年龄不详，西汉又失去了一位开国重臣。刘恒任命御史大夫张苍（前 256—前 152）为丞相。

张释之结袜

张释之（生卒不详），字季，是南阳郡堵阳县（今河南省方城县东）人，和哥哥张仲一起生活。他哥哥用钱给张释之买了个骑郎（侍从皇帝和宿卫的郎官）的官，这也符合当时的规定。汉制，家财五百万钱以上，可选任为郎官。张释之侍奉汉文帝刘恒的时候，已经十多年原地踏步了，也没有什么名气。当时制度，为郎官者须自备衣裘、鞍马等物，这些钱都是哥哥张仲出的，张释之觉得自己官职卑微，也没有回报哥哥，惭愧地对他人说："我做了这么长的郎官，没有升迁，徒耗哥哥的钱财，太失败了。"他准备辞官回家。

中郎将袁盎（约前200—前150）了解张释之，知道他是个贤才。他得知张释之准备辞职回乡的消息，感到非常可惜，于是亲自向皇帝刘恒请求给张释之升官。刘恒任命张释之为谒者仆射。

袁盎也是西汉名臣，这里简要介绍一下。

袁盎，字丝，他父亲是楚国人，曾经做过强盗，后来迁到了安陵县（今陕西省咸阳市东北）。吕后专政时期，袁盎在吕禄手下做事。孝文帝刘恒继位后，袁盎的哥哥袁哙和绛侯周勃关系比较好，在袁哙的推荐下，袁盎出任郎中。袁盎为人比较正直，他曾经劝即位不久的刘恒严肃地对待丞相周勃。后来，袁盎升迁为中郎将。

有一次，刘恒从霸陵（今陕西省西安市东郊白鹿原东北角）返回宫中，遇到了一个陡坡，准备骑马飞驰下去。袁盎认为这非常危险，于是拉着马的缰绳规劝，刘恒听从作罢。

刘恒特别宠爱慎夫人，宫内规矩，刘恒的妃子见了皇后要跪拜行礼，并下坐，但刘恒时常命慎夫人与窦皇后坐平等的坐席。有一次，在郎署之内，郎署的长官

▲ 南宋　佚名　却坐图　台北故宫博物院藏

安排慎夫人和窦皇后同坐，袁盎却引导慎夫人坐到窦皇后的侧位。慎夫人大怒，不肯去坐。刘恒也非常生气，起身准备离开。袁盎这时上前奏报说："微臣听说，尊卑有序，则上下和洽。今陛下已经立了窦皇后，慎夫人就是妾，妾和皇后怎么能同席而坐呢！陛下宠幸她，厚加赏赐就行了。陛下这样对待慎夫人，恰好是给她带来了灾祸，陛下难道忘了'人彘'了吗？"刘恒这才猛然醒悟，把袁盎的话又告诉了慎夫人。慎夫人赐给了袁盎金五十斤。

再回到张释之身上。有一天，刘恒命张释之一同乘车，车队缓缓而行，刘恒向张释之询问秦朝迅速灭亡的原因。张释之滔滔不绝，一一作答。刘恒很满意，到达皇宫后，任命张释之为公车令（属卫尉，掌管宫门警卫等）。

过了一段时间，太子刘启和梁王刘揖（刘启四弟）共乘一辆车入朝，到达皇宫大门司马门的时候，没有下车，直接入内。宫中有规定，进司马门者，皆须下车。刘启兄弟不肯下车，负责掌管司马门的公车令张释之追上了刘启他们的车辆，阻止他们进入殿门，并弹劾他们："不下公门，不敬。"薄太后听到消息，十分不悦。刘恒因教育儿子不严，亲自脱下了官帽致歉。于是，薄太后派人传达命令，赦免了刘启和刘揖，二人才得以入宫。

从此，刘恒认为张释之很坚持原则，对他更加信任，提拔他为中大夫。不久，刘恒又提拔张释之为中郎将（统领皇帝侍卫）。

张释之跟随刘恒行至霸陵，当时慎夫人同行，刘恒指着新丰道（新丰为县名，在今陕西省西安市临潼区东北），对慎夫人说道："此路可以直达邯郸（慎夫人为邯郸人）啊！"刘恒让慎夫人弹瑟，刘恒倚瑟音而歌，意境凄凉感怀。刘恒回头对群臣说道："以北山石为椁（棺外之棺），用麻布切碎的絮沾漆填充石椁之间，难道还能打开得了吗？"

众臣都说："陛下说得太对了。"

张释之向前一步，说："如果石椁之中有可以引起贪欲的金银财宝，即使封了南山作为椁，犹有缝隙；如果其中没有引起贪欲的物品，虽无石椁，又有什么值得忧虑的呢？"

刘恒赞许，任命张释之为廷尉（最高司法官）。

不久，张释之陪同刘恒经过渭桥，突然一个人从桥下跑过，惊吓了驾车的御马，刘恒也被惊吓到了。刘恒发怒，命令骑兵把这个人抓来，交给廷尉处治。

张释之审问此人，此人回答："我是长安县人，听说皇帝出巡，需要清道，就跑到桥下躲避。过了许久，以为皇帝已经经过，所以走了出来，哪承想看到了皇帝的车驾，于是就跑了。"

问明了原因，张释之奏报道："该人犯了戒严的法令，当判处罚金。"

刘恒对判决不满意，怒道："此人惊扰了朕的御马，亏得马的性情温和，假如换了别的马，不是要伤着朕了吗？廷尉竟然只判处罚金了事！"

张释之回答："法者，天子和天下人所共有，按照法令，就是这样判决的，如果故意加重处罚，法令就不能取信于民。当时，陛下命人杀了该人也就罢了，如今既然交给了廷尉，廷尉掌管法律的公平，一旦破坏，天下用法可轻可重，百姓将手足无措，请陛下明察。"

刘恒沉思良久，说："廷尉做得对。"

又过了一段时间，有人偷盗汉高祖刘邦庙前的玉环，被抓了个现行。刘恒大怒，把这名盗贼交给廷尉处治。张释之按照盗取宗庙衣服饰物的罪名，判处斩首。

刘恒对判决很不满意，愤怒地说道："盗贼胆大包天，敢盗先帝的器物！朕把他交给廷尉，就是让廷尉判处他灭族之罪，而你以法判处，并不是朕要敬祖宗宗庙的意思。"

张释之脱下官帽，叩拜，谢罪道："臣是按照法令顶格判刑的，且即使罪行等同，还要根据情节轻重做出适当判决。盗贼盗取宗庙器物就被判处灭族，但他的罪行只相当于灭族罪行的万分之一。如果有百姓挖了长陵（刘邦墓地）上的一抔土，陛下又该用什么法令判处他的罪行呢？"

刘恒觉得张释之说得有道理，但又不敢擅自做决定，就去和薄太后商量，这才同意了张释之的判决。

当时有一名隐士叫王生，擅长黄老之言，曾经被征召入宫中。因为马上要上朝了，公卿大臣当时都站立着。王生是一位老人，他说："我的袜带子松了。"他回头对张释之说道："烦请给我把带子系牢。"

张释之二话不说，跪在地上，把带子给他系好了。事情过去后，有人责备王生说："你为什么当众这样侮辱张廷尉呢？"王生说："我老了，而且地位卑贱，自己寻思不会给张廷尉什么好处，张廷尉是天下名臣，我故意让他给我结袜，其实是加重他的名气。"

众人听说后，认为王生贤能，也更加敬重张释之。

周勃入狱

太中大夫贾谊提出的改革措施，特别是让列侯到封地去的措施，得罪了当朝权贵，因此当刘恒准备提拔贾谊担任公卿（西汉初，三公为丞相、太尉、御史大夫，九卿为奉常、郎中令、卫尉、太仆、廷尉、典客、宗正、治粟内史、少府）高位的时候，遭到了周勃、灌婴、东阳侯张相如、典客冯敬等人的强烈反对，他们陷害贾谊说："洛阳之人，年少初学，却准备独揽权力，把事情搅乱。"刘恒看到这么多人反对，也就打消了原意，并逐渐疏远了贾谊，外放贾谊为长沙王吴差（吴芮玄孙）的太傅。

绛侯周勃回到了封地绛县。他时常为自己的安危担忧。绛县属于河东郡，每当河东郡太守和郡尉巡视到绛县，拜见他的时候，周勃都害怕被害。因此，他每次都身披铠甲，让家里人手拿兵器，才敢接见太守和郡尉。他的这些举动反而引起了别人的怀疑，没过多久，有人上书刘恒，揭发周勃准备谋反。

刘恒把此事交给廷尉处理，廷尉逮捕了周勃，准备审理后治罪。周勃面对如此场面，感到很害怕。他本来就有口吃的毛病，在回答审讯的时候，不知道如何申辩。负责看管周勃的狱吏也是势利之徒，落井下石，对周勃不断凌辱。

周勃的家人拿出了一千斤金的重礼贿赂狱吏，狱吏见钱眼开，帮周勃想办法，把字写在木牍（当时还没有纸）的背面给周勃看，上面写着"让公主作证"。这里说的公主，是指昌平公主，为刘恒的次女，嫁给周勃的长子周胜之为妻。狱吏准备让昌平公主以亲情打动刘恒，赦免周勃。

当初，周勃为了联络感情，把刘恒封赏的土地、金钱都给了薄太后的弟弟薄昭（刘恒舅舅），因此，当周勃被捕后，薄昭就去找薄太后，替周勃求情。薄太后也认为周勃不可能造反。当刘恒前来拜见薄太后的时候，薄太后把头巾掷向了刘恒，口中说道："当年，绛侯周勃手握皇帝玉玺，掌控着北军，不在那时候造反，今天居住在一个小县里，怎么可能造反呢？"

刘恒又见到了辩词，于是道歉道："廷尉已经调查核实，情况并不属实，我马上把他放了。"

于是，刘恒命人持节，赦免了周勃，并恢复他的一切待遇。周勃身经百战，万马军中取上将首级，立下了汗马功劳，没想到今天竟然靠狱吏说情保命。因此，他从监狱里出来，感慨道："我曾经率领百万大军，那会儿不知道狱吏竟然拥有这么大的权力！"

周勃返回了封地，闭门谢客，低调做人，在前元十一年（前169）时去世，年龄不详。朝廷赐给他谥号"武侯"。

周勃共有周胜之、周亚夫和周坚三子。汉景帝时，周亚夫平定了七国之乱，这是后话。

再说贾谊。他被贬到长沙国，很不得意，在渡湘江的时候，他抚今追昔，有感而发，写了一篇赋悼念屈原。赋中说："国其莫我知兮，独壹郁其谁语？凤漂漂其高逝兮，固自引而远去。"

其后，贾谊又被刘恒征召，这是后话。

淮南王绝食

　　淮南王刘长力能扛鼎，性格彪悍，曾经击杀辟阳侯审食其，从薄太后、太子到文武大臣都很忌惮他。刘长回到淮南国（首府寿春，今安徽省寿县）后，更加肆无忌惮，在封国内自行制定法律，还驱逐了朝廷派到封国的官员（封国丞相、内史、中尉都是朝廷委派，以下的官员封国才能自行任命），任命心腹担任这些职务。刘恒都容忍了他，予以批准。刘长出入警卫的设置、清道，如同皇帝一般威风。他擅自处死封国的百姓，擅自封爵，甚至封到了关内侯。他上书文帝，会言辞不恭。

　　刘恒碍于情面，不好亲自斥责他，就让舅舅薄昭以长辈的口吻，写信给刘长，列举了刘恒宽恕刘长的种种事情，还列举了周朝诛杀管叔，流放蔡叔，安定周朝，以及把代王刘喜贬为侯爵和不久前刘兴居谋反被杀的例子，希望刘长能幡然醒悟，悔过自新，上书谢罪。

　　但刘长接到薄昭的信后，非但不反省，反而很不高兴。公元前174年，刘长派大夫但先生、士伍开章等七十人和棘蒲侯柴武（已去世）之子柴奇密谋，准备派战车四十辆在谷口（今陕西省礼泉县东北）发动叛乱。刘长还派人出使闽越和匈奴，争取支持。

　　但他们保密工作做得不到位，事情还没有发动，就有人禀报了朝廷。刘恒大怒，再也无法容忍他，准备治刘长的罪，于是派人召刘长进京。

　　刘长自认为身份特殊，不会有事，便来到了长安。到达京师后，丞相张苍、典客冯敬兼代理御史大夫，与宗正、廷尉等人进行了联合审讯，然后上奏说："刘长废先帝法，不听天子诏令，生活奢侈无度，比拟天子乘坐黄缯车盖的车子，擅为法令，不用朝廷法令，并图谋造反，应当在闹市斩首。"

　　刘恒下诏说："朕不忍心以此罪治淮南王，和诸侯及公卿再商议一下吧！"

他们四十三人商议后，说："应当依法治罪！"

刘恒说："赦免刘长死罪，废掉他的王位。"

官员又上奏说："请陛下把刘长流放到蜀郡（今四川省成都市）严道县（今四川省荥经县）邛崃山（荥经县西南大相岭），让他的妻子和儿女随从。县里负责给他们建造房屋，购置家具及铺盖，供给柴火、炊具、菜盐等物品，让他们自力更生。"

刘恒下令说："供给刘长食物，一日肉五斤、酒二斗，让他过去宠爱的美人等十个人跟他共同生活。"

刘恒又命把参与谋反之人全部诛杀。刘长被装进了囚车里，流放到蜀郡，所经过的各个县，依次押送。

袁盎劝谏说："陛下向来放任淮南王，没有为他配备严厉的国相和太傅，所以才到了今天这个地步。而且淮南王为人刚直，如今遭到如此打击，臣担心他受不了沿途的雾露，犯寒暑而死，到时候陛下就背负了杀害弟弟的名声，该当如何？"

刘恒说："我也正为此苦恼，我让他受点儿苦后，就把他召回来。"

刘长对属下说："谁说你家老子勇敢？我因为骄纵，没有反思过错，所以至此。"刘长沿途不吃不喝，绝食而死，年二十五岁。

囚车是密封的，沿途的县不敢打开，等到了雍县（今陕西省凤翔县）的时候，雍县县令命揭开封条，才发现刘长已经死亡，尸体开始腐烂，于是赶紧奏报朝廷。

刘恒得到刘长已经去世的消息，悲痛痛哭，并对袁盎说道："我不听爱卿所言，害死了淮南王。"

袁盎说："事已至此，请陛下节哀顺变。"

刘恒问道："该如何善后？"

袁盎回答道："处死丞相和御史大夫方可以谢天下。"

从袁盎的回答，可以看出他冷酷残忍的一面。这事本和丞相及御史大夫没有关系，他们不过是秉公处理，袁盎则想借机杀死他们。

刘恒没有照着袁盎的话做，而是派人处死了沿途没有及时揭开封条的官员。

他又以列侯的礼仪，把刘长葬在了雍县，安排三十户人守墓。

又过了两年，刘恒封刘长的四个儿子为侯爵：刘安（前179—前122）封阜陵侯，刘勃封安阳侯，刘赐封阳周侯，刘良封东城侯。

中行说投匈奴

汉文帝刘恒收到了匈奴冒顿单于的一封信,信中说:"前些时日因为小吏而毁坏了我们之间的合约,所以罚右贤王(公元前177年,右贤王进犯河南之地,被灌婴击退),然而,他向西进攻月氏国(首府在今甘肃省张掖市),承蒙上天的垂爱,我军将士精良,兵马强壮,夷平了月氏。楼兰(今新疆维吾尔自治区若羌县)、乌孙(今天山山脉北部)、呼揭(今阿尔泰山山脉一带)及附近的二十六国,已经全部归附匈奴。习惯骑马射箭的百姓已经并为一家,北部已经平定。我愿意休兵养马,放弃往日的不愉快,修复之前的合约,安定边民,像过去一样,使少者得以成长,老者得以安宁,世世代代平静安乐。我们不了解皇帝陛下的意思,所以派郎中系虖(通"乎")浅奉书求见,并献上骆驼一匹,可骑乘之马两匹,可驾车的马八匹。皇帝不想让匈奴接近边塞,也请下令让吏民远离边塞居住。"

刘恒召集群臣商议是打还是和亲。公卿大臣都建议说:"单于最近攻破了月氏等国,声势正盛,不可进攻。即使夺得了匈奴的土地,那里是低洼盐碱之地,不能耕种居住,和亲最好。"

刘恒同意了,命人给冒顿单于写了回信。信中说:"汉与匈奴约为兄弟,所以赠送给单于的礼物向来厚重,但违背盟约,抛弃兄弟之亲者,常在匈奴。右贤王的事,发生在大赦之前,请不要再深究了。单于如果能够按照信中所说,明确告诉诸位官吏,使他们不背弃盟约,我们也将信守盟约,如单于信中所说的那样。来使说单于亲自指挥作战,统一国家有功,苦于用兵,故特别赠送绣夹绮衣、长袄、锦袍各一件,比疏(古人辫发上的一种金属饰物)一个,饰有黄金的腰带一个,黄金做的带钩一个,绣十匹,锦二十匹,赤绨、绿缯各四十匹,派中大夫意、谒者令肩送给单于。"

不久（公元前 174 年），挛鞮冒顿去世，年六十一岁。他的儿子挛鞮稽粥继位，称为老上单于，他也是匈奴的第三任单于。

新单于初立，按照传统，刘恒挑选了一位翁主（亲王家的女儿）要嫁给稽粥为单于阏氏，并派宦官中行说（zhōng háng yuè）陪同前往匈奴，留在匈奴服侍翁主。中行说是燕国人，中行为复姓，年龄不详，大概是当年生活所迫，进宫做了宦官。接到要到匈奴生活的命令后，他很不情愿到苦寒之地生活，请求留在京师，但朝廷强迫他前往。中行说无法抗命，不得不去，转而对朝廷充满怨恨，说："如果必须派我去，我将会成为汉朝的隐患。"

中行说和翁主到了匈奴，就投靠了稽粥单于，深得单于的信任。稽粥喜欢汉朝的丝织品和食物，中行说对他说："匈奴人数抵不过汉朝的一个郡，之所以能这么强大，是因为穿衣饮食和汉朝不同，无须仰视汉朝。今单于改变习俗，喜欢汉朝的东西，汉朝馈赠他们十分之二，则匈奴就会尽归于汉。请单于把汉朝的丝绸等衣服让士兵穿上，在草丛荆棘中奔驰，则衣服必被割裂，用以证明这些衣服不如匈奴的毛毡皮袄坚实耐穿；把汉朝的食物通通丢弃，用以证明不如奶酪可口美味。"

稽粥单于照做了。中行说又教单于身边的人写字记数，来记载人口和牲畜的数目。

汉朝写给单于的书信，用的是长一尺一寸的木牍，开头说"皇帝敬问匈奴大单于无恙"，然后再说一些客套话，送上一些物品。

中行说让稽粥单于用长一尺二寸的木牍回信，印章和封条都比汉朝的又宽又长，言辞傲慢，开头说"天地所生日月所置匈奴大单于敬问汉皇帝无恙"，然后是客套话及回赠礼物。

汉朝的使者说匈奴风俗轻视老者，中行说责问汉朝使者说："汉朝习俗，戍边的将士将要出发时，他们的亲人是不是把不舍得吃的美食美酒送给将士？"

汉使者回答："是。"

中行说又问："匈奴人以作战作为职业，老弱之人不能战斗，所以把肥美的食物给健壮者让他们保卫家园，如此父子各得保全，何以说匈奴人轻视老者呢？"

汉使者说："匈奴父子同住一个帐篷，父亲死了，儿子就要娶他的后母为妻；

兄弟死了，活着的兄弟就要娶他们的妻子为妻，这是落后的风俗。而且他们没有服制和朝廷礼仪。"

中行说反驳道："匈奴的风俗，吃牲畜的肉，喝它们的奶，穿它们的皮，牲畜食草饮水，随时转移。所以事情紧急就练习骑马射箭，事缓时就安乐无事。匈奴限制少，简单易行，君臣关系纯粹，可以持久。一个国家的政事就和一个身体一样。父兄死，则妻其妻，担心的是种姓的灭亡。所以匈奴虽乱，必立本宗的后代。今汉朝虽然宣扬不娶父兄之妻，亲属则日渐疏远且互相残杀，以至于改换姓氏，皆是此类事情！且礼仪过于烦琐，上下之间互相怨恨；而极力营建房屋，劳民伤财。所以要尽力耕种土地、种桑养蚕，换取衣食，修筑城郭用以防卫，所以才会在紧急时不熟悉战斗，在平时疏于作业。你们居住在土屋子里的人，不要再喋喋不休了，衣冠楚楚，又有多大用处？"

从此，汉朝使者想辩论的，中行说就制止："汉使无须多言，希望汉朝送来的丝麻和谷物酒曲，数量充足就行了，务必尽善尽美，何必多说呢？送来的齐备完好就算了，如果粗制滥造，缺斤少两，则等到秋季的时候，就派骑兵践踏你们的庄稼了。"

在中行说的教唆下，稽粥单于对汉朝的好感日渐减少，仇恨感日渐增多。中行说又带稽粥单于窥视边界要塞，图谋不轨。

晁错议移民戍边

　　贾谊被贬为长沙太傅的第三年（公元前 174 年），一天，一只鸮（xiāo）（猫头鹰）突然飞进了他的房间，落在了座位旁边。楚地人叫鸮为"服"，是不祥之鸟，贾谊认为长沙低洼潮湿，生活在这里，自己的寿命不会长，因此感怀自身的境遇，写了一篇赋，名为"鵩（fú）鸟赋"。此赋借与鵩鸟的问答，抒发了自己忧愤不平的情绪，并以老庄的齐生死、等祸福的思想进行自我解脱。

　　不久，刘恒思念贾谊，征召他入京。贾谊到达长安时，刘恒正在宣室（未央宫前殿正室）接受神灵赐福。刘恒感怀鬼神之事，向贾谊询问鬼神的本原。贾谊详细地加以讲述。两个人谈到了夜半时分，刘恒兴趣浓厚，不自觉在座席上向前移了移，以便能听得更仔细。贾谊谈完后，刘恒感叹道："朕好些日子不见贾生了，自以为超过了贾生，今天看来，还比不上啊！"

　　贾谊对于刘恒没有向他征询治国安邦之策，而追问鬼神之事，也颇感意外。唐代李商隐有诗云：

> 宣室求贤访逐臣，贾生才调更无伦。
>
> 可怜夜半虚前席，不问苍生问鬼神。

　　刘恒很喜欢四子梁王刘揖，刘揖本人也非常喜欢读书，刘恒就任命贾谊为梁王的太傅，让贾谊好好辅导刘揖，教他古来成败得失的道理。贾谊到了梁国（首府定陶）后，又向刘恒献上了著名的《治安策》，指出了朝廷与封国之间、汉朝与匈奴之间，以及社会各阶层之间的种种矛盾，并富有针对性地一一指明相应的对策和补救措施。特别是针对诸侯国强盛的情况，贾谊提出了"众建诸侯而少其力"

的办法，把诸侯国化整为零，逐渐分化，减少诸侯国的势力。但他的这篇《治安策》没有引起刘恒的足够重视。

可惜的是，梁王刘揖在公元前 169 年不幸坠马而死。他没有儿子。当时梁国国土面积比较大，北到泰山，西到高阳（今河南省杞县西南高阳镇），有大城四十多座。刘恒在贾谊的建议下，改封淮阳王刘武（刘恒次子）为梁王。

贾谊认为刘揖的死亡，自己作为太傅也有责任，常常伤感落泪。一年多之后（公元前 168 年），贾谊也去世了，年三十三岁。

匈奴在中行说的怂恿下，不断攻击汉朝的狄道县（陇西郡治所，今甘肃省临洮县）等处。太子家令（管理太子家事）晁错向汉文帝刘恒上书，对匈奴和汉朝的优势和劣势做了比较，并写道："今胡人、义渠、蛮夷，归顺者多达数千，他们的饮食等生活习惯、所擅长的本领等和匈奴相同，如果发给他们盔甲、衣服、劲弓、利箭，再交给他们一些边郡的良马，派熟悉他们习俗、得到他们拥护的将领率领他们，在陛下的圣明领导之下，把他们团结在一起。艰难险阻之地，派这些人进攻；平地通畅之地，以汉的轻车、材官进击。两军交相呼应，各用所长，加之我们的众多部队，此乃万全之策。"

刘恒对晁错的建议非常赞同，专门给他回了一封信，以示赞许。

晁错在中国历史上大名鼎鼎。晁错出生于公元前 200 年，是颍川郡（治所阳翟，今河南省禹州市）人。刚开始他在轵县（今河南省济源市东南）向张恢学习申不害和商鞅的刑名之学（主张循名责实，慎赏明罚），当时他的师兄弟里还有洛阳的宋孟和刘带。

晁错以文学被任命为太常掌故（太常属官）。晁错为人刚直不阿，严厉苛刻。当时刘恒征求天下能通晓《尚书》之人，听说齐地有一位叫伏生的人精通《尚书》。但当时伏生已经九十多岁了，受不了旅途颠簸，不可能到京师长安来授书了，刘恒就命令太常派人去到齐地，向伏生当面学习。太常选中了晁错，派他到齐地向伏生学习《尚书》。经过一段时间的学习，晁错学有所成，辞别伏生，回到了长安。晁错上书刘恒，汇报了自己的学习经过及心得体会，并对《尚书》进行了一番夸赞。刘恒很高兴，任命晁错为太子舍人、门大夫，又任命他为博士，后再任命为太子家令。晁错能言善辩，得到太子刘启的宠信，在太子家被称为"智囊"。

晁错认为应该迁徙百姓巩固边防，并鼓励他们农耕，因此上书说："胡人不在一块固定的土地上生活，他们居无定所，这样容易扰乱边境。胡人吃肉，饮用奶酪，以野兽的皮毛为衣，没有田宅、城郭用来居住、生活，如飞鸟走兽游走于广阔的田野，见到草水肥美的地方就停下，草尽水竭则转移。以此看来，漂移不定，来来去去，这就是胡人的生活习惯。如今胡人在边塞附近数个地点放牧打猎，或到燕、代，或到上郡、北地郡、陇西郡，趁机侦察边塞守卫力量。防守力量薄弱，他们就进攻。陛下如果不发兵救援，则边民绝望而有投敌之心；如果派兵救援，兵少了不当用，兵多了，从远方征调的军队刚抵达，胡人则已经离开了。如果留守在那里，费用消耗巨大；如果撤走，则胡人就会再来。如此连年累月，会造成中原贫苦而民心不安。

"陛下忧虑边境，派遣兵将来治理边塞，这大有裨益。然而，令远来之兵守卫边塞，一年一轮换，过于频繁，他们不会深入了解胡人的特长，不如派人长期居住，举家从事农作，用以备边。农闲之时建高城，挖深沟，多备擂石，布铁蒺藜，在城内再造一城，两城相距一百五十步。要害之处，通河之道，规划建立城邑，城中居民不下千家，城周围设置陷阱，竹篱笆插在陷坑内。提前建造好房屋，准备好农具，然后招募有罪之人和免除刑罚需要服劳役之人；或者招募平民，赐给他们封爵，免去全家赋役，迁居边塞。发给他们冬夏服装，供给食物，直到他们能自给自足为止。

"边塞之民，利禄不厚，不能使他们甘心久居危险之地。能驱逐胡人者，把所截获的一半牛羊等给予他们，由县官按等价值的金钱发给被掳掠的百姓。如此，乡里百姓就会互相支援，和胡人拼死搏斗。他们并非德义高尚，而是要保全亲戚，也利用他们取得财产。与东方将士不熟悉地势、心里畏惧胡人相比，战绩会相差万倍以上。陛下在位之时，迁徙人民充实边塞，使远方的百姓没有了屯戍之事，塞下的百姓父子相保，没有了被俘获之患，利于后世，为圣明之君，这样与秦朝的做法相比，有天壤之别。"

刘恒看过后，很欣赏晁错的这项建议，于是命令招募百姓前去边塞定居。

为了解决边塞的粮食问题，晁错建议百姓直接把粮食送到边塞，以送粮食的多少，封给相应的爵位。刘恒也予以采纳。

晁错建议采取鼓励移民实边的政策，既充实了边塞人口，又化解了民众的怨恨，一举两得，实为上策。

冯唐智谏刘恒

公元前 166 年冬季，匈奴单于挛鞮稽粥率领十四万人的强大骑兵部队，攻陷了汉朝的朝那县（今宁夏回族自治区彭阳县西）、萧关（今宁夏回族自治区固原市东南），杀死了北地郡（今甘肃省庆阳市西峰区）都尉孙卬，掳掠了大量的人口和百姓，然后直抵彭阳县（今甘肃省镇原县），烧毁了回中宫（今陕西省陇县西北）。

斥候已经在雍县（今陕西省凤翔县）、甘泉县（今陕西省淳化县）出现，甘泉县在京师长安西北不足二百里处。长安城内顿时被紧张的气氛笼罩。刘恒命中尉周舍和郎中令张武担任将军，征调兵车一千辆、十万大军在长安周围布防，防备匈奴。

刘恒又任命昌侯卢卿为上郡（今陕西省延安市）将军，宁侯魏遫（chì）为北地将军，隆虑侯周灶为陇西（今甘肃省临洮县）将军，拨付军队，驻守三郡。刘恒举行了盛大的阅兵式，准备亲征匈奴，群臣急忙劝阻，但刘恒不听。群臣又请薄太后出马，薄太后态度坚决，刘恒这才打消了亲征的念头。他任命东阳侯张相如为大将军，又任命成侯董赤和长安内史栾布为将军，反击匈奴。

挛鞮稽粥在塞内居留了一个多月，看到汉军准备充分，就率军撤退了。

汉军追击到塞外，不敢深入，立即撤回，无所斩获。

刘恒巡视郎署（郎是禁卫官，有"议郎""侍郎""郎中"等），问郎署长冯唐道："看您年纪不小了，您家是哪里的？"

冯唐这时候大概五十多岁，他回答说："臣的祖父是赵国人，到父亲时迁徙到了代国。"

刘恒做过代王，听说冯唐来自代国，便又问道："朕为代王时，朕的尚食监（主管膳食的官）高祛（qū）多次跟我提起赵国大将李齐非常有能耐，和秦将王离战于钜鹿（今河北省平乡县）城下。直到今天，我每次吃饭的时候，都要想起高祛之言，您了解李齐吗？”

冯唐回答说："李齐作为将军，还比不上廉颇和李牧呢！"

刘恒闻听，一拍胯骨，说道："遗憾啊！我得不到像廉颇和李牧这样的人为将，如果有这样的将领，我还担忧匈奴吗？"

出乎周围人意料的是，冯唐说："陛下即使得到廉颇和李牧，也不会任用他们。"

刘恒一愣，继而发怒，起身回到了宫中，过了好一会儿，他的怒气才消。

他命人把冯唐召来，责怪冯唐道："明公为什么当众羞辱我，不能单独对我讲吗？"

冯唐赶忙道歉道："鄙人不知忌讳。"

刘恒这时候主要忧虑的还是匈奴，他问冯唐道："明公为什么说我得到廉颇和李牧也不能用？"

冯唐回答："臣听说上古君王派将军出征，会亲手去推车轮，说'城门之内，寡人负责；城门以外，将军负责'。军功大小，赐爵高低，皆由将军决定，回师后奏报即可，此并非虚言。臣的祖父说李牧守边时，军市上得来的收入全部用来犒赏将士，全由李牧说了算，朝廷不予干预，朝廷只颁发委任状，命令他成功即可。所以李牧才能尽其所能，挑选军车一千三百辆，擅长射箭的骑兵一万三千人，受重赏的勇士十万人，北逐匈奴，破东胡，灭澹林（少数民族名），西边对抗强秦，向南支援韩、魏。当时，赵国几乎就要成为霸主。后来赵幽王继位，他的母亲是卖唱家的女子，听信宦官郭开的谗言，杀害了李牧，命颜聚顶替了李牧的位置。所以后来导致兵败，赵国为秦国所灭。今臣听说云中郡魏尚，把军市上得来的收入全部给予士卒，拿出自己的私钱，五天杀一头牛，宴请宾客、军官及属员。所以匈奴远避，不接近云中郡的边塞。匈奴曾经进攻一次，魏尚率人马抵抗，杀死众多敌人。魏尚的士卒都是平民家的孩子，他们从田地里进入军营，不了解军中的法令，只知死战，斩杀俘虏敌人，向将军府报功的时候，哪怕有一点点不符合事实，执法官就用法令惩罚他们。赏赐还没有施行，而执法官的法令先到。臣以为，陛下赏赐太轻，处罚太重。而且魏尚报功的时候，数目只差了六个敌人的首级，陛下就命令执法官削去他的爵位，罚他做苦役。所以据此判断，陛下得到李牧也不会用他。臣愚昧，犯了忌讳，死罪！"

刘恒认为冯唐说得很有道理，大喜，当天就命冯唐持节赦免了魏尚，恢复了他的云中太守之职。刘恒又拜冯唐为车骑都尉（掌管车骑士），主中尉及郡国车士。

这里说的冯唐，就是典故"冯唐易老"中的冯唐。汉景帝即位后，冯唐被任命为楚相，但很快被罢免。汉武帝即位后，匈奴犯边，武帝广征贤良，有人推荐了冯唐。可那时冯唐已经九十多岁了，无法再出征了，于是汉武帝任命其子冯遂为郎。

申屠嘉封相

匈奴又不断地攻打汉朝的边塞，屠杀和俘虏官员百姓及牛羊等牲畜，云中郡和辽东郡损失最大，多达万人。汉文帝刘恒对此忧心忡忡，因为匈奴行踪不定，且实力强大，和亲仍是最佳方案，于是公元前 162 年夏季，他派使者向匈奴单于挛鞮稽粥修书一封，建议消除嫌隙，和平相处，并互相赦免投靠到对方的人。

挛鞮稽粥复信，同意和亲。刘恒又下令不准接纳投降的匈奴人，匈奴人不入塞，汉人也不准出塞，违者杀头。顺便交代一句，一年之后（公元前 161 年），挛鞮稽粥去世，他的儿子挛鞮军臣继位，为匈奴的第四任单于。

丞相张苍推荐别人任中候（官名），但此人以权谋私，中饱私囊，汉文帝很生气，责备张苍用人不当。公元前 162 年八月二日，刘恒以张苍有病为由，免去了他的职务。丞相之位空缺。窦皇后的弟弟窦广国德才兼备，自小寄人篱下，深知民间疾苦，因此刘恒准备任命窦广国为丞相。但他思考良久，自言自语说，"这样做的话，恐怕天下人会说我偏私"，终于作罢。

现御史大夫申屠嘉（申屠为复姓），当年以强弩手的身份跟随刘邦打天下，逐渐升任为队长，又跟随刘邦攻打英布有功，被任命为都尉。惠帝刘盈时期，被任命为淮阳（治所陈县，今河南省周口市淮阳区）太守，刘恒继位后，封申屠嘉为关内侯，食邑五百户，后又升迁为御史大夫。这时候，高祖时期的大臣已经所剩无几，活着的人也没有担任丞相的合适人选。因此，刘恒封申屠嘉为丞相，封故安侯。

太中大夫（郎中令属官）邓通当初由父亲资助，到宫中做了郎官，因他善于撑船，被任命为黄头郎（船夫，戴黄帽）。刘恒也免不了有相信登天、长生这样的帝王通病。日有所思，夜有所梦，刘恒曾梦到自己想要登天，却上不去，干着急。正在这时，突然出现了一个黄头郎，推了他一把，把他推上了天。他回头观看，见这个黄头郎的上衣系于臀部革带之下。刘恒记住了这个黄头郎的特征。刘恒在梦中乐开了花，梦醒后，他来到了未央宫苍池的渐台上，寻找和梦中相似的黄头郎。他看见邓通，其衣后穿，就如梦中所见之黄头郎。刘恒召见邓通，问他的姓名，邓通回答说他姓邓名通。"邓"和"登"的读音相似，刘恒非常高兴，从此对邓通非常宠信。邓通性格比较内向，不喜欢交际，即使刘恒赐给他假期，他也不外出。刘恒赏赐邓通数十万钱，把他提拔为太中大夫。

有一次，刘恒趁空闲时间到邓通家游玩，但邓通没有其他技能表演给刘恒看，他使尽浑身解数，溜须拍马，讨刘恒欢心。刘恒让女神相许负给邓通相面。许负给邓通相面后说："此人日后会因为贫困被饿死。"刘恒很吃惊，说道："能给邓通富贵者在朕，为什么会说他贫困？"

为了不让邓通日后贫困，刘恒把蜀郡严道（今四川省荥经县）的铜山赐给邓通，让他自由开采，然后铸钱，称为"邓钱"。吴王刘濞的封国豫章郡（今江西省南昌市）也有一座铜山，刘濞集结了一批人，私自开矿铸钱，称为"吴钱"。"邓钱"和"吴钱"都在全国流通，他们赚得盆满钵满。

这里顺便交代一下女神相许负。许负出生于公元前 221 年，字莫负，擅长易学，精通相术，曾为许多王公贵族相面，预言非常灵验。她得到刘邦赏识，受封"鸣雌亭侯"，成为古代少数的女性列侯之一。许负曾经预言当今皇太后会贵为天子之母，也得到应验。许负堪称中国古代历史上的第一女神相。

丞相申屠嘉为人廉洁正直，从不私下接受别人的拜见、请托。有一天，申屠嘉入朝，邓通站在刘恒的身旁，对申屠嘉傲慢无礼。申屠嘉向刘恒汇报完工作，说道："陛下宠爱某人，就给予他富贵，无可厚非，但朝廷的礼仪，不能不严肃。"

刘恒自然知道申屠嘉所指，制止他道："丞相无须多言，我私下处理这个问题。"

申屠嘉散朝回家后，决心给邓通一个教训，让他长长记性。他端坐府中，命人拿文书传召邓通到丞相府中，如果邓通不来，立即斩首。邓通接到命令后，大为恐慌，急忙入宫觐见刘恒。刘恒对他说："尽管放心前去，我一会儿派人把你召回来。"

邓通来到了丞相府，摘下帽子，赤脚入内，叩头请罪。申屠嘉看见邓通进来，一动不动，没有回礼，然后斥责邓通道："朝廷是高皇帝建立的朝廷，你邓通只是一介小吏，也敢在大殿之上态度不恭，这是大不敬，论罪当斩。来人，拉出去斩了。"

邓通被吓得魂飞魄散，拼命磕头求饶，额头都磕出了血，但申屠嘉不为所动。刘恒这时候也预料到申屠嘉已经给邓通以颜色了，因此派使者持节到丞相府召邓通，并对申屠嘉说："他是供朕取乐的臣子，明公把他放了吧！"

申屠嘉不过是要教训一下邓通，自然不想真的把他处死，因此使者到来后，他把邓通放了回去。

邓通到了宫中，委屈地抹着眼泪对刘恒说："丞相只差一点儿就把我给杀了。"

刘恒哈哈一笑，安慰了邓通几句。

细柳营

绛侯周勃的次子周亚夫为河内郡（今河南省武陟县）太守，许负给他看相，说："明公三年之后可以封侯，再过八年，官至将相，执掌朝政，贵不可言，一人之下万人之上。但又九年之后会被饿死。"周亚夫听后，笑道："我的哥哥（周胜之）已经继承父亲的侯爵，如果他死了，他的儿子会继承，为什么说我能封侯呢？既然如您所说我会成为重臣，又何说饿死呢？请明示。"许负指着周亚夫的嘴说："脸上的竖纹直达嘴边，这是饿死的面相。"过了三年，果然应验。

绛侯周胜之娶了汉文帝刘恒的次女昌平公主为妻，但他们的关系并不和睦，又因为周胜之犯杀人罪，被处死，绛国被废除。刘恒感念周勃的功劳，想从周勃剩下的两个儿子周亚夫和周坚中选择一个贤能之人封侯，很多人都推举周亚夫，于是刘恒封周亚夫为条（条县在今河北景县南）侯。

公元前 158 年冬季，匈奴单于挛鞮军臣撕毁和约，派六万骑兵南下，三万军队攻击西汉上郡，三万军队攻击云中郡，烧杀抢掠，汉朝损失惨重。军情传到了长安，刘恒任命中大夫令免为车骑将军，率军进驻飞狐（今河北省涞源县南），任命原楚国丞相苏意为将军，率军进驻句注（今山西省代县西北），将军张武进驻北地（今甘肃庆阳市环县东南的马岭镇），阻击匈奴。刘恒又任命河内太守周亚夫为将军，进驻细柳（今陕西省咸阳市西南，渭河北），任命宗正刘礼为将军，驻军霸上，任命祝兹侯徐厉为将军，驻军棘门（今陕西省咸阳市东北），拱卫长安。

刘恒决定亲自劳军，当他到达霸上和棘门军营的时候，长驱直入，将帅列队迎送。刘恒到了细柳军营的时候，望见把守军营的士兵身披铠甲，兵刃在手，弓弩上弦，拉满了弓，对准了他们。天子的先导部队到了营门后不能进入。

先导说："天子马上就到！"

军门都尉说："将军有令：军中只听将军号令，不听天子之诏。"

先导部队回禀刘恒，刘恒亲自到了营门，也无法进入。

刘恒派人持节，传召周亚夫说："朕欲劳军。"

于是周亚夫下令说："打开营门。"但他没有亲自出营门迎接刘恒。

营门守兵对皇帝的卫队说："将军有约，军中不能纵马驰骋。"

于是刘恒用手拉着马的缰绳，慢慢前行。将要到军中大帐的时候，周亚夫手拿兵器，在帐外迎候，拱手作揖道："甲胄之士不行跪拜之礼，请允许臣以军礼相见。"

刘恒深受触动，脸色变得严肃，用手扶了一下扶手，以示回礼，然后派人传话致歉道："皇帝敬劳将军。"

礼节已毕，刘恒等人离去，走出营门之后，随从大臣这才敢大喘了一口气，他们对于周亚夫竟然以这样的方式对待皇帝大为惊恐。刘恒对他们说道："难得呀，此乃真将军也！刚才霸上、棘门军营如儿戏一般，如果匈奴发动突袭，他们的将领必被俘虏。至于周亚夫，哪敢进犯呢！"刘恒赞叹良久。

过了一个多月，汉军抵达边界，匈奴已经远离边塞，汉军回师。刘恒任命周亚夫为中尉，守卫京师。

唐代诗人胡曾有诗云：

文帝銮舆劳北征，条侯此地整严兵。

辕门不峻将军令，今日争知细柳营。

文帝驾崩

公元前 157 年六月一日，刘恒在未央宫去世，年四十六岁，庙号太宗，谥号为文。六月七日，汉文帝被葬于霸陵（关于霸陵的具体地址，过去史学上有争议，2021 年 11 月 14 日，国家文物局正式公布，陕西省西安市白鹿原江村大墓即为汉文帝霸陵）。

汉文帝在位二十三年，宫室、花苑、车骑、服装等，几乎都没有增添，骚扰到百姓的，就把它废弃。文帝曾经想建造一个露台，召来工匠做预算，需要耗费黄金一百斤，他认为花销过大，就停止了修建。平时他不穿华丽的衣服，只穿黑色的丝织服装。连他宠爱的慎夫人，衣不拖地，帷帐之内也不允许用刺绣华美的丝织品，以示简朴，为天下表率。霸陵之内的陪葬用品，都是陶器，不用金银铜锡等贵重物品。霸陵因山势修建，不刻意加高。他以德化民，海内殷实富足，推行礼仪，减少刑罚。文帝无为而治的方略，使得经济发展，社会和谐，统治秩序也日臻巩固，为著名的"文景之治"开了好头。

汉文帝特别孝顺，是古代"二十四孝"之一。他曾经亲自为母亲薄太后尝药，是"亲尝汤药"的主角。

六月九日，三十二岁的太子刘启继位为帝，他尊祖母薄太后为太皇太后（两年后去世），母亲窦皇后为皇太后。刘启立太子妃薄氏（太皇太后的远房族孙女）为皇后。

新皇登基，为了防止匈奴发动进攻，刘启派御史大夫陶青（开国功臣开封侯陶舍之子）出使匈奴，缓和与匈奴的关系。

郎中令主管宫中禁卫兵，位置非常重要，刘启任命太中大夫周仁担任郎中令。周仁曾经任太子舍人，是刘启的嫡系。他的先人是任城县（今山东省济宁市东南）

人，因为医术高超而受到皇帝的接见。周仁为人成熟稳重，不泄露他人的秘密，又比较清廉，因此深受刘启的信任。

刘启又任命中大夫晁错为长安内史，主管京师事务。晁错肚里真有墨水，之前汉文帝刘恒亲自出题测试各王爷公卿及各地推荐的贤良百余人，晁错成绩名列前茅（当时贾谊已去世）。

晁错多次向刘启单独奏事，刘启都能采纳，所受到的恩遇超过了九卿，法令不断变更。而丞相申屠嘉所作的建议，多不被刘启采用，因此他非常嫉妒晁错，但也想不到加害的办法。晁错府门向东，每次上下班进出不便，他就在南边开了一个门，方便进出。但南门外空连接了太上皇（高祖刘邦的父亲刘执嘉）庙的围墙。申屠嘉得到消息，认为抓到了晁错的把柄，扳倒晁错的机会来了。于是他上奏刘启，弹劾晁错擅自穿过太上皇的庙墙，请求诛杀晁错。

有人把这个消息告诉了晁错，晁错感到非常恐惧。他深夜进宫拜见刘启，深深谢罪。等到朝会的时候，申屠嘉请求诛杀晁错，刘启说："晁错穿过的不是太上皇祭庙的围墙，而是墙外的空地，一些散官住在那里，并不妨事，而且这个事情是我同意过的，晁错无罪。"

散朝后，申屠嘉对他的长史说道："我应当先杀了晁错再上奏，先行奏报才误了事。"申屠嘉回到府中，越想越气，吐血不止，与世长辞。

刘启任命御史大夫陶青为丞相，晁错为御史大夫。晁错地位越发显贵。

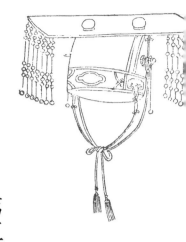

第五章

七国之乱

司马相如投梁王

汉文帝刘恒共有四子两女。四子为刘启、刘武、刘参（？—前162）和刘揖（？—前169），两女为馆陶公主和昌平公主。其中刘启、刘武和馆陶公主为刘恒和皇后窦漪房所生。很多母亲更喜欢小儿子，窦漪房也不例外，她对小儿子刘武特别宠爱。刘武出生年月不详，初封代王，后改封淮阳王，公元前168年梁怀王刘揖去世，刘揖没有子嗣，刘武改封为梁王。刘恒割襄邑（今河南省睢县）、襦县（今河南省柘城县北）、宁陵（今河南省宁陵县）三城于梁国（首府睢阳，今河南省商丘市睢阳区），使梁国拥有四十多座城池，拥有天下肥沃的田地。朝廷对刘武又多有赏赐，不可胜数，梁国府库中的金钱巨万，珠玉宝器甚至比京师府库中的还多。

刘武特宠放纵，在封国内修建了东苑，方圆三百多里，把首府睢阳城扩大到方圆七十多里地，又大规模修建宫室，修建三十多里的双层道路（复道），使王宫和离宫相连。

刘武非常喜欢人才，广募天下豪俊之士。枚乘、严忌、羊胜、公孙诡、邹阳、司马相如等人都来投靠。他们都是当时著名的学士、辞赋家。枚乘与邹阳并称"邹枚"，与司马相如并称"枚马"，与贾谊并称"枚贾"。辞赋是古代的一种文体，起源于战国时代，盛于汉，世称汉赋。

司马相如是汉赋四大家（司马相如、扬雄、班固、张衡）之一。司马相如，字长卿，约出生于公元前179年，是蜀郡成都人，少年喜欢读书和练习击剑，取名"犬子"（"犬子"一词就出自此）。司马犬子学有所成，追慕战国时期赵国名相蔺相如的为人，因此更名相如。他因为家里捐献钱财，而被征召到宫中为郎，侍奉皇帝刘启，被任命为武骑常侍，常跟随刘启猎杀猛兽，但这并不是司马相如的志向。

▲ 元 李容瑾 汉苑图 台北故宫博物院藏

刘启并不喜欢辞赋，司马相如感觉自己的特长无所施展。当时梁王刘武进京朝见，他的随从有邹阳、枚乘、严忌等人，司马相如和他们志同道合，一见如故。他称病辞职，毅然去了梁国。至于他和卓文君的爱情故事，详见后文。这时候（公元前 155 年），卓文君才六岁。

刘启也很喜欢这个弟弟，刘武每次要到京师朝见，他都要派使者持节，带着皇帝的御用车马，在函谷关（今河南省灵宝市东北）外迎接。入宫后，刘启又常常让刘武和他同乘一辆车打猎等。刘武要求在京师多留几日，刘启批准他居留长达半年。梁国的侍中、郎官、谒者等随意出入宫门，和朝廷同样官职的官员待遇相同。

公元前 154 年十月，刘武又来长安朝见。这时候，刘启还没有设置太子，有一次，他和刘武豪饮，酒至半酣，刘启不紧不慢地对刘武说："我千秋万岁之后，要把皇位传给你。"

刘武自然不敢接受。他推辞道谢，虽然知道刘启说的不是真心话，但心里仍乐开了花。窦太后听到后，也很高兴。

詹事（掌皇后、太子家中之事）窦婴端起酒杯，向皇上敬酒说："天下者，是高祖的天下，父子相传，是汉朝的制度，陛下何以说要传位给梁王？"

窦婴，是窦太后的侄子，他字王孙，是窦太后堂兄之子，他父亲之前世代居住在观津县（今河北省武邑县东南），喜欢结交宾客。汉文帝时期，窦婴为吴王刘濞的国相。刘启即位后，他被任命为詹事。

听到窦婴不替刘武说话，窦太后从此开始对窦婴憎恶，逐渐疏远了他。窦婴觉察出了窦太后对他的态度，他也嫌詹事这个官职小，因此称病辞职。窦太后除去了窦婴进入宫门的权力，不得入宫朝见。

削　藩

　　汉景帝刘启还是太子的时候，有一次，吴国（首府广陵，今江苏省扬州市）太子刘贤进京朝见，刘启和刘贤不时在一起饮酒赌博。刘贤的师傅都是楚地人，轻浮凶悍，素来骄横。有一次，刘启和刘贤下棋，两个人都比较投入，下着下着，便争论了起来。刘贤对刘启无礼，刘启生气了，拿起棋盘掷向了刘贤。两个人距离比较近，棋盘正中刘贤的脑门，刘贤当场丧命。

　　刘恒派人把刘贤的尸体送回了吴国。吴王刘濞伤心欲绝，大怒道："天下刘姓是一个宗族，死在长安就葬在长安，何必送来安葬！"刘濞又命人把刘贤的尸体送回长安安葬。

　　从此，刘濞对朝廷产生了怨恨，不再守藩臣之礼，称病不再进京朝见。朝廷调查后，得知刘濞不来朝见的原因。因此，每当吴国的使者进京的时候，就对他们进行责罚。刘濞惶恐不安，准备谋乱。一年秋天，刘濞派使者进京朝见，刘恒又派人责问吴国使者。使者说："吴王实际上并没有病，只因朝廷多次审问吴国使者，吴王恐惧，所以称病。俗语说'察见渊中鱼，不祥（皇帝察见大臣的隐私，并不是好事）'，今吴王称病被发觉，他恐怕被诛杀，他的反应对朝廷会更不利，请陛下给他改过自新的机会。"

　　于是，刘恒赦免了吴国使者，还赐给刘濞坐几和手杖，允许他年老不朝。刘濞既然已经被原谅，也就放弃了谋乱的想法。前文说过，吴国之内有矿山，造有"吴钱"，又能产盐，因此百姓不用缴纳赋税。为了收买人心，吴国内有需要戍卫边疆的，刘濞都给予钱财。每年吴国都要对境内的有才华者进行慰问，并对百姓进行赏赐。其他封国和郡派人来吴国追捕逃犯者，一律予以拒绝，不让他们把人从吴国带走。这种做法在吴国已经施行了四十多年。晁错数次上书文帝刘恒，趁着吴王刘濞有过错的机会，削减吴国的国土面积，但刘恒宅心仁厚，不肯这么做。

刘启登基以后，晁错又上书说："高帝（刘邦）平定天下的时候，兄弟少，诸子年幼，所以封给同宗的国家都非常大，齐国拥有七十多座城池，楚国拥有四十多座城池，吴国拥有五十多座城池。这三个封国的封王，目前血亲关系疏远，却分走了天下一半的土地。而今吴王因为之前吴国太子的关系，称病不来朝见，如果按古法，应该诛杀。文帝不忍，还赐给他坐几和手杖，恩德隆厚，他应当改过自新。但事实是，他越加骄横，就山铸钱，煮海水为盐，引诱天下亡命之徒，密谋作乱。今削之亦反，不削之亦反。削之，他就急着谋反，祸小；不削，谋反推迟，祸大。"

刘启命公卿、列侯、皇家宗室讨论，除了窦婴，没有人提出不同意见。窦婴认为，削藩并不会进展得很顺利，他反对削藩，因此和晁错之间有了嫌隙。

汉高祖刘邦当年废掉韩信楚王的封号之后，把楚国一分为二，分为荆国和楚国，他封堂兄刘贾为荆王，封自己的四弟刘交为楚王。刘交年轻的时候就喜欢读书，他跟鲁国的申公、穆生及白生为好朋友，他们一起拜浮丘伯（齐国人，战国至汉初儒家学者）为师，学习《诗经》。刘交被封为楚王后，就带申公三人到了楚国，任命他们为中大夫。吕后主政时期，浮丘伯居住在长安，刘交就派二儿子刘郢客和申公到长安，向浮丘伯求教，并学有所成。吕后任命刘郢客为宗正，封为上邳侯。

公元前179年，楚王刘交去世，楚国太子刘辟非之前已经死了，所以继位不久的文帝刘恒封刘郢客嗣楚王位。之前刘恒听说申公精于《诗经》，就任命他为博士。不久，申公因故丢官，就和刘郢客一起回到了楚国，再被任命为中大夫。公元前174年，刘郢客去世，他的儿子刘戊继嗣，为楚王。

穆生不喜欢饮酒，刘交在世时，每次举行宴会的时候，都在他面前摆上甜酒。刘戊为楚王后，刚开始还比较尊重申公、白生、穆生等人，举行宴会的时候也按惯例在穆生面前摆上甜酒。不久，他就对这些白发老头儿傲慢无礼起来，再摆酒宴的时候，也忘了为穆生摆上甜酒。散席之后，穆生对白生和申公说道："是离开的时候了，甜酒不摆，楚王已经表露出怠慢的意思，再不走，他们就要将我刑具加身，在闹市游行了。"他遂称病，卧床不起。申公和白生劝穆生道："难道您不感念先王（刘交）对我们的恩德了吗？如今楚王不过一时失利，何至于如此！"

穆生说："先王之所以礼敬我们三人，是因为道义；如今疏忽，是忘记了道义。忘道之人，怎能和他久处！这不仅仅是小小的礼节缺失呀！"穆生以生病为由，离开了楚国，申公和白生继续留在楚国。

不出穆生所料，刘戊逐渐变得荒淫残暴，在为薄太后服丧期间，私自与女子同房，被举报了。这也正好给了晁错机会。他上书弹劾刘戊，认为他应该被处以死刑。刘启从宽处理刘戊，削去了楚国的东海郡（今山东省郯城县）。

晁错又追查赵王刘遂的过错，赵国被削去了常山郡（今河北省正定县）。他追查胶西（胶西国首府高密，今山东省高密市）王刘卬卖爵的时候有舞弊行为，胶西国被削掉了六个县。

晁错的削藩举措在继续推进。

七国之乱：起兵

朝廷的削藩举动，在各个封国引起了巨大的震动，封王们都担心有一天会削到自己的头上。吴王刘濞心情格外焦灼，当得到朝廷准备削吴国土地的消息的时候，他就又萌发了起兵谋乱的念头，但苦于诸侯之中无足以谋者。刘濞听说胶西王刘卬勇猛，善于用兵，各诸侯王对他都比较忌惮，便利用刘卬被削掉一个郡，对朝廷心怀不满的时机，派中大夫应高前去游说刘卬。

应高拜见胶西王刘卬，游说道："今主上任用奸臣，听信谗言，变更律令，侵犯、削减封国的土地，征收日渐增多，惩罚日益严重。俗话说'狧穅及米'（比喻逐步侵蚀，渐及全体），吴国和胶西国在诸侯国中知名度比较高，一旦被查处，就再也不得安宁了。吴王身体有恙，已经不上京师朝见二十多年了，常常担心被猜疑，无法解释清楚，于是缩敛肩膀，不敢大步走路，还恐怕不被朝廷放心。听说大王因为在卖爵的事情上犯了过错，被削地，处罚明显过重，只怕朝廷不会只是削地这么简单。"

应高的这番话很厉害，刘卬一听就着急了，忙问道："是这样的。先生，这当如何是好？"

应高接着说："同恶相助，同好相留，同情相求，同欲相趋，同利相死。如今吴王和大王同病相怜，愿因时而动，舍弃身躯，以除去天下的隐患，大王意下如何？"

刘卬没有想到应高如此胆大包天，他露出了恐惧的表情，说："寡人怎么敢这么做？主上虽然逼得急，最多不过一死，怎么敢不听命？"

应高最后说："御史大夫晁错迷惑天子，侵犯、掠夺诸侯国的土地，遮蔽忠贤进言，朝廷大臣都对他充满怨恨，诸侯都有背叛之心，已经忍耐到了极点。且彗星出现，蝗虫遍地，此乃万世之良机。人民愁苦之时，就是圣人起事之机。吴王对朝廷宣称诛杀晁错，在外在追随大王，驰骋天下，必走到哪里，哪里投降；攻打到哪里，哪里能拿下，没有人敢不服从。大王如果诚心答应并给个回信，吴王则会率领楚王攻打函谷关，夺取荥阳敖仓的粮食，抗拒朝廷的兵马，修建军队休息之处，等待大王。大王到来后，天下可并，吴王和大王分而治之，岂不美哉？"

刘印听后，心动了。他心一横，说："就这么办！"

应高回到吴国，把出使的情况汇报给了刘濞。刘濞大喜，但稳妥起见，他秘密潜入胶西国，和刘印当面定下誓约。

胶西国的文武大臣听说刘印要起兵造反，劝他说："诸侯国的土地不及汉的十分之二，起兵为叛逆而使太后（胶西太后）忧虑，这不是上策。今天侍奉一个皇帝，尚且不容易，事成后，两主纷争，隐患就会更大。"

刘印哪里听得进去，他派使者约齐王刘将闾、菑川王刘贤、胶东王刘雄渠、济南王刘辟光一起发兵，他们都答应了。

申公和白生得知刘印和刘濞的阴谋后，直言相劝。但刘印早就认为他们年老体衰，已经不堪大用。刘印命把他们脖子上系上绳子，穿上粗布衣服，放到街上舂米，供人们参观。

刘印的叔叔休侯刘富，得到消息，派使者劝阻刘印。刘印说："叔父如果不和我一起行动，我起兵的时候先取叔父。"使者把话传给了刘富。刘富很害怕，带着母亲及家人投奔了长安。

公元前 154 年春季，朝廷削掉吴国会稽郡、豫章郡的诏书下达。吴王刘濞首先起兵，诛杀了朝廷派到吴国的太守以下的所有官员。胶西国、胶东国、菑川国、济南国、楚国和赵国紧接着起兵反抗朝廷。因为他们一共是七个国家，史称这次叛乱为"七国之乱"。

楚国国相张尚和太傅赵夷吾还在苦劝楚王刘戊，但被刘戊杀死。赵国国相建德和长史王悍也苦劝赵王刘遂，被刘遂投入火中烧死。

齐王刘将闾之前答应和七国一起起兵，但突然反悔了。他收回承诺，拒绝起兵，守城戒严。济北国（首府卢县，今山东省济南市长清区）的城墙坍塌，修补工作还没有完成，济北国的郎中令挟持了济北王刘志，不让他起兵响应。

胶西王刘卬和胶东王刘雄渠作为主帅，率领本国及菑川国、济南国的军队，进攻齐国首府临淄。赵王刘遂率军推进到边界，等待吴国和楚国的军队到来后，一同西进。刘遂还派人向匈奴求援，要求匈奴派兵支援。

　　吴王刘濞进行了全国总动员，并通令全国说："寡人已经六十二岁了，还亲自率军，幼子（刘驹）才十四岁，也随军冲锋陷阵。全国年龄上至寡人的年龄，下至幼子年龄，全部到军队报到。"吴国一共集合了二十多万军队。刘濞还派人到闽越国和东越国求援，两国都派出了兵马相助。

　　吴国军队从广陵县（今江苏省扬州市西北蜀冈上）出发，西渡淮河，和楚军会合。刘濞向各诸侯国发布文告，号称拥有精兵八十万，他控诉晁错的罪行，要求朝廷诛杀晁错。吴国和楚国的联军向西挺进，攻陷了梁国的棘壁（今河南省永城市西北），杀死梁军数万人，乘胜前进，声势浩大。梁王刘武派军和吴楚联军再战，又败，溃不成军，士兵四散奔逃。刘武命令关闭首府睢阳的城门，坚守城池。

　　汉文帝刘恒去世前，专门交代刘启说："如果出现紧急情况，周亚夫可以担任将军，率军出征。"七国叛乱的消息传来，刘启遂提拔当时担任中尉的周亚夫为太尉，率领三十六位将领及军队，讨伐吴楚联军；派曲周侯郦寄率军攻打赵国；派将军栾布，攻打胶东等国。

　　刘启准备从宗室和外戚中选择一人担任大将军，监视各军，以备不测，但他发现没有人能比窦婴贤能，召他入宫相见，准备委以重任。但窦婴推辞，称病不就任。窦太后这时候也感觉对窦婴处罚不当。她面见窦婴，表示惭愧。刘启对窦婴说："今天下事急，王孙（窦婴的字）怎么能如此推辞呢？"

　　窦婴听皇帝这么说，也就不再坚持了。于是，刘启任命窦婴为大将军，赐千金。窦婴把皇帝所赐摆在走廊里，军吏经过的时候，就让他们拿一些使用，把千金全部散发了出去。窦婴率军进驻荥阳，监督讨伐齐国和赵国的军队。

七国之乱：诛晁错

当初晁错变更法令三十章，很多都是针对诸侯国的，诸侯国哗然，对晁错怀恨在心。晁错的父亲听到消息，从老家颍川郡（治所阳翟，今河南省禹州市）赶到了京城，对晁错说："皇上刚即位，你参与朝政，建议削藩，离间皇家骨肉，他们都把矛头指向了你，对你口诛笔伐，你这样做，图什么？"

晁错回答："父亲说得对，但不如此做，天子的地位就不稳，皇家宗庙就不得平安。"

晁父看也劝不动儿子，气恼地说："刘氏平安了，但晁氏危险了，我这就离开你，你好自为之吧！"晁父遂吃毒药自尽，临死前说："我不忍心看着大祸降临到我身上。"

景帝刘启和晁错商议出兵讨伐七国事宜，晁错建议刘启御驾亲征，而自己留守长安，并说："吴国还没有攻下徐县（今江苏省泗洪县南）和僮县（今安徽省泗县东北），可以把这两个地方给吴国。"刘启一听，感到很迷惑，削藩的主意是晁错出的，今天又要把两个县给吴国，增加刘濞的实力，刘启不知道晁错葫芦里卖的什么药。晁错提议皇帝亲征，他自己留守，这让刘启又对晁错多了一层怀疑。

前文说过，袁盎多次直谏，后被排斥，调任陇西都尉。袁盎对待士卒非常好，士卒争相效命，不惜一死。后袁盎被任命为齐国丞相，再迁吴国丞相。袁盎要去吴国赴任的时候，在朝廷任常侍骑的侄子袁种（袁盎兄长之子）向叔叔辞行。袁种对叔叔袁盎说："吴王骄横已久，吴国也多奸猾之徒，如果您到任后想立即进行整治，恐怕他们不是上书诬告您，就是会派人刺杀您。南方地势低洼潮湿，您不妨日日饮酒，不要过多过问吴国的事情，只是旁敲侧击，提醒吴王不要谋反就是了，这样的话，叔叔或许可以得以保全。"

袁盎到了吴国，采用袁种的计策，不过多干预吴国的国事。吴王刘濞很高兴，厚待袁盎。待在吴国非长久之计，袁盎借故告假回京。

晁错与袁盎素来不和，两个人避免同处一室，晁错在的地方，袁盎就躲避，袁盎在的地方，晁错就躲避，两个人极少说话。晁错担任御史大夫后，就想打击袁盎，派人查到袁盎收受吴王刘濞钱财的事，要求景帝刘启对袁盎进行惩罚。刘启从轻处罚，贬袁盎为平民。吴国起兵后，晁错又想借机打击袁盎，他对丞史说："袁盎接受吴王的厚礼，所以替吴王遮掩，对朝廷说吴王不会造反，今吴王已反，我准备请求主上治袁盎的罪，袁盎应该知道刘濞的阴谋。"

丞史说："反叛没有发生的时候，治袁盎的罪，或许可以震慑吴王，而今反叛已经发生，治袁盎的罪又有什么益处，而且袁盎应该不知道刘濞的阴谋。"

晁错听后，犹豫不决。这个间隙，有人把消息告诉了袁盎，参与谋反是灭族之罪，他大惊失色，连夜求见窦婴，并分析了吴国造反的原因，表示愿意到皇帝面前，当面陈述。窦婴进入宫中，向刘启汇报了情况，刘启召见袁盎。袁盎入宫，当时刘启正和晁错在讨论筹措军饷事宜。刘启问袁盎："你曾经为吴国丞相，今吴楚造反，你怎么看？"

袁盎回答："陛下不必忧虑，破之易如反掌。"

刘启说："吴王利用铜山造钱，煮海制盐，引诱天下豪杰，筹划这么多年，在头发白了的时候才举事，如果不是思虑周密，他能起兵吗？为什么说能轻易击败他呢？"

袁盎回答："吴国虽然富有，但并没能引来英雄豪杰；如果有英雄豪杰前去，就会好好地辅佐他，他就不会造反了。吴国所引诱的，皆是流氓无赖子弟，亡命铸钱的奸人，所以他们狼狈为奸，密谋作乱。"

晁错认为袁盎分析得很有道理，在旁插嘴说："袁盎说得对。"

刘启问："我们该如何平叛？"

袁盎说："请陛下屏退左右。"

刘启让左右退下，唯独留下了晁错。

袁盎说："臣所说的话，其他人不能听到。"

刘启又让晁错退下。晁错到东厢房等待，内心对袁盎涌起了仇恨。

刘启让袁盎快说。袁盎说："吴楚相继送来书信，说高皇帝子弟各有封地，今贼子晁错擅自贬抑诸侯，削夺他们的土地，他们举兵西进，不过是要诛杀晁错，恢复故土罢了。为今之计，只有杀了晁错，派使者赦免吴楚七国，把削掉的土地还给他们，就可以兵不血刃，让他们息兵。"

刘启沉默了，大军压境，他对于能否战胜七国心里没底，但杀死出于公心而削藩的晁错，他又于心不忍。他内心很矛盾。

过了很久，刘启心一横，说道："他们的真实用意是什么？我不会为了天下人而顾惜一个人。"

袁盎大喜道："臣的方案就是如此，请陛下定夺。"

刘启任命袁盎为奉常，秘密整装准备出发。

十几天之后，丞相陶青、中尉嘉（姓不详）、廷尉张欧联名上奏说："吴王叛逆无道，欲危害社稷，天下应当共诛之。今御史大夫晁错却说'兵数百万，交给群臣不可信，陛下不如御驾亲征，让错留守。徐、僮之周围没有被攻占的地方可以给予吴国'。晁错不称颂陛下德信，却想疏远陛下和群臣百姓的关系，又准备把城池交给吴国，没有臣子之礼，大逆不道。晁错应当腰斩，他的父母妻儿及同母的兄弟姐妹，无论长幼，皆在闹市处死。"

这些大臣联名上书，肯定是刘启背后指使的，刘启收到奏书后，批示"可"。

可怜的晁错，这时候对朝廷的这些变化还一无所知。公元前154年正月二十九日，刘启命中尉嘉传召晁错，当他们乘车走到街市上时，晁错被拖下了车，身着朝服被斩于东市，年四十七岁。

晁错一心为朝廷，对自身安危考虑得太少，在不适当的时机（刘启即位不久）开始了削藩行动，引起了巨大的反弹。假如他能亲自请命出征，在周亚夫等将领的努力下，七国之乱也不难平息，但他提议皇帝刘启亲征，而自己留守后方，引起了刘启的猜忌。晁错不停变更法令，得罪了诸侯国和朝中大臣，树敌过多，心胸也不够宽阔，在外敌当前的情况下，还想着要报私仇，诛杀袁盎，却被袁盎使计杀害，而朝中大臣没人为其说话，教训不可谓不深刻。后人感念其忠心，悲叹其遭遇。

晁错死后，刘启派袁盎和宗正、德侯刘通（刘濞弟弟之子）前去接洽刘濞。

谒者仆射（掌管接待宾客和传达事务）邓公当时为校尉，出击吴楚，他回到长安，禀报前线军事情况。刘启问他："听到晁错死后，吴楚会不会罢兵？"

　　邓公说："吴国已经筹划了数十年，为削地而反，不过是借口，虽然是以诛晁错为名起兵的，但其意不在晁错啊！臣恐怕从此之后天下之士不敢再提什么建议了。"

　　刘启说："为何？"

　　邓公说："晁错担心的是诸侯强大不好控制，所以才请示削夺他们的土地，使朝廷保持权威，这是利于万世的好事。计划刚开始施行，却全族被杀，对内堵塞忠臣之口，对外却为诸侯报了仇，臣以为陛下这么做并不可取。"

　　刘启听后，喟然长叹："你说得对，我也感到后悔啊！"

　　刘启任命邓公为城阳中尉。

七国之乱：首恶伏诛

袁盎和刘通到达了吴国，因为刘通是皇族，刘通先去见刘濞，令刘濞下拜接受诏书。刘濞知道袁盎也来了，肯定又要讲一些大道理，他冷笑着说："我已经为东帝，还向谁拜！"刘濞不见袁盎，把他扣留在军中，准备任命他为将军，为己效力，袁盎不肯。刘濞准备杀了袁盎，便派一个都尉率五百人看守袁盎。

当初袁盎为吴国丞相的时候，一个属官和袁盎的婢女私通，袁盎得知后，就当不知道，待这个下属和从前一样。好事者告诉这个属官说："丞相对你和婢女私通的事心知肚明。"属官大惊，急忙逃跑，袁盎骑马追到属官，把婢女赐给了他，并让他担任以前的官职，属官对袁盎感恩戴德。这次袁盎被困，这个属官正好担任看守袁盎的军队的司马。他认为报恩的机会到了，于是拿出钱财买了二石浓酒备用。当时天气突然变得寒冷，士卒又饥又渴，属官就拿出酒让他们喝，西南方向的士卒喝得酩酊大醉。

属官趁机找到袁盎，对他说道："您可以走了，吴王明天可能就要杀您了。"

袁盎刚开始没认出这个昔日的属官，问道："你是干什么的？"

属官回答："我就是当年和明公的婢女私通的那个人啊！"

袁盎吃了一惊，但他很快冷静了下来，道谢道："你还有亲人，我不能连累你。"

属官说："明公只管去，公走后，我马上也就走了，我把亲人藏匿了起来，您不要担心！"

属官用刀砍开帐幕，从醉酒的士卒旁边逃出。袁盎和属官分手后，步行了七十多里，天亮后碰到了梁国的骑兵，表明身份后，袁盎骑马飞奔京师。

周亚夫对刘启说："楚军强悍轻捷，难与他们正面争锋，不如牺牲梁国，吸引叛军的主力，然后我军趁机断绝叛军的粮道，才能制服他们。"刘启同意了。

周亚夫出发，准备在荥阳会师，走到霸上的时候，赵涉拦住去路，对周亚夫说："将军要东进灭吴楚，胜利了则社稷平安，不胜则天下危险，能听臣之言吗？"

周亚夫下车，很礼貌地接待了赵涉，愿意听他高见。陈涉说："吴王一向富裕，笼络了很多死士，他知道将军一定走这条道，必会在崤山和渑池之间的狭道上埋伏杀手。而且兵事崇尚神秘，将军何不从此地向右走，走蓝田，出武关，抵达洛阳，时间上不会差一两日。然后取出武库里的武器，击鼓，诸侯听到消息，以为将军是从天而降。"

周亚夫认为赵涉说得很有道理，就照他说的路线前进，顺利抵达洛阳。周亚夫大喜道："我没有想到能这么安全地到达此地，今我占据荥阳（荥阳在洛阳东），荥阳以东就不足虑了。"周亚夫又派人到崤山和渑池之间寻找搜索，果然捉到了吴国的伏兵。于是周亚夫任命赵涉为护军。

周亚夫率军直扑东北方向的昌邑（今山东省金乡县西北）。吴楚联军猛攻梁国，梁国形势吃紧，梁王刘武不断派人向周亚夫请求支援，周亚夫有既定方略，自然没有派兵救援梁国。刘武气恼，派人向刘启状告周亚夫，刘启担心弟弟刘武的安危，命周亚夫救援，周亚夫不奉诏，而坚守营垒不出。周亚夫派弓高侯韩颓当（韩王韩信之子。吕后时期，韩信的妻子携儿子韩颓当和孙子从匈奴归汉。韩颓当也是唐代诗人韩愈的祖先）等率轻骑兵出淮河和泗水的交汇口，悄悄绕到吴楚联军的后军，切断他们的粮道。

梁国中大夫韩安国（？—前127）和楚国国相张尚（死于楚王刘戊之手）的弟弟张羽为将军，防守首府睢阳。张羽为兄报仇心切，力战不屈，韩安国老成持重，他们让吴楚军队颇受挫折。有了睢阳的阻挡，吴楚联军无法西进，攻城又攻不下，于是转变进攻方向，向东北的昌邑发起攻击，但周亚夫坚守不出。这时候，联军缺粮，又急于攻下城池，数度发起攻击，但周亚夫军始终不肯出城迎战。这个时候，周亚夫的军中突然发生了"夜惊"，军中内部互相攻击，纷乱甚至到达周亚夫的帐前。但周亚夫表现镇定，卧在床上一动不动。过了一会儿，骚动自然平息了。

吴楚联军声东击西，猛攻周亚夫军的东南方，周亚夫明白叛军的意图，命令加强西北方的防守。不久，叛军精锐果然向西北方发起猛攻，但周亚夫军防守严密，叛军无法攻破。吴楚联军开始出现饿死人的现象，不少士兵逃亡，仗也打不下去了，吴楚军队撤走。

公元前 154 年二月，周亚夫派精兵追击，两军首尾相接后，吴楚联军大败。吴王刘濞也顾不上他的大军了，只率了数千亲兵连夜逃走。楚王刘戊绝望自杀。

吴楚联军发现吴王刘濞已经逃走，顿时军心瓦解，四散奔逃，不少人投降了周亚夫军和梁国军队。

刘濞向南渡过长江，逃到丹徒（今江苏省镇江市东丹徒镇），准备凭借东越国（首府东瓯，今浙江省温州市）自保。刘濞收拢散兵，聚集了一万多人。汉朝派人用厚礼贿赂东越国王骆望，让他除掉刘濞。骆望写信让刘濞亲自出面慰劳东越援军。刘濞不能不听，正在慰劳之时，东越国的杀手冲出，用铁矛刺死了刘濞，砍下了刘濞的头颅，送往长安。吴国太子刘驹南逃闽越。

吴楚联军从起兵到失败，历时三个月，诸将都认为是在周亚夫的正确领导下取得了胜利，但梁王刘武对周亚夫不出援兵救援自己恨之入骨，伺机报复。

七国之乱：终场

　　胶西王刘卬、胶东王刘雄渠和菑川王刘贤率领三国军队，围攻齐国都城临淄。战事吃紧，齐王刘将闾派中大夫路先生出城向长安求救。路先生见到皇帝刘启后，刘启让他回去禀报齐王，让齐国坚守城池，朝廷军队马上就要击溃吴楚联军，然后回援齐国。

　　路先生从长安回来，发现临淄已经被三国军队团团围住，密不透风，自己根本无法进入城内。他被叛军发现并抓获。叛军许诺路先生富贵，让他在城下喊："汉军已败，齐国应该立即投降，不然，攻破后将被屠城。"路先生假装答应下来。到了城下，路先生望见了齐王，大喊道："朝廷已经发兵百万，派太尉周亚夫率军击破了吴楚，正引兵救齐，请王爷务必坚守。"叛军将领发现上了路先生的当，大怒，把他斩首了。

　　路先生搬救兵时，三国军队一度进攻非常猛烈，临淄城池几乎不保，齐王刘将闾曾秘密派人向三国求和，准备献城投降。这时，齐国将领也听到了路先生的喊话，就劝刘将闾坚守。不久，将军、猛将栾布和平阳侯曹奇率军杀到，大破三国联军，三国军队败走。

　　不久，栾布得到消息，说齐王之前和叛军讲和，准备投降叛军。栾布大怒，准备率军攻打齐王。刘将闾非常恐惧，服毒自尽了。

　　胶西王刘卬采用古人的做法，光着脚、睡草席、饮水，以向胶西太后请罪。胶西太子刘德说："朝廷军队正在回撤，我观察了一下，发现他们已经很疲惫，请父王收余兵袭击他们，如果不胜，再逃入大海也不晚。"

　　刘卬垂头丧气地说："我军已经士气涣散，无法再战了。"

　　弓高侯韩颓当写信给刘卬说："我奉诏讨伐不义之人，投降者赦免他的罪行，官复原职；不降者予以消灭。王爷如何抉择，我等着答案。"

投降是最好的选择，于是，刘卬袒露上身，来到韩颓当的大营，叩头说："罪臣刘卬，不遵守法令，惊扰百姓，劳烦将军远道莅临穷国，请把我碎尸万段。"

韩颓当也不敢大意，手拿金鼓（命令军队行动与进攻就打鼓，鸣鼓而攻）出来和刘卬相见，问刘卬道："王爷为何发兵？愿闻其详。"

刘卬再叩头，以膝盖先前挪动了几步，回答："晁错变更高祖法令，削夺诸侯土地，刘卬等人恐晁错败乱天下，所以七国发兵诛杀晁错。今听说晁错已经伏诛，我等就罢兵回国。"

韩颓当说："王爷如果认为晁错行为不当，为何不向朝廷奏报？在没有诏书、虎符的情况下擅自发兵，如此看来，你们的本意并非诛杀晁错那么简单了。"

韩颓当把诏书拿了出来，宣读了一遍，说："请王爷自己选择！"

刘卬说："刘卬等人死有余辜。"刘卬自杀身亡。胶西国的太后、太子也全都自杀了。

胶东王刘雄渠、菑川王刘贤、济南王刘辟光都被诛杀。

曲周侯郦寄负责攻打赵国，但赵国首府邯郸城池非常坚固，郦寄攻打了七个月，也无法攻破。匈奴人听说吴楚联军已经失败，也不再入塞。栾布处理好齐地的事情，率军支援郦寄。他们挖开河水灌入邯郸，城墙坍塌，赵王刘遂走投无路，自杀而死。

济北王刘志也准备自杀以保全妻子和儿女。齐人公孙玃（jué）对刘志说："臣请为大王去游说梁王，请梁王向天子转达，如果没用，再死不迟。"刘志同意了。

公孙玃遂拜见梁王刘武，说道："济北国，东接强大的齐国，南边受制于吴楚，北面临近燕国、赵国。济北国四面受敌，力量不足以自守，也不足以御寇，也没有天兵天将救难，虽然在吴国使者面前没有坚守本分，但也是自保之计。如果我国当时实话实说，不表示服从，则吴国就会穿过齐国，消灭济北国，然后招降燕、赵，如此，则山东（崤山以东）就会连成一片，没有缝隙。如今吴王刘濞联合诸侯军队，驱逐非习军旅之人，向西与天子对抗。济北国不肯相助，使吴半步难行，最后土崩瓦解，未必不是济北国之力呀！今唯有大王能直通皇太后和主上，如果大王肯为济北国说情，就有保全济北国之功和安抚百姓的美名。济北王对大王的恩情将深入骨髓，感恩戴德，请大王仔细考量。"

刘武也正想笼络人心，争取支持力量，听后很高兴，派人到京师长安上书。于是刘启赦免了刘志，改封为菑川王。

河间国（首府乐成，今河北省献县）的太傅卫绾（wǎn），之前曾为朝中的中郎将，卫绾忠厚谨慎，深得信任，因此刘启任命他为河间国太傅。七国之乱发生后，刘启任命卫绾为将军，率领河间国的军队攻打吴楚联军，卫绾因立功被任命为中尉。

刘启又下诏大赦。七国之乱很快被平息，并没有对社会造成多大的破坏。

刘启准备封刘濞弟弟刘广的儿子刘通为吴王，重建吴国。窦太后反对，刘启只得作罢。刘启封楚王刘交的儿子刘礼为楚王，重建楚国。刘启又封淮阳王刘馀为鲁王，汝南王刘非为江都王，管辖原来吴国的土地。刘启封自己的第八个儿子刘端为胶西王，封第九子刘胜（刘备先祖）为中山王。

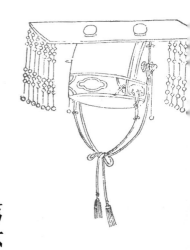

第六章

武帝登基

废立太子

公元前 153 年四月二十三日，汉景帝刘启封长子刘荣为皇太子，第十子刘彻为胶东王。本年刘启三十六岁，他一生共有十四个儿子和三个女儿，十三子刘乘本年出生，十四子刘舜明年才出生。

其他皇子和公主的情况，不再一一介绍，重点介绍一下刘荣和刘彻。刘荣出生于公元前 171 年，本年十九岁，他的母亲为栗姬。刘彻出生于公元前 156 年，本年四岁，他的母亲为王娡（zhì）。

刘启的皇后为薄氏，刘启为太子的时候，当时的薄太皇太后把自己的侄孙女薄氏嫁给了刘启为太子妃。刘启即位后，薄氏就升任为皇后。但刘启并不喜欢薄皇后，薄皇后也没能为刘启生下子女来加固感情，加之薄太皇太后已经去世，刘启对薄皇后日渐冷淡。公元前 151 年九月，刘启废掉了薄皇后的皇后之位。薄皇后成为中国历史上第一个被废黜的皇后。三年后，薄皇后去世。

前文说过，前燕王臧荼造反，被汉高祖消灭，他的儿子臧衍投奔了匈奴，家道沦落。臧衍有个女儿叫臧儿，嫁给槐里县（今陕西省兴平市）人王仲为妻，生下一儿两女，就是王信和王娡、王息姁（xū）。王仲死后，臧儿又嫁给了长陵县（今陕西省咸阳市东北）人田家，生了儿子田蚡和田胜。

汉文帝时期，王娡嫁给了一名叫金王孙的男人，生下了一个女儿，取名金俗。臧儿请巫师卜卦，巫师说她的两个女儿日后都会极为富贵。臧儿非常高兴，也想依靠两个女儿大富大贵。但金王孙很平庸，女儿跟着他不会有前途，只有离婚再攀高枝才会富贵。于是，她勒令王娡和金王孙离婚。金王孙大怒，不同意离婚。臧儿干脆把王娡送进刘启的太子宫做事，寻找接近太子的机会。

王娡十分美艳，兼有少妇的风韵，刘启一见到就非常喜欢她，当天就和她有了苟且之事。王娡接连为刘启生下了三女一男，就是平阳公主、南宫公主、隆虑公主和刘彻。怀刘彻的时候，王娡有一天梦见太阳钻进了她的怀里。她告知刘启，刘启说："这是吉兆。"刘启继位第二年，刘彻出生了。

刘启的诸位美人，都是由长公主（馆陶公主，刘启的姐姐）刘嫖推荐给刘启，才得以受到宠幸的。栗姬天性妒忌，对长公主刘嫖心怀怨恨。刘嫖嫁给堂邑侯陈午为妻，生下了两个儿子和一个女儿，她准备把女儿陈氏嫁给太子刘荣为妻。但栗姬被妒忌冲昏了头脑，没有过多考虑，就拒绝了这门婚事。

刘嫖又找到王娡，希望能把女儿陈氏嫁给刘彻。王娡很有政治头脑，知道刘嫖地位特殊，她是窦太后的掌上明珠，又是当今皇帝的姐姐，攀上刘嫖，对自己和儿子日后的地位非常有益，于是毫不犹豫地答应了下来。依刘荣和刘彻的年龄来判断陈氏的年龄，陈氏应该比刘彻大十岁左右，王娡长久沦落市井，急切盼着和刘嫖成为亲家，所以就忽略了年龄这个因素，只是有点委屈刘彻了。

刘嫖准备让刘彻夺取太子之位，第一步就是扳倒栗姬，于是她经常在刘启面前诋毁栗姬，而赞美王娡。刘启也认为王娡比较贤惠，嫌弃栗姬小肚鸡肠和年老色衰。有一次，刘启生病了，指着诸子嘱托栗姬说："我百年之后，你要好好照顾他们。"栗姬发怒，不肯答应，还出言不逊。刘启对她越发讨厌，但他引而未发。

王娡知道刘启恨栗姬，怒气未消，便再施一计。当时皇后之位空缺，王娡秘密买通了大行令（掌管王朝对属国之交往等事务），让他向刘启请求封栗姬为皇后。大行令不知深浅，答应了下来，当面向刘启请求，刘启以为他是栗姬的说客，大怒道："这是你该讲的吗？"他当即命令把大行令推出去斩首。

公元前150年十一月，刘启终于下定决心，废黜刘荣的太子之位，改封为临江王。丞相周亚夫、太子太傅窦婴等人竭力反对，但均无效。窦婴一气之下辞职了。

栗姬经此打击，悔恨交加，一病不起，不久后死去。

刘启非常喜欢王娡，又想到王娡怀刘彻的时候，太阳曾经钻入王娡的怀里，这是天意所指。公元前150年四月十七日，刘启封王娡为皇后；四月二十九日，封刘彻为皇太子。

"苍鹰"郅都

刘启免去了丞相陶青的职务，让太尉周亚夫接任，并撤销了太尉一职。陶青存在感不强，前文说过他和别人联名弹劾晁错，使晁错被杀，当然，这次弹劾是受皇帝刘启指使的。陶青的第十二代孙为东晋名将陶侃，他曾经挽救风雨飘摇中的司马氏东晋王朝，第十五代孙为东晋田园诗人陶渊明。

刘启任命济南郡太守郅都为中尉，中尉是个非常重要的职务，掌管京师的治安工作，可见刘启对郅都的信任。郅都是河东郡大阳县（今山西省平陆县西南）人（清末史学家王先谦认为郅都是杨县人，即今山西省洪洞县人，郅都墓也在今洪洞县东南二十里处），当初以郎官的身份侍奉文帝刘恒，景帝继位后，提拔郅都为中郎将（隶属郎中令，掌管宿卫皇宫、随行护驾等工作）。郅都为人刚猛，有胆气，公正清廉，他敢于直言面谏，在朝堂之上当面指责文武大臣，不留情面。

郅都曾经跟随刘启游览上林苑，贾姬内急，去上茅房。这时候，不知道从哪个角落里蹿出了一只野猪，钻入了茅房。刘启示意郅都，让他进厕所驱赶野猪以救贾姬，但郅都一动不动。情况紧急，刘启抄起兵器准备入茅房和野猪搏斗，郅都扑通跪倒在刘启面前，拦着他的去路，劝道："死了一个贾姬，就会有另一个贾姬入宫，天下缺少贾姬这样的女子吗？陛下不顾惜自己，难道不考虑宗庙和太后吗？"刘启一听也对，女人多的是，皇帝只有一个，于是就没有进入茅房援救贾姬。幸运的是，野猪又从茅房冲了出来，并没有弄伤贾姬。窦太后得到消息，赏赐给郅都金一百斤，刘启也赐给郅都金一百斤，从此更加看重郅都。

济南郡（治所东平陵）有个瞷（xián）姓大家族，多达三百多户。这个家族的子弟欺凌百姓，蛮横霸道，不守法纪，太守也拿他们没办法。刘启得知后，任命郅都为济南郡太守，希望他能惩治恶人，还百姓以安宁。郅都到任后不负所望，他以雷霆手段，迅速处决了瞷氏的首恶，震慑了这个大家族，其他人恐惧万分，不敢再为非作歹。郅都用强力手段治郡，一年多后，郡内盗贼绝迹，百姓夜不闭户。

郅都不接受私人请托的书信，不接受别人的馈赠，他常说："我已经辞别亲人，外出任官，应该誓死效命，尽忠守节，不能照顾妻子儿女呀。"

刘启对郅都在济南郡的表现很满意，提拔他入京担任都尉。丞相、条侯周亚夫出身名将之后，又立下大功，位高权重，但郅都见了周亚夫，也只是作揖行礼，而不跪拜。郅都执法，不避皇亲国戚，列侯皇家宗室见了他都不敢正视，称郅都为"苍鹰"。

被贬为临江（首府江陵，今湖北省江陵县）王的前太子刘荣，被人状告修建王宫的时候，侵占太祖（刘邦）、太宗（刘恒）庙前的土地（封国都设有太祖、太宗之庙）。刘启大怒，派人征召刘荣进京，到中尉府报到，接受询问。刘荣到中尉府后，即被扣留，知道大事不妙，就准备借刀笔（当时还没有纸）写信向父亲刘启解释，但中尉郅都拒绝让看守小吏给刘荣刀笔。魏其侯窦婴得知消息，派人买通看守小吏，伺机交给了刘荣刀笔，刘荣才得以留下遗书，然后自杀身亡。

窦太后得知刘荣的遭遇后大怒，诬陷郅都，刘启免去了郅都的官职，让他回家反省。不久，刘启派人到郅都家中宣布诏书，任命郅都为雁门郡太守，并让他直接前去赴任，越快越好，不必到朝廷谢恩。

雁门郡接近匈奴，匈奴向来知道郅都的威名，不敢骚扰边境，撤军而去。匈奴人做了一个郅都的木偶像，让骑兵骑马射击郅都的木偶像，竟然都没有射中，他们忌惮郅都至如此地步。匈奴人为了除掉郅都，就以汉朝的法律诬陷郅都。刘启说："郅都是忠臣。"他准备赦免郅都。但窦太后说："临江王难道不是忠臣吗？"刘启没有办法，下令处死了郅都。

郅都不缺忠诚，自身也走得正，行得端，但他缺乏人性，落得了个悲惨的下场。

▲ 元 佚名 上林羽猎图卷（局部） 台北故宫博物院藏

梁王之死

梁王刘武在七国之乱中坚守梁国首府睢阳，立下战功，他的皇帝哥哥刘启特批他可以使用天子旌旗，出行时侍卫成千上万，浩浩荡荡，道路戒严。太子刘荣被废黜，还没有立新太子，窦太后有意将刘武立为皇太弟，作为皇位继承人。有一次，在举行宴会的时候，窦太后对刘启说："你晏驾之后，可以让弟弟继承皇位。"刘启跪倒挺身说："可以。"

宴会散了之后，刘启征求大臣的意见。袁盎劝道："不可。过去宋宣公（前747—前729年在位，宋国第十三任君主）不立儿子而立了弟弟，遂发生了祸乱，乱了五世。小不忍，则损害大义，所以《春秋》以恪守正道为贵。"于是，刘启不再提立刘武之事，立了刘彻为太子。

梁王又上书请求从睢阳修建一条专用通道，直达窦太后居住的长乐宫，方便拜见娘亲。袁盎等人竭力反对。

刘武信赖羊胜和公孙诡，还任命公孙诡为梁国的中尉，他们对袁盎一再和刘武作对恼羞成怒，派出刺客刺杀袁盎等人。刺客到了关中，打听袁盎的为人，人们都对袁盎赞不绝口。于是刺客求见袁盎，对他说："小人拿了梁王的钱，受命刺杀明公，明公是尊厚的长者，我不忍心刺杀明公。然而，有十余拨刺客会随后到来，请一定戒备！"这个刺客走后，果然另一拨刺客赶来，把袁盎（五十岁左右）等十余人刺杀。

大臣被杀，刺客逃跑，刘启大怒，怀疑是梁国所为，便派人搜罗刺客行迹。朝廷的情报大网撒开后，果然查到刺客是梁王派来的。刘启派田叔（剑术家）和吕季主率人到梁国追查刺客及幕后凶手。田叔等人追查到羊胜和公孙诡的头上，准备逮捕他们，但梁王刘武把他们藏在了王宫里。田叔等人不敢贸然进入王宫搜查。

刘启先后派出十多拨使者到达梁国，施加压力。梁国丞相轩丘豹和内史韩安国等人在国内进行地毯式搜查，一个多月过去了，仍然没有搜到这两人。这时候，韩安国得到线索，公孙诡和羊胜躲藏在王宫之内，于是他进宫拜见梁王，流着泪劝道："主人受辱，臣下应该赴死。大王没有贤良臣子，所以才会到如此地步。如今始终找不到公孙诡和羊胜，特向大王请辞，请赐给一死。"

刘武说："何至于如此！"

韩安国又流下了数行热泪，说道："大王自己衡量一下，您和临江王（刘荣），谁和皇帝的关系亲？"

刘武说："自然是临江王。"

韩安国说："临江王本是太子，因为一句话，就被废为临江王，又因为宫墙的事，被迫自杀于中尉府。为什么会这样？治理天下，不能因私乱公。今大王为诸侯，却听信佞臣谗言，犯了皇帝忌讳，扰乱法度，天子因为太后不忍心用法律制裁大王。太后日夜啼哭无眠，希望大王能够改过自新，但大王始终不肯觉悟。如果有一天太后晏驾，大王还能够攀得上谁呢？"

韩安国的话还没有说完，刘武的眼泪就下了，向韩安国致歉道："我现在就把羊胜和公孙诡交出来。"

刘武怕他们把自己咬出来，于是命令二人自杀，然后把他们的尸体抬了出来。从此，刘启对刘武有了芥蒂之心。

刘武知道这个事不会就这么过去，于是派谋士邹阳前去长安，游说皇后王娡的哥哥王信："明公的妹妹得宠于主上，后宫莫及，而明公的行为有不少不遵循法令的地方，今如果穷追袁盎被刺之事，梁王一旦伏诛，太后必暴怒，到时候没地方出气，就会迁怒于权臣贵戚，我私下替明公担忧。"

王信一听，顿时变得非常紧张，问道："这如何是好？"

邹阳说："明公如果能尽力在主上面前游说，不再穷究梁国之事，明公这样做，等于主动向太后靠拢，为太后分忧，太后必感谢明公。如此，皇后必会得到太后和皇帝的双重宠信，皇后之位就如金城一样坚固。"

王信闻听，转忧为喜道："行。"王信趁着合适的机会，游说刘启，刘启怒气稍消。

窦太后担忧宝贝儿子刘武，茶饭不思，日夜流泪。一面是国法，一面是亲弟弟，刘启面对如此困境，也感觉心里憋闷。不久，田叔等人办完事从梁国回来，走到长安东的霸昌驿站的时候，用一把火烧了在梁国得到的全部供词，然后空着双手进宫去见刘启。

刘启问他："梁王有事吗？"

田叔回答："犯了死罪！"

刘启说："把事情的具体经过讲一下。"

田叔说："陛下不要再问梁王的事情了。"

刘启感到很奇怪，问道："为什么这么说？"

田叔说："现今如果梁王不伏法，汉朝的法令就是一张空文；如果梁王伏法，太后就会食不甘味，卧不安席。到时候犯愁的就是陛下了。"

刘启心中对田叔暗竖大拇指，然后命他们去拜见太后，并说："梁王对这件事毫不知情，犯事的是羊胜和公孙诡等人，今他们已经全部伏诛，梁王安然无恙。"

窦太后闻听，大喜，立即起床进餐，气息也平复了。

刘武请求进京朝见，刘启准许了。刘武等人走到函谷关的时候，听从大夫茅兰的劝说，乘坐布车，只带了两个骑兵偷偷前去姐姐、长公主刘嫖家里报到。刘启派出迎接刘武的使者找不到刘武，回宫禀报。窦太后以为刘武被暗杀了，老泪纵横地道："皇帝果真杀了我的爱子！"

不久，梁王身背刀斧和案板，跪在宫门前请罪。窦太后和刘启接报后，大喜。他们母子、兄弟相见，相拥而泣，和好如初。刘启也命人召梁国的侍从进京。这件事情就这么过去了，但刘启对刘武的态度有了转变，对他多了一层防范，不再和他同车。田叔因为这件事处理得当，被提拔为鲁国丞相。

公元前144年十月，梁王刘武再入京朝见，请求在京多留几日，但刘启不准许。顺便交代一下，根据西汉的规矩，诸侯王进京朝见，在京停留二十天，皇帝共接见四次。刘武被拒绝后，知道自己已经在皇帝哥哥那里失宠，怅然若失。

公元前144年四月，刘武去世，年龄不详，谥号"孝王"，埋葬于芒砀山（位于今河南省永城市）上。

得到刘武的死讯，窦太后悲痛万分，放声大哭，不肯吃饭，她说："皇帝终究还是杀了我的儿子呀！"刘启听到后，既哀伤又担忧，不知所措。刘启找到姐姐刘嫖商议对策。他们决定把梁国一分为五，把梁王的五个儿子全部封王，各占一块地盘：长子刘买封梁王，次子刘明封济川王，三子刘彭离封济东王，四子刘定封山阳王，五子刘不识封济阴王。刘武的五个女儿也都封了一个县，作为她们的汤沐邑。然后，他们奏报给窦太后，窦太后这才转悲为喜，开始进食。

刘武生前就拥有巨大的财富，死后，仓库中有黄金四十多万两，其他财物折合起来也值这么多黄金。

"飞将军"李广

西汉一直以来沿用的都是秦朝的官名，汉景帝刘启对一些官名进行了改革，如把"廷尉"改为"大理"，"将作少府"改为"将作大匠"，"奉常"改为"太常"，"典客"改为"大行令"，"长信詹事"改为"长信少府"，"将行"改为"大长秋"，"主爵中尉"改为"主爵都尉"。

刘启也注重和匈奴搞好关系，曾经送公主入匈奴，作为单于孪鞮军臣的妻子。但匈奴反复无常，又有中行说作梗，不时袭扰汉朝边境。公元前144年六月，匈奴军队攻入了汉朝的雁门郡，一部分军队从武泉（今内蒙古自治区呼和浩特市东北塔布陀罗海古城）攻入了上郡（今陕西省榆林市东南），夺取汉朝在此养育的战马。汉朝将士奋力迎战，阵亡两千多人。顺便交代一句，为了对付匈奴强大的骑兵部队，刘启命令太仆在北部及西部设立了三十六所养马场，管理人员及饲养员多达三万人，养育良马三十万匹。

上郡太守叫李广，他就是历史上赫赫有名的"飞将军"。

李广，生年不详，是陇西郡成纪县（今甘肃省秦安县）人，他的祖先是秦朝名将李信。李广家世代以箭术高超著称。李广膂力惊人。一次，他外出打猎，看到草丛中隐隐约约卧着一只老虎，张弓搭箭，使出全身力气朝着老虎射去。李广估计老虎必死无疑，上前查看，发现老虎竟是一块大石头，而箭头已经没入大石头之中！

前元十四年（前166）冬季，匈奴人进攻萧关（今宁夏回族自治区固原市东南），李广以良家子弟身份从军，反击匈奴。李广善于射箭的特长有了用武之地。他射杀和俘虏了多名匈奴人，被任命为郎官，又被任命为武骑常侍（皇帝近身侍卫之一）。后来，他数次陪同汉文帝刘恒打猎，格杀猛兽。刘恒赞叹道："可惜李广生不逢时，如果生活在高祖时代，封个万户侯是轻而易举的！"

景帝刘启即位后，任命李广为骑郎将（郎有车、户、骑三将）。七国之乱的时候，李广以骁骑都尉跟随太尉周亚夫平乱，和叛军战于昌邑城下，立功扬名。李广私下里接受梁王刘武的将军印，刘启对于朝廷武将和诸侯王结交非常忌讳，所以大军班师回京后，他并没有对李广进行封赏。

后来，李广调任上谷郡（今河北省怀来县东南）太守，他多次主动出击，大战匈奴。典属国（掌管与少数民族交往的事务）公孙昆邪流着泪，对皇帝刘启说："李广才能，天下无双，但他自负其能，数次与匈奴交锋，我担心这样下去，李广会发生意外。"

于是，刘启调任李广为上郡太守，这样距离匈奴远了一些。这次匈奴进犯上郡，刘启派中贵人（皇帝宠信的宦官）跟随李广率军迎击匈奴。中贵人率数十名骑兵，突然撞见三个匈奴人，他们战到一处，匈奴人强悍，射伤了中贵人，并把中贵人的随从骑兵杀戮殆尽。中贵人逃奔李广，李广说："这必定是射雕手。"于是，李广率了一百名骑兵前去追赶三个匈奴的射雕手。这三个匈奴人没有骑马，而是步行，行走了数十里，李广等人终于追上了他们。李广命令骑兵左右散开，他亲自搭弓放箭，射死了其中的两个，活捉了一个。审问之下发现，他们果然是匈奴的射雕手。

李广命令把这个射雕手绑到山上，突然看见匈奴数千骑兵涌来。他们也看见了李广，匈奴人见李广人少，以为是引诱他们的，大惊，跑到山上，摆开了阵势。

但内心真正惊恐的是李广率领的一百名骑兵。他们非常紧张，准备飞马逃走。李广镇静地说："我们已经距离大军数十里远，如果逃走，匈奴骑兵必定追赶射击，到时我们都得完蛋。如果我们留下不走，匈奴人必会认为我们是诱饵，不敢攻打我们。"于是，李广命令道："前进！"他们行进到距离匈奴阵地仅有二里之遥的地方停下，李广又下令说："全部下马解鞍！"属下皆惊，问道："胡人众多，我们解鞍下马，如果他们攻来，我们如何是好？"李广说："胡人以为我们会逃走，如今我们解鞍下马，表示不会离开，会更加坚定他们以为我们是诱饵的想法。"

两军僵持，这时候，匈奴军中走出一位骑白马的将领，巡视他们的阵地。李广抓住机会，和数十名骑兵上马，奔向这个骑白马的将军，射死了他，然后又返回军中，继续解鞍，让马匹卧倒休息。天渐渐暗了下来，匈奴人心怀疑虑，始终不敢进攻。入夜，匈奴人以为汉朝的伏兵将于夜里偷袭他们，于是引军而去。

第二天天亮的时候，李广率一百名骑兵，安然无恙地返回大军之中。

匈奴人畏惧李广，称他为"汉飞将军"。

私 奔

司马相如在梁王刘武府中，和同道中人把酒言欢，吟诗作赋，好不快活，其间写下了著名的《子虚赋》。《子虚赋》具有标志性的意义，标志了汉赋的完全成熟。可是，这种美好的日子，随着梁王刘武的死去终结了，时过境迁，物是人非，司马相如决定离开梁国，回到了他的老家蜀郡成都（今成都市）。

司马相如当年家里还有些资产，给他买了个郎官，但如今这么多年过去了，家里已经一贫如洗，他也没有营生的手段，所以在家里无所事事。司马相如和蜀郡临邛（今四川省成都市邛崃市）县令王吉一向交情不错。王吉给司马相如写信说："长卿（司马相如字长卿）长年在外为官，也并不如意，不如来我这里做事。"司马相如答应了，于是来到了都亭（临邛治所）。王吉每天都去司马相如的住所拜访，司马相如刚开始还接见王吉，后来比较厌烦这种繁文缛节，就称病，让从者辞谢王吉，王吉却对司马相如更加恭谨肃穆。

临邛县位于成都平原西部，土地肥沃，辖区内有矿，因此富人较多，卓王孙为县中首富，家里奴仆多达八百多人，第二富程郑家里也有奴仆几百人，他们听说王吉县令礼遇司马相如的事后，商议说："王县令有贵客，我们应该设宴款待，也一并宴请王县令。"

他们约好日期，邀请王吉和司马相如。王吉听说卓王孙的女儿卓文君姿色出众，精通音律，善弹琴，爱好文学，出嫁不久即丧夫，目前单身，司马相如也是单身，王吉有意撮合他们二人。他找到司马相如，正好司马相如也爱慕卓文君，两人经过合计，准备合演一场好戏。

王吉到了宴会地点，发现卓王孙的宾客多达百人，很热闹。快到中午时分，王吉派人邀请司马相如，但司马相如称病，谢绝前往。司马相如不到，王吉也不敢先动筷子，他亲自去请司马相如。司马相如不能再推，就假装勉强前往。到了宴会大厅之后，举座都倾慕司马相如的风采。

大家推杯换盏，频频互相敬酒，气氛热烈。酒至半酣，王吉命人向司马相如献上了一把琴，王吉说："我私下听说长卿非常喜欢弹琴，希望你能弹奏几曲，活跃一下气氛。"司马相如推辞了一下，然后就弹奏了一两曲，全场响起热烈的掌声。这一切都被躲在暗处的卓文君看在眼里，她看到司马相如一表人才，举止大方，弹得一手好琴，之前也听说他文采非常好，因此动了芳心，但她又担心司马相如嫌弃她是寡妇，配不上人家，内心忐忑。

弹奏完毕，司马相如派人送给卓文君仆人厚礼，让他代为传达对卓文君的爱慕之情。卓文君得到消息，狂喜不已，但又担心家人阻挠。经过认真考虑，她萌生了一个大胆的想法。入夜，卓文君简单收拾了一下，连夜去找司马相如。两个人见面后，非常兴奋。为了躲避卓文君的家人，他们一起回到了司马相如成都的老家，过起了夫唱妇随的美好生活。根据有关资料推测，这时候（约公元前144年）的卓文君约为十七岁，司马相约为三十六岁。

果然，卓王孙听说司马相如家徒四壁后，勃然大怒，道："女儿不成器，有辱家门，我不忍心处死她，但我一文钱都不会给她！"有人就劝卓王孙，让他看开点儿，卓王孙不听。

卓文君过惯了衣食无忧的生活，对于和司马相如过这种穷日子也思想准备不足，郁闷了很长一段时间。她对司马相如说："我们回临邛吧，即使向兄弟们借贷，也足以为生，何至穷苦到如此地步！"司马相如听从了卓文君的意见，他们回到了临邛，卖掉了车马，买了一间酒家，做起了卖酒的生意，用以维持生活。

司马相如让卓文君亲自坐在酒瓮前卖酒，他本人则短衣打扮，和雇的用人一起烧酒做活，还在街市中洗涤酒器。

卓王孙听说后，又气又恼。他在县里是头面人物，富得流油，但女儿不但私奔，还和自己未承认的女婿干如此下等的活，让他感觉非常羞耻，无颜见人，因此闭门不出。兄弟和族中长辈不断劝卓王孙说："你有一个儿子、两个女儿，所患的不是缺钱，如今文君已经委身司马长卿，长卿也厌倦了游学的生活，他虽然贫穷，但人才难得，可以成为文君的依靠。长卿又是县令的贵宾，为何要如此侮辱他呢！"

▲ 明　杜堇　文君听琴图　保利 2010 春拍

其实卓王孙只是一时想不开，也不是真想和女儿断绝关系，事已至此，他也没有别的办法，女儿还得要，也不能让她吃苦，因此他送给卓文君奴仆百人，钱百万，以及一些嫁妆、被褥、财物等。卓文君和司马相如有钱后，就又回到了成都，置办家产，购买田地，成为富人。

　　生活无忧，也得到了心爱的妻子，司马相如生活很惬意，创作激情高涨，创作了《琴歌》《凤凰歌》二首和《美人赋》等作品。

周亚夫之死

当初景帝刘启废黜太子刘荣的时候，丞相周亚夫坚决反对，但没能阻止，反而引起了刘启对周亚夫的反感，逐渐对周亚夫疏远起来。七国之乱的时候，周亚夫为大局考虑，拒绝援救梁国，和梁王刘武结仇。刘武每次到京师的时候，都在窦太后面前状告周亚夫，揭发他的短处。

有一次，窦太后对刘启说："可以给皇后的兄长王信封个侯爵。"

刘启说："南皮侯（窦彭祖，窦太后兄长窦长君之子）和章武侯（窦太后弟弟窦广国）在先帝的时候并没有被封侯，儿臣继位之后，才给他们封侯，王信不可以封侯。"

窦太后说："人各有行事方法，窦长君健在的时候，没有被封侯，他死后，他的儿子彭祖才封侯，我甚为遗憾。你封了王信就是了。"

刘启说："请容我和丞相商议一下。"

刘启就这件事征求周亚夫的意见。周亚夫说："高帝和群臣约定'非刘氏不得王，非有功不得侯。不如约，天下共击之'。今王信虽然是皇后的兄长，但他无功，如果封他为侯，不符合当初高帝的约定。"

刘启沉默不语，中止了封侯的打算。

后来，匈奴酋长徐卢、陆疆等六人投降汉朝，刘启准备封他们为侯，以招降匈奴人。周亚夫也表示反对："他们背叛主人，投降陛下，陛下封他们为侯，以后又如何谴责人臣不守节、不忠心呢？"

刘启拒绝采纳周亚夫的意见，说道："丞相之议不可用。"于是，他将徐卢、陆疆等六人全部封侯。

让刘启没想到的是，周亚夫竟然称病不上朝了，刘启干脆免去周亚夫的丞相职务，让御史大夫刘舍接任丞相。

以上的事发生在刘武死之前。

刘舍做了五年丞相，也被免职，刘启任命御史大夫卫绾为丞相，又任命卫尉直不疑为御史大夫。直不疑是个忠厚之人，遇事不肯申辩，他让时间来说明一切。

公元前143年秋季的某天，刘启在宫中设宴，召周亚夫一同进餐，在周亚夫面前单独放了一大块肉，但既不把肉切开，也不放置筷子，让周亚夫无法下嘴。周亚夫感觉老大不痛快，吩咐主事者给他取筷子。

刘启看着周亚夫，微笑道："这是我的意思，君难道还不满意吗？"

周亚夫大惊，赶紧脱下帽子，跪倒谢罪。

刘启说："起来吧！"周亚夫不敢停留，小碎步退出。

刘启望着周亚夫的背影说："看他不满意，不开心的样子，非少主的忠心臣子呀！"

刘启认为周亚夫桀骜不驯，他比周亚夫大十一岁，恐怕自己百年之后，儿子刘彻难以驾驭周亚夫，因此产生了除掉周亚夫的想法。

没过多久，周亚夫的儿子为父亲向主管制造器物的官员购买皇家御用的铠甲和盾牌五百套，准备作为父亲的陪葬物品，雇人搬运，但并不付给工钱。佣工非常愤怒，知道这些物品是偷买的，于是向朝廷诬告说周亚夫家谋乱。刘启将案件交给有关官员查办。官员责问周亚夫，周亚夫感到委屈，但他拒绝回答问题。刘启知道后，怒骂道："这还需要什么口供？"他命人逮捕周亚夫，押送廷尉。

抓捕的人赶到周亚夫家里，周亚夫准备自杀，他的妻子及时阻止了他。周亚夫被逮捕了，要送到廷尉处。

廷尉责问周亚夫："君侯何故要造反呢？"

周亚夫回答："我所购买的器物，是陪葬用品，为什么要说是造反呢？"

这时候，有小吏插话说："君即使不在地上造反，也准备在地下造反。"

小吏不断欺凌周亚夫。周亚夫感到憋屈，他以死明志，拒绝吃喝，五日后吐血而亡，年五十七岁。周亚夫的封国被撤销。一年后，刘启封绛侯周勃的第三个儿子周坚为平曲侯，继承绛侯的爵位。

周亚夫死后，刘启封王信为盖侯。

刘彻登基

公元前 141 年正月十七日，重病中的汉景帝刘启，为年十六岁的太子刘彻举行了成年礼。刘启如释重负，儿子已经成年，可以独立处理事情了，他也就安心了。正月二十七日，刘启在未央宫驾崩，年四十八岁，后被葬于阳陵（今陕西省咸阳市东北二十五公里）。

汉朝统一天下之后，民生凋敝，百废待兴，高祖（高帝）刘邦又灭了亲自分封的异姓诸侯王，天下才宣告真正太平。惠帝刘盈、前少帝刘恭和后少帝刘弘时代，吕后专权，朝廷虽然有纷争，但实行的是无为而治、与民休息的政策，天下基本太平，人民继续恢复生产。文帝和景帝时期，他们崇尚节俭，继续实行无为而治的政策，不打扰百姓，不给百姓增加额外负担。汉景帝时期发生了"七国之乱"，但也很快平息，没有给社会造成什么动荡。如果没有遇到水旱灾害，百姓家里可以自给自足。无论官府和民间，粮食满仓，官府也有余财，京师长安国库充盈，有百万万之多。马匹之多，从田地到城市街道，随处可见。人民生活富裕，天天都有肉吃。"仓廪实而知礼节"，当时人人自爱，把犯法看作一件非常耻辱的事情，以礼仪为先。取消了对商人的一些限制，允许他们开发盐、铁等自然资源，促进了商业的发展。史称这段盛世为"文景之治"。

但是，随着社会治理的宽松，百姓手里有粮有钱之后，难免就出现奢侈浪费的现象。豪强兼并土地、欺压百姓的事情也屡见不鲜。

汉景帝驾崩的当天，皇太子刘彻继位为帝，他就是历史上鼎鼎有名的汉武帝。刘彻尊窦太后为太皇太后，尊皇后、母亲王娡为皇太后。

刘彻又封母亲同母异父的弟弟田蚡为武安侯，田胜为周阳侯。田蚡生年不详，相貌丑陋，但口才非常棒，能言善辩，深受皇太后的欣赏，认为他是个贤才。

刘彻胸怀远大抱负，认为要想实现自己的抱负，必须招揽人才，因此下令包括丞相、御史、列侯、太守、诸侯等向朝廷推荐德行好、文采好、才能优、正直、敢于直言上谏的人才。

公元前140年十月，刘彻从各地积极推荐的人才中选择了一百多人，召集到大殿上，并亲自对他们策问古今治国理政之道。

一个叫董仲舒的贤良之士的对策，很合刘彻的胃口。刘彻继续策问，董仲舒也继续对答，这就有了史上著名的《天人三策》。《天人三策》最核心的思想主要有以下几项：天人感应，君权神授；罢黜百家，独尊儒术；春秋大一统，尊王攘夷；建立太学，改革人才选拔制度。这些思想贯穿了整个封建王朝时期，其中"大一统"的思想，不但影响着今天的中华民族，而且必将延续下去。

董仲舒是著名的思想家、政治家、教育家，出生于公元前179年，广川（今河北省景县广川大董故庄村）人，年轻的时候就喜欢研究《公羊春秋》（《春秋公羊传》）。《公羊春秋》是儒家经典之一，是专门解释《春秋》的一部典籍，作者是战国时齐国人公羊高。《春秋左氏传》《春秋公羊传》《春秋穀梁传》合称为"春秋三传"，是专门解释《春秋》的典籍。比较有名的《吕氏春秋》跟儒家经典《春秋》没有太大关系。

汉景帝时，董仲舒为博士。董仲舒讲课的时候，非面对面授课，而是在屋内挂上帷幕，他坐在帷幕后面讲课，先入学的弟子传授后入学的弟子，有的到毕业了都没有见过老师董仲舒的面。董仲舒精于治学，曾经三年不看园圃。董仲舒进出，仪容举止全都符合礼仪，不符合的不做，学生都很尊重他，称他为老师。

刘彻很欣赏董仲舒的对策，任命董仲舒为江都国（首府广陵，今扬州市）的国相，辅佐易王刘非（刘彻五哥）。

在刘彻主持的这场考试中，会稽郡吴县（今江苏省苏州市）人严助的对策也让刘彻比较满意，被任命为中大夫。

丞相卫绾上书说："各地推荐的人才，凡是研究申不害、韩非、苏秦、张仪的言论，扰乱国政的，请一律罢免。"刘彻同意了。

汉武帝向天下征召有才有德之士，破格提拔任用，这激起了士人的热情。他们纷纷上书朝廷，陈述国家政治得失，炫耀才华，多达千人。朝廷阅后，认为不适合录用的，就通知他们。

有一个叫东方朔的人，字曼倩，家是平原郡厌次县（今山东省惠民县东北）的。他从老家来到了京师长安，上书说："臣东方朔自小失去双亲，由兄嫂养大。十三岁起开始读书，三年后能文书记事。十五岁学击剑，十六岁学《诗》《书》，能背诵二十二万字。十九岁学孙吴兵法，能背诵兵书二十二万字。合计下来，臣能背诵四十四万字。臣常学习子路的言论。臣东方朔年二十二岁，身高九尺三寸（约2.148米），目若珍珠，牙齿洁白，勇猛如孟贲（战国勇士），敏捷如庆忌（春秋时期吴王僚之子，勇猛无畏），廉洁如鲍叔（曾辅佐齐桓公成就霸业），守信如尾生（古代守信之人）。像我这样的人，可以成为天子的大臣。臣东方朔冒死再拜。"毫不谦虚，一味抬高自己，刘彻认为东方朔这个人很有意思，让他到公车（官署名，掌宫中司马门的警卫工作，并接待上书臣民）处待诏。

蜀郡人杨得意是狗监（官名，负责饲养皇家猎狗），所以有机会接近皇帝刘彻。有一天，刘彻读到《子虚赋》，称赞道："朕为什么不能和这个人同时代呢！"

杨得意在一旁说："臣的同乡司马相如自己说这是他写的。"

刘彻大惊，于是召司马相如入京，询问司马相如。

司马相如说："这确实是我写的。但这是写诸侯的事的，不值陛下一读，请准许我以天子游猎作赋。"

刘彻命人取来木简和毛笔，司马相如洋洋洒洒，写成了一篇《天子游猎赋》。刘彻读后，非常满意，任命他为郎官。

刘彻体格健壮，精力充沛，喜欢打猎，甚至和狗熊、野猪等搏杀，有时候骑快马追赶野兽，把卫队落在后面。司马相如认为刘彻这样做非常危险，上书道："陛下轻万乘之重不以为安，乐出万有一危（一万次安全，只有一次失误就会丢了性命）之涂以为娱，臣私下认为并不可取。明者远见于未萌，知者避危于无形，危险多藏在细微隐蔽之处，在人们疏忽的时候突然发作，所以俗语说'家累千金，坐不垂堂'。"

刘彻认为司马相如说得很有道理。

刘彻认亲

汉武帝刘彻登基不久，韩嫣（韩王韩信的曾孙）对刘彻说，刘彻还有一个叫金俗的同母异父的姐姐流落在民间，并告诉了他事情的原委。刘彻惊讶地说："为何不早点儿告诉我？"听说金俗的家在长陵县（今陕西省咸阳市东北）的一个小市集里面，于是刘彻亲自前去迎接姐姐。刘彻的车驾直抵金俗家门口的时候，刘彻命人前去请金俗。

金俗的家人没有见过如此大的场面，以为犯了什么罪，都非常惊恐。金俗也被吓坏了，躲藏了起来，但又能躲到哪里呢！朝廷来人找到了金俗，搀扶着她出门去拜见刘彻。刘彻猜到她就是姐姐金俗，立即下车站立，迎接金俗，说："大姐，你为什么要躲藏得这么深呢？"

刘彻非常高兴，拉着姐姐上了车，车驾直奔长乐宫。他们一起前去拜见娘亲王娡。王娡见到了失散已久的女儿，喜极而泣。金俗也泪流不止。刘彻也流下了眼泪，男人嘛，毕竟要坚强一些，他首先止住了泪水，向母亲和姐姐奉上了美酒，恭贺一家团聚，并祝福母亲和姐姐长寿。刘彻赏赐金俗钱千万、奴婢三百人、公田一百顷和一座豪华府邸。王娡道谢说："有劳皇帝费心了。"刘彻又赐给了金俗封地，封为修成君。

当年汉景帝患病的时候，脾气变得喜怒无常，下令关押了许多人，其中不少都是无辜者，作为丞相的卫绾没有尽到责任，不为无辜之人申辩。刘彻登基的第二年（公元前140年），免去了卫绾的丞相之职，让他回家休息。

刘彻准备恢复之前被汉景帝刘启撤销的太尉一职，加上空缺的丞相之位，目前两个关键性的岗位空缺，需要适当的人选担任。武安侯田蚡有意竞争丞相之位，门客籍福劝他说："魏其侯（窦婴）已经久在显要位置，天下有识之士向来归附他。

今明公刚刚显贵，还无法和魏其侯相比，假如皇帝让明公为丞相，也请您让给魏其侯。魏其侯为丞相后，您必会被任命为太尉。太尉和丞相同样尊贵，明公还落得个让贤的美名。"

田蚡听从籍福的话，进宫向皇太后王娡（田蚡同母异父的姐姐）游说，让她劝说刘彻，任命窦婴为丞相。窦婴为太皇太后窦氏的侄子，窦氏为皇太后的时候，就劝说当时的汉景帝刘启任命窦婴为丞相，但刘启认为窦婴做事不稳重，因此没有任命他为丞相，而用卫绾为丞相。刘彻为了照顾太皇太后和皇太后的情绪，经过权衡，决定任命窦婴为丞相，田蚡为太尉。

籍福向窦婴道贺，并劝他说："君侯本性喜善疾恶，方今是善人赞誉君侯，所以君侯做了丞相；但恶人众多，他们也会诋毁君侯的。希望君侯能兼容并蓄，则有望长久；如果不能，则不久就会位置不保。"窦婴听不进去。

刘彻喜欢儒学，窦婴、田蚡也都喜欢儒学，他们联名推荐儒学大师申公的学生赵绾任御史大夫，王臧任郎中令。

赵绾建议修建明堂，作为皇帝朝见诸侯所用。赵绾向刘彻推荐了自己的老师申公，刘彻派人携带贵重礼物及由四匹马拉动，用蒲草裹了车轮的有座位的车子，前去鲁国迎接申公。

申公到了京师长安，拜见刘彻，刘彻向他询问治国安邦之策，这时候申公已经八十多岁了，他回答："治国者不必多言，只要身体力行就可以了。"

刘彻喜欢文辞，听申公这么说，感觉不对自己的胃口，便沉默不语。但既然把申公召来了，他就任命申公为太中大夫，住在鲁国设在京师的官邸。刘彻让申公参与修建明堂、天子巡猎、修改历法、更改服色等事项。

太皇太后窦氏喜欢黄老之言（无为而治），可以说汉景帝好黄老，也是深受窦氏的影响。当时有个大儒叫辕固生，擅长《诗经》，为朝廷的博士，窦太后召见他，询问他对《老子》的看法。辕固生说："这是普通人说的平常话而已。"窦太后怒道："《诗》如过去司空罪徒的名籍一样！"于是窦太后命辕固生进猪圈杀猪。当时汉景帝也在旁，他认为辕固生直言无罪，但窦太后正在气头上，他也无法阻止，于是想到了个折中的办法，命人交给辕固生一把利刃。辕固生进入猪圈后，照着肥猪刺去，正中心脏，肥猪倒在血泊之中。

窦氏不喜欢儒学，现在也很讨厌赵绾、王臧等人，偏偏赵绾又向刘彻提出以后决定事情不用再向太皇太后请示。窦太皇太后听说后，恼羞成怒，道："这是想做第二个新垣平啊！"（方士新垣平曾经装神弄鬼，骗取汉文帝信任，后查证不实后，被杀）人都有短处，窦氏命人秘密调查赵绾和王臧不法之事，报告给了刘彻。刘彻没有办法，命令不再议修建明堂之事，并把赵绾和王臧下狱，二人双双自杀。同时免去了窦婴和田蚡的职务，让他们以侯爵的身份回家休息。并以年老有病为由，免去了申公的职务，送他回鲁国。四年后（公元前 135 年），申公去世。

刘彻任命太常、柏至侯许昌为丞相，武疆侯庄青为御史大夫。

田蚡虽然被免去了职务，但因为身份特殊，也没有闲着，数度奏事，多被采纳，因此势利之徒皆纷纷抛弃窦婴而归附田蚡，田蚡也日益骄横。

卫子夫入宫

前文说过，在馆陶公主刘嫖（刘彻姑姑）的帮助下，刘彻才夺得了太子之位，为了感谢馆陶公主，刘彻的母亲王娡为刘彻迎娶了刘嫖的女儿陈氏，并立为太子妃。刘彻继位之后，陈氏自然成为皇后。有资料说陈皇后名叫陈阿娇，成语"金屋藏娇"，就是说的刘彻和陈阿娇的故事。其实关于陈皇后的名字，正史中并无记载，对于"金屋藏娇"一事，正史中也无记载，这一说法来源于志怪小说《汉武故事》。

刘嫖为人贪婪，她自恃有功，不断向刘彻提出各种索求，刘彻既厌恶又无奈。陈皇后骄横善妒，独宠于刘彻，却未能生下子女。传宗接代是皇家天大的事，刘彻对陈皇后的宠爱，也因此日渐衰退。皇太后王娡觉察出来，劝儿子刘彻道："你新登大位，大臣还没有完全顺服，先前因为建造明堂的事，已经惹怒了太皇太后；今又要得罪馆陶公主，必会有大麻烦。女人天性喜欢听悦耳的话，希望你能慎重行事！"刘彻认为母亲说得很有道理，于是恢复了对待馆陶公主和陈皇后的态度。

王娡和汉景帝刘启共生下三女一子：平阳公主、南宫公主、隆虑公主和刘彻。平阳公主和南宫公主是刘彻的姐姐，隆虑公主是刘彻的姐姐还是妹妹，史书中并无交代。平阳公主作为大姐，眼见弟弟还没有儿子，很焦虑，就精心挑选了几个美貌的妙龄女子，养在家中，等待弟弟有一天到她家里的时候，把她们献给他，也许能为皇家生个一男半女，自己也可以借此更为尊贵，到时候皆大欢喜。

公元前139年的一天，刘彻在霸上举行祈福除灾的仪式后回宫，途中顺路前去平阳公主的府中看望姐姐。平阳公主很高兴，命十几个精心打扮的美女出来，供刘彻挑选，但刘彻觉得她们和宫中的那些美女并没有两样，竟然一个都没有看上。酒宴开始，平阳公主命歌伎到池中唱歌跳舞，一个美艳的歌伎吸引了刘彻的目光，他直勾勾地盯着她看。平阳公主顺着刘彻的眼光观瞧，发现他盯上的是卫子夫。

卫子夫，姓卫，字子夫，河东郡平阳县（今山西省临汾市）人，她出身寒微，但擅长唱歌跳舞。平阳县是平阳公主的丈夫平阳侯曹寿的封地，卫子夫的母亲卫媪为平阳公主府中的仆人，因此卫子夫得以被选为平阳公主府中的歌伎。

卫子夫同母姐妹兄弟共六人，姐姐两人为卫君孺和卫少儿，哥哥为卫长子（长君），三个弟弟为卫青、卫步、卫广。卫子夫的这三个弟弟都是同母异父的弟弟，可见卫媪为人多么风流。

卫青的父亲叫郑季，是平阳县人，在县中担任县吏，后被县里派到平阳府中做事，和卫媪对上了眼，私通后生下了卫青，为了遮人耳目，所以跟随了母亲的姓。卫青长大可以做事的时候，在平阳府中做马童。当时平阳县吏霍仲孺也被派到平阳府中做事，巧合的是，卫少儿和霍仲孺也有了私情，生下了儿子霍去病，不过目前霍去病仅仅是二三岁的年纪。霍仲孺差事期满，回到平阳家中又娶妻生子，和卫少儿断绝了联系，做了一名令人唾弃的负心汉。

话题再回到刘彻和卫子夫身上。刘彻对卫子夫垂涎三尺，假装去茅房离开。平阳公主会意，把卫子夫送进了刘彻的更衣车中。在车中，刘彻和卫子夫有了鱼水之欢。刘彻对卫子夫很满意，回到席中后，赏赐给平阳公主金一千斤。平阳公主趁机奏请把卫子夫送入宫中，刘彻自然答应。

卫子夫将要上车的时候，平阳公主抚摩着卫子夫的背说："走吧！要活出个样子来，富贵之后，请勿相忘！"卫子夫入宫后，刘彻对她疼爱有加。陈皇后得知后，大怒，哭闹不成，又几度要寻死，但都被及时救起。刘彻对陈皇后越加愤怒和失望。

馆陶公主刘嫖替女儿出气，卫子夫那里不好下手，就从卫青身上下手，她派人捉住了当时在建章宫做事的卫青，准备谋害。卫青和骑郎公孙敖关系很要好，公孙敖得到卫青被抓的消息，率领数名壮士前去营救，卫青才幸免于难。刘彻得知消息后，召见了卫青，任命他为建章宫监、侍中，赏赐给他千金。不久，刘彻封已经怀孕的卫子夫为夫人，卫青为太中大夫。

▲ 陈后像

五经博士

公元前136年春季，汉武帝刘彻在尊儒的道路上又迈出了一大步，设立了"五经博士"，即《诗经》博士、《尚书》博士、《春秋》博士、《礼经》博士和《易经》博士。儒家经典是六经，但这时候《乐经》早已失传，所以汉武帝设立了五经博士。其实，汉文帝和汉景帝时期，已经设立了《诗经》《尚书》和《春秋》的博士官，这次刘彻给补齐了。从此，博士的研究就专向儒家和经学方面去了，博士也都成了"经学师"。

公元前135年五月，窦太皇太后去世，刘彻又废弃黄老、刑名等百家之言，专崇儒生。当时朝廷人才济济，严助、朱买臣、吾丘寿王、司马相如、主父偃、徐乐、严安、东方朔、枚皋、胶仓、终军、严葱奇等都博学多才，均在刘彻左右服侍（董仲舒在外任江都国的国相）。

朱买臣（？—前115），字翁子，吴郡（今江苏省苏州市）人。他家境贫寒，但非常喜欢读书，手不释卷。他不知置办产业，常常靠砍柴、卖柴换些钱度日。有一天，朱买臣挑着木柴，一边走路，一边背诵经典。他的妻子背着木柴跟在后面，数次制止他，让他不要边走边摇头晃脑地背诵。朱买臣非但不听，反而提高了嗓门，背诵的声音更大了。他的妻子感觉非常羞耻，要求离婚。

朱买臣笑着说："我五十岁的时候会大富大贵，如今我四十多岁了，你跟我过了多年的苦日子，眼看就要熬出头了，等我富贵的时候，我必定会报答你。"

朱买臣的妻子闻听他的话，大怒道："像你这样的人，终究会被饿死到沟中，何谈富贵！"

朱买臣一再挽留，但他的妻子去意已决，朱买臣不得已写了休书，两个人分道扬镳。后来一天，朱买臣担着柴火，边走边吟诵诗书，经过一堆坟墓时，正好碰到前妻和现任丈夫在上坟。前妻看见朱买臣饥寒交迫的样子，就送给他一些食

▲ 明 石锐（传）朱买臣负薪读书图 美国弗利尔美术馆藏

物和饮用水。

又过了几年，朱买臣作为下手，跟随郡上计吏（负责统计户口、田地、收成等情况的官员），推着装载木简的车子到京师长安呈报。他们到了长安，向有关部门呈报，很长时间没有得到答复。他们的粮食等用尽了，朱买臣作为下属，主动提出去外面乞讨些吃的。朱买臣外出乞食，恰好碰上了老乡严助，当时严助正受到刘彻的宠信，便向刘彻推荐了朱买臣。

刘彻召见朱买臣，朱买臣认为富贵的机会到了。见到刘彻后，朱买臣谈《春秋》，言《楚辞》。刘彻大喜，认为朱买臣是个人才，于是任命朱买臣为中大夫、侍中。

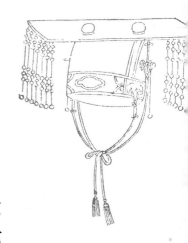

第七章

扩张领土

讨伐闽越王

"七国之乱"被平定后，吴王刘濞被东越王骆望诱杀，刘濞的儿子刘驹逃到了闽越国（首府东治，今福建省福州市）。刘驹和骆望有杀父之仇，因此连年不断游说闽越王骆郢，劝他出兵攻打东越国。

公元前138年秋，闽越国对东越国发起了攻击。东越国不敌，向汉朝求援。汉武帝刘彻征求大臣的意见，田蚡说道："越人之间互相攻击，屡见不鲜，秦时已经把他们舍弃，不足以劳烦中原前去救援。"

严助发表了不同看法，说道："我们应该考量的是有没有能力救援，恩德能不能覆盖他们？若能，为何要抛弃他们呢？秦国把咸阳都丢掉了，何止百越啊！如今小国以穷困来告急，天子不救，他们又该向哪里控诉？陛下又何以君临万邦！"

严助最后的一句话说动了刘彻。他说："田蚡不足与计，朕新近即位，还不想动用兵符征发郡国的军队。"于是，刘彻派严助持节，到会稽郡征调军队。严助到了会稽郡，拿出皇帝的符节征调会稽郡的军队。会稽郡太守一看不是虎符，不符合惯例，拒不发兵。严助大怒，杀鸡儆猴，当即杀死了一位司马，向他们解释了不用虎符的原因，无人再敢反对。于是严助征调军队，从海上援救东越国。

闽越国听说汉朝派军援救东越国，迫于压力撤退。东越国担心汉朝军队班师后，闽越国再来攻击，请求内迁，刘彻批准了。东越王骆望带领全国老少，在长江和淮河之间的平原地带安置了下来。

公元前135年秋季，闽越国又出兵攻打南越国（首府番禺，今广东省广州市番禺区）边境地区。这时候，南越的国王是赵胡，他是第一任南越国王赵佗（活了一百多岁）的孙子。他遵照汉朝的规定，没有擅自出兵抵抗，派人向朝廷告急。

刘彻命大行令王恢率军从豫章郡出兵，大农令韩安国从会稽郡出兵，从两路攻打闽越国。王恢派番阳令唐蒙，前去联络南越国。

淮南王刘安认为不妥，他洋洋洒洒，向刘彻上书数千言，进行劝阻。刘彻不听。刘安是淮南王刘长的儿子，高祖刘邦的孙子，他喜欢读书，招揽门客数千人，著有《淮南子》等书，是西汉的文学家、思想家。

汉朝军队南下，抵达了仙霞岭（位于今浙江省西南部，绵延浙、闽、赣边境），但闽越王骆郢已经派兵把守险要关口。汉朝军队正在犯愁的时候，闽越国内部出了问题。骆郢的弟弟骆馀善，和国相、宗族长者等人商议说："大王不请示汉廷，就擅自出兵攻打南越，所以天子派兵来讨伐我们。汉兵兵员众多，战斗力强，即使我们侥幸获胜，天子必会源源不断地派兵前来，我们终将灭国。今天唯有杀死大王以谢天子，天子宽恕，我们国家就得以保全；如果不宽恕，我们再拼死一战，不能取胜的话，我们就逃入大海。"国相等人点头称是。

骆馀善获得支持后，亲自动手，趁骆郢不备，用短矛刺死了骆郢，砍下人头，派人送交王恢。王恢对于这个结果很是意外，他说："我们率军前来，就是为了诛杀骆郢，今他的人头已经落地，不用交战就达到了目的，没有比这更好的了。"王恢命人通知韩安国，骆郢已死，又派人带着骆郢的人头飞报长安。

刘彻见到骆郢的人头后，大喜，诏令两军班师，并说："骆郢乃罪魁祸首，骆无诸（第一任闽越王）的孙子骆丑并没有参与骆郢的阴谋。"于是，刘彻命中郎将到达闽越的首府东治，封骆丑为越繇王，统治闽越国。

但骆馀善已经立威，很多部落向他归附，他自己准备为王，骆丑无力控制大局。刘彻听说后，认为不值得为了骆馀善再兴兵讨伐。他说："骆馀善本和骆郢是一伙的，后来刺杀了骆郢，我们的军队才省去了辛劳。"为了安抚骆馀善，刘彻封他为东越王，和骆丑共同治理闽越国。一国有了二主，为日后埋下了隐患。

刘彻派严助出使南越国，传达天子旨意。南越王叩拜，道谢道："天子为臣出兵讨伐闽越，再造之恩，无以为报。"于是，赵胡派太子赵婴齐作为人质，跟随严助回长安，充当侍卫。

严助一行回京，路过淮南国的时候，因为刘长是刘彻的叔叔，严助遵照刘彻的意思，向淮南王刘安讲述了出兵的经过，并对他上书一事表达了谢意。刘安也当即表示歉意，认为自己思考得并不成熟。

忠直汲黯

公元前 135 年冬季，刘彻任命汲黯（？—前 112）为主爵都尉（九卿之一，主要负责诸侯国各王及其子孙封爵夺爵等事宜）。汲黯，字长儒，濮阳（今河南省濮阳市西南）人。濮阳曾经是古代卫国的国都，汲黯的先祖受到卫国国君的赏识，成为当时的望族，到了汲黯这一代，已历时十代，世代都担任卿大夫（高级官员）。汲黯得到父亲的推荐，在汉景帝时期担任太子洗（xiǎn）马（太子辅官，教太子政事、文理的官职）。汲黯以办事认真、严厉，为人所敬畏、忌惮。

刘彻继位后，任命汲黯为谒者。闽越国挑起战事，刘彻派汲黯前往视察。但汲黯到了吴郡就返回长安，他禀报刘彻：“越人互相攻击，是多年的习惯，他们还不够格劳烦天子使者。”

河内郡发生火灾，一千多户人家被大火吞噬。刘彻派汲黯前去视察、抚慰。汲黯从河内郡回来后，回禀刘彻：“百姓家里失火，殃及了邻居，大火已经被扑灭了，并不值得担忧。臣奉命在河内郡视察的时候，发现一万多户平民百姓遭遇水旱之灾，饥饿难耐，甚至发生了父子相食的事。情况非常严重，臣便宜行事，拿出符节，命令地方官员开仓放粮，发放给受灾贫民。现在归还符节，请陛下治我的矫诏之罪。”

刘彻认为汲黯做得对，宽恕了他，并任命他为荥阳（今河南省荥阳市东北）县令。然而，汲黯以做县令为耻，称病辞职回家。刘彻听说原因后，就把汲黯召了回来，任命他为中大夫。

后来，汲黯多次直言相谏，刘彻终于不耐烦了，不能再让汲黯久居宫中，就任命他为东海郡（治所郯县，今山东省郯城县）太守。

汲黯好黄老之言，治理郡中事务清净无为。汲黯选择称职的郡丞及其他官员，给他们放权，他只是把握大方向，不过多过问细节。汲黯身体不好，经常在内室养病，但郡内同样能在其他官员的处理下，井井有条。过了一年多，东海郡社会治理大为改观，百姓的安全感和幸福感大增，都对汲黯称颂有加。消息传到刘彻耳朵里，刘彻认为汲黯具有一定的管理能力，加之他又比较想念汲黯，于是把他从东海太守调任为主爵都尉。

汲黯为人傲慢直接，不太注重礼节，会当面指责他人，不能容忍他人的过失。和自己合得来的，他就会非常优待；合不来的，他缺乏耐心。所以当时的士人多不投靠他。他喜欢游侠，欣赏有气节的人，他对自己要求比较严，非常廉洁。他劝谏的时候，直言不讳，多次冒犯刘彻。他常常仰慕傅伯（梁孝王的将领，性情耿直）、袁盎的为人。

当时刘彻广招天下儒学之士，说："我想怎么样怎么样。"

汲黯劝谏道："陛下内里多欲望，但外行仁义，难道这样还想学习尧、舜那样治理天下吗？"

刘彻勃然变色，宣布罢朝。当时公卿都为汲黯感到担忧。

刘彻回宫后，对左右说道："竟然还有汲黯这样的憨人！"

有的公卿大臣指责汲黯的不是。汲黯说："天子把公卿置于辅政大臣的位置，难道你们只懂得阿谀奉承，陷天子于不义吗？我身在其位，如果只是在乎自身，岂不是辱没了朝廷？"

汲黯身体多病，请了三个月的病假。按照当时的规定，三个月假期为上限，如果三个月后还不能上班，就要被免职。刘彻破例多次延长他的假期，汲黯身体还是不能痊愈。

后来，汲黯又病倒了，他让庄助帮他请假。

刘彻问庄助："你认为汲黯究竟是个什么样的人？"

庄助回答："如果让汲黯在朝廷任职，他的成就不会高过他人。然而，如果让他辅佐太子，他必忠贞不贰，召也召不来，赶也赶不走，即使如孟贲和夏育（两人都是周朝勇士）那样的勇猛之人，也不能夺其志。"

刘彻感慨地说："是的，所谓古代社稷之臣，就是像汲黯这样的。"

▲ 元　赵孟頫　汉汲黯传（局部）　日本东京永青文库藏

二者無一焉。非苦就行,放析就功,何乃取高皇帝約束紛更之為?公以此無種矣。黯時與湯論議,湯辯常在文深小苛,黯伉厲守高不能屈,忿發罵曰:天下謂刀筆吏不可以為公卿,果然。必湯也,令天下重足而立,側目而視矣。

是時,漢方征匈奴,招懷四夷。黯務少事,乘上間,常言與胡和親,無起兵。上方向儒術,尊公孫弘。及事益多,吏民巧弄,上分別文法,湯等數奏決讞以幸。而黯常毀儒,面觸弘等徒懷詐飾智以阿人主取容,而刀筆吏專深文巧詆,陷人於罪,使不得反其真,以勝為功。上愈益貴弘湯,弘湯深心疾黯,唯天子亦不說也,欲誅之以事。弘為丞相,乃言上曰:右內史界部中多貴人宗室,難治,非素重臣不能任,請徙黯為右內史。為右內史數歲,官事不廢。

大將軍青既益尊,姊為皇后,然黯與亢禮。人或說黯曰:自天子欲群臣下大將軍,大將軍尊重益貴,君不可以不拜。黯曰:夫以大將軍有揖客,反不重邪?大將軍聞,愈賢黯,數請問國家朝廷所疑,遇黯過於平生。

淮南王謀反,憚黯,曰:好直諫,守節死義,難惑以非。至如說丞相弘,如發蒙振落耳。

天子既數征匈奴有功,黯之言益不用。

始黯列為九卿,而公孫弘、張湯為小吏。及弘、湯稍益貴,與黯同位,黯又非毀弘、湯等。已而弘至丞相,封為侯;湯至御史大夫;故黯時丞相史皆與黯同列,或尊用過之。黯褊心,不能無少望,見上,前言曰:陛下用群臣如積薪耳,後來者居上。上默然。有間黯罷,上曰:人果不可以無學,觀黯之言也日益甚。

居無何,匈奴渾邪王率眾來降,漢發車三萬乘。縣官無錢,從民貰馬。民或匿馬,馬不具。上怒,欲斬長安令。黯曰:長安令無罪,獨斬黯,民方肯出馬。且匈奴畔其……

马邑之围

整个汉景帝时期，虽然也不时有小股匈奴人骚扰汉朝边境，但没有发生过大的战争，边境整体情况平稳。刘彻即位之后，重申了和亲制度，命令边境集市备齐货品，对匈奴人的供给十分丰厚。匈奴自单于以下都对汉朝亲近，往来于长城脚下。

公元前135年，匈奴派使者前来长安，请求和亲，刘彻召集文武大臣商议。大行令王恢是燕国人，熟悉匈奴习性，他不同意和亲，说："汉与匈奴和亲，两国维持和平关系不过数年，匈奴就会背弃盟约，不如不答应和亲，派兵攻打他们。"

御史大夫韩安国说："匈奴人逐水草而迁徙，飘忽不定，难以捉到他们，在上古时期就不以人类对待他们。今如果汉军长途跋涉数千里，与之交战，则人马困乏，匈奴以逸待劳，我们就会陷入危险的境地，不如和亲。"

群臣大多数都赞同韩安国的意见，于是刘彻答应和亲。

又过了两年，雁门郡马邑县豪族聂壹和王恢相识，通过王恢上书刘彻说："匈奴与汉和亲没有多久，两国正处于蜜月期，可以用利益引诱他们入境，到时候我们设下伏兵，袭击他们，并能破之。"

刘彻召公卿商议。王恢建议道："臣听闻代国之初，北有强胡为敌，南有中原之兵虎视，他们尚能养老育幼，不失其时地种树耕田，仓库经常保持盈实，匈奴不敢轻易冒犯。今以陛下之威势，海内统一，然而匈奴不时出兵侵犯，没有别的原因，是因为没有给他们展示实力，他们不知道恐惧罢了。臣以为应该攻打他们。"

韩安国还是不同意出兵，说："臣听闻高皇帝（刘邦）曾经被围困于平城长达七天，解围返回后并没有愤怒怨恨之心。圣人以天下人心来宽大其度量，所以后来高皇帝派娄敬到匈奴和亲，到如今已经有五世受益。臣认为不宜出兵。"

王恢不同意韩安国所说，他说："不然。高皇帝亲自披坚执锐，征战十年，不报平城被围之怨，并非力量不足，不过是要天下人得到休息。如今边境数次被侵扰，士卒死伤数人，殡葬车首尾相望。仁人无不痛心。所以我主张出兵。"

韩安国又说："不然。臣听说用兵者以饱待饥，严整以待其乱，驻扎休息以待其疲惫。所以两军交锋才能打败对手，攻伐敌人的国家，夺取他们的城池，常坐而使敌国疲敝，此圣人用兵之道。如今如果卷起铠甲轻易出动，长驱直入，将难以成功。如果纵行则兵力分散，很难和敌人正面争锋，如果横行则没有后续力量，疾行则粮食接济不上，缓行则无法获得先机，走不了一千里路，就会人困马乏。兵法说'遗人，获也'，所以臣主张不出兵。"

王恢又说："不然。臣今天所说的出兵并非深入匈奴之地，而是顺势利用单于的贪欲，引诱他到边境来。我们挑选骁勇之士，秘密埋伏起来，等待他们。等待单于他们进入埋伏圈后，我军发起攻击，一部分攻击其左，一部分攻击其右，一部分攻击其前，一部分攻击其后，单于可擒，必无一漏网。"

刘彻抱负远大，也想一战而解决匈奴的问题，于是同意了王恢的建议。

公元前133年六月，刘彻任命御史大夫韩安国为护军将军，太中大夫李息为材官将军，卫尉李广为骁骑将军，太仆公孙贺为轻车将军，大行令王恢为将屯将军，率领步兵、骑兵、预备役部队等共三十多万人的庞大兵团，在马邑县旁的一处山谷中埋伏起来，等待单于的部队进入马邑县后，发起攻击。

刘彻又使一计，派聂壹假装投降匈奴。聂壹见到匈奴单于挛鞮军臣后，表态道："我能斩杀马邑县令和县丞，献城投降，到时候财物就会尽归单于。"

聂壹是当地豪族，挛鞮军臣相信他的实力，同意了他的计划。聂壹又回到了马邑县城，杀死了两个死囚犯，诈称他们为县令和县丞，割下他们的头颅，悬挂到马邑城下。聂壹对单于的使者说："马邑的县令和县丞均已死，请急速前来。"

使者把消息禀报给了挛鞮军臣，他非常高兴，率领十万骑兵入塞，进入了雁门郡的武州县（今山西省左云县）。在距离马邑还有一百多里的时候，挛鞮军臣发现漫山遍野都是牛羊等牲畜，却不见放牧者，感觉很奇怪。于是挛鞮军臣命令攻打附近的亭哨，抓获了雁门尉吏（汉制，临近边塞皆设置尉，百里一人，士吏、尉吏各二人）。

挛鞮军臣询问尉吏汉军所在，刚开始尉吏不说，挛鞮军臣以死威胁他，他为了保命，说出了汉军埋伏之处。挛鞮军臣闻听汉军三十万人埋伏在附近，准备伏击他，大惊失色："我本来就很怀疑！"挛鞮军臣急速率军撤退，出塞后，长出一口气说："吾得此尉吏，是天意呀！"于是，挛鞮军臣封尉吏为天王。

挛鞮军臣出塞后，汉军才得到消息，急忙追赶，但追击到长城后，也不见匈奴的踪迹，于是纷纷撤回。

王恢的主要职责是率军从代郡袭击匈奴的辎重，他听说挛鞮军臣已经识破圈套，率军返回，恐惧匈奴铁骑的强大，不敢出战。

汉朝动员了三十多万大军，等着瓮中捉鳖，却空欢喜一场，不好给将士交代，又听说王恢怯战后，刘彻大怒，准备拿王恢开刀。他严厉斥责王恢。

王恢辩解道："开始的计划是，单于的人马进入马邑以后，我军出击，袭击匈奴，臣再出动截击其辎重，可大获全胜。但今单于没有进入马邑，撤了回去，臣如果以三万军队前去拦击，会自取其辱。我知道我回来后会被处斩，却保全了陛下的三万人马。"

这番话自然不是刘彻想要的答案，他把王恢交给廷尉定罪。廷尉建议道："王恢怯弱，当斩。"王恢为了保命，向丞相田蚡行贿一千斤金，希望他能替自己说话。

田蚡为人非常精明，这时候不敢当面向外甥刘彻求情，而是采取了迂回的办法，转而向姐姐、皇太后王娡求助。他对姐姐说："王恢是马邑之围的首谋，今事不成而诛杀了王恢，正中匈奴的下怀。"

趁着刘彻来朝见的机会，王娡把田蚡说的话讲给了刘彻听，希望他能饶王恢不死。刘彻说道："王恢为马邑之围的首谋，要动员天下数十万兵马，全是因为他的话。即使没有捉到单于，如果王恢率部袭击匈奴的辎重，仍然可以抚慰将士和文臣之心。今不诛杀王恢，无以谢天下。"

皇太后的话也不好使了，王恢得到消息后，绝望地自杀了。

从此，匈奴拒绝和亲，不时攻击边塞要道，进犯汉朝边境。但匈奴人贪图汉朝边关集市的货物，汉廷为了稳住他们，也没有关闭边境贸易，供应他们物品。

窦婴之死（上）

汉景帝刘启在世时，魏其侯窦婴身为窦太后的侄子，高居大将军之位，位高权重，攀附者众多。田蚡当时还是个地位低下的郎官，但他攀附的水平也比较高，每次到窦婴家，都跪着倒酒，如同子孙辈一般伺候窦婴。

等到景帝驾崩，武帝刘彻继位后，田蚡作为皇太后王娡的同母异父弟弟，当今皇帝的舅舅，地位顿时显赫，官职逐步高升。前文说过，窦婴和田蚡都推崇儒学，贬抑道家，得罪了窦太皇太后，被免去了职务，以侯爵的身份赋闲。不久，窦太皇太后去世，窦婴的地位更是一落千丈。田蚡就不一样了，虽然也是赋闲，但因为他是当今太后的弟弟、皇帝的舅舅，仍然受到宠信，也能继续上书言事，而且多被采纳，大臣中的趋炎附势者，纷纷抛弃窦婴，前去投靠田蚡。

看到昔日对自己俯首帖耳、毕恭毕敬的同事对自己不再问津，窦婴备感失落。但有一个人对窦婴不离不弃，一如从前，他叫灌夫。灌夫字仲孺，是颍川郡颍阴（今河南省许昌市）人。他的父亲叫张孟，是颍阴侯灌何（西汉开国功臣颍阴侯灌婴之子）的家臣，受到灌何的宠信。灌何向朝廷推荐张孟，张孟官至二千石（太守级）。张孟感激灌何的知遇之恩，改姓了"灌"。"七国之乱"的时候，颍阴侯灌何为将军，隶属太尉周亚夫，灌何又推荐灌孟为校尉。

灌夫率领一千人和父亲一同抗敌。灌孟年老体弱，战死于军中，根据西汉法律，父子都在军中，有一人死亡者，未死者可以回家安葬。这是一条比较人性化的规定，避免父子一同葬身疆场，家中没有了男丁。但灌夫并没有跟随父亲的灵柩回乡，他慷慨地说："愿取吴王或者他的将军的项上人头以报父仇。"于是，灌夫披甲持戟，招募军中愿意跟随自己的壮士数十人，杀出了军营。但这时候有人胆怯了，不敢再前进，只剩两人和灌夫的十多名骑兵冲入了吴军的营地，一直杀到主帅的旌旗之下，杀伤了数十人。因为吴军众多，灌夫他们不得再前进，就退回了汉军的营寨。灌夫回到营中后发现，只有他和一名骑兵得以平安归来，其他人全部战死了。灌夫也身受十多处大伤，幸亏当时军中有价值万金的金创良药，他才得以保住性命。等到伤情稍稍好些，灌夫又向将军灌何请求道："我比较了解吴军军营的内部情况，请允许我再率军前往。"灌何感慨灌夫的勇猛和义气，唯恐灌夫有失，就向太尉周亚夫报告，周亚夫坚决制止了灌夫。吴军被攻破后，灌夫也得以名闻天下。

灌婴向汉景帝刘启推荐灌夫，刘启任命灌夫为郎中将。几年之后，因为犯法被免职。灌夫家住京师长安之中，和朝廷公卿接触机会多，众公卿都称赞灌夫忠勇孝顺，于是朝廷又任命灌夫为代国国相。

汉武帝刘彻登基之后，认为淮阳郡为交通要道，需要得力人员率重兵把守，于是任命灌夫为淮阳太守。后来，他入朝担任九卿之一太仆。

公元前135年，灌夫和长乐宫卫尉窦甫在一起饮酒，窦甫对灌夫礼数不周，灌夫脾气火暴，用拳头揍了窦甫一顿。窦甫乃窦太皇太后的同宗兄弟，当时她尚在人世。刘彻担心窦太皇太后会咽不下这口气，诛杀了灌夫，他为了保护灌夫，任命他为燕国国相，让他远避京城。但灌夫并没有吸取教训，依旧我行我素，过了几年，他因为犯法，又被免去了职务，回到了长安的家中。

灌夫为人刚正，好借酒使气，不喜欢当面阿谀奉承。灌夫有性格缺陷，皇亲贵戚有势力在他之上的，他必会想法凌辱他们；士人在他之下的，越贫贱，他越对他们礼貌，能平等相待。灌夫喜欢在大庭广众之下，推荐、夸奖地位低下的士人。因此士人对他多有称颂。

灌夫不好文学，喜欢以侠义行事，信守诺言。平时和灌夫交往的，除了豪杰，就是大奸大猾之人。灌夫得势时，家资数千万，每天的食客数十人或者上百人。为了池塘田园，灌夫的宗族和宾客巧取豪夺，横行于灌夫的老家颍川郡。颍川的百姓非常厌恶他们，作儿歌道："颍水清，灌氏宁；颍水浊，灌氏族。"

等到灌夫最近一次被免职赋闲，同他结交的朝廷大臣和昔日宾客也逐渐地远离了他。这时候，窦婴也失势赋闲，他准备借助灌夫之手打击那些趋炎附势之徒，灌夫也想利用窦婴的社会关系结交王侯。于是，两个失意的人走到了一起，互相标榜，俨然父子一般，相得甚欢，相见恨晚。

灌夫曾经在服丧期间去拜访丞相田蚡。田蚡对他说："我准备和仲孺（灌夫的字）去拜访魏其侯（窦婴），不巧的是，仲孺在服丧期间。"

灌夫说："丞相肯光临魏其侯府，灌夫怎么敢以服丧为由推托！请让我前去通知魏其侯准备酒菜招待，请丞相明日早些莅临。"

田蚡答应了。灌夫很高兴，把消息告诉了魏其侯窦婴。

窦婴很重视，和夫人购置了牛肉美酒，半夜就起床打扫卫生，准备饮食器具，一直到天亮。天刚亮，窦婴就吩咐下人在门前等候。等到了中午时分，也不见田蚡的人影，窦婴问身旁的灌夫："难道是丞相忘了今日之约了吗？"

灌夫也很不高兴，说："我以丧服相请，他不应当忘了。"于是灌夫驾车，亲自前去迎接田蚡。昨日，田蚡是随口答应了灌夫，并没有打算前去窦府。等到灌夫到了田府门口的时候，田蚡尚在高卧。灌夫见到田蚡后，说道："丞相昨日答应前去拜访魏其侯，魏其侯夫妻置办酒菜恭迎您，到这个时间都不敢下口。"

田蚡假装猛然醒悟的样子，致歉道："我昨天晚上喝醉了，忘了和仲孺说过的话。"

于是田蚡乘车前往魏其侯府，但故意命令慢行。灌夫看在眼里，内心越加愤怒。到了窦婴府中，他们酒至半酣，灌夫起舞，邀请田蚡参加。田蚡不起身，灌夫借酒发泄不满情绪，用语言讽刺、挖苦田蚡。窦婴急忙起身搀扶灌夫离席，然后亲自向田蚡道歉。两个人继续饮酒，直到天黑，田蚡才尽欢而去。

田蚡是典型的小人。当窦婴得势，他本人地位低微时，他就极力巴结窦婴；但窦婴失势，他本人得势时，他又极力踩踏窦婴。田蚡派属官籍福向窦婴索求城南的肥沃田地。窦婴非常气愤："老夫尽管被朝廷弃用，将军虽然显贵，难道就可以以势强夺吗？"窦婴不给他田地。

灌夫听闻消息，对籍福破口大骂。籍福这个人还挺厚道，不愿意看到窦婴和田蚡两个人交恶，回去后，他替窦婴说了一些委婉的话，婉拒了田蚡的要求，并劝田蚡："魏其侯已经老了，活不了多长时间，将军应该忍忍，等他死了再议。"田蚡也就作罢了。

但过了一段时间，田蚡也得到消息，窦婴和灌夫因为发怒而不肯给他田地，让他也生气了："魏其侯的儿子曾经杀人，犯了死罪，是我想方设法救了他的命。我过去服侍魏其侯，无微不至，如今他却怜惜数顷田地，竟不肯给我！这件事跟灌夫又有什么关系？他横插一腿，我以后也不敢再要这块田地了！"

从此，田蚡对窦婴和灌夫有了仇恨。

窦婴之死（下）

田蚡决定打击窦婴和灌夫，他对汉武帝刘彻说，灌夫家在颍川郡蛮横霸道，导致民怨沸腾，请求派人查办。刘彻说："这是丞相职责内的事，何必请示呢？"

灌夫也在私下收集了田蚡的私密之事，说他牟利，收受淮南王的贿赂，说一些犯上的话。两家的宾客都不愿意看到他们这样闹下去而两败俱伤，纷纷居中调解。田蚡和灌夫权衡利弊，停止了敌对行动，暂时宣告和解。

田蚡迎娶了燕王刘嘉的女儿为妻，皇太后王娡下令列侯宗室都要前往祝贺。魏其侯窦婴去找灌夫，准备借道贺之机让田蚡和灌夫拉拢感情。但灌夫推辞道："我几次因为醉酒无礼，得罪了田蚡，如今有了嫌隙，我还是不去了。"窦婴说："你们的事情已经和解了。"窦婴强拉着灌夫一同前往。

田蚡府中热闹非凡，列侯和皇亲国戚推杯换盏，把酒言欢。酒至半酣，田蚡作为东道主，首先起身敬酒，在座的都纷纷离席伏身，表示不敢当。然后按照尊卑次序，依次敬酒，轮到窦婴敬酒的时候，只有过去的熟人离席；其他人仅起一足，以示避席，另一足仍跪在席上。灌夫看在眼里，内心不满。

待到灌夫敬酒的时候，敬到田蚡那里时，田蚡没有起身，说道："我不胜酒力，不能再饮满杯了。"灌夫非常不高兴，嬉笑着说："将军是贵人啊，请喝光了这杯吧！"但田蚡始终不肯喝尽。灌夫快快离开，往下继续敬酒。灌夫敬到临汝侯灌贤的时候，灌贤正在与名将程不识耳语，也没有避席。灌夫满肚子的气终于找到了发泄的地方，他怒骂灌贤道："平日里你贬得程不识一文不值，现在长者敬酒，你们却像女人一般嘀嘀咕咕，成何体统！"

田蚡打圆场说："程不识、李广分别为东西宫（长乐宫为东宫，未央宫为西宫）卫尉，如今当众羞辱程将军，仲孺难道不为李将军留面子吗？"

灌夫已经喝高了，高声道："今日就是杀我的头，刺我的胸，也无所谓，哪管什么程、李！"

在座的一看这势头，纷纷起身说要去茅房。窦婴呵斥灌夫，让他退出。这时候田蚡也恼了，发怒道："这是我一向娇惯灌夫的结果。"他命令手下拦住灌夫，不让他走。籍福起身向田蚡致歉，他用手按住灌夫的脖子，强令他向田蚡道歉，希望他能逃过此劫。灌夫在酒精的催化下，越发恼怒，拒绝道歉。田蚡命令手下把灌夫捆绑起来，关押到驿站的房间里，并召来他的秘书长（长史），吩咐道："今日召宗室前来宴饮，是奉了诏书的，灌夫犯了不敬之罪。"他命令长史书写了弹劾灌夫骂座敬之罪的奏章上奏，把灌夫关押到少府的居室。田蚡又追究灌夫之前的罪过，分派官员逮捕灌氏宗族，都判处闹市问斩之罪。

窦婴感觉非常懊悔，出钱请宾客到田蚡处求情，请求他放过灌夫。但田蚡这时心意已决，一概拒绝。灌氏一族侥幸没有被逮捕的，也四散藏匿，灌夫本人又被关押，所以无法向皇帝检举田蚡的不法行为，为自己争取活命的机会。

窦婴为救灌夫想尽了办法，他妻子劝他说："灌将军得罪了丞相，丞相背后是当今太后，怎么可能救得出呢？"窦婴说："侯爵是我自己努力得来的，即使失去了，也没有什么好遗憾的。我不能看着灌夫独死，而我独生。"于是，窦婴瞒着家人，私自外出向皇帝刘彻上书。

刘彻看到窦婴的奏疏，立即召见了他。窦婴把当天灌夫喝醉后失态的情况前前后后讲了一遍，说灌夫论罪不当诛。刘彻也表示灌夫罪不至死，赐灌夫和自己一同用膳，但这件事牵涉太后，所以他说道："你到东宫当面争辩吧！"

窦婴和田蚡都到了东宫。窦婴当面向太后王娡称赞灌夫的优点，说他是因为喝醉无礼，丞相却用其他事情诬陷灌夫。田蚡极力诋毁灌夫，说他横行无忌，大逆不道。灌夫的事情在那里摆着，窦婴辩论不过田蚡，没有其他办法，就攻击田蚡的短处。田蚡说道："今天下幸而平安无事，蚡才得以成为肺腑之臣，平素所好，不过是听听音乐，养养狗，遛遛马，购买些田宅，也喜欢倡伎、巧匠一类，哪里比得上魏其侯和灌夫，召集天下豪杰壮士在一起日夜商议，对朝廷心怀不满，暗中发泄，指天画地，窥视两宫，盼望着天下有变，准备建立伟大的功业。微臣不知道魏其侯他们这样做，是究竟想干什么！"

刘彻问众朝臣道："他们两个人孰是孰非？"

御史大夫韩安国说："魏其侯说灌夫当年深入吴军，身上受了十几处伤，名冠三军，此乃壮士也，不是大恶之人，只是争杯酒，不建议用其他罪过来诛杀他。魏其侯说得对。但丞相说灌夫结交奸猾之人，侵扰百姓，家产数万，横行于颍川，甚至欺凌宗室，侵犯骨肉，这就是所说的'支大于干，胫大于股，不折必披'。丞相所说也对。请明主圣裁。"韩安国耍了滑头，两面都不得罪。

主爵都尉汲黯为人正直，赞同窦婴。内史郑当时刚开始支持窦婴，后来又不坚决。其余人等，没人敢发表意见。

刘彻对着郑当时发火道："你平时多次说起魏其侯、武安侯长短，今日朝廷上议论，你畏首畏尾，犹豫不决，我把你们一起杀了！"

刘彻罢朝起身，入内侍奉母亲王娡进食。王娡之前已经派人探听了消息，等到刘彻入内侍奉进食的时候，王娡生气地不肯进食，说："我还在世，他们就这么欺负我的弟弟，我百年之后，我的兄弟就会如鱼肉一样任人宰割了！且面对这种情况，皇帝不能像石头人一样无动于衷啊！皇帝健在，他们还处于隐忍状态，假如皇帝百年之后，他们还值得信任吗？"

刘彻向母亲王娡致歉道："魏其侯和武安侯都是外戚，所以让他们当庭辩论。不然，这事一个狱卒就能解决了。"之前，郎中令石建也把窦婴和田蚡两个人不和的经过给皇帝刘彻汇报了。

于是刘彻命御史查看记录，发现窦婴所言与记录颇多不符，于是窦婴被交给都司空（宗正属官，掌诏狱，主管宗室及外戚犯法治罪之事）关押。

汉景帝时，窦婴曾接受遗诏，说："事有不便，可以以不拘常规的方法向皇帝上奏。"窦婴目前被关押，灌夫面临灭族之罪，事情紧急，诸公卿谁也不敢出头，于是窦婴趁着侄儿来探望的机会，吩咐他向皇帝上书言明遗诏之事，希望能得到召见。刘彻见到奏书后，交代尚书查询，并没有发现遗诏的底本。遗诏只藏在了窦婴家，由窦婴的家丞密封。于是，有关部门弹劾窦婴矫诏之罪，罪当闹市斩首。

灌夫被灭族了。窦婴过了一段时间才听到消息，又得到了自己被弹劾矫诏的事情，急火攻心，患了中风之症。他开始绝食，准备寻死，后来又听说皇帝无意杀他，就又开始进食，医治身体。但这时，又有恶毒的流言蜚语传到刘彻的耳朵里，他认为留不得窦婴了。

田蚡唯恐春天遇到大赦，窦婴再被放出来，在冬季的最后一天，也就是公元前131年十二月三十日，在渭城的大街上处死了窦婴。

当年春季，田蚡生病了，浑身疼痛，好像有人用鞭子抽打他一样，他满院子奔跑，不停呼叫有罪。刘彻派巫师观察，巫师说："魏其侯和灌夫的鬼魂附着在武安侯的身上，用鞭子抽打他，想杀死他。"刘彻也无可奈何。三月十七日，田蚡病死，年龄不详。

唐蒙出使夜郎国

前文说过，大行令王恢率军攻打闽越国的时候，派番阳县令唐蒙前去联络南越国。唐蒙到达首府番禺后，南越王予以隆重招待，其中一种叫蒟（jǔ）酱（又叫蒌叶，木质藤本，产在热带。果实像桑葚，有辣味，可吃，可制酱。藤叶可供药用）的酱料非常好吃。唐蒙就问此物从何得来。南越王说："从西北的牂牁（zāng kē）江（发源于云南省宣威市，在东莞市虎门镇注入南海）而得来，此江宽数里，流经番禺城下。"

战事结束之后，唐蒙回到了长安。他对蒟酱念念不忘，询问蜀郡的商人关于蒟酱的问题。

商人说："只有蜀郡出产蒟酱，不少商人、百姓把蒟酱偷偷带到夜郎国（首府在今贵州省关岭县，夜郎国的领地范围在今贵州省西部到云南省东北部一带），然后换一些其他物品回来。夜郎国在牂牁江畔，牂牁江宽一百多步，足以行船。南越国以给予财物等方式，使夜郎国名义上归附，南越国的势力范围已经抵达桐师国（今云南省保山市北），但南越也没有能力征服这些小国家。"

夜郎国、桐师国的人属于西南夷，南夷的部落国家有十数个，其中以夜郎最大。其西，有靡莫等少数民族建立的国家十数个，以滇国（今云南省滇池附近，首府在今云南省昆明市晋宁区晋城）最大。自滇国往北，又有十多个国家，以邛（qióng）都国为最大。他们习惯将头发结成锥形，以耕田为生，有固定的部落属地。此外，西至桐师以东，北至叶榆（今洱海），有名叫巂（xī）、昆明等部族，他们结发为辫，随牲畜草场的变化而四处迁徙，居无定处，没有酋长，活动范围达数千里。巂的东北，有部落十数个，徙、筰（zuó）部落同为最大。筰的东北，又有部落十数个，以冉、駹（máng）为最大。他们的习俗不定，有选择固定地方居住的，有不时迁徙的。在蜀郡以西，嶲的东北，有部落十数个，以白马为最大，他们都属于氐族。以上所列，皆是巴郡（郡府在今重庆北嘉陵江北）、蜀郡西南部的蛮夷。

当年楚威王熊商派将军庄蹻（qiāo）率军顺长江而上，夺取了巴郡和黔中郡（郡府在今湖南省常德市）以西地区。庄蹻抵达了滇池。滇池方圆三百里，池旁有数千里的肥沃土地。庄蹻又夺取了这片土地，使其归属楚国。庄蹻正要回军的时候，正巧秦国攻打楚国，秦军夺取了楚国的巴郡和黔中郡，道路被隔绝，于是庄蹻干脆在此地滇池自立称王，改变服装，学习夷族风俗，以便统治他们。秦朝统一天下，曾经占领这一带，修通了五尺宽的道路（北起今四川宜宾，南抵今云南曲靖），派官吏管辖这里。汉初，舍弃了这一带，以原来的蜀地边界为界。但巴蜀的商人、百姓仍和蛮夷做买卖，进行商品交换，带回来一些良马、牦牛、奴婢等，因此巴蜀一带比较富裕。

唐蒙有了出使夜郎国，使他们臣服汉朝的想法，于是上书刘彻道："南越王乘坐帝王才能乘坐的黄盖车，还在车前左方擎起大旗，他拥有的地盘东西一万多里，名义上是我朝的臣子，实际上是一方的霸主。如今如果前往南越，必须通过长沙郡和豫章郡，多水道，艰险难行。我私下听说夜郎国所有的精兵加在一起，有十万人之多，如果说服他们乘舰船，顺着牂牁江而下，我朝出其不意，攻其不备，就可以控制南越。凭着我朝的强大和巴蜀的富饶，开凿通往夜郎的道路，先行制服夜郎，设置官吏，这并不是难事。"

开疆拓土是每个帝王都会有的想法，更何况是抱负远大的武帝刘彻。所以，刘彻很快就批准了唐蒙的奏章，任命他为中郎将，率领一千人的军队，携带贵重礼物及一万多人的干粮和衣物，自巴苻关（位于今四川省合江县南）而入，一路逢山开道，遇水搭桥，历经艰难，终于抵达了夜郎国，见到了夜郎的国王多同。

唐蒙把汉武帝的厚礼赠送给多同，宣扬了汉朝的威势和德政。多同仰慕汉朝的强大，又想借助汉朝抵制南越，于是答应唐蒙的要求，同意汉朝向夜郎派遣官吏，同意让他儿子担任汉朝的县令。

唐蒙到夜郎国周边的小部落、小城镇做工作，他们接受了唐蒙赠送的布匹和绸缎，并认为汉朝距离自己过于遥远，道路艰险，终究控制不了他们，便答应了唐蒙的要求。

唐蒙圆满地完成了任务，回到京师长安向刘彻报告。刘彻大为高兴，命令设置了犍为郡［郡治在鳖（bì）县，今贵州省遵义市西］。朝廷就近征调巴蜀数万劳工，修建从僰（bó）道（位于今四川省宜宾市）至牂牁江的道路。在崇山峻岭中修建道路异常艰辛，不少劳工死亡，大量逃亡。为了制止逃亡，郡府捕杀了其中的带头人物，这引起了巴蜀两郡百姓的震恐。他们惶恐不安，人心思变。

刘彻得到报告后，派司马相如前去斥责唐蒙，并告诉百姓造成这种局面不是朝廷的本意，人心这才安定。

邛都国、笮都国、冉国、駹国和斯榆国（今云南省大理市）等国，受到感召，接受汉朝的馈赠后，纷纷归属。

这是刘彻第一次扩张领土，汉朝的疆域西达沫水（大渡河），南抵牂牁江，设置了栅栏为界。这次的领土扩张，让刘彻非常满意，这也激起了他更大的雄心。

长门赋

汉武帝刘彻宠幸美女卫子夫，冷落了陈皇后。陈皇后为了重新捕获刘彻的心，费尽心机，求助于女巫楚服。楚服教陈皇后一些妩媚之术，同时采取巫术，制作了卫子夫的木偶人，埋于地下，日夜诅咒，希望把卫子夫咒死。然而，世上没有不透风的墙，尤其是在皇宫这种地方，不久，刘彻就知道了陈皇后的所作所为，大发雷霆，要求侍御史张汤（？—前116）彻查此事。

张汤非常卖力，深挖严查，受到牵连及被诛杀者达三百多人。楚服也被押到大街上斩首示众。刘彻认为张汤非常能干，提拔他为太中大夫（郎中令的属官）。

公元前130年七月，刘彻决定废黜陈皇后的皇后之位。他命人起草了《策废陈皇后》的诏书，派人送给陈皇后，把陈皇后幽居于长门宫。诏书中说："皇后失序，惑于诬祝，不可以承天命。其上玺绶，罢退居长门宫。"长门宫本名长门园，位于长安城东南，本属馆陶大长公主刘嫖（陈皇后的母亲）所有，后来，她把长门园献给了皇帝刘彻，刘彻命令进行改建，并改长门园为长门宫。

刘嫖既感到惭愧，又心怀恐惧。她向侄子皇帝刘彻叩头请罪，并请求饶恕女儿。刘彻说道："皇后行为不轨，违背大义，不得不废。姑姑应该了解事情的是非曲直，不要受闲言碎语的干扰而徒生嫌隙和恐惧。皇后虽废，日常供应跟之前一样，长门宫无异于皇宫。"

陈皇后被废后，地位一落千丈。她愁苦悲切，以泪洗面，非常想念过去得宠的荣光日子，并不甘心就此了结一生。她又开动脑筋，挖空心思，想挽回刘彻对自己的宠爱。她听说司马相如擅长写解悲愁的赋，于是派人献上金百斤给司马相如和其妻卓文君买酒喝。司马相如不负所托，写出了名篇《长门赋》。

《长门赋》以一个受到冷遇的嫔妃的口吻写成。赋中写道："望中庭之蔼蔼兮，若季秋之降霜。夜曼曼其若岁兮，怀郁郁其不可再更。澹偃蹇而待曙兮，荒亭亭而复明。妾人窃自悲兮，究年岁而不敢忘。"大意是，庭院中月光如水，像深秋降下寒霜。夜深深如年，郁郁心怀，多少感伤。再不能入睡等待黎明，乍明复暗，是如此之长。唯有自悲感伤，年年岁岁，永不相忘。此赋以景写情，情景交融，感情细腻，塑造了一个美艳却因受到冷遇而孤独憔悴、凄凉悲切的嫔妃形象，读来令人怜悯非常。

刘彻看到《长门赋》之后，也动了恻隐之心，专门来到长门宫，和陈皇后叙旧。但破镜重圆已无可能，这时候，卫子夫已经住到了刘彻的心里。公元前128年，卫子夫生下了皇子刘据，她随即被立为皇后。

十几年后，陈皇后在长门宫中去世。

卫青封侯

马邑之战后，汉朝和匈奴相安无事。过了四年光景，公元前 129 年春季，匈奴军队又对汉廷发起了进攻，进犯上谷郡，屠杀官员和平民，掠夺财物。

刘彻震怒，分派四位将军反击匈奴：任命卫青（？—前 106）担任车骑将军，率领一万骑兵从上谷郡进发；骑将军公孙敖（？—前 96），率领一万骑兵从代郡进发；轻车将军公孙贺（？—前 92），率领一万骑兵从云中郡进发；骁骑将军李广，率领一万骑兵从雁门郡进发。他们先行攻打两个关市附近的匈奴军队。

卫青进展顺利，一直打到了龙城（又称"笼城"，为匈奴单于祭天、大会各部之处。汉初，龙城在今内蒙古自治区乌兰察布市阴山一带，公元前 119 年北迁到了今蒙古国首都乌兰巴托以西后杭爱省额勒济特县），斩首和俘虏了七百多名匈奴人。公孙贺没什么收获，军队也没什么什么损失。公孙敖被匈奴人打得大败，损失了七千名骑兵。

李广率军奋力拼杀，一马当先，冲入匈奴军队，但被敌人刺中，身负重伤，倒地不起。匈奴人把李广生擒后，用网状的物品兜起他，绑到两个马匹的中间，向前行走。走了十多里路的时候，李广假装伤重而死，麻痹匈奴人，这一招也果然见效，匈奴人目测他没有了活气，就不再关注他了。李广偷眼观瞧，旁边一个匈奴少年骑了一匹良马。趁匈奴人不备，李广用尽全身力气，拼了命飞身跃起，扑向了骑马匈奴少年，并成功骑上马背，夺下了少年的弓箭，骑马向南狂奔。匈奴人惊愕之余，派数百名骑兵追赶，李广操起弓箭，射杀了几名追在前面的骑兵，其他骑兵不敢再追，李广得逃。

刘彻得知公孙敖和李广大败后，暴怒，命令追究他们的战败责任。公孙敖和李广被收押，被判处死刑。后来，公孙敖和李广交纳了赎金，被免去死罪，贬为平民。

刘彻对卫青获胜大加褒扬，封卫青为关内侯。前文说过，关内侯并不是真正的侯爵，但距离封侯也是一步之遥了。卫青天生勇力，精于骑射，对人谦恭，彬彬有礼，能和将士同甘共苦，将士都甘愿受他驱使。他有将帅之才，每次出战都立有战功。

匈奴数度进犯汉朝边塞，渔阳郡（今北京市密云区）深受其害。刘彻命令卫尉韩安国为材官将军，驻防渔阳郡。匈奴出动两万大军，攻打汉朝，斩杀了辽西郡（今辽宁省义县西）太守，掳走了两千多人。匈奴又攻打渔阳郡，韩安国不敌，带军撤到了右北平郡（今内蒙古自治区宁城县西南）。几个月后，韩安国去世。刘彻寻找右北平郡太守的合适人选，选中了被贬为平民的李广，任命他为右北平郡的太守。

刘彻命令卫青率领三万骑兵出雁门郡，将军李息出代郡，两路人马进攻匈奴。卫青率军斩杀和俘虏了数千匈奴人。

匈奴军队又攻打上谷郡和渔阳郡，刘彻再命卫青和李息率军反击，他们从一千多公里漫长的战线上集中兵力，攻打河南（黄河河套地区）的匈奴楼烦王和白羊王，大胜，斩杀和俘虏了数千匈奴人，缴获数十万头牲畜。楼烦王和白羊王率领残部北逃，河南回到汉朝手中。

刘彻大喜，封卫青为长平侯，食邑三千八百户。卫青的部将苏建和张次公也立有大功，刘彻封苏建为平陵侯，张次公为岸头侯。

刘彻接受中大夫主父偃（？—前126）的建议，在河南设立了朔方郡，命令苏建修建了朔方城（今内蒙古自治区杭锦旗北黄河南岸）。但为了安抚匈奴，汉朝丢弃了上谷郡比较偏僻的造阳（今内蒙古自治区正蓝旗西南）地区，让匈奴占领。

推恩令

公元前 127 年，中大夫主父偃向汉武帝刘彻上书道："古时诸侯地不过百里，强弱明显，朝廷容易控制。如今诸侯有的拥有数十座城池，土地方圆千里，朝廷对他们管理松懈，他们则容易骄奢淫逸，淫乱放纵；管得严，则他们会恃强联合来对抗京师。如果用法令强行割去他们的土地，则他们就会叛逆变节，以前晁错就遇到过这种情况。现今，诸侯王子弟有的多达数十人，但只有嫡长子可以继承王位和封地，余下的虽然也是亲生骨肉，而无尺寸之地，这样的后果是仁爱孝顺的道义就不能够流传。希望陛下下令让诸侯王广施仁爱，推广土地封赠，惠及所有子弟，以土地给他们封侯。到时候必得到绝大多数诸侯子弟的支持，陛下施以仁德，实际上是分裂他们的国家，这样的话，诸侯国必会逐渐变弱。"

刘彻非常赞成主父偃的意见，下诏说："诸侯王有准备把土地分给所有子弟者，各自呈报上来，朕要厘定他们的名号。"

虽说刘彻的语气有商量的意味，但诸侯王都明白，这是必须服从的圣旨，这时候他们也没有与朝廷对抗的决心和实力了，于是纷纷上书要求分封土地给子弟。从此，各诸侯国开始分割，诸侯王的所有子弟也都得以封侯。

这就是历史上有名的"推恩令"。它的施行加强了中央的集权，把一个大的诸侯国分割成若干小的诸侯国，各诸侯的心思不可能都一样，反抗中央的时候，就不容易拧成一股绳了。万一哪个诸侯国有个风吹草动，说不定别的诸侯国还会主动揭发，这进一步加强了朝廷对诸侯国的掌控。需要说明的是，当年贾谊向汉武帝上的《治安策》中，提出的"众建诸侯而少其力"的建议，和主父偃的建议有异曲同工之处。

主父偃生年不详，是齐国临淄人。他刚开始学习战国时期的纵横之术，后又学习《易经》《春秋》及百家之言，可以说是博览群书。齐国多儒生，主父偃在众儒生中游学，但他性格有缺陷，和诸儒生都合不来，受到排挤，在齐国无容身之处，加上他家境贫寒，又借不来什么钱，于是就向北游历于燕国、赵国和中山国之间，希望能得到赏识，讨个一官半职。让他失望的是，在这些国家他都没能得到厚遇，甚为困顿。主父偃认为诸侯国不足为谋，于是西入京城长安，求见卫青，希望能得到推荐。卫青也多次向刘彻推荐主父偃，但没有得到回应。主父偃的盘缠也要用尽了，时间一长，宾客都讨厌他，希望他快点走。他心急之下，直接向皇帝刘彻上书。主父偃的文采还是非常棒的，刘彻早上见到他的奏章后，立即在晚上召见他。他们交谈一番之后，刘彻认为和主父偃相见恨晚，任命他为郎中。

主父偃又多次上书言事，刘彻对他非常欣赏，一年之内又相继提拔他为谒者、中郎，直至中大夫。前文说过，主父偃建议在河南修建城池，得到刘彻批准，这事也发生在"推恩令"颁布的同一年。

燕王刘定国非常荒淫，和他父亲刘嘉的妾通奸，生下了一个男孩儿。刘定国还把自己弟弟的妻子夺过来纳为妾。他还和三个女儿乱伦。刘定国杀害了肥如县（今河北卢龙县西北）的县令，县令的弟弟向朝廷上书举报刘定国的罪行。主父偃之前在燕国受到冷遇，他借机扩大事态。刘彻命文武大臣讨论刘定国的罪行，群臣说："刘定国所作所为，如同禽兽，乱人乱，逆天道，论罪当诛。"刘彻同意了。刘定国得知后，自杀而亡。刘彻趁机撤除了燕国，燕国共立国四十二年。

现任的齐王刘次昌是第四任齐王，他的母亲为纪太后，纪太后把自己弟弟的女儿嫁给刘次昌，封为王后。但刘次昌不喜欢纪王后，不亲近她。纪太后非常强势，又命已经出嫁的大女儿纪翁主（亲王的女儿称翁主，嫁给了姓纪的，所以称纪翁主）进入后宫，不让刘次昌亲近后宫的姬妾，想让刘次昌专宠纪王后。但这样做的结果是，刘次昌非但没有喜欢上纪王后，反而和姐姐纪翁主有了私情，这个事情还慢慢传扬了开来。

主父偃想把自己的女儿嫁给刘次昌为妻，但纪太后不答应，主父偃非常恼怒，向刘彻举报了刘次昌和姐姐纪翁主的乱伦之事，请求派人调查。于是刘彻任命主父偃为齐国国相，彻查此事。

主父偃之前在齐国并没有得到重用，又因为自己嫁女被拒绝，因此对齐王非常怨恨。他带人到了齐国首府临淄之后，以雷霆手段抓了齐王宫内的数个侍女和宦官，对他们严刑拷打。侍女和宦官禁不住拷打，供出了刘次昌和姐姐纪翁主通奸的事情。刘次昌这时候还年轻，没有经历过什么大场面，担心自己被逮捕后判处死刑，绝望中服毒自尽。刘次昌无后，封国也被刘彻撤除了。

因为主父偃之前在燕国和赵国都受到过冷遇，燕国的事情发生之后，赵王刘彭祖就担心下一个被整治的会是自己，准备上书告发主父偃，但又担心奏章会落到居于朝廷的主父偃手中，因此迟迟没有上书。等到主父偃出关为齐国国相后，刘彭祖认为机会来了，他先发制人，上书刘彻说主父偃接受贿赂，所以才劝说分封诸侯的子弟为侯。

这时候，又传来了齐王刘次昌自杀的消息，刘彻大怒，认为是主父偃逼迫刘次昌自杀，于是把他召回治罪。主父偃供出了自己接受了诸侯贿赂的事实，但不承认是自己逼死了齐王刘次昌。刘彻准备饶主父偃的死罪，但内史公孙弘劝谏道："齐王自杀无后，封国被除为郡，归入朝廷。主父偃本是首恶，不诛杀主父偃无以谢天下。"

前后两个诸侯王自杀而死，这也有损皇帝刘彻的威名，如果把过错归咎主父偃，刘彻自己就可以洗脱恶名，经过权衡，刘彻下令诛杀主父偃的全族。

主父偃受到皇帝的宠信时，门客数以千计，但等他被灭族时，没有一个人为他收尸。沛郡洨（xiáo）县（今安徽省宿州市灵璧县韦集镇东南）人孔车，收殓了主父偃的尸体。刘彻得知消息后，认为孔车是一位忠厚之人。

张骞归汉

当初，匈奴有来降汉者说："月氏国（首府蓝市城，今阿富汗北部瓦齐拉巴德市）过去位于敦煌和祁连山之间，为一强国，匈奴冒顿单于攻破月氏国（此事发生在公元前201年），老上单于（冒顿儿子）杀死了月氏王，并把月氏王的头颅作为饮器。月氏国的残余人员大都向西远逃，他们对匈奴怀有刻骨仇恨，但自身力量不够，无法报复匈奴。希望能派人找到月氏国，并与他们沟通联系，约定共击匈奴。"

刘彻也有攻打匈奴的打算，听到这番话后，大喜，但因为途中需要经过匈奴，不是随便找一个人就能完成出使任务的，于是他公开招募能出使月氏国的带头人员。宫廷的郎官、汉中郡城固县（今陕西省汉中市城固县）人张骞自告奋勇，要求出使月氏国。刘彻对张骞很满意，让他率领一百多人的团队，携带礼物，出使月氏国。

张骞是丝绸之路的开拓者，历史上杰出的外交家。张骞字子文，生年及家世不详。公元前138年，张骞率队从陇西郡（今甘肃省临洮县）出发，寻找月氏国。但他们一踏入匈奴的国土，就被匈奴俘虏。匈奴为了留住张骞，给他娶了妻子。张骞和匈奴妻子还生了孩子。但他始终没有忘记使命，一直保存着汉朝的符节。

匈奴扣留了张骞等人十年，不让他们离开，但张骞一直在寻找逃脱的机会。后张骞终于等到了逃脱的机会，他随即西进，寻找月氏国，西行了数十日后，到达了大宛（dà yuān）国（首府贵山城，今乌兹别克斯坦纳曼干州西北卡散赛城，据《西域传》，贵山城距离长安一万二千五百七十里）。大宛国王听说汉朝物产丰富，非常富饶，准备和汉朝取得联络，但一直没能办到。听说张骞等汉朝使者到了自己家门口，大宛国王很高兴，接见了张骞等人，并询问张骞等人要到何处去。张骞回答说："我们是汉朝出使月氏的使者，但被匈奴扣留，今才得以逃出来，请国王派向导送我们找到月氏国。抵达月氏国，完成使命返回汉后，汉皇帝必会馈赠国王厚礼，多到不可胜数。"大宛国王认为张骞说得有道理，于是为他们专门配备了向导和翻译。他们向西南前行，寻找大月氏。

张骞一行经过康居国（首府卑阗城，今哈萨克斯坦巴尔喀什湖西南锡尔河北岸突厥斯坦）后，康居人把他们送到了月氏国，月氏国在贵山城西南六百九十里（据《西域传》）。此处的月氏国称为大月氏，继续留在原来祁连山的称为小月氏。被匈奴杀死的月氏王的孙儿，继承他的王位，在西逃的过程中击败了大夏国（希腊人建立的国家，今中亚东部阿姆河中上游及阿富汗东北部），占领了大夏国的大片领土，这里土地肥沃，物产丰富，很少有外敌袭扰，生活安逸，因为远离汉朝，而匈奴很强大，大月氏王此时没有了报复匈奴之心。张骞在大月氏停留了一年多，始终无法说服大月氏王，于是决定返回。

回归途中，张骞等人计划走塔里木盆地南部，昆仑山北麓前行，想从羌族部落借道回到长安。不巧的是，他们又被匈奴人抓住了，又扣留了一年多。这时，单于挛鞮军臣（第四任单于）死去，他的弟弟、左谷蠡王挛鞮伊稚斜发动政变，打败了挛鞮军臣的太子挛鞮於单，自称单于（第五任单于）。挛鞮於单走投无路，投降了汉朝。趁着匈奴内乱，张骞和匈奴妻子及仆人甘父（匈奴人）逃回了长安。

此时已经是公元前126年，张骞已经离开长安十三年。张骞出发时共一百多人，归来时，除了匈奴妻子，只有他和甘父两个人得以回到长安。张骞等人行经高海拔地区，人烟稀少，野兽出没。张骞为人意志坚强，对人宽大信任，蛮夷都挺欣赏他，加之甘父善于射箭，在他们缺粮饥饿时，甘父就射猎为食。

刘彻见到了归来的张骞。张骞神情疲惫，显得十分沧桑。刘彻感慨万分，非常欣赏他的气节，提拔张骞为太中大夫，任命甘父为奉使君。

这是张骞第一次出使西域，使汉朝的影响力第一次抵达了葱岭（帕米尔高原）地区。他再次出使西域的事迹，后文详叙。

公孙弘封侯

公元前 124 年十一月，刘彻任命公孙弘（前 200—前 121）为丞相，并加封平津侯。过去朝廷都是任命有侯爵的人为丞相，没有侯爵者而被任命为丞相后加封侯爵的制度，从公孙弘这里开始。

公孙弘复姓公孙，名弘，字季，一字次卿，是菑川国薛县人（今山东省滕州市南）。年轻的时候，公孙弘做过狱吏，因为犯法被免职回家。他家庭贫困，就以在海边养猪为生。四十岁出头的时候，他才开始学习《春秋》及各家之学。

汉武帝刘彻即位不久，公开招募贤良文学之士，公孙弘被推荐到朝廷，担任博士，此时他已经六十岁了。刘彻派公孙弘出使匈奴，但没有完成预定任务，刘彻认为他无能。公孙弘上书称病，被免官后，返回了故里。过了几年，刘彻又招募贤良文学之士，菑川国再次推荐了他。公孙弘刚开始推辞，但菑川国坚持推荐他，于是他就来到了京城长安，到太常处报到。

刘彻下诏策问众儒生，当时有一百多名儒生进行对策，刘彻评定公孙弘为第一名。刘彻召见公孙弘，见他身材高大，容貌不凡，于是任命他为博士，待诏金马门（官门名，学士待诏处）。一年之后，任命他为左内史（汉初置内史，掌治京师及近郊，武帝建元六年分置左右内史，太初元年改右内史曰京兆尹，左内史曰左冯翊）。

公孙弘善于谈笑，又博闻广识，常说"人主病不广大，人臣病不俭节"。公孙弘非常孝顺，对待后母也是一样。后母死后，他服丧三年。

做了几年内史，公孙弘被提拔为御史大夫，位列三公。但他的眼界不够开阔，当年反对通西南夷，这时，朝廷又在东方设置了苍海郡（今朝鲜半岛中部安边城），北方设置了朔方郡，公孙弘认为这些地方远离中原，经营这些地方需要浪费大量的人力财力，请求撤销。

刘彻当然不会同意，命朱买臣就设置朔方郡的益处同公孙弘辩论。朱买臣列举了十条设置朔方郡的益处，公孙弘无法驳倒一条。公孙弘向刘彻致歉，同意设置朔方郡，但请求放弃苍海郡。刘彻同意了。

公孙弘为人节俭，主爵都尉汲黯曾经对刘彻说："公孙弘位列三公，俸禄甚多，却盖棉布被子，这是欺骗世人，博取名声。"

刘彻就问公孙弘为什么这么做。公孙弘回答："有这样的事。在九卿之中，和臣关系最好的就是汲黯了，然而他当庭责怪臣的话，正中臣的心病。我身为三公之一，却盖棉布被子，确实是虚伪狡诈，沽名钓誉。如果没有汲黯的正直直言，陛下又怎能听到这些话呢？"刘彻认为公孙弘回答得很实诚、谦让，于是更认为公孙弘是个贤才。

但公孙弘为人性好猜忌，外表看起来宽宏大度，其实心眼儿较小，和他有过嫌隙的，不管远近，他都要暗地里报复。主父偃被杀，就是公孙弘的主意。公孙弘对《春秋公羊传》的研究深度不及董仲舒，他妒忌董仲舒，再加上董仲舒看不惯公孙弘阿谀奉承，因此公孙弘对董仲舒怀恨在心，伺机报复。胶西王刘端奢侈凶残，杀死了朝廷派去的好几位高官，于是公孙弘就推荐董仲舒任胶西国的国相。董仲舒到了胶西国，胶西王听说他是大儒，并没有难为他。董仲舒在胶西国待了四年，他害怕时间长了，难逃胶西王的毒手，就称病辞职回乡了。之后，董仲舒在家安心治学、著书，朝廷遇到什么重大问题的时候，刘彻也派人向董仲舒征求意见。几年之后，董仲舒在家寿终。

公孙弘还是没有放过汲黯，他向刘彻推荐汲黯担任右内史，刘彻批准了。当时右内史的管辖范围内有很多达官贵人和皇亲国戚，非常不好管理，弄不好还会祸及右内史。公孙弘这是想借刀杀人。但汲黯到任后，施政有方，处理事情井井有条，没有什么差池。

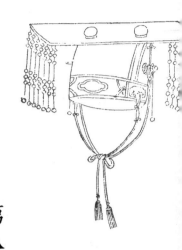

第八章

封狼居胥

霍去病封侯

汉朝设立朔方城，对匈奴是个巨大威胁，因此匈奴的右贤王多次派兵攻打朔方城，边关守军疲于应对。公元前 124 年春季，汉武帝刘彻决定对匈奴发动大规模的反击战，他派车骑将军卫青率领三万骑兵，从高阙（今内蒙古自治区乌拉特后旗东南古长城口）进击。刘彻任命卫尉苏建为游击将军，左内史李沮为强弩将军，太仆公孙贺为骑将军，代国国相李蔡为轻车将军，从朔方城进发，他们都隶属卫青管辖；任命大行令李息和岸头侯张次公为将军，从右北平郡（今内蒙古自治区宁城县西南）进发。这次汉朝共派出的部队达十万多人。

匈奴右贤王也探听到了汉朝军队集结的消息，但他认为汉军距离自己路途遥远，汉军也不敢深入大漠之中，因此毫不在乎，日夜饮酒作乐，疏于防备。卫青命令急行军，深入大漠六七百里，发现了右贤王的大本营，卫青率军趁夜围住了右贤王的大营。右贤王在醉梦中被嘈杂声惊醒，得知已经被汉军包围，大惊失色，带着爱妾及几百名卫兵拼出了一条血路，北遁而去。卫青率军俘虏了右贤王以下的小王十多个，男女老幼一万五千多人，牲畜近一百多万头。

这场战斗，是自汉朝建立以来，取得的对匈奴作战的最大战绩。刘彻兴奋异常，派人携带大将军印，赶赴边关，授予卫青。卫青引兵大胜而归，他们抵达边塞的时候，刘彻的使者赶到，宣读诏书，拜卫青为大将军，统领众将。

刘彻增加卫青的封邑八千七百户，又封卫青的长子卫伉为宜春侯，次子卫不疑为阴安侯，三子卫登为发干侯。卫青推辞道："臣能幸运地待罪（谦辞）于行伍之间，赖陛下神灵，我军大捷，都是诸位将校力战之功。陛下已经给臣加封了采邑，臣的儿子还在襁褓之中，未有寸功，陛下却分封他们为侯，这不是我激励将士力战的本意。卫伉等三人哪敢受封呢？"

卫青很体恤下属，他这是为将士请功，刘彻当然明白，他说道："我并没有忘记诸位将校之功。"于是刘彻命令御史传诏，封护军都尉公孙敖为合骑侯，都尉韩说为龙额侯，骑将军公孙贺为南窌（jiào）侯，代国国相李蔡为乐安侯，将军李朔为陟轵侯，将军赵不虞为随成侯，将军公孙戎为从平侯。李沮、李息及将军豆如意皆被封为关内侯。

汉朝大军撤走后，匈奴又不时袭扰汉朝边塞。这年秋季，匈奴军队攻打代郡，杀死都尉朱英等人，并掳走了一千多人。刘彻命大将军卫青组织反击。卫青率领中将军、合骑侯公孙敖，左将军、太仆公孙贺，前将军、翕侯赵信，右将军、卫尉苏建，后将军、郎中令李广，强弩将军、左内史李沮等六位将军从定襄郡（今内蒙古自汉区和林格尔县）进发。要提一下的是，霍去病这次也随同舅舅卫青攻打匈奴。前文说过，霍去病是卫子夫二姐卫少儿和霍仲孺私通后生下的孩子，出生于公元前 140 年。霍去病现年十七岁，精于骑射，被任命为票姚（劲疾貌）校尉，随军同行。卫青大军对匈奴发起了攻击，杀死了数千匈奴人，撤退休整。

公元前 123 年四月，大将军卫青率领以上六位将军及大军，又出定襄郡，对匈奴再次发起进攻，匈奴大败，被俘的、被杀的有一万多人。

苏建和赵信的军队合在一处，共达三千多名骑兵，在行进途中，突然遭遇单于挛鞮伊稚斜率领的大军，汉军血战了一昼夜，但寡不敌众，损失惨重。赵信本是匈奴的小王，因为投降汉朝，改姓赵，被封为翕侯，现在兵败被围，挛鞮伊稚斜引诱他回归。赵信禁不住引诱，率领八百名骑兵投降了匈奴。挛鞮伊稚斜封赵信为自次王，并把姐姐嫁给他。伊稚斜向赵信征求对付汉朝的办法，赵信建议伊稚斜北迁，拉开和汉军的距离，诱汉军深入大漠，待到汉军疲惫之时，再突然袭击。挛鞮伊稚斜同意了。

苏建独身闯出包围，前往卫青处报到，请求惩罚。卫青不敢自作主张，命令把苏建捆绑起来，装入囚车，押送长安，请求汉武帝亲自处罚。

票姚将军霍去病率领八百名轻骑，远离大军数百里，搜寻匈奴军队，颇有战果，杀死和捕获的匈奴人共达两千零二十八人，并抓获了匈奴的相国、当户（官名），杀死了伊稚斜祖父辈的籍若侯挛鞮产，活捉了伊稚斜的叔叔挛鞮罗姑。刘彻大喜，封霍去病为冠军侯，封邑两千五百户。霍去病开启了他短暂却辉煌的一生！

本次战斗，汉朝丧失了两位将军，赵信又投降了匈奴，卫青功劳不多，因此刘彻没有加封卫青，只是赏赐了他一千金。苏建被押到长安，刘彻免去了他的死罪，允许苏建缴纳赎金，贬他为庶人。

　　汉朝接连几年对匈奴用兵，每次战后又要对有功将士进行奖赏，奖励支出多达四百万金，每次战争都要消耗的巨量物资还没有计算在内，人马死亡也多达十余万，造成了国库空虚。刘彻为了筹措资金，下令百姓出钱购买爵位，囚犯出钱赎罪。刘彻单独设立了这些出钱购买的官，称为"武功爵位"，共十一级，每级定价十七万。通过卖爵位，国库收入了六百万金。国库增收了，但这个举措，也造成了官制的混乱。

淮南王谋反

淮南王刘安是汉武帝刘彻的堂叔，年长刘彻约二十四岁。刘安不喜欢骑马射箭、舞枪弄棒，喜欢读书弹琴，他广招门客及术士数千人，编写了《淮南子》等书。寿县城北有座山，刘安召集苏飞、李尚、左吴、田由、雷被、伍被、毛周和晋昌等八人，在此学道修仙，炼制金丹，后来此山被称为"八公山"，名称沿用至今。

当年淮南王刘长因为谋反，被汉文帝派人收押，在押送途中，刘长绝食而死。刘安的宾客中有一些要博取虚名的轻浮之徒，经常在刘安耳边提起刘长之死。刘安经不起调唆，一介文弱书生，竟有了觊觎皇位之心。他有个女儿叫刘陵，为人聪慧，口才佳，刘安很喜欢她，给她拨了不少钱财，派她到长安去做卧底，结交皇帝刘彻的近臣，刺探朝廷情报。

刘安宠爱荼王后，荼王后生下一个儿子名叫刘迁，被立为淮南国太子。刘迁娶了修成君金俗（刘彻同母异父的姐姐）的女儿为妻，立为太子妃。刘安密谋反叛，他害怕被太子妃发现，于是和儿子刘迁商量，故意疏远太子妃，逼她主动回京城。于是，刘迁三个月不和太子妃同桌吃饭。刘安知道后，假意批评刘迁，并把刘迁和太子妃关在一个房间里。但刘迁还是不和太子妃亲近，太子妃心灰意懒，请求回京，这正中刘安父子的下怀。他特意向皇帝刘彻写信请罪，并派人把太子妃送回了京城。刘安更加有恃无恐，命令制造兵器，储备粮食，以备不时之需。

淮南国郎中雷被与刘迁比剑的时候，误伤了刘迁，刘迁不依不饶。雷被见在淮南国混不下去了，伺机离开。当时朝廷在招募青年投军攻打匈奴，雷被准备前去长安报到从军。刘安阻止他，雷被就秘密逃出淮南国，到达长安。他向刘彻上书言明此事，刘彻命令廷尉查办，廷尉追查到了刘安的头上。刘彻命令削减淮南国的两个县以示惩戒，但刘安不思悔改，更加积极准备谋反。衡山（首府邾县，今湖北省黄冈市黄州区）王刘赐（刘安的三弟）积极响应，也在秘密准备起事。

刘安不喜欢庶子刘不害，王后和太子自然也不喜欢刘不害，拿他当下人看待。刘不害的儿子刘建，才能高超，深恨刘迁，就暗中向朝廷写信，揭发刘迁曾经准备谋杀朝廷派往淮南国的调查人员。刘彻将此事交由廷尉调查。公元前122年三月，廷尉派人赴淮南国，要逮捕刘迁。刘安和刘迁秘密商议，准备把朝廷派到淮南国的高级官员全部诛杀，然后起事。但当他们下达召集会议的指令后，只有国相一个人前来报到，内史和中尉警惕性高，都没有到场。刘安为免打草惊蛇，没有杀害国相。刘安对起事犹豫再三。

淮南国中郎伍被参与了刘安的阴谋，见刘安犹豫不决，觉得此事注定要失败。于是，他主动找到朝廷的使节，把刘安准备谋反的事情交代了。使节联系中尉，调集军队，逮捕了荼王后及太子刘迁，又率军包围了王官，逮捕了所有参与谋反的人员，经过审讯，把取得的口供报给朝廷。刘彻大怒，命宗正前往淮南国惩治刘安，宗正还没有到淮南国，刘安就自刎了。荼王后和刘迁被杀，其他涉及的人员全被灭族。淮南国被撤销，改为九江郡。

刘彻认为伍被揭发有功，准备赦免他，但廷尉张汤劝阻，伍被被杀。侍中严助平时和刘安有交往，也接受了刘安的一些礼物，这次事件也波及了他，刘彻认为严助的事无关紧要，张汤据理力争，严助也被处死了。

调查人员在调查的过程中，发现故武安侯田蚡接受过淮南王刘安的贿赂，鼓动刘安觊觎皇位。

刘彻震怒地道："如果田蚡尚在，我定要灭他的族。"

衡山王刘赐参与谋反的事情也被发现了，刘赐自杀而亡。衡山国也被撤销，改设为郡。

朝廷继续追查，竟诛杀了数万人。

霍去病夺焉支祁连

公元前 121 年三月三日，丞相、平津侯公孙弘去世，年八十岁。公孙弘得以善终，接下来，汉武帝朝的六位丞相，均无法善终。汉武帝刘彻提拔御史大夫、乐安侯李蔡（前 186—前 118）为丞相，廷尉张汤为御史大夫。

匈奴还是不断袭扰汉朝边塞，刘彻任命霍去病为骠骑将军，率领一万名精骑兵，出陇西郡（今甘肃省临洮县），攻击匈奴。"骠骑将军"这一将军称号始于霍去病。汉朝的将军排序，最厉害的是大将军，其次是骠骑将军、车骑将军、卫将军，然后是前后左右将军，其余的还要往后排。霍去病率军踏平匈奴的五个小王国，转战六天，翻过焉支山（属于祁连山脉，在今甘肃省山丹县东南），强行军一千多里，经过激烈交锋，杀死了折兰王、卢侯王，俘虏了浑邪王的王子及相国、都尉，杀死了匈奴八千九百人，得到了休屠王的祭天金人像。刘彻得到战报，大喜，又给霍去病增加了两千二百户的封邑。

公元前 121 年夏天，刘彻命霍去病和合骑侯公孙敖率领数万骑兵，出北地郡（治所马领，今甘肃省庆阳市西北），两人分头率军前进；卫尉张骞和郎中令李广，出右北平郡，他们也分头率军前进。

李广率领四千名骑兵行走在前，张骞率领一万名骑兵在后。匈奴左贤王率领四万名骑兵阻击汉军，和李广军队相遇。李广军人少，被十倍于己的左贤王军团团包围，军心动摇。李广命三子李敢率领数十名精骑兵冲击匈奴的阵地。他们左冲右突一番，然后返回阵地，对李广说："匈奴不难打败。"这是父子上演的稳定军心的计策，这一招起了作用，军心稍安。李广命令结成圆阵，匈奴军发起攻击，四面八方，箭如雨下，汉军死亡过半。汉军不断射箭还击，但敌人数量众多，箭很快就要用尽。李广命令士兵拉满弓做射击状，但不要射击，吓阻敌人，李广自己拉动名为"大黄"的巨弩，射击匈奴的将领，一连射杀数人。匈奴受到震慑，攻势稍减。日暮降临，李广的将士担心匈奴会趁夜攻击，内心恐惧，面无人色，但李广镇定自若。李广巡视部队，安抚将士，将士都佩服李广的神勇。

第二天，匈奴军又发起攻击，李广军又死亡过半，剩下不足一千人，但他们杀死的匈奴军的数量远高于己方牺牲的人数。这时候，张骞率军赶到支援，匈奴军害怕，解围而去。汉军损失惨重，军心受到打击，无力追击，也撤军而回。根据当时汉朝的法律，张骞延误军机，应当处死，张骞交纳了赎金，被贬为平民。李广杀敌多，但损失也大，功过相抵，不赏不罚。

霍去病率军一路高歌猛进，深入匈奴境内达两千多里，和合骑侯公孙敖失去了联系。霍去病继续前进，渡过居延泽（今内蒙古自治区额济纳旗东），穿过小月氏国（今甘肃省祁连山南麓），到达祁连山，和匈奴军遭遇，抓获了包括单桓王、酋涂王及相国、都尉在内的二千五百名匈奴人，杀死了三万零二百人，抓获小王七十多人。刘彻加封霍去病食邑五千户，封战功卓著的鹰击司马赵破奴为从骠侯，校尉高不识为宜冠侯，仆多为辉渠侯。公孙敖没能及时来和霍去病会师，延误军机，论罪当斩，缴纳赎金后，也被贬为平民。

当时一些资格老的将领率领的军队皆不如霍去病。霍去病亲自挑选精锐骑兵。他有胆有识，经常率精锐骑兵先于大军前行，上天也垂青他，从未让他陷入绝境。资深的将领常常迷路滞留，错失与匈奴军遭遇的机会。从此，刘彻对霍去病更加恩遇，其待遇堪比大将军卫青。

匈奴单于挛鞮伊稚斜对居于西部的浑邪王部、休屠王部被汉朝击败，损失数万人，非常恼怒，准备把他们召到王庭（今蒙古国哈尔和林市）后予以诛杀。浑邪王和休屠王得到消息，非常惊恐，认为要想和挛鞮伊稚斜抗衡，唯有投降汉朝，求得汉朝的支援。于是，他们派人到边境要道上拦截汉人，请求他们报信。当时大行令李息正在黄河沿岸筑城，接到消息后，接见了浑邪王派来的使者。事关重大，李息立即派人骑快马把消息报告皇帝刘彻。

刘彻接报后，对于浑邪王等人是否真心归降心存疑虑，担心他们是诈降，然后趁势夺取汉朝边关，因为这招他自己用过，不得不防。刘彻派骠骑将军霍去病率军前去迎接，并告诫霍去病要做好万全准备。浑邪王决议投降，命人准备投降事宜，但休屠王这时反悔了，浑邪王一不做，二不休，杀死了休屠王，把他的部落吞并，然后率众向东前进。霍去病率军渡过黄河，和浑邪王的人马遥遥相对，双方互有戒备，气氛比较紧张，这时候，浑邪王的一些部将突然又不想投降了，拔腿就跑。霍去病催马来到浑邪王的队伍中，得以和浑邪王相见，他们联手杀死了八千名准备逃跑的匈奴人，才稳住了队伍。霍去病命先用专车把浑邪王送到汉军大营休息，然后率军监视投降的匈奴人渡过黄河。匈奴投降者达四万多人，号称十万人。浑邪王等人到达长安后，刘彻隆重地接待了他们，赏赐给浑邪王金数万，封浑邪王为漯阴侯，食邑一万户。封小王呼毒尼为下摩侯，雁疵为辉渠侯，禽黎为河綦侯，大富户调虽为常乐侯。霍去病受降有功，增加采邑一千七百户。刘彻把浑邪王的人马分开安置在陇西郡、北地郡、上郡、朔方郡和五原郡等边塞的五个郡，黄河以南，允许他们保持匈奴的习俗。

因为浑邪王和休屠王的地盘位于匈奴国的西部，就是现在的河西走廊地带，浑邪王归降后，河西走廊纳入了汉朝的管辖范围。河西走廊东起乌鞘岭，西抵玉门关，南依祁连山，北靠合黎山，全长约一千公里，宽度从几公里至二百公里不等。整体形状如带，又位于黄河以西，故名"河西走廊"。后来，西汉朝廷在河西走廊设置了四个郡，分别为武威郡、张掖郡、酒泉郡和敦煌郡。

匈奴失去了焉支、祁连二山，失去了大片领地，人员伤亡惨重，加之浑邪王投降汉朝，匈奴遭受重创，当时有歌曰："亡我祁连山，使我六畜不蕃息；失我焉支山，使我妇女无颜色。"焉支山当时产一种红色的植物，是匈奴女子的化妆用品，"胭脂"一词由此而来。

因为休屠王反悔被杀，太子日磾（mì dī）和日磾的母亲、弟弟沦为官奴，日磾被送入少府，负责饲养御马。一天，刘彻举行宴会，想要观马，后宫佳丽也站满了两侧，日磾等数十人牵马依次走过殿下。其他牵马的奴仆都被花枝招展的佳丽吸引，无不斜视。只有日磾目不转睛，他身高八尺二寸，相貌威严。刘彻感到惊讶，询问日磾的来历，他一一据实作答。刘彻很欣赏他，赐给他衣帽，任命他为马监。之后，又提拔日磾为侍中、驸马都尉、光禄大夫。因为休屠王用金人祭天，刘彻赐日磾的姓为"金"。金日磾的后代，在中原朝廷非常显贵，这是后话。

桑弘羊理财

汉廷连年对匈奴作战，造成国库亏空。有关官员报告汉武帝刘彻，朝廷经费紧张，但富商大户不为国家着想，开采铁矿铸造钱币，煮海水制盐，财富积累巨万，请陛下重新制造钱币，使那些发国难财的商人遭受重创。

当时，宫廷园林中有白鹿，少府存有银、锡，于是以白鹿皮为币，边上绣上五彩花纹，价值四十万钱。王侯、宗室朝觐或者互相之间报聘的时候，都需要购买白鹿币，把物品放置其上。朝廷又用银、锡制作成三种白金币：大的为圆形，上面文有龙形图案，价值三千钱；中等为方形，上面文有马形图案，价值五百钱；小的为椭圆形，上面文有乌龟图案，价值三百钱。命各县销毁目前正在使用的半两钱，恢复使用三铢钱（此前，西汉朝廷用半两钱替代了三铢钱）。宣布有私自铸钱的，一律处死。

刘彻命令把原归少府管辖的盐铁之事划归大农令，任命东郭咸阳和孔仅两个人为大农丞（大农令为国家经济主管官员，设有两丞），负责开采矿产和制盐。东郭咸阳家是齐国的大盐商，孔仅是南阳郡的大矿主，他们家都是巨富。桑弘羊（？—前80）因为善于计算、核算，也受到汉武帝的重视。桑弘羊是我国历史上著名的理财专家，是洛阳商人之子，因为精于心算，十三岁的时候被召入宫中任侍中。他们三个人经常聚在一起，讨论国家经济方针，讨论开源节流的办法，剖析精微，每个细节都能考虑到。

汉武帝接受御史大夫张汤的建议，下发诏令：百姓胆敢私自铸造铁器，用海水煮盐的，施行钛（dì）刑（给脚上戴上锁具），器具没收。又命工商业从业者统计自己的财产，财产在两千串钱以上的，需要缴纳一百二十钱的税。家有小马车或者有船只在五丈以上的，都需要纳税。隐瞒财产不报者或者估价不实者，需要被放逐边疆一年时间，没收财产。朝廷鼓励百姓揭发，查实的瞒报或者不报的，把没收财产的一半赐给揭发者。张汤的招数不可谓不狠，这些措施施行后，百姓议论纷纷，都对张汤充满怨恨。

当时有个叫卜式的河南郡人，数次捐赠财产帮助边疆，刘彻就派使者询问卜式有什么需要，求官、申冤或者别的什么。但卜式没有向朝廷提任何要求，他认为国家在和匈奴交战，有钱的出钱，有力的出力，这很正常，如此同仇敌忾，方能歼灭匈奴。

使者回禀刘彻后，他很感动，为了在全国树立榜样，他召卜式为中郎，赐给官阶和土地，并昭告天下。之后，刘彻又提拔卜式为齐国的太傅。

李广自刭

匈奴虽然在河西惨败，但并不知道收敛，仍然不改袭扰的本性，又派兵攻打汉朝的右北平郡和定襄郡，共杀死和掳走一千多人。

北方大漠的冬季漫长而寒冷刺骨，中原人对匈奴用兵一般都会选择在夏季。公元前119年夏季来临的时候，汉武帝刘彻决定对匈奴发动灭国大战，彻底消灭北部的这一隐患。他召集高层军事会议，说道："赵信为伊稚斜出主意，把主力迁移至瀚海沙漠以北，认为我军不能轻易渡过沙漠，即使渡过了，也不能久留。今天我们要大举进攻，出其不意，彻底消灭他们。"

刘彻命令挑选用小米喂养的膘肥体壮的战马十万匹，由大将军卫青和骠骑将军霍去病各率领五万名骑兵，还有备用马四万匹，同时动员了数十万人运送辎重粮草。刘彻现在更倚重霍去病，因此把胆子大，敢于深入敌境作战的勇士全部划归霍去病统领。

郎中令李广没有被安排参加这次战斗，但他多次向刘彻请战。刘彻认为他年纪已大，不同意。但刘彻禁不住李广的再三请求，任命他为前将军；又任命太仆公孙贺为左将军，主爵都尉赵食其为右将军，平阳侯曹襄为后将军，命他们全部归大将军卫青统辖。

匈奴得到了汉军到来的消息，赵信建议单于伊稚斜道："汉军准备北渡沙漠，他们即使过得来，到时候人困马乏，我们不费力气就能把他们俘获。"伊稚斜命令把辎重再往北运送，备精兵在沙漠北部边缘等待汉军。

卫青率军抵襄郡（今内蒙古自治区和林格尔县），从抓获的匈奴人口中得知伊稚斜的所在，亲自率精兵前去迎战伊稚斜。卫青命前将军李广和右将军赵食其合兵一处，走东道。东道迂回路远，水草又少，李广请求说："我的部队为前锋，今大将军却令我出东道，我从年轻时便和匈奴交战，今天才得以和匈奴单于遭遇，这是很难得的机会，我愿意为前锋，誓死擒获单于。"

　　其实，部队出发前，刘彻就私下交代卫青说："李广已老，运气多不好，不要让他正面迎战单于挛鞮伊稚斜，恐怕到时候他不能取胜，会让伊稚斜得逃。"公孙敖上次失利失去侯爵，公孙敖之前救过卫青，因此卫青准备让公孙敖和自己一起攻打挛鞮伊稚斜立功，所以要调开李广。李广也觉察出端倪，因此一再请求当先锋。卫青拒绝，李广面露怒色，不辞而别。

　　卫青出塞一千多里，走过了瀚海沙漠，遭遇了结阵等待汉军的挛鞮伊稚斜部队。卫青命把武刚车（古代战车名，有巾有盖）环绕一圈，保护己方部队，然后派五千名精骑兵出战，匈奴出动约一万名骑兵迎战。战斗异常艰苦激烈，眼看日头就要落山，这时候，突然刮起了大风，沙砾飞起，遮蔽视线，昏天黑地，两军互相看不清对方。风沙减小后，卫青命左右翼包抄伊稚斜，伊稚斜眼见汉军众多，战斗力强悍，自认战胜不了汉军，于是，他乘坐六匹骡子拉的车，率领数百名精锐亲兵，冲出包围圈，向西北方向逃去。

　　当时已是黄昏，汉军和匈奴军混战成一团，双方伤亡大体相当。这时候，汉军左校从俘虏的匈奴口中得知，黄昏前挛鞮伊稚斜已经逃走，于是卫青命轻骑兵连夜追赶，他率军随其后。匈奴兵发现自己的单于已逃，无心恋战，纷纷四散奔逃。天亮后，汉军已挺进二百多里，但搜寻不到单于，俘虏及杀死一万九千多名匈奴人。卫青率军抵达了寘（zhì）颜山（今地不详，约为今蒙古国杭爱山南面的一支）赵信城（赵信投降匈奴后筑的城），得到了匈奴储存在此的粮食。汉军得以补给。在此停留一天后，汉军放了一把火，把剩余的粮食和房屋烧为灰烬，然后班师。

　　前将军李广和右将军赵食其军没有向导，迷失了道路，没有赶上卫青的军队，错失了和伊稚斜交战的机会。卫青引军返回到瀚海沙漠南部的时候，才遇见李广和赵食其的军队。卫青命长史责问二人迷道的原因，并责令李广的幕僚前来接受调查。

　　李广说："诸位校尉无罪，是我自己迷路，我亲自到帅部聆讯。"李广愤懑且又感慨地对麾下将领说道："我从年轻时到现在，同匈奴大小战斗七十余次，今有幸随大将军直击匈奴单于，但大将军调我到东道，路途遥远，而我又迷失道路，难道不是天意吗？广今年六十多岁了，战场征战一生，无法去面对那些刀笔之吏。"说罢，李广猛然抽刀自刎。

李广为人廉洁，得到的赏赐都分给部下，行军时和普通士兵吃同样的饭菜，为官多年，家无余财。李广自杀的消息传开后，士卒无不落泪。

成语"李广难封""桃李不言，下自成蹊"等，都与李广有关。李广虽为一代名将，但命运多舛，与匈奴多次战斗，但没立下什么大功，终生没有被封侯，留下了千古遗憾。但是，李广被后世的唐宋武庙供奉。

至于右将军赵食其，他接受了审讯，缴纳赎金后，被贬为平民。

封狼居胥山

霍去病率领的军队、辎重和卫青的相当，但霍去病没有副将，他就选拔校尉李敢（李广之子）等人为大校，作为副将，出代郡，过右北平郡，行军两千多里，遭遇了匈奴左贤王率领的军队。霍去病一声令下，汉军发起冲锋，两军鏖战在一起，不久，左贤王军不敌，大败而逃。霍去病率军追击，抓获了屯头王、韩王等三个小王及将军、相国、当户、都尉八十三人。

霍去病在狼居胥山（今蒙古国境内肯特山）祭祀天神，又在姑衍山（今蒙古国境内博格达汗山）祭祀地神。登山以观大湖，霍去病意气风发，慷慨激昂。他手按腰间佩剑，吟诵道：

> 四夷既护，诸夏康兮。
>
> 国家安宁，乐无央兮。
>
> 载戢干戈，弓矢藏兮。
>
> 麒麟来臻，凤凰翔兮。
>
> 与天相保，永无疆兮。
>
> 亲亲百年，各延长兮。

后来，"封狼居胥"被用来指建立显赫功绩。

此战，霍去病军共俘虏和杀死匈奴人七万零四百四十三人。刘彻大喜，把霍去病的封邑增加了五千八百户；封霍去病的部将、右北平郡太守路博德等四人为侯爵；封李敢为关内侯，因为关内侯还不属于侯爵，没有封邑，刘彻特别为李敢封了二百户的人家作为封邑。霍去病军中的很多将领、军卒都得到了赏赐。

大将军卫青所部战果不大，又损失了大将李广，因此没有再加封卫青，也没有对他的部属进行封赏。

卫青和霍去病两路人马都深入大漠，取得了全胜，但损失也非常之大，出塞的时候有战马十四万匹，但班师的时候已经不足三万匹，史书没有记载本次战役中汉军的伤亡人数。

为了提高霍去病的职务，刘彻也花了一番心思。因为卫青是霍去病的舅舅，担任大将军一职，不可能把卫青的大将军免去，然后让给霍去病，如果要把霍去病的职务提高到和卫青同等的地位，还得另想其他办法。于是刘彻又设置了大司马一职，这个职务排名比大将军靠前，为了不使卫青感到失落，刘彻同时任命卫青和霍去病担任大司马，并把霍去病的俸禄提高到和卫青一样。朝中文武大臣都已经观察出来了，刘彻对霍去病更加恩宠，霍去病的风头已经盖过了他的舅舅卫青，于是，卫青的一些故人、宾客、门人都在向霍去病靠拢，以求加官晋爵。

霍去病为人有胆气，勇敢善战，但寡言少语。刘彻曾经想教霍去病学习孙、吴兵法，但霍去病说：“作战方略非常重要，不应该盲从古兵法。”

刘彻下令为霍去病修建豪华的府邸。府邸建成后，刘彻让霍去病前去观看。霍去病说：“匈奴未灭，无以家为也！”刘彻对霍去病更加喜爱。但霍去病少时就显贵，接触底层士兵不多，不懂得体恤军士。而卫青为人仁慈，爱护将士，善待士人，喜欢谦让，以性格柔和得到刘彻的欣赏。

经此一役，匈奴损失总计八九万人，元气大伤，单于挛鞮伊稚斜认识到了汉军长途奔袭的能力，于是他率众继续北迁瀚海沙漠之南，不再设立王庭。汉军渡过黄河，从朔方往西至令居（今甘肃省永登县西）的漫长边界线上，深挖沟渠，设置屯田官，开垦荒田，动员了五六万人，不断向北蚕食匈奴的土地。因为汉朝战马死亡过多，一时补充不上来，也无法短时间内大规模进攻匈奴了。

赵信又给挛鞮伊稚斜出主意，重提过去汉匈和亲的往事，建议伊稚斜派使者向汉朝提议和亲。伊稚斜同意了，派使者出使汉朝，请求和亲。

匈奴使者抵达长安后，刘彻召集大臣商议，有的同意和亲，有的认为应该让匈奴臣服于汉。

丞相长史任敞建议道："匈奴新败，应该使他们臣服，让单于在边界朝拜。"

　　刘彻同意了，派任敞出使匈奴。挛鞮伊稚斜见到任敞，得知他的来意，大怒，扣留了任敞，不让他回国。

霍去病之死

　　右内史汲黯得罪了很多权贵，他们鸡蛋里挑骨头，甚至以莫须有的罪名诬告汲黯，汲黯被免职。刘彻认为淮阳郡地处南北的要冲，位置重要，就征召赋闲的汲黯去接任淮阳郡太守一职。汲黯不想去，以身体有病为由推辞。刘彻坚持让他去，并劝他说："你难道嫌弃淮阳郡吗？朕今天召你赴淮阳，是因为淮阳官民关系不融洽，郡内不得安，我是要借助你的威信前去治理，你卧床指挥，就能治理好。"汲黯无法再推辞了，到淮阳就任。刘彻适当提高了汲黯的俸禄。汲黯到任后，积极作为，郡内治理得政清人和。汲黯在淮阳十年后死去，这是后话。

　　丞相李蔡在位已经四年，其间积极协助汉武帝刘彻的工作，开展对外战争，进行币制、吏制等各项改革。公元前 118 年三月，他被人告发侵占了汉景帝墓地外的空地，在空地上埋葬自己的亲人，刘彻发怒，命令对李蔡进行审讯。李蔡惶恐，自杀而亡。刘彻任命太子（公元前 122 年，刘彻封卫子夫所生，年七岁的刘据为太子）少傅、武强侯庄青翟（汉高祖时武强侯庄不识之孙）为丞相。

　　郎中令李敢，获悉父亲李广抱恨而死的内情后，对卫青怀恨在心，找准机会袭击卫青，令卫青受伤。卫青为人宽厚，体谅李敢为父报仇的心情，把此事隐瞒了起来，并没有声张。

　　但李敢袭击卫青的事还是被逐渐传开了，也传到了霍去病的耳朵里。没过多久，李敢跟随汉武帝刘彻到甘泉宫（今陕西省淳化县西北）狩猎，霍去病当时也在场，他偷袭李敢，把李敢射杀，为舅舅卫青报了仇。刘彻非常倚重霍去病，不能因为一个李敢去治罪霍去病，因此舍车保帅，把实情隐瞒起来，对外宣称李敢是被野鹿撞死的。

　　几个月后，公元前 117 年九月，一代名将霍去病去世，年仅二十四岁。刘彻非常悲痛，命令在茂陵（汉武帝指定的死后所葬地，位于今陕西省咸阳市西）旁，为霍去病修建陵墓。陵墓形状像祁连山一样，以彰显霍去病之功。霍去病出殡之日，刘彻命征调各地的铁甲兵，从长安一直排列到茂陵。刘彻赐霍去病谥号为景桓侯。霍去病的儿子霍嬗（shàn）继承了父亲冠军侯的爵位。

霍去病是霍仲孺和卫少儿的私生子，霍仲孺在曹府的事情办完之后，就回到了平阳县，由长辈做主，迎娶了一个女子为妻，生下了一子名霍光。霍光就成了霍去病同父异母的弟弟。因为之前知道了自己的身世，所以霍去病升任骠骑将军后，有一次率军攻打匈奴，回师路过河东郡（今山西省夏县）时，专门派人把父亲霍仲孺请来相认。父子相见，两个人抱头痛哭一场，霍仲孺为儿子的成就感到自豪和欣慰。霍去病为霍仲孺购买了大量的土地、宅院，雇用了多名仆人来照顾父亲的生活。为了让弟弟霍光接受更好的教育，霍去病把霍光带到了京师长安，并推荐他担任了郎官。

顺便交代一下卫青。北方匈奴的威胁解除，因为缺乏战马，刘彻专注经略两越、朝鲜、西南夷，所以此后十年间，并没有出兵攻打匈奴，卫青就没有再领军北伐。迟至于公元前106年，卫青去世，年龄不详。刘彻很痛心，下令在霍去病的墓地东边，为卫青修建了一座陵墓。墓地形状像寘颜山，以表彰卫青的功劳。

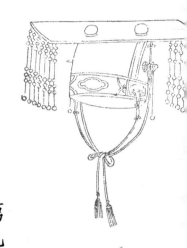

第九章

泰山封禅

权　斗

　　当初，李文和御史大夫张汤有矛盾，后来李文担任了御史中丞（御史大夫的次官），成了张汤的直接下属，这让李文很不舒服，他就在官廷的文书中找寻可以扳倒张汤的证据。张汤知道李文在秘密寻找他的把柄，私下有意无意地把此事说给亲信听，希望能有亲信替他出头。

　　受张汤厚待的一个叫鲁谒居的下属，准备替张汤出气。他秘密收集了李文一些犯事的证据，使人上书揭发。汉武帝刘彻把此事交给张汤处理，这正中张汤的下怀。他经过审理（肯定也有屈打成招的成分），判决李文死刑。李文被处死。张汤心里知道这事是鲁谒居做的，对他感激有加。

　　刘彻问起李文案发的原因，张汤假装吃惊地说道："可能是李文的老熟人怨恨他，所以才揭发了他。"

　　有一次，鲁谒居生病了，张汤前去探视，亲自为鲁谒居按摩脚部。这事被赵王刘彭祖（刘彻的七哥）知道了。赵国以冶铁铸造为业，因为这事没少和朝廷闹官司，张汤常常打压赵王刘彭祖，刘彭祖对张汤怀恨在心。鲁谒居曾经检举过刘彭祖，当刘彭祖得知张汤亲自为鲁谒居按摩脚部的事情后，觉得内情定不简单。报复他们的机会到了，刘彭祖上书揭发道："张汤是国家大臣，竟然亲自为下属按摩脚，很让人怀疑，他们定是勾搭连环，徇私枉法，做过什么见不得人的大坏事。"

　　刘彻感到震惊，命令廷尉调查。这时候，鲁谒居病死了，此事牵连了他的弟弟，他的弟弟被关押了起来。张汤准备暗中施救。他想先查看一下环境，就以巡视囚犯的名义，来到鲁谒居弟弟的牢房，然后假装不认识他，若无其事地走了过去。但鲁谒居的弟弟没有看透张汤的用意，以为张汤想杀人灭口，所以非常愤怒，干脆上书揭发了张汤和鲁谒居合伙陷害李文的经过。

刘彻大怒，把此事交给减宣处理。张汤四面树敌，他和减宣有过仇气。减宣认为这是报复张汤的最好机会，因此穷追深挖。减宣还没有汇报案情的时候，发生了汉文帝刘恒墓地陪葬钱币被盗的案件。此事非同小可，丞相庄青翟和张汤约好一起到刘彻面前请求处罚。到了刘彻的面前，只有庄青翟自己请罪，张汤却没有。刘彻把庄青翟交给张汤审理，张汤准备以知情故纵的罪名惩办庄青翟，庄青翟既惊讶，又十分惊恐。

丞相长史朱买臣、王朝和边通，之前的官位都高于张汤，张汤做了御史大夫后，多次代理丞相，对朱买臣等三人呼来喝去，拿下人看待。因此，三人都记恨张汤。朱买臣等三人认为张汤是故意给庄青翟设局，想取代庄青翟，所以不会允许张汤这么做。他们找到庄青翟秘密商议对策，定好对策后，派人逮捕了商人田信，并向外界宣称："张汤和田信勾结，张汤每次请奏的事情，都提前告知田信，田信靠这些信息囤积物品，然后高价卖出，牟取暴利，之后和张汤分赃。"

这番话终于传到了刘彻的耳朵里。他不动声色，问张汤道："朕要有什么行动，商人都事先知道，提前囤积居奇，好像是有人把我的行动告诉了他们。"

张汤非但没有主动请罪，反而假装惊讶地道："应该是的。"正在这时，减宣的奏章也送到了。刘彻认为张汤心怀不轨，当面欺诈，派御史中丞赵禹责问张汤。

赵禹责备张汤道："你怎么能不知道轻重呢？在你的手上，多少人被灭了族！今天别人告发你的，皆有依据，天子很慎重地对待让你入狱的事情，请你自己考虑怎么做吧，何必再走多余的程序呢？"

张汤知道自己难逃一死，向刘彻写了一封遗书，书中说："汤无尺寸之功，起自刀笔吏，幸得陛下看重，位至三公，汤却没有尽到职责。然而，构陷汤者，三长史也。"

公元前 115 年十一月，张汤自杀身亡。张汤死后，家里财产不值五百金，皆是俸禄所得，没有其他财路。张汤的兄弟子侄辈主张厚葬，张汤母亲说："我儿身为天子大臣，被恶言中伤而死，何以厚葬啊！"于是，他们把张汤的尸体装进有棺而无椁（guǒ）（古代套在棺材外面的大棺材）的棺材里，用牛车拉着埋葬了。

刘彻得到消息后，感叹道："非此母不生此子！"于是，他将朱买臣、王朝和边通三位长史全部处死。本年十二月，又把丞相庄青翟抓进了牢房，庄青翟在牢中服药自杀。

两个月后，刘彻任命太子太傅、高陵侯赵周为丞相。赵周的父亲赵夷吾曾经担任楚国太傅，因不从楚王刘戊叛反而被杀，赵周因父功被封侯。不久，刘彻又任命接任太子太傅的石庆为御史大夫。

方士栾大

　　浑邪王投降，河西走廊属于汉朝后，刘彻任命张骞为中郎将，再派他出使西域。张骞挑选了三百人，每个人给配备了两匹马，还带着数万头牛羊及金银、丝绸数万，带了多名副使，他们都持节，以便路途中可以出使多国。张骞等人本次出使西域，到达了乌孙国（首府赤谷城，今吉尔吉斯斯坦伊塞克湖东南）、大宛、大月氏、大夏、安息（今伊朗）、身毒（今印度）、于阗（今新疆维吾尔自治区和田市）等地，宣扬了汉朝的国威，增进了和西域各国的文化交流。公元前115年，张骞等人回到了长安，被任命为大行令。

　　张骞把两次出使西域的情况给详细记载了下来，使汉朝更多人对西域有了了解。西域有三十六国（有的是一个城池就成立了一个国家），南有昆仑山，北有天山，中央有塔里木河，东西长六千多里，南北宽一千多里，东接汉朝的玉门关（今甘肃省敦煌市西北）、阳光（今敦煌市西南），西达葱岭（帕米尔高原）。河有两个源头，一个出葱岭，一个出于阗，合流后向东注入盐泽（今新疆维吾尔自治区罗布泊）。盐泽距离玉门关、阳关三百多里。从玉门关、阳关通往西域有两条道路：一是从鄯善（今新疆维吾尔自治区鄯善县）顺着南山（昆仑山）北麓而行，沿着河西行至莎车（今新疆维吾尔自治区莎车县），为南道，从南道再往西行，越过葱岭，则会到达大月氏、安息；一是自车师前国（今新疆维吾尔自治区吐鲁番市）顺着北山（天山）南路，沿河西行至疏勒（今新疆维吾尔自治区喀什市），为北道，北道向西越过葱岭，则会到达大宛、康居、奄蔡（今里海北岸与咸海北岸之间）。

　　汉武帝命令把函谷关由弘农县（今河南省灵宝市东北）迁到新安县（今河南省新安县）。古时新安县距离弘农县约有三百里。

　　古人都非常迷信，汉武帝刘彻胸怀大志，更希望能延年益寿，甚至长生不老。

有个齐国人叫少翁，利用了刘彻的这一点，装神弄鬼，被封为文成将军，还得到了不少赏赐。但后来他的法术失灵，被刘彻处死了。刘彻怕别人知道自己被少翁戏弄，严令周围人保守秘密。但事情过后，刘彻又后悔杀掉了少翁，因为少翁一些故弄玄虚的手段毕竟还能满足他的一些心理需求。

这时候，乐成侯丁义（其祖父丁礼是西汉开国功臣，被封为乐成侯）推荐了方士栾大，说是和少翁同一个老师教出来的，少翁学艺不精，而栾大尽得师傅真传。刘彻大喜，召见了栾大。

栾大之前曾在胶东王刘寄（刘彻的十二弟）那里做事，善于察言观色，口才非常好，足智多谋，说大话的时候，面不改色心不跳，像真的一样。

栾大忽悠刘彻道："臣常往来于大海之中，遇到过安期、羡门（两人为传说中的古代仙人）类的人物，因为臣地位卑贱，他们不肯信我。又因为胶东王不过一方诸侯，还不够资格得到长生不老的药方。臣的老师说：'黄金可以炼成，黄河决口可以堵塞，不死之药可得，成仙的愿望可以实现。'然而，臣恐怕会成为第二个少翁，则到时天下方士都闭口不言，谁还再敢说起药方啊？"

刘彻说："少翁是吃了马肝（有毒）后而死的。如果你真的能炼成长生不老药方，我将重赏！"

栾大说："臣的老师无求于人，而人则求之。陛下真的要见到他的话，应该让他的使者尊贵，成为陛下的亲属，以客人的礼节对待他，才可以使使者把陛下的话转达给神人。"

刘彻测试栾大。栾大在庭院中插上旗帜，口中念念有词，这些旗帜像人一样互相接触。刘彻又惊又喜，对栾大深信不疑，于是任命他为五利将军，又任命他为天士将军、地士将军、大通将军。

公元前113年四月，刘彻封栾大为乐通侯，食邑两千户，并为他修建了豪华的府邸，赐奴仆多达一千人。刘彻为了长生不老，也豁出去了，更把长女卫长公主嫁给了栾大，嫁妆为金十万斤。刘彻驾临栾大的府邸，到栾大府上问候者，前后相接，窦太主刘嫖和许多将、相，都到栾大府中摆酒祝贺，献上礼物。刘彻又命人刻了一方"天道将军"的玉印，命人穿羽衣，在夜里站立在白茅草之上。栾大也穿上羽衣，站立在白茅草之上，接受玉印，以示不是以臣子的身份接受的封印。

栾大自从被召见到身披六印，不过数月时间，地位之尊贵，震动天下。受栾大的影响，临海的齐国和燕国人，都跃跃欲试，宣称有妙方，能请到神仙降临。

栾大向刘彻辞行，携带金银财宝、绸缎等贵重物品向东方行进，说要入东海去拜见神仙老师。刘彻也多了个心眼儿，派人秘密监视栾大。栾大到了东海海边，面对波涛汹涌的大海，心生畏惧，不敢下海，转而到泰山进行了祭祀。

栾大返回长安后，欺骗刘彻，说他在海上见到了他的老师，其实他根本没有下海。刘彻已经得到跟踪者的汇报，加之栾大的法术也多不灵验，刘彻对他已经不抱希望，因此以欺君之罪把栾大腰斩。推荐栾大的乐成侯丁义，也被斩首于闹市。

并吞两越

南越明王赵婴齐（第三任南越王）去世后，太子赵兴继位，尊母亲摎（jiū）氏为太后。

赵婴齐曾经被他的父亲、南越文王赵胡送到长安，担任郎官，赵婴齐当时与家在邯郸的美貌女子摎氏私通，生下了赵兴。赵婴齐后来迎娶了摎氏，封赵兴为太子。

摎太后没有跟赵婴齐私通之前，与霸陵（今陕西省西安市东北）人安国少季有过恋情，这事也传到了汉武帝刘彻的耳朵里。南越国是半独立状态，刘彻想让南越降为和汉朝封国一样的地位，就派安国少季和辩士终军、勇士魏臣等同往，同时派卫尉路博德率军进驻桂阳（今广东省连州市），威慑南越。

赵兴年幼，又是汉人女子所生，难以压服南越旧臣，国内形势乱糟糟的。安国少季到了南越后，旧情复燃，与摎太后又缠绵在了一起。这种事传得非常快，南越大臣多有耳闻。摎太后打算凭借汉朝的力量控制国内大局，就劝赵兴和大臣向汉朝称臣，比照诸侯国，三年一进京朝拜。

刘彻得报后大喜，赐给德高望重的南越丞相吕嘉银印，任命他为南越的丞相，另外任命了内史、中尉、太傅，其余官员由赵兴任命，并废除了南越的法律，施行汉朝法律。

丞相吕嘉是三朝老臣，他的家族在南越担任重要职位者达七十多人，多位子弟和赵家结亲，他和秦王赵光（其封地为苍梧，今广西壮族自治区梧州市）密谋，准备推翻赵兴和摎太后。刘彻接到密报说吕嘉等人准备有所行动，就派勇士韩千秋和两千名士兵进入南越，准备铲除吕嘉等人。吕嘉也得到了消息，他手段老辣，立即和弟弟率军攻破了王宫，杀死了赵兴、摎太后和所有汉朝使节，拥立了赵婴齐和南越国女子所生的赵建德为南越王。吕嘉布阵，引诱韩千秋的军队深入南越国，并把韩千秋及两千名士兵全部杀害。

公元前 112 年秋，刘彻命令伏波将军路博德等五路大军在番禺城下挥师，诛灭吕嘉等人。这时候，汉朝的王侯数以百计，却没有一个人站出来要求前去攻打南越。刘彻非常恼怒，以呈献祭品成色不足为由，撤销了一百零六人的侯爵，并指责丞相赵周知情不报，将赵周下狱，赵周在狱中自杀。刘彻任命御史大夫石庆为丞相，封牧丘侯。

南越国的军队抵挡不住汉朝军队的进攻，吕嘉和赵建德逃跑不成，被生擒，南越国被灭。刘彻拆分了南越故土，设置了九个郡：南海郡（今广东省广州市）、苍梧郡（今广西壮族自治区梧州市）、郁林郡（今广西壮族自治区桂平市）、合浦郡（今广西壮族自治区合浦县东北）、交趾郡（今越南河内市）、九真郡（今越南清化市）、日南郡（今越南东河县）、珠崖郡（今海南省海口市琼山区）和儋耳郡（今海南省儋州市）。

且兰国（今贵州省福泉市）、邛都国（今四川省西昌市）和笮都国（今四川省汉源县）背叛汉朝，刘彻命令军队攻击，斩杀三位国王，把土地纳入汉朝。把且兰国设置为牂柯郡，邛都国设置为越巂（suǐ）郡，笮都国改为沈黎郡，又把请求归附的冉国、駹国（二国均在四川省松潘县北）改为汶山郡，把白马国（今甘肃省西和县西南）改为武都郡。

攻打南越的时候，闽越国东越王骆馀善也率军支援汉廷，但走到半路，以海风大为由，停驻不前，还派使者秘密接触南越，观察形势。待到南越被灭，楼船将军杨仆向刘彻建议趁机灭了闽越国，但刘彻考虑到士兵疲惫，不予批准。但是，这个消息被骆馀善听到了，他主动发起了攻击，连夺汉朝三座城池，杀死了三个校尉。骆馀善自称武帝，不再接受汉朝的领导。

刘彻派出五路大军，攻击闽越国，闽越国交战失利，内部发生变乱，骆馀善被杀，闽越国投降。刘彻认为闽中（今福建省）地势险恶崎岖，百姓反复无常，恐会成为后患，就把当地百姓全部迁到长江、淮河之间，以便于控制。闽中遂成为一块虚地。

泰山封禅

司马相如死之前（卒于公元前118年），留有遗书，赞美刘彻的文治武功，并劝说刘彻到泰山封禅（"此泰山上筑土为坛以祭天，报天之功，故曰封。此泰山下小山上除地，报地之功，故曰禅"）。不久，河东郡又献上了一个宝鼎，刘彻认为这是吉兆，他要完成刘氏先辈没有做过的事——到泰山封禅。

关于封禅的仪式，已经失传，公元前219年，秦始皇曾经到泰山封禅，但当时的具体情况被秘藏，外界不得而知。刘彻就命公卿大臣和儒生研究封禅的程序及礼仪。他们参照《尚书》《周官》《王制》等古书上的有关内容，制定了一套封禅的仪式，刘彻又进行了一些修改。

灭了两越，刘彻认为时机已经成熟，于公元前110年正月开始出巡，第一站到了缑氏（今河南省偃师市东南），随后到中岳嵩山进行祭祀。刘彻继续东行，到了东海边，祭祀了八位神仙（天神、地神、兵神、阴神、阳神、月神、日神和四季神）。这时候，齐国人向刘彻上书言神怪之事、奇方妙术的多达万件，刘彻命令增发船只，运载声称在海中见到神仙的数千人，前去求见蓬莱仙人。

刘彻派公孙卿持节，到名山上寻找仙踪。公孙卿到了东莱（今山东省莱州市），宣称见到了巨人，巨人忽然间不见了，只留下了巨大的脚印。实际上，这个脚印是他找人弄的。随行官员见到一个老头儿牵着一只狗，声称要寻找"巨公"，然后突然间也不见了。刘彻相信了，在海边驻扎了下来，希望能等到神仙。神仙是等不来的，刘彻西返，往泰山西方前进，抵达了奉高（泰山郡治所，今山东省泰安市东）后，到梁夫（今山东省泰安市东南）祭祀了地神。

四月十五日，风和日丽，刘彻决定到泰山举行祭祀活动。他先进行了射牛仪式，然后到泰山下的东方，祭祀天神，祭坛宽一丈二尺，高九尺。祭坛下埋藏着刘彻写给神仙的玉牒书，书的内容严格保密。仪式举行过后，刘彻只和侍中、奉车都尉霍嬗登上了泰山山顶，在山顶上举行了大典仪式。除了他们二人，无人知晓典礼的具体情况。到了第二天，他们才从泰山上下来。

刘彻又到泰山东北麓的肃然山（今山东省莱芜市西北），祭祀了地神（禅），刘彻穿黄色服装，亲自跪拜，演奏音乐。刘彻用长江、淮河间生长的至少有三节的粗壮茅草作为摆放物品的垫物，用五色土（东方为青土，南方为红土，西方为白土，北方为黑土，中间为黄土）进行封祭。有人回禀说夜晚看到有光，白天有白烟从封土中冒出，刘彻大喜。

封禅完毕，刘彻回到奉高西南的明堂，端坐于明堂之中，群臣送上歌功颂德的溢美之词。刘彻春风得意，规定五年到泰山封禅一次，命令各诸侯国在山下修建宾馆，供封禅的时候人员住宿用。

这时候，一些方士又信誓旦旦地说可以请到神仙，刘彻非常兴奋，再次来到东海海边，向海中急切眺望，他更想亲自下海去寻找神仙。东方朔劝阻道："神仙者，是自然遇到的，不必急躁。如果有缘分，不愁见不到。如果没有缘分，即使到了蓬莱见到仙人，也没有什么益处。臣请陛下回宫静静等待，仙人将自会到来。"

刘彻这才打消了出海的念头。碰巧霍嬗得了急病，当日不治而亡，刘彻非常悲痛，决定返京。刘彻一行沿着海岸向北行进，经过碣石（今河北省昌黎县北）、辽西郡，抵达汉匈边界的九原。五月，刘彻回到了甘泉宫，此次出巡，约行程一万八千里。

宣房宫

公元前 132 年春季，黄河在顿丘（今河南清丰西南）破堤而出，向东南方向狂泻。五月，黄河又在濮阳瓠（hù）子口（今河南省濮阳市西南）决堤，滔滔黄河水漫过钜野泽（今山东省巨野县）之后，流向了泗水、淮河，十六个郡受灾。汉武帝刘彻派汲黯和郑当时征调了十万人，日夜不停地堵塞河口，但水量太大，刚费尽千辛万苦才堵住的缺口，又被摧毁。当时丞相田蚡的采邑在清河郡的鄃（shū）县（今山东省高唐县东北），位于黄河以北，黄河在南岸决的堤，没有影响到鄃县，收成竟然好于往年。所以田蚡对堵塞决口并不积极，他对刘彻说："长江、黄河决口是天意，不适宜以人力强行堵塞，堵塞了也许会不合天意。"望气师也附和田蚡，于是刘彻不再提堵塞决口的事。

到了公元前 109 年，瓠子口决堤已经二十四年了，梁国和楚国（首府彭城，今江苏省徐州市）地区受灾严重，百姓死伤无数，财产损失不可计数。二国不断上书汉武帝刘彻，请求朝廷派人堵塞决口，刘彻也大为动容，派汲仁（汲黯弟弟）和郭昌，征调数万人前去堵塞决口。

四月，刘彻又到泰山前去祭祀，返回长安途中，他亲自到瓠子口督战，命令把白马、玉璧投入决口处，祭祀河神，又命令跟随他的上自将军，下至士卒，通通加入堵河的队伍中，推土背柴，堵塞决口。在皇帝的鼓励下，数万人齐心协力，干劲十足，终于把决口堵上。黄河遂改道，流入北方大禹治水时的两条古道。

面对滚滚洪水，刘彻惊叹大自然力量之强大难测，深感治水之艰辛，于是慷慨而作《瓠子歌》。

刘彻又命在此修建了一座行宫，名叫宣房宫，以示纪念。

值得一提的是，当时太史公司马迁作为随从，也跟随汉武帝刘彻参加了这次堵口战，故曰："余从负薪塞宣房，悲《瓠子》之诗而作《河渠书》。"

吞并朝鲜

当初，战国七雄之一燕国强盛之时，向东开拓疆土，把真番（古国名，今朝鲜黄海北道大部、黄海南道和京畿道北部地区）、朝鲜（古国名，今朝鲜半岛北部及辽宁东部一带）纳入了势力范围，为那里配备官吏，修筑城池关卡。秦灭燕后，没有能够触及这里。

汉初，因为真番、朝鲜一带距离遥远，汉朝出于一种放弃的心态，只是修复了秦朝时的辽东郡（治所襄平，今辽宁省辽阳市）边塞，以浿水作为边界，属于诸侯国的燕国管辖。燕王卢绾造反，投降了匈奴，燕国人卫满趁乱率领一千多人，把头发盘成小辫子，换成了蛮夷人的服装，然后向东逃亡，渡过了浿水，在秦朝曾经放弃的土地上安顿了下来，随后征服了真番、朝鲜及燕国流亡到此的人士。卫满称王，都城设在了王险（今朝鲜平壤市）。卫满建立的朝鲜，称为卫氏朝鲜。

吕后专政时期，天下已经安定，辽东太守派人给予厚礼，说服卫满作为汉朝的藩属，保卫汉朝边界，勿让蛮夷进犯汉朝边界，但蛮夷的酋长前来求见汉朝天子的时候，不能阻拦。卫满答应了。在汉朝的财物支持下，卫氏朝鲜实力得到壮大，进犯旁边的小国，临屯国（今朝鲜半岛中东部，都城位于今朝鲜半岛江陵市）等都来投降，卫氏朝鲜的国土长达数千里。

卫氏朝鲜传位到卫右渠（卫满的孙子）的时候，他逐渐骄横，引诱、收容流亡的汉人增多，拒绝到长安朝拜。辰国（今朝鲜半岛东南部）上书见汉朝天子，卫右渠拒不放行。

公元前 109 年春夏之际，汉武帝刘彻派涉何出使朝鲜，对卫右渠软硬兼施，希望其能接受汉朝的领导，但卫右渠拒绝接受。涉何只得告别，卫右渠派将领相送。到达浿水的时候，涉何杀死了朝鲜来送行的将领，然后渡过浿水进入边塞。他向刘彻报告说："卫右渠不听，我杀死了朝鲜的将领。"刘彻认为他做得对，于是任命涉何为辽东东部都尉。卫右渠自然咽不下这口气，派兵袭杀了涉何。刘彻大怒，招募犯罪之人充军，派楼船将军杨仆率领，从渤海进攻卫氏朝鲜，派左将军荀彘出辽东，从陆路进攻朝鲜。

从水路进军的杨仆先行抵达王险城下，但被击溃，好不容易重新聚拢起来。从陆路进军的荀彘开始在浿水边遇到阻力，后大破朝鲜军，也进军到王险城下。杨仆的军队多由囚犯构成，又被击溃过，畏惧朝鲜军，所以他想诱降卫右渠。荀彘带领的都是北方的壮士，战斗力强悍，他想强行攻破城池。二位将领方略不一致，卫右渠利用他们的矛盾，使他们互相猜忌，所以当荀彘约定时间发起总攻的时候，杨仆口头答应，但到了时间节点，却迟迟不动。

城池久攻不下，刘彻着急了，他派济南郡太守公孙遂持节督战，并可临机专断。公孙遂到达了前线，荀彘向公孙遂告状，说杨仆意图投降卫右渠，并把战场的情况讲述了一下。公孙遂相信了荀彘的话，以召开军事会议的名义把杨仆骗来，然后予以收押。荀彘把两个军队合并，对王险城发动攻击，朝鲜军队抵挡不住攻势，城池即将被攻破。公元前108年夏季，朝鲜丞相参某派人刺死了卫右渠，投降了汉军，城池遂破，卫氏朝鲜灭亡。

刘彻下令在朝鲜旧地上设置了四个郡，分别为乐浪郡（今朝鲜平壤市）、临屯郡（今朝鲜江陵市）、玄菟郡（今朝鲜咸兴市）和真番郡（今韩国首尔市）。

朝鲜之战虽然取得了胜利，但荀彘到了长安后，等来的不是封赏，而被刘彻以争功为由，押到大街上斩首示众。杨仆缴纳赎金后，被贬为平民。擅杀功臣荀彘，刘彻开了一个很坏的头，这只是一系列杀戮行动的开端，刘彻也开始变得不可理喻。

悲秋歌

　　刘彻北逐匈奴，南吞两越，西取河西，东灭朝鲜，疆域空前辽阔，新设置的郡的数量也增加不少。为了便于督察各郡和封国的情况，刘彻新设了"州"，每个州负责监若干个郡，在全国共设置了十三个州，分别为交趾州、朔方州、冀州、幽州、并州、兖州、徐州、青州、扬州、荆州、豫州、益州和凉州。州的一把手称为刺史，刺史不掌民，主要是调查郡里和封国的高级官员和豪族有没有不法之事，并向朝廷报告。刺史的级别并不高，俸禄为六百石，低于太守的两千石俸禄，但刺史可以直接向皇帝汇报工作，他汇报的好坏直接影响所督察地区官员的命运，因此，太守等人对刺史也颇为忌惮，百般逢迎。

　　刺史巡视过后，就要回京报告工作，不得停留。直到西汉末年，刺史的待遇才提高到了两千石，并在州里长留，州也成了郡的上一级领导机构。东汉末年，天下大乱，刺史又开始掌军，为了加重某刺史的地位，就把"刺史"改称"州牧"了。

　　这时候，李广、霍去病和卫青相继离世，汉朝名将凋零，为了聚拢人才，刘彻下诏说："盖有非常之功，必待非常之人。良马不好驯服，但能奔跑千里；贤才不被世俗礼仪羁绊，但能建立功名。各州、郡应该大力推举能人异士。"

　　乌孙国王派到汉朝的使者返回国内，向乌孙国王汇报说汉朝地域辽阔，兵强民富，乌孙国王对汉朝更加仰慕。匈奴得到乌孙和汉朝关系越走越近，并且大宛和月氏也在和汉朝接近的消息后，大怒，准备对三国发动攻击。乌孙国王昆莫恐惧匈奴，派使者来到长安请求娶汉朝的公主，要与汉朝结成兄弟般的友谊，抗击匈奴。

　　刘彻召集群臣商议，大臣大都同意和亲乌孙，刘彻批准了。乌孙国王得到消息非常高兴，选了良马一千匹作为聘礼，迎娶汉朝公主。刘彻自然不会让自己的亲生女儿远嫁乌孙，他封江都王刘建（刘彻五哥刘非的儿子，刘建荒淫，谋反未成自杀）的女儿刘细君为公主，和亲乌孙。

公元前105年，刘彻派庞大使团护送刘细君西嫁乌孙，当时的嫁妆非常丰厚，震动西域。昆莫封刘细君为右夫人。匈奴人为了拉拢昆莫，也立即行动，给昆莫送上了匈奴的一位绝色美女。昆莫也笑纳了，封她为左夫人。

刘细君到达乌孙之后，她不住乌孙提供的房屋，自己设计好房屋图纸，命人建成汉室建筑供自己居住，她一年之中和昆莫见不了几次面，只是和他宴饮几杯而已。昆莫年老气衰，又不通汉语，即使有翻译，一些语言习惯和汉朝又不通，难以和刘细君进行有效沟通。刘细君感伤思归，写下了《悲秋歌》，歌词凄凉悲怆：

吾家嫁我兮天一方，远托异国兮乌孙王。

穹庐为室兮毡为墙，以肉为食兮酪为浆。

居常土思兮心内伤，愿为黄鹄兮归故乡。

刘彻接到报告，也对堂孙女刘细君的处境起了怜悯之心，每隔一年都派使者给刘细君送去帷帐、丝绸等物品。昆莫年纪已老，力不从心，感觉非常对不住刘细君，悲叹道："我老！"他准备把刘细君嫁给自己的孙子岑陬（zōu），这在乌孙风俗中很正常，但对于汉家女刘细君来说，是一种羞辱。她不同意，上书刘彻说明了情况。刘彻不愿意因此与乌孙国闹矛盾，写信劝刘细君："应该遵从乌孙的国俗，欲与乌孙共灭匈奴。"刘细君很识大体，为了国家利益着想，承受委屈，嫁给了岑陬。

昆莫不久死去，岑陬继承了王位，他对汉朝特别友善，刘细君和亲的效果明显。刘细君和岑陬生有一女，名叫少夫。刘细君红颜薄命，于公元前101年死去，这是后话。

当时西域各国不断派使者到长安朝拜，带来各国的珍贵礼物。如安息国带来了鸵鸟蛋，大宛国带来了葡萄籽和苜蓿种子，刘彻命人在行宫的空地上种植，生长得十分旺盛。这也是中原第一次引进葡萄和苜蓿，后来在国内大面积种植。

更改正朔

公元前 104 年冬季，柏梁台发生火灾，南越人勇之建议说："根据南越风俗，发生火灾后再重新建设新房，必须要大，要盖过原来的建筑。"于是刘彻命令在未央宫西修建了建章宫。建章宫在长安城西，建筑规模庞大，方圆二十里，千门万户，里面建有蓬莱、方丈、瀛洲、壶梁等以海上仙山命名的山，还建有神明台、井干楼，都高达五十丈。建章宫这个名字后文会多次提到。

汉初沿用的是秦朝的历法，以每年的十月作为第一个月，太中大夫公孙卿、壶遂和太史令司马迁等人，上书建议道："历法废弛，应该更改正朔（每年的第一天）。"刘彻很重视这个问题，交由御史大夫兒宽和博士研究制定。他们经过认真研究，建议采用夏朝的历法。

公元前 104 年五月，刘彻颁布诏书，命公孙卿、壶遂和司马迁研究制定《太初历》，以每年的正月一日作为元旦，以正月为岁首，以黄色作为崇尚的颜色，以数字"五"作为吉祥数字，改官名，定音律，制定祭拜宗庙和上朝时候的礼仪，垂之后世。

这是司马迁的名字第一次出现在史书中，他就是《史记》的作者。司马迁是夏阳（今陕西省韩城市）人，家族源远流长，他的八世族为秦国名将司马错，他的父亲为司马谈。司马谈在汉武帝时为太史公（汉时可称太史令为太史公，太史令属太常，掌文书）。司马迁出生于公元前 145 年，出生地在龙门（山名，位于山西省河津市西北及陕西省韩城市东北，山跨黄河东西，两岸对峙，形如门阙，故名）。他家在黄河之北，龙门山南，过着耕田放牧的生活。司马迁十岁的时候就能背诵古文，二十岁的时候向南游历江淮地区，登上会稽山（位于今浙江省绍兴市东南，相传大禹大会诸侯计功封爵，始名），探访禹穴，登九嶷山（位于今湖南省宁远县南，相传舜葬于此山），漂流于沅水、湘水（两河均在今湖南省境内）之间，北渡汶水、泗水（二水均在今山东省境内），游学于齐、鲁之都（齐国都城为临淄，今山东省临淄市北；鲁国都城为曲阜，今山东省曲阜市），考察、学习孔夫子之遗风、乡射（古代射箭饮酒的礼仪）于邹县（今山东省邹县东南）、峄山（今山东省邹县东南）。他在游历蕃、薛、彭城的时候，遭受过困厄，后经过梁国和楚国返回。有这番经历，司马迁丰富了自己的人生阅历，被朝廷征召为郎中，奉命西征巴蜀以南地区，平定了邛、筰、昆明后，返回长安复命。

公元前110年，刘彻开始到泰山封禅，太史公司马谈被留在洛阳，不得参与，司马谈抑郁成疾。这个时候，司马迁出使回来，见到了奄奄一息的父亲。司马谈抓着司马迁的手，流着泪说："我们的祖先是周朝的太史令。更早的时候，我们的祖先就在舜禹时期以功劳显名，掌天官事。后来家道中落，难道要在我这里中断吗？你要接任太史，接续祖宗的事业。今天子封泰山，而我不得从行，这是命啊！命啊！我死之后，你必须做太史；为太史后，你不要忘了为父我想要编著的书哇！"

司马迁流着泪回答："小子我虽然愚钝，但一定遵照父亲的愿望，接续先人事业，编撰过去的典籍和传闻，不敢疏忽懈怠。"

太史公司马谈死去三年后，司马迁被任命为太史令，再过五年，也就是本年，建议汉武帝更改正朔。

汗血宝马

出使西域的使者禀报刘彻说："大宛有宝马，在贰师城（大宛首府贵山城南），他们藏起来不让汉使见到。"使者所说的宝马，史称"汗血宝马"。这种马通常体高一米五左右，体形饱满优美，头细颈高，四肢修长，皮薄毛细，步伐轻灵优雅。这种马的耐力和速度都十分惊人，不但能日行千里，更会从肩膀附近位置流出像血一样的汗液，所以称"汗血宝马"。汗血宝马非常珍稀，是大宛的国宝，大宛国自然不肯随便示人。

刘彻听后心动了，命壮士、期门郎车令携带一千斤金及一匹金制的马具模型，前往大宛交换汗血宝马。车令到了大宛，大宛国王毋寡和群臣商议说："汉朝距离我国路途遥远，间有盐泽，草木不生，水又咸苦，无数的人和牲畜在此丧生。走其北则有匈奴，走其南则又缺乏水草，而且缺少城郭和粮食。汉朝数百人的使团，因为缺粮饿死者过半，怎么能够派大军前来呢？他们奈何不了我们。贰师城的马，是我国的宝马，不能予人。"

车令大怒，破口大骂，把金马砸毁，拂袖而去。毋寡无法忍受车令等人的行为，怒道："汉使来这里是羞辱我的吗？"他下令东边的郁成王拦截车令等人，将他们全部杀害，把财物抢走。

刘彻接到车令等人全被杀害的消息，暴怒。这是从未有过的耻辱，他准备出兵攻打大宛。出使过大宛的姚定汉等人说："大宛兵微将寡，不足为虑，陛下派遣不用超过三千人，用强弩射击他们，可尽数把他们俘虏。"

刘彻同意了。这时候，他正宠幸李夫人，准备使她家族立功显贵，于是任命李夫人的大哥李广利为贰师将军（因为要到贰师城夺取宝马，所以命名贰师将军），以赵始成为军正，浩侯王恢（非武帝初期大行令王恢）为向导，李哆（负责实际军事行动）为校尉，征调六千名骑兵及各地的混混儿青年共数万人，讨伐大宛。

李广利率军西进，渡过盐水，沿途各小国严守城池，不肯提供粮食。李广利命令攻城，攻下的就会得到补给，攻不下的几天后就绕道而行。等到了郁成（今乌兹别克斯坦安集延州东乌兹根城），只剩下了几千人，又饿又疲。汉军鼓起精神，开始攻城，郁成王大破汉军，杀伤数人。

李广利和李哆等人商议说："才到郁成，就攻取不下，何况是大宛国都呢！"于是，他们引兵返回，到达敦煌（今甘肃省敦煌市）的时候，人员仅剩出发时的十分之一二。李广利派人上书刘彻，辩解道："路远缺粮，且士卒不患战而患饥，人少，不足以攻取大宛，请允许回兵，增派士兵后再来攻打大宛。"刘彻闻报后大怒，派使者进驻玉门关，宣布："军中胆敢有人入关者，杀无赦！"

李广利恐惧，进退不得，遂停留在敦煌。

刘彻特赦囚徒，征调地痞无赖及边塞骑兵到敦煌报到。一年的时间，有约六万人到达敦煌，同时募得牛十万头，马三万匹，驴、骆驼数以万计，粮食、兵器、弓弩等无数。军队整装待发，共任命了五十多名校尉统领军队。

大宛首府贵山城（今乌兹别克斯坦纳曼干州西北卡散赛城）中没有水井，靠着城外河流吃水，于是刘彻又派水工随行，准备对贵山城外的河道下手，使河流改道，贵山城就会成为一座死城。刘彻仍不放心，征调了十八万人的庞大正规军，进驻酒泉、张掖北，作为支援。

公元前 102 年秋冬之际，李广利率领大军再次西征。这次路过的小国看到汉军实力强大，纷纷打开城门，供应汉军粮食。只有轮台国（今新疆维吾尔自治区轮台县东南）不知好歹，闭城抗拒，结果城池被汉军攻破。汉军顺利到达了大宛国边境，大宛派军迎战，汉军箭如雨下，大宛军队败走。这次李广利没有继续攻打郁成，而是绕过郁成，包围了大宛首府贵山城。李广利派水工把贵山城外的河流改道，贵山城逐渐缺水，战斗力受到削弱。李广利命令攻城，四十多天连续强攻，贵山城内的大宛军队渐渐支撑不住。

大宛的贵族害怕落得同轮台国人一样的下场，商议道："国王把宝马藏起来，杀死汉朝使节，才招致汉朝的报复。为今之计，杀死国王，献出宝马，汉军才会撤退。如果到时候汉军不退，我们再力战而死，也不为迟。"贵族纷纷同意，一起行动，杀死了国王毋寡。

贵山城被攻破，大宛的贵族勇将煎靡被俘，大宛贵族惊恐，派人拿着毋寡的人头，来见贰师将军李广利，并说："汉军如果不再攻打我国，我们将把所有的宝马拉出来，随便你们选取，并供应汉军粮食。如果不听，我们将杀尽宝马，而且康居国的救兵不久就会来到，到时候，我们居内，康居军队居外，将与汉军血战。该如何选择，请您定夺。"

李广利权衡，来的目的就是夺取汗血宝马，如果汗血宝马得不到，自己又损兵折将，刘彻也不会饶了自己，而且听说城内被俘的汉人正在为大宛打井，城内粮食尚多。他认为既然已经得到毋寡的人头，还能得到汗血宝马，打下去也没有意义，况且康居的军队到达后，胜负未定，于是，他答应了大宛贵族的条件，同意罢兵。

大宛贵族把汗血宝马全部牵了出来，供李广利挑选，还拿出粮食供应汉军。李广利等人优中选优，挑选了宝马数十匹，中马及母马三千多匹。李广利立亲近汉朝的大宛贵族昧蔡为大宛国王，订立盟约后，率军返回。

李广利返回长安后，刘彻得到了梦寐以求的汗血宝马，大喜，封李广利为海西侯。同时被封官的有一千多人。

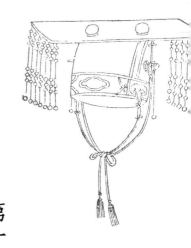

第十章

巫蛊之祸

苏武牧羊

霍去病封狼居胥山一役，匈奴被打得落花流水，向北远遁，五年之后，单于孪鞮伊稚斜含恨死去，他的儿子孪鞮乌维继位，成为第六任单于。孪鞮乌维休养生息，加强训练，逐渐恢复实力。孪鞮乌维也多次派使者出使长安，言辞恭敬，请求和亲，缔结友好关系。两国多次互派使节，相互交流。其间突然发生了一件意外事件，使两国关系急转直下。

公元前107年，孪鞮乌维派一名他非常尊敬的高官出使长安。这位高官到了长安，水土不服，突然病倒了，刘彻命人遍请名医医治，仍没能救活这位高官。刘彻为了表达歉意，派路充国作为特使，护送匈奴高官的灵柩返回匈奴，并送上了黄金等贵重物品。孪鞮乌维不接受路充国的道歉，认为他的高官是死于谋杀，于是把路充国扣留了起来，不让他回国。自此，匈奴不断派军袭扰汉朝边塞。刘彻命浞（zhuó）野侯赵破奴率军进驻朔方城东，防备匈奴。

两年后，孪鞮乌维死去，他的儿子孪鞮乌师庐继位（第七任单于）。孪鞮乌师庐年少，被称为"儿单于"。孪鞮乌师庐虽然年轻，但凶暴成性，喜欢杀人。匈奴人惶恐不安，又逢天灾，牲畜大量死亡。匈奴的左大都尉想趁机起事，他派人秘密接触汉朝官员，准备投降。汉武帝刘彻派将军公孙敖在塞外修筑了受降城（今内蒙古自治区乌拉特中旗石兰计的狼山山口），又派浚稽将军赵破奴率领两万名骑兵，出朔方城，向西北挺进两千多里，到达浚稽山（今蒙古国戈壁阿尔泰山中段），准备迎接匈奴左大都尉。

左大都尉准备起兵的时候，消息走漏，孪鞮乌师庐处死了他，并派兵攻打赵破奴。赵破奴边打边退，俘虏了数千匈奴人。赵破奴军退到距离受降城约四百里地的时候，被八万名匈奴骑兵包围，两军紧张对峙。夜幕降临，赵破奴亲自出去寻找饮水，不幸被匈奴的斥候发现，赵破奴被生擒。匈奴乘胜发起攻击，赵破奴的将士担心主帅被擒，回去后也会被处死，就全部投降了匈奴。

不久，儿单于挛鞮乌师庐死去，其子年幼，匈奴元老立挛鞮乌师庐的叔叔、右贤王挛鞮呴（hǒu）犁湖为新任单于，即第八任单于。刘彻派光禄勋徐自为率人在五原塞外近千里的防线上筑城。一年后，挛鞮呴犁湖死去，他的弟弟、左大都尉挛鞮且鞮侯继位，即第九任单于。

这时候，李广利的大军刚战胜大宛，刘彻趁着胜利余威，写信劝说匈奴投降。挛鞮且鞮侯宝座还不稳，他为了稳住刘彻，回信说："我是孩子辈，安敢触犯汉天子，汉天子，是我的长辈啊！"为了示好，挛鞮且鞮侯把之前扣押的包括路充国在内的汉人送了回去。

刘彻投桃报李，于公元前 100 年春季，释放被押的匈奴使节，以中郎将苏武为团长，以副中郎将张胜为副团长，以常惠为秘书长，率领一百多人的队伍，携带厚礼，护送被释放的匈奴使节返回匈奴。

苏武，字子卿，出生于公元前 140 年，杜陵县（今陕西省西安市东南）人，是代郡太守苏建之第二子，年轻的时候进入宫城担任郎官，再任栘（yí）中厩监（栘园中的马厩官），此次以中郎将身份出使匈奴。

苏武等人到了匈奴后，发生了意外。缑王和虞常当年跟随浑邪王投降了汉朝，上次跟随赵破奴攻打匈奴失败后，被逼投降了匈奴。匈奴人卫律（其父投降了汉朝，他汉化较深）和协律都尉李延年（音乐家，李广利二弟）关系非常好，卫律在李延年的推荐下出使过匈奴。李夫人去世后，李家地位衰退，李延年和弟弟李季淫乱宫女，被灭族。当时李广利在攻打大宛，没有被波及。卫律恐怕受到牵连，于是出逃匈奴。单于很厚待卫律，封他为丁零王。缑王和虞常准备再归汉朝，便谋划刺杀卫律，软禁单于的母亲阏氏。虞常和张胜相熟，就把这个想法告诉了张胜。张胜表示赞同，厚赠虞常，让他们好好准备。

过了月余，挛鞮且鞮侯外出狩猎，缑王和虞常等人认为机会到了，集合了七十多人，准备袭击王宫，但其中一人害怕了，逃走告密。匈奴贵族率军反击，缑王等人被杀，虞常被生擒。单于让卫律审判虞常。张胜得到消息，急忙来找苏武商议对策。苏武说："事已至此，必会追到你我身上，成为囚犯后再死，有负国家。"于是，他抽刀准备自杀，张胜和常惠劝阻了他。

虞常经受不住严刑拷打，供出了张胜。挛鞮且鞮侯大发雷霆，准备杀死全体汉朝的使节，左伊秩訾（zī）王劝阻说，他们的目标不是单于，应该使他们投降。

挛鞮且鞮侯派卫律前去招降苏武，苏武还是选择了自杀，已经伤到了身体，血流如注。卫律上前一把将他抱住。卫律请来大夫，在地上挖坑燃放柴火取暖，大夫按摩苏武的背部，将淤血放了出来。苏武昏厥半天才苏醒，常惠等人含泪把苏武抬回了营地。挛鞮且鞮侯非常欣赏苏武的气节，每天派人看望苏武，但把张胜关押了起来。不久，苏武伤口痊愈。

虞常被杀，张胜请降。卫律对苏武说："副团长有罪，团长应该连坐。"

苏武说："我没有参与谋划，又不是亲属，为什么要连坐？"

卫律用剑假装去刺苏武，苏武一动不动。

卫律把剑移开，劝苏武道："苏君！我抛弃汉归降匈奴，单于封我为王，拥有部众数万，牛马满山，富贵如此！苏君今日若降，明日的封赏也会如此。不然，荒郊大漠徒增一具白骨，谁又知道？"

苏武不听，对卫律破口大骂。

卫律知道武力不能使苏武屈服，就告知了挛鞮且鞮侯。苏武越是拒绝，挛鞮且鞮侯越想使他归降，于是把苏武放到一个大窖里面，不供应饮食。恰逢天降大雪，寒冷刺骨，苏武利用蜷缩、起身等各种方式保暖，饥饿难耐的时候，就把衣服上的羊毛拔下来就着雪吞吃。因为不缺雪水，苏武支撑了数日，竟然没死。挛鞮且鞮侯很是惊讶，认为有神仙相助苏武，不能加害，于是又把苏武放到北海（今贝加尔湖）的荒无人烟之处，给了他一群公羊，让他放牧，并说："公羊生小羊的时候，你才能回来。"

挛鞮且鞮侯又把常惠等人安置到其他地方。被匈奴俘虏的赵破奴找准机会，和儿子赵安用等人逃回了汉朝。

李陵降匈奴

汉朝使节被扣的扣，被杀的杀，刘彻暴怒，于公元前99年五月，派贰师将军李广利率领三万名骑兵从酒泉郡（今甘肃省酒泉市）进击，攻打盘踞于天山的匈奴右贤王。刘彻命骑都尉李陵（前134—前74）率军护卫李广利大军的后勤补给线。

李陵字少卿，陇西成纪（今甘肃省秦安县）人，是名将李广的孙子。他的父亲叫李当户，是李广的长子，早于李广而死，史上没有留下事迹。李陵精于骑射，尊重士人，体贴下属，有一定的名望。刘彻认为他有爷爷李广的遗风，很欣赏他，任命他为侍中、建章宫监（建章宫羽林军的头），再任命他为骑都尉（统领羽林骑），统领勇士五千人，在酒泉郡和张掖郡一带驻扎，防御匈奴。这次刘彻命李广利攻打匈奴右贤王，准备让李陵护卫后勤线。

李陵向刘彻叩头，请求上战场杀敌。他说道："臣所率领的屯边卫士，皆是荆楚一带的勇士、奇才、剑客类人物，他们力能扼虎，射箭命中率百分之百。臣愿意带领他们，到兰干山（今甘肃省兰州市南）南分散匈奴的兵力，不让他们集中精力对付贰师将军。"

刘彻明白李陵想在正面战场建功立业，说："你是不想隶属他人吧！朕发兵较多，没有多余的战马给你。"

李陵高兴地说："不需要骑兵，臣愿意以少击众，率领五千名步兵直捣单于王庭。"

刘彻很欣赏李陵的豪气，同意了他的行动，并命强弩都尉路博德率军接应李陵。路博德资格老，之前就做过伏波将军，不愿意充当后生李陵的后军。他上书刘彻，认为现在不是出兵的最佳季节。刘彻误以为是李陵后悔了，才让路博德上书请求，大怒。他命令路博德与从西河郡（今内蒙古自治区准格尔旗西南）出兵的因杆将军公孙敖会合，命令李陵九月从遮虏障（今内蒙古自治区额济纳旗境内）出发，直达东浚稽山南的龙勒水（今蒙古国杭爱山脉东南）上，观察匈奴的动向，如果没有发现匈奴，再从赵破奴修建的故道抵达受降城休整待命。

李陵统领他的五千精锐步兵团从居延向北进发，三十日后，到达了东浚稽首山安营扎寨，把经过的地方绘制了一幅山川地形图，派陈步乐到京师向刘彻汇报。刘彻见陈步乐思维清晰，汇报得头头是道，非常高兴，任命陈步乐为郎。但这时候，李陵的部队和李鞮且鞮侯率领的骑兵部队不期而遇，约三万名匈奴骑兵包围了李陵军。

李陵的军队处于东西浚稽山之间，以大车为营。李陵亲自率领士兵出营结阵，前面的士兵持长戟和盾牌，后面的士兵手持弓弩戒备。匈奴军见汉军少，直接开始冲击汉军大营，李陵前军迎敌，后军千弩齐发，匈奴军应弦而倒，死伤数人。匈奴军败退，向上山逃窜，李陵命令追击，杀死数千人。

李鞮且鞮侯大惊，他没想到汉军有这么强的战斗力。他召集军队，聚拢了大约八万名骑兵，再次攻打李陵军队。李陵军除去死去的士兵，现在还不足五千人，抵挡不住匈奴军队的进攻，向南且战且退，数日后抵达一山谷中。连日战斗下来，李陵军也死伤了多人，李陵命令：士兵身上三次受伤的坐车；两次受伤的驾车；一次受伤的拿兵器抗敌，再斩杀三千名匈奴人。李陵率军向东南继续撤退，行走了四五日后，抵达了一片芦苇丛中。匈奴从上风头纵火，准备烧死李陵他们，李陵命令把前排的芦苇先行烧掉，使火势无法接近他们，然后继续南撤，抵达了一座山下。

李鞮且鞮侯在南山上，他命令太子率领骑兵发起攻击。李陵率军退入了树丛中，匈奴骑兵在树丛中发挥不出应有的威力，李陵军又斩杀数千人。杀贼先杀王，李陵望见了山头上的李鞮且鞮侯，命令用强大的连弩向着李鞮且鞮侯射击，李鞮且鞮侯慌忙下山。

李陵军并没有摆脱险境，反而更加危险。因为匈奴骑兵人数太多，李陵军每天都在减员，但仍然杀伤了两千名匈奴兵。再往南四五十里，就踏入了平地，李鞮且鞮侯担心汉朝援军到来，准备放弃攻击李陵军。悲剧的是，这时候，李陵军中一位校尉羞辱了一个叫管敢的军候，管敢愤而投降了匈奴，告诉李鞮且鞮侯说：

"李陵没有援军，箭也即将用完，唯独李陵和校尉韩延年各领八百人在前面开路，使用黄色和白色的旗帜，只要派精骑射击，就可以破了他们。"

　　拏鞮且鞮侯闻听，大喜，命令围攻汉军，并大声呼喊道："李陵、韩延年，速速投降！"匈奴骑兵向前飞驰，阻截了李陵军的退路。李陵等人身处山谷之中，匈奴在山上，他们从四面八方开始向李陵军射击，箭如雨下。李陵等人边用盾牌挡箭边射击，继续向南撤退，还未到鞮汗山（今蒙古国西南诺颜博格多山），一日之内竟射出了最后的五十万支箭。他们抛弃车辆南奔，当时剩下将士三千多人，没有武器的就把车轴当武器，军中文职人员拿着刻字的刀作为武器。他们退入了一处峡谷之中。匈奴人上到山上，从上往下滚石头，李陵军被砸死砸伤的较多，无法继续前行。

　　夜幕降临，李陵着便衣一个人出营，对左右说："不用跟着我，我要一个人偷袭拏鞮且鞮侯。"但是，偷袭谈何容易，匈奴戒备森严，过了许久，李陵返回，仰天长叹道："我们已经无路可走了，就要葬身此处了！"于是，他命令把旌旗全部斩断，把珍宝埋在地下，叹息道："如果能有数十只箭，足以脱身了，今无法再战，天明后，我们将全数被俘，不如我们就此解散，如果有能幸运逃出者，请把情况禀报天子。"李陵命每个士兵各带二升粮食和一块冰（备渴），约定先到遮虏障的等待后至者。

　　夜半时分，李陵命击鼓，但战鼓已经被敲破，不能再发出响声。李陵和韩延年都挺身上马，率领十多名壮士南逃。匈奴数千名骑兵在后追赶，两方接触，韩延年战死。这时候，李陵的举动出人意料。他长叹道："没有面目以报陛下。"然后，他下马投降了匈奴。将士四散奔逃，幸运逃入边塞者有四百多人。

　　李陵急于立功，以五千名步兵北击匈奴，被匈奴数万名骑兵围困，失败也在情理之中。李陵选择投降，大概是因为贪生怕死，贪图荣华富贵，投降匈奴后必会给予高官厚禄，也可能是壮志未酬，不甘心就此死掉，留得青山在，不怕没柴烧，先把命保住再说。但不管何种理由，李陵注定遗臭万年了！

司马迁受宫刑

李广利率军攻打右贤王所在的天山，杀死和俘虏了一万多名匈奴人。李广利在班师途中，被匈奴援军包围，开始缺粮，战斗力也锐减。正在此时，假司马赵充国主动请战，他率领一百多名勇士，向匈奴阵地发起冲锋，拼死杀开了一条血路，李广利率军突出重围。本次战役，汉军死伤惨重，死亡的就达两万多人。赵充国身上有二十多处伤，回京后，刘彻亲自查看伤口，提拔他为中郎。公孙敖和路博德率领的汉军，没有捕捉到匈奴军队。

李陵投降的地方，距离汉朝边塞仅有一百多里，边塞守将派人疾驰长安，把消息禀报了刘彻。刘彻听到李陵投降的消息，暴怒。主帅投降，这让他颜面尽失，他本来期盼的是胜利的消息，如果不胜，也希望李陵能够自杀殉国，展示汉家将军的忠烈，结果却等来了李陵投降匈奴的消息。他把陈步乐召来严厉斥责，陈步乐惶恐中自杀。

大殿之中，群臣纷纷谴责李陵，只有太史令司马迁一言不发。刘彻观察到了，就问司马迁对这件事的看法。出乎大家意料的是，司马迁替李陵极力申辩："李陵对亲戚长辈非常孝顺，对待士人诚心，对待士卒用心，常奋不顾身以赴国家之急，他的素养有国士之风。今他行事不幸，一些陶醉在温柔乡里，不了解战场形势险恶的人却在诋毁他，实在令人痛心！李陵率领的步兵不过五千人，深入匈奴腹心，血战数万名敌军，匈奴死伤无数，狼狈逃窜，救死扶伤都来不及（'救死扶伤'一词来源），后又举全国之兵围攻李陵军。李陵军转战千里，弓箭用尽，退路被切断，将士赤手空拳，冒着白刃，争先恐后，以死相搏。李陵如此，得到将士的誓死效力，虽古代名将也不过如此。虽然最后失败，但他们歼灭的敌人足以告慰天下。李陵没有选择死亡，暂且屈就，以图来日立功报答天子。"

刘彻差点被司马迁的话给气哭了。他大声斥责道："一派胡言！"他下令把司马迁处以宫刑。所谓宫刑，也称腐刑，就是割掉男子的生殖器。

司马迁帮李陵说话，是不是因为他和李陵关系特别要好？据司马迁后来写给任安的信中说，他们其实并无深交，只是普通同事，没有在一起哪怕喝过一次酒，他只是根据平时观察，认为李陵是个不错的人，所以才替他说话。

司马迁遭受宫刑以后，没有因此自暴自弃，而是更加发奋著书，终于完成了鸿篇巨制——《史记》。后来，司马迁被刘彻提拔为中书令，位高权重。司马迁卒年不可考。

过了一段时间，刘彻也怜悯李陵孤立无援，叹息道："李陵率军出塞之后，我应该再下令让路博德率军接应李陵，却事先下了命令，才使这个老将不愿为李陵后军而心生奸诈。"于是，刘彻下令赏赐逃回来的李陵军幸存者。

李陵在匈奴待了一年多，公元前97年，刘彻派贰师将军李广利、强弩都尉路博德、游击将军韩说、因杅将军公孙敖率大军分路攻打匈奴。刘彻命公孙敖深入匈奴腹心，援救李陵回朝，但公孙敖的军队遭遇了左贤王的军队，战败。公孙敖为了推脱战败责任，说是李陵替匈奴军队出谋划策，导致汉军的失败。刘彻大怒，命令处死了李陵的全族。

后来，有汉朝使者出使匈奴，李陵特地找到使者，问道："我率领五千名步兵横行匈奴，因为没有援军而失败，无负于汉，却全族被杀，为何？"

使者回答："天子听说是你教匈奴用兵。"

李陵悲叹道："是李绪，不是我呀！"李绪本是汉朝边关的都尉，匈奴进攻李绪，李绪投降，单于挛鞮且鞮侯厚待李绪，常在李陵之上。

李陵要为家人报仇，派人刺杀了李绪。大阏氏（挛鞮且鞮侯的母亲）准备杀死李陵，挛鞮且鞮侯保护李陵，让他躲到了北方，大阏氏死后，挛鞮且鞮侯又把李陵迎回了王庭。挛鞮且鞮侯非常欣赏李陵，把女儿嫁给了他，封为右校王，当时卫律为丁零王，他们都受到挛鞮且鞮侯的礼遇。卫律常在挛鞮且鞮侯的左右，李陵常居外，等到有大事的时候，才召李陵商议。

钩弋夫人

　　公元前 94 年，赵婕妤（jié yú）为汉武帝产下了一子，取名为刘弗陵。赵婕妤就是历史上著名的"钩弋夫人"，出生年月不详，是河间郡（今河北省献县东南）人，长得非常漂亮，性格沉静，喜欢读书，她父亲在宫里做事，之前因为犯法，被处以宫刑，任中黄门。

　　汉武帝刘彻狩猎路过河间郡的时候，随行的望气师说此地有奇女，刘彻立即派人四处寻访。正如望气师所言，不久，派出去的人带回一个美貌的赵姓女子。这个女子十几岁，双手握拳。有人说，此女生下来就是如此。刘彻很好奇，用手去轻掰她的手，少女的手随即打开了，只见手掌心里握着一个小玉钩。刘彻很惊异，认为此女不凡，就把她带入宫中，封为婕妤，百般疼爱，把她安置在了钩弋宫。顺便交代一下，后宫美女的名称是不断变化的，汉武帝后期，除了皇后，排名是这样的：婕妤、婧娥、容华、充衣、美人、良人、八子、七人、长使、少使。

　　钩弋夫人怀孕十四个月后，产下了刘弗陵。这时刘彻已经六十三岁了，老来得子，非常高兴，说道："我听说尧是十四个月而生，今赵婕妤产子，也是这样。"于是，他把钩弋宫的大门命名为"尧母门"。

　　这些年，刘彻变得易怒、嗜杀，而且更加迷信。公孙弘之后的丞相继任者，李蔡、庄青翟、赵周等没有落得好下场，都是自杀而死，接替赵周任丞相的石庆，行事非常谨慎、小心，才得以自然死去（公元前 103 年）。石庆死后，刘彻任命公孙贺为丞相，之前没有沟通，公孙贺在大殿上突然听到要让自己接任丞相的诏令，扑通跪倒在地，连连叩头，流着眼泪谢绝。但刘彻拒绝收回命令。公孙贺迫不得已，接受了丞相的印绶，散朝之后长叹道："我危险了！"

　　刘彻喜欢使用酷吏，郡太守、封国国相和中尉大多执法严苛。但治理的效果

▲ 钩弋夫人像

并没有达到预期，小吏和百姓犯法的越来越多，函谷关以东盗贼滋生，成群结队，多者能达到数千人。他们攻打城池，夺取府库里的兵器，杀害太守、都尉。少的也达百人，他们横行乡里。刘彻派御史中丞、丞相长史等到各地督导，仍然不能制止。

于是，刘彻任命范昆、前九卿张德等人为绣衣直指（绣衣御史，穿绣花衣，专事专办，办毕撤销），持节、虎符，征调军队进行剿灭。大郡的盗贼连同受株连者，处决的多达万人，小郡也有数千人，当然其中不乏被冤枉者。

过了几年，又有变民占山为王，甚至一些逃亡的军人也加入了他们的队伍。刘彻认为法律还不到位，于是制定了《沉命法》，法中规定："有盗贼的地方，地方官员没有发现，或者发现了没有尽数抓捕的，从太守到小吏，皆处以死刑。"但事与愿违，地方官员为了保命，掩饰自己辖区的盗贼数量，不敢上报，怕被连坐，造成盗贼越来越多。

当时出现不少严酷的绣衣直指，比如暴胜之等，不少太守级的官员，因为剿灭盗贼不力，被暴胜之处死。

济南郡东平陵人王贺，也担任绣衣直指，负责惩治魏郡（今河北省临漳县西南）的盗贼。他性情宽厚，释放了不少罪行轻微者，但被指不称职，被免职。王贺叹息道："我听说救活千人，子孙会得到封赏，从我手下活命的有一万多人，后世必会发达呀！"

不出王贺所料，他的后世多人位居高官，曾孙王莽还篡汉自立。

巫蛊之祸

公元前 96 年正月，因杅将军公孙敖的妻子被他人揭发，采用"巫蛊"之术，刘彻闻听，火冒三丈，下令把公孙敖腰斩，并诛灭全族。刘彻为什么这么生气？因为在当时，巫蛊之术，骇人听闻，闻者色变，是被严厉禁止的，碰不得。巫，就是巫师；蛊，相传是一种人工培养而成的毒虫，侵入人体，无药可治。所以刘彻才会大动肝火。

但是，巫蛊之事没有因此禁绝，反而愈演愈烈，因为有野心家敏锐地觉察到，拿巫蛊做文章，是铲除政敌的最好手段，因为"巫蛊"这两个字，会触碰刘彻最敏感的神经。

公元前 92 年夏季的一天，居住在建章宫，已经六十五岁的刘彻突然产生了幻觉，看见一个男子带剑进入了中龙华门。刘彻感受到了杀机，急忙命人捉拿，只见该男子扔下宝剑就跑。经过地毯式搜查，一无所获。刘彻大怒，斩了门候（负责看守宫门）。刘彻又征调军队，挨家挨户搜查，搜了十一天，仍不见刺客踪影。

丞相公孙贺的妻子叫卫君孺，是皇后卫子夫的大姐，所以公孙贺仕途顺畅。公孙贺的儿子公孙敬声，接替了公孙贺之前太仆的职位，但公孙敬声贪赃枉法，胆大包天，擅自挪用北军军饷一千九百万，后被发觉，公孙敬声被逮捕入狱。当时刘彻正下诏追捕犯罪的阳陵（今陕西省咸阳市）大侠朱安世，但朱安世为人狡猾，捕捉不到。公孙贺就主动请命，要求捉拿朱安世，替公孙敬声赎罪，刘彻同意了。公孙贺救子心切，动用一切手段，真把朱安世抓到了。朱安世苦笑着说："丞相要祸及宗族了！"于是，朱安世在狱中上书，告发"公孙敬声和阳石公主（刘彻之女，生母不详）私通，陛下经常去甘泉宫（今陕西省淳化县西北），他们指使巫师在道路旁埋上木偶，恶毒诅咒陛下。"

刘彻大怒，下令把公孙贺逮捕入狱，后来经过廷尉的调查，情况属实。公孙贺父子被处死狱中，家族被诛灭。这桩案件十分蹊跷，一是可能朱安世提前在道路旁埋上木偶，准备报复捉拿他的官员；二是廷尉可能之前和公孙贺结怨，或者为了迎合刘彻的心理，把案件办成了铁案。

刘彻任命涿郡太守刘屈氂（máo）为丞相，封澎侯。刘屈氂是中山靖王刘胜的儿子，论辈分是刘彻的堂侄子。

公孙贺"巫蛊"事件继续发酵，诸邑公主（刘彻和卫子夫的女儿）、阳石公主，以及卫青长子卫伉都受到了牵连，被诛杀。最是无情帝王家，刘彻也成为中国历史上第一个杀害亲生女儿的皇帝。

赵国人江充，原名江齐，字次倩，生年不详，他有个妹妹善于弹琴、唱歌和跳舞，嫁给了赵王刘彭祖的太子刘丹，江充因此得以成为赵王的座上宾。

刘丹这个人，荒淫无耻，和姐妹通奸，他怀疑江充把这些私密之事告诉了赵王刘彭祖，因此和江充有了嫌隙。他派人捉拿江充，没有捉到，就把江充的父母逮捕，严刑拷打后取得伪证，然后把江充的父母在大街上处决。江充悲痛万分，隐蔽起来，找机会西行入关，更名为江充。

江充上书刘彻，报告刘丹的淫乱之事，并说刘丹结交郡国的强横无赖之徒，横征暴敛，地方官员拿他没办法。刘彻见到奏章后发怒，派使者征调军队包围了赵王的王宫，把刘丹收押，移交到魏郡的大牢，经过审理后判处刑罚。赵王刘彭祖上书求情，刘彻不准，废了刘丹的太子之位。

刘彻召见了江充，见他衣着得体，魁梧英俊，很是欣赏，赞叹道："燕赵多奇士！"刘彻又询问他国家大事，江充对答如流，刘彻很满意。江充请求出使匈奴，刘彻问他到匈奴后有何良策，江充回答："随机应变，揣测敌人意图，不预先设计。"刘彻任命江充为谒者，出使匈奴。江充返回长安后，被任命为绣衣直指，负责督察京师范围内的盗贼，以及皇亲贵臣逾越礼制的事情。

凡贵戚近臣奢侈无度，超越界限者，江充皆不避讳，予以检举揭发，建议没收他们的车马，让他们加入北军，准备攻打匈奴。贵戚子弟惶恐，求见刘彻，叩头求饶，愿意出钱赎罪。刘彻同意，命他们按俸禄等级交给北军，得到了数千万钱。刘彻认为江充忠诚正直，执法不阿，非常符合他的心意。

有一次，江充去甘泉宫，恰逢太子刘据委派来问候刘彻的使者驱车在驰道（皇帝出巡的专用车道）中行使。江充就阻拦了下来，交给有关部门判刑。刘据听说后，派人向江充道歉说："我并非袒护属下，只是不想让皇帝知道这件事，否则会认为我管教属下不严，请江君宽赦之。"

江充一点儿面子都没给太子，把这件事禀报了刘彻。刘彻大加赞许，称赞道："做人臣的应当如此！"从此，刘彻视江充为心腹，信任有加。于是，江充权势威震京师。

太子的隐忧

汉武帝刘彻二十九岁的时候，卫子夫生下了皇子刘据，这也是刘彻的第一个儿子，帝位后继有人，他当时非常高兴，命大儒东方朔和枚皋写了美好的祝词，随即又封卫子夫为皇后。等到刘据七岁的时候，刘彻封他为太子。长大以后，刘彻命人教授刘据《春秋公羊传》，又跟随江公学习《春秋榖梁传》。

刘据二十岁加冠之后住太子宫，刘彻专门命人在长安城杜门外五里处为刘据修建了博望苑，让他根据个人爱好，招揽宾客。应该说这是刘彻的失误之处，为太子选择宾客，应该选择学问高、品行好的人，但把这个权力交给太子刘据，让他自由选择，很不妥，因为刘据在深宫长大，还不谙世事，不明白人心险恶，很容易使一些目的不纯的人进入博望苑，事实也就是如此，很多儒家学说以外的学说、学派得以进入了博望苑。

刘据长大之后，性情仁慈宽容，温和恭谨，刘彻嫌弃他性格软弱，缺乏能力，不像自己。当时，刘彻已经有了四个儿子：王夫人生的刘闳，李姬生的刘旦和刘胥，李夫人生的刘髆（bó）。岁月无情，此时的卫子夫已经由当年的美貌少女变成了黄脸婆，刘彻对她的好感也渐渐消失，对太子的满意度也在逐渐降低。

卫子夫和刘据也感觉到了刘彻的这种变化，隐隐不安，心神不宁。刘彻也觉察出来了，为了安抚他们，他对大将军卫青说："汉家江山是白手起家，草创而来，加之四方蛮夷侵扰，朕如果不变更制度，后世无法可依；不出师征伐，天下将不得安宁。所以不得不劳苦人民。如果后世还像朕一样，就是沿袭了秦朝灭亡的轨迹。太子敦厚庄重，喜欢安静，必能安天下，不会让朕担忧。如果要选择守成之主，哪里有比太子更贤能的呢？我听闻皇后和太子有不安之意，大可不必，可以把我的意思转告他们。"

卫青赶忙磕头拜谢。卫青把刘彻的话转告三姐卫子夫。卫子夫对刘彻感激涕零，并为自己的多心向刘彻谢罪。刘据多次劝皇帝父亲停止征伐四夷，刘彻笑着说："老子辛苦了，你就轻松了，这不好吗？"

刘彻每次出巡，就把朝廷之事托付给太子刘据处理，后宫之事托付给皇后卫子夫处理。等刘彻返回长安后，刘据就把最重要的一一汇报。刘彻也无异议，有时甚至听都不听，完全信任太子的决定。刘彻用法严苛，也多喜欢使用酷吏，就难免会产生一些冤案；而太子敦厚，时常会对一些案件进行平反。太子的做法虽然得到百姓的拥护，但执法大臣很不高兴。卫子夫担忧这样下去终会获罪，因此常常训诫太子，应该听取皇帝父亲的裁决，不应该擅自取舍。刘彻得到消息后，赞许太子而批评皇后。这样造成了朝廷大臣之中宽厚长者皆向太子靠拢，而酷吏皆诋毁太子的局面。邪臣多结党营私，所以对太子的赞誉少而诋毁多，形势对刘据很不利。卫青死后，邪臣认为刘据没有了强力将领的支持，竟然竞相构陷太子。

刘彻忙于征伐大事，求神问仙，流连于后宫诸位美女之间，与诸位皇子之间的关系疏远，皇后卫子夫也难得见到刘彻一面。一次，刘据前去看望母后卫子夫，日头偏西才出宫。黄门苏文（宦官）向刘彻构陷太子道："太子和宫女厮混。"刘彻并没有因此怪罪刘据，而把太子宫的宫女增加到了二百名。刘彻的意思大概是，这些宫女够了吧，就不要再在皇宫乱来了。刘据事后知道是苏文诬陷自己，因此对苏文怀恨在心。

苏文和小黄门常融、王弼，经常收集太子的过错，然后添油加醋向刘彻报告。卫子夫对他们恨得咬牙切齿，让太子禀报刘彻后，诛杀苏文等人。但刘据说："谨慎用事，不犯过错，何惧苏文等小人！主上聪明，不会相信邪佞，不足忧也！"

刘彻曾经身体微有不适，命常融召唤太子。常融见到太子后，先行返回宫中，对刘彻说："太子有喜色。"刘彻沉默不语。等到太子到来后，刘彻观察太子，见他眼角有泪痕，却强颜欢笑，安慰刘彻。刘彻感觉很奇怪，就追问详情，了解究竟后，他诛杀了常融。卫子夫也处处小心，规避嫌疑，虽然已经长久不得宠，但还能受到刘彻的礼遇。

当时，各地方士和巫师会聚京师长安，以旁门左道迷惑众人，为所欲为。女巫自由往来宫中，教各位美人如何逃过劫难，在每个房间内埋上木人祭祀。因为妒忌或者吵架怒骂，就会互相揭发，认为是诅咒天子，大逆不道。刘彻闻报后大怒，大开杀戒，所杀后宫和波及的大臣数百人。

刘彻疑神疑鬼，有一天，他白天正在休息的时候，突然梦见数千个木人手拿兵器准备攻击他。他从睡梦中惊醒，大汗淋漓，感觉身体非常不舒服，精神损耗过度，变得恍惚善忘。

太子之死

　　江充和太子刘据结怨，他看到刘彻年事已高，精神也不太好了，担心刘彻百年之后，刘据继位后会诛杀自己，因此暗下决心，决定拿"巫蛊"大做文章，扳倒太子及皇后。于是，江充对刘彻说："陛下有疾，问题出在巫蛊上。"刘彻特别信任江充，听他这么说，也感觉有道理，于是任命江充为使者，主抓治理巫蛊之事。

　　江充领命，率领胡人巫师挖地找寻木偶人，逮捕施蛊及夜间祭祀、拜鬼神者，甚至指示巫师提前把木偶涂上血迹埋在地下，陷害他人。将人抓捕以后，就用烧红的铁钳灼烧"犯人"的皮肤。人都是血肉之躯，经受不住这些酷刑，被迫违心认罪。江充又深挖同党，以大逆不道处死这些人。自京师、三辅延伸到郡、国，连坐被处死者前后达数万人。

　　江充教唆胡巫檀何向刘彻进言："宫中有蛊气，不解决掉，陛下身体不会痊愈。"于是，刘彻让江充入宫，挖地寻找蛊虫，甚至把御座都拆散架了。刘彻又派按道侯韩说、御史章赣、黄门苏文等人协助江充。江充采用战术，由浅入深，先从皇宫刘彻极少临幸的夫人那里下手，然后依次到了皇后、太子宫，每寸土地都翻腾了过来，以至于太子、皇后的房间连一块放床的地方都找不到。

　　江充说："在太子宫挖得的木人最多（江充提前指使人埋在地下），又找到了帛书（写在绢帛上的文书），上面所言大逆不道，应当奏报天子。"

　　太子刘据被吓坏了，急忙向太子少傅石德问计。石德也非常恐惧，他认为自己作为太子的师傅，会被牵连，受到诛杀，因此建议刘据道："之前丞相父子（公孙贺父子）、两公主及卫氏皆因'巫蛊'被诛杀，今巫师和使者挖地得到木偶、帛书，是巫师栽赃，还是实际就有，难以说清。为今之计，可以矫诏收捕江充等人，押入大牢，深查他们的奸计。而今圣上在甘泉宫养病，皇后和家吏求见皆不得见，圣上是死是活不得而知，而奸臣如此用事，太子难道不思量一下秦朝太子扶苏被杀的事情吗？"

刘据犯了犹豫，说："我是人子，怎么敢擅自诛杀？不如去见陛下，可能会被饶恕无罪。"刘据准备赶赴甘泉宫，但江充逼迫刘据甚急，刘据也没有了主意，于是采纳了石德的计策。

公元前91年七月七日，刘据让宾客冒充皇帝使者，收捕了江充等人。韩说怀疑使者有诈，不肯就范，被当场格杀。刘据亲自到了现场，诟骂江充道："赵虏，之前你乱赵国父子还不够吗，今又来乱我父子？！"然后，他亲手处死了江充。刘据命令把所有的胡巫抓起来，在上林苑架起火堆，把他们投进去活活烤死。

太子舍人无且持节，夜入未央宫长秋殿大门，急请长御（宫女之长）向皇后卫子夫汇报情况。征得卫子夫同意后，调动宫中警卫队，打开武器库，发给长乐宫的护卫兵卒。京师长安骚动不安，传言说太子造反。

苏文侥幸脱逃，飞驰甘泉宫，向刘彻禀告说太子造反了。

刘彻不相信，说："必定是太子恐惧，又愤恨江充等人，所以才有此变。"

于是，他派使者召刘据前来相见。使者刚到长安就不敢继续前进了，返回甘泉宫禀报刘彻说："太子已经造反，想要杀臣，臣逃了回来。"

刘彻闻听暴怒。丞相刘屈氂得到长安城的消息后，拔腿就跑，慌乱中把丞相的印绶都弄丢了。刘屈氂派长史疾驰甘泉宫，向刘彻禀报消息。

刘彻问长史道："丞相在做什么？"

长史回答："丞相在秘密处置，不敢擅自发兵。"

刘彻愤怒地说："事情已经乱到如此地步，还有什么好保密的，丞相无周公之风啊！"

刘彻命长史给刘屈氂传达诏书说："逮捕、斩杀反叛者，自有封赏，用牛车挡住路，不要短兵相接，减少伤亡，坚闭城门，不要让反贼脱逃！"

刘彻从甘泉宫移驾城西建章宫，征调京畿及临县军队及官员，交给刘屈氂统领。

刘据已经没有回头路，派人把长安城中大牢里的囚徒释放，命老师石德和宾客张光分别统领；派囚徒如侯持节征调屯驻在长水（今陕西省蓝田县西北）和宣曲

（今陕西省西安市西南）的胡人骑兵。

长安城外，刘彻派的侍郎马通遭遇了如侯引领的胡人骑兵部队，逮捕了如侯，并告诉胡人骑兵说："符节有诈，不要听他的！"马通立斩如侯，率领胡人骑兵进入长安，并征调船夫，交给大鸿胪商丘成率领。因为之前皇帝的符节都是红色的，所以太子发的符节也都是红色的，为了区分真假，刘彻命在符节上加上黄缨。

北军战斗力强大，取得了北军的支持就能稳操胜券，于是刘据亲自来到北军南营门外，召唤护北军使者任安，交给他符节，让他发兵。但任安跪拜接受符节后，进入了营门，闭门不出。刘据遂引兵离开，强制长安城内百姓充军，共聚集了数万人，然后向长乐宫进发。

在长安宫西门，刘据和刘屈氂遭逢，双方展开血拼，大战了五天，数万人战死。这时候，百姓也逐步看清了事态，都说"太子造反"，人心开始变化。他们不再相信太子，而向丞相刘屈氂的部队聚拢，刘据军队实力削弱。

公元前 91 年七月十七日，刘据军队溃败，他从长安城东南的覆盎门逃走，司直（丞相属官）田仁把守此门，他认为太子毕竟是皇帝的亲生骨肉，不忍逼迫太急，于是放刘据通过。刘屈氂追到覆盎门，得知田仁放跑刘据，准备处死他，但被御史大夫暴胜之阻拦。刘彻得到消息，斥责暴胜之。暴胜之恐惧，自杀。

刘彻派宗正刘长和执金吾（刘彻改中尉为执金吾）刘敢，前去收缴皇后卫子夫的玺绶。卫子夫在绝望中自杀。刘彻认为任安首鼠两端，坐观成败，谁胜跟谁，于是将他和田仁腰斩。

马通的部下景健，逮捕了石德，商丘成逮捕了张光。刘彻封马通为重合侯，景健为德侯，商丘成为秺（dù）侯。太子宾客中这次跟太子出入宫门的一律处死。跟随太子战斗的诛灭全族，士卒和官员被太子逼迫参与的，都被流放到敦煌郡戍边。刘彻命各城门加强防卫。

刘据向东逃跑，逃到了湖县（今河南省灵宝市）的泉鸠里（今河南省灵宝市西北鸠水西），户主比较淳朴，但家庭贫穷，没有余钱，就靠织鞋卖鞋换来的钱，供给刘据的生活。刘据听说有一位故人定居在湖县，家庭富庶，就派人到湖县去向这位故人借些钱花。但这时全国都在通缉太子，何况湖县就在京兆尹的管辖之下，距离长安不远，风声更紧，刘据派去的人在官府的盘问之下，露出了马脚，刘据隐藏之处遂被官府掌握。

八月八日，官兵包围了刘据的藏身之处，刘据感觉这次无论如何也走不了了，便关闭门窗，上吊而亡，年三十八岁。小吏张富昌见屋内没有动静，踹开了房门，发现上吊的刘据。小吏李寿赶忙把刘据的身体抱住，解下了他。户主也在和官兵的搏斗中被杀。李寿被封为杅（yú）侯，张富昌被封为题侯。

刘据共有三男一女，在这次事件中全部被杀，他的长子名刘进，是他和史良娣所生，被称为史皇孙。刘进生有一子名刘病已，在这次事件中得以幸存，后来成为有作为的汉宣帝，中兴了西汉，史称"宣帝中兴"，这是后话。

刘彻经此变故，非常痛苦，精神备受折磨，衰老加速。

思富养民

匈奴第九任单于挛鞮且鞮侯去世之后，他的长子挛鞮狐鹿姑继位，为第十任单于。趁着汉朝内部正闹巫蛊之祸，挛鞮狐鹿姑派军攻打汉朝的五原郡和酒泉郡，杀死了两位都尉。

公元前 90 年三月，刘彻命贰师将军李广利率领七万大军出五原郡；秅侯商丘成率两万军队出西河郡；重合侯马通，率四万骑兵出酒泉郡，合击匈奴。李广利出发前，丞相刘屈氂前来送行，李广利和刘屈氂是亲家，李广利的女儿嫁给了刘屈氂的儿子，所以李广利对刘屈氂说道："愿君侯劝主上早日立昌邑王为太子，如日后昌邑王为帝，可保君侯长久富贵。"昌邑王刘髆为李广利妹妹李夫人的儿子。刘屈氂点头答应。

挛鞮狐鹿姑得到汉朝大举进攻的消息后，命令北迁，坚壁清野。商丘成和马通没有发现匈奴的踪迹，率军撤回。李广利遭遇了匈奴右大都督和卫律率领的五千多名骑兵部队，经过激战，匈奴不敌北逃。

正在这时，少府内者令郭穰向汉武帝刘彻揭发道："丞相夫人诅咒圣上，并和贰师将军共同祈祷，准备立昌邑王为帝。"刘彻大怒，命令调查，果然属实。这是大逆不道之罪。刘彻也顾不得李广利率军在外了，他一刻都不想等，命令把刘屈氂绑到运送猪羊的车上，拉到东城腰斩。丞相夫人被绑缚华阳街斩首。他又把李广利的夫人和家人关押了起来。

李广利希望利用击败匈奴的战果获得原谅，于是继续率军北进，把匈奴军打得落花流水，击斩了匈奴左大将。李广利准备继续进攻，他的长史却怀疑李广利怀有二心，准备逮捕李广利，押送长安。消息走漏，李广利立斩长史，但这时候，全军已经知道李广利家里的事情，军心动摇，李广利没有办法，只好率军撤退。当李广利军撤退到燕然山（今蒙古国杭爱山）的时候，狐鹿姑发现汉军军容不整，面露倦容，便亲自率领五万名骑兵追杀。双方交兵，互相杀伤甚多。

夜幕降临，双方收兵，狐鹿姑命一支骑兵部队绕过李广利军，在后方深挖战壕，阻挡汉军退路，天明后前后夹攻，汉军溃败。李广利失去了最后和刘彻要价的资本，投降了匈奴。狐鹿姑非常欣赏他，并把女儿嫁给了他，对他的尊崇更在卫律之上。刘彻得到消息，诛灭了李广利全族。顺便交代一下，一年后，卫律妒忌李广利，他请巫师作法，假托狐鹿姑侯训斥狐鹿姑，让他杀掉李广利。于是，李广利被在祭坛上杀死。

这时候，无论是官场还是民间，平时互相有点仇气的，就以巫蛊之事互相揭发，但经查证，大多不实。而这时，刘彻也逐渐明白了当时刘据的处境。他明白当时刘据是被江充逼迫，于惶恐之中起兵杀死了江充，并非要造反。这时，高寝郎（汉高祖刘邦守墓的警卫）田千秋上书，替太子申冤道："儿子调动父亲的军队，不过受顿鞭打。天子之子误杀人，该当何罪呢！臣梦见一白头翁教臣说这番话的。"

刘彻幡然醒悟，召见了田千秋，对他说道："这是高庙神灵使明公教我，明公应该在我左右，辅佐我。"于是，他任命田千秋为大鸿胪。

刘彻下令诛灭了江充满门，又把苏文烤死，并处死了在湖县杀害太子的人。刘彻想念太子刘据，命令在湖县修建了思子宫，建设了望思台。

几个月后，刘彻又任命田千秋为丞相，封富民侯。田千秋家世平平，没有特殊本领和功劳，只是他在恰当的时候说了恰当的话，才获得了如此高位。但他为人敦厚，人又聪明，所以也能胜任丞相的工作。

之前，搜粟都尉桑弘羊联合丞相、御史奏报："轮台县东有灌溉田亩五千顷以上，可以派兵前去屯田，设置三个校尉分别守护，种植五谷杂粮。"

连年对外战争，花费甚巨，疏于农业，人民困苦，国库空虚，刘彻认为是时候调整政策了。他下诏说："当务之急是禁止苛政暴虐，严禁擅自收取税赋，以农为本，恢复养马免除徭赋的旧令。"刘彻的这份诏书名叫"报桑弘羊等请屯田轮台诏"，俗称"轮台罪己诏"。

自此直到刘彻驾崩，汉军不再对外发动战争。刘彻封田千秋为富民侯，也有思富养民的意思。刘彻任命赵过为搜粟都尉。赵过是汉朝的农学家，他总结劳动人民的生产经验，推广耦犁（由二牛合力牵引、三人操作的一种耕犁）、推行代田法等，让百姓用力少而得谷多。赵过为中国早期的农业生产做出了巨大的贡献。

立子杀母

马通在平叛太子之乱中立功，被封为重合侯，他的哥哥马何罗也被任命为侍中仆射。马何罗和江充私人关系比较好，江充被灭族后，同党也被诛杀，马何罗和马通兄弟害怕灾祸降临，经过密谋，决定铤而走险，刺杀刘彻。御马都尉金日磾注意到他们兄弟鬼鬼祟祟、心神不宁，就暗中观察，与他们同进同出。马氏兄弟也感觉到来自金日磾的压力，所以没敢发动袭击。

公元前88年的一天，刘彻驾临林光宫（甘泉宫），金日磾因为身体有恙，在休息室静养，没有和马氏兄弟在一起。马氏兄弟看到机会来了，就与小弟马安成矫诏连夜出宫，杀死了使者，起兵谋反。第二天一早，刘彻还在睡觉，马何罗径直入宫。这时，金日磾正要上厕所，突然心口一动，立时感觉情况不妙，于是迅即向刘彻寝殿飞奔，坐在屋子门口守卫。这时候，马何罗手持兵刃，从东厢房来到了寝殿外，看到了门口的金日磾，大惊失色。但事已至此，他已经没有回头路，便硬闯寝殿。惊慌之中，马何罗撞上了门旁的瑟，被卡住，无法动弹。金日磾趁机一把将他抱住，高呼："马何罗反了！"刘彻被惊醒，坐了起来，侍卫一拥而上，就要刀砍马何罗。刘彻怕伤及金日磾，命令住手。金日磾人高马大，他拎起马何罗扔到了地上，侍卫上前将马何罗捆绑了起来。刘彻命令深挖，参与谋反之人全部被诛杀。刘彻从此对身边人也提高了警惕。

刘彻有六个儿子，按年龄次序排列，分别为刘据、刘闳、刘旦、刘胥、刘髆、刘弗陵。刘据因巫蛊之祸已经上吊身亡，齐王刘闳早年死去，太子之位空缺，竞争者只剩刘旦、刘胥、刘髆和刘弗陵。

正在这时，昌邑王刘髆也死了，史书没有记载他是夺嫡斗争的牺牲品，我们也不做过多猜测，其母李夫人已经死去，舅舅李广利家族也被诛灭，本身被立为太子的可能性几乎为零。刘髆的儿子叫刘贺。

刘旦生年不详，母亲为李姬。李旦被封为燕王，长大后就去了自己的封国。刘旦是个人才，为人能言善辩，博览群书，喜欢研究星象、历法，也喜欢欣赏美女唱歌、跳舞，喜欢出外狩猎。他也喜欢人才，广泛招揽士人。按说，集这些优点于一身，加之年龄优势，他应该还是太子之位的合适人选，刘旦也是这么认为的。但他有些操之过急了，他上书父亲皇帝刘彻，请求入宫宿卫。刘彻接报，很愤怒，认为刘旦要求入宫是意图不轨，于是将燕国使者处斩。这时候，有人上书揭发刘旦窝藏逃犯。刘彻命令把燕国的良乡（今北京市房山区良乡镇）、安次（今河北省廊坊市）、文安（今河北省文安县东北）等三个县收归朝廷。刘彻从此开始厌恶刘旦。刘旦的太子之梦也破灭了。

刘胥生年不详，和刘旦一母所生，他被封为广陵（首府广陵，今江苏省扬州市）王。他长大后也到了封国就任。刘胥力大无穷，力能扛鼎，徒手能和熊、野猪等猛兽相搏。他喜欢和美女游山玩水，生活相当安逸。但他粗犷不拘，行为上有很多不守法规的地方，刘彻早就把他排除在继位人选之外。

目前太子之位的人选，也就剩下了刘弗陵一个人了，他的母亲钩弋夫人正得刘彻的宠爱。刘弗陵这时才七岁，但个子已经比同龄人高出不少，体格也健壮，善于学习，掌握了不少知识。刘彻非常喜欢他，准备立他为太子，但考虑到他年幼，钩弋夫人又年轻，所以没有下定最后决心。但是，时间不等人，刘彻感觉身体状况一日不如一日，他想到的办法之一，是找一位得力的大臣辅佐刘弗陵。他对百官仔细比较、权衡，最后认为奉车都尉、光禄大夫（刘彻改郎中令为光禄勋，改中大夫为光禄大夫）霍光是最值得托付的。

霍光当初是由同父异母的哥哥霍去病带入宫中的，当年十多岁，到如今已经在宫内侍奉二十多年了，他为人忠厚，小心谨慎，没有明显过错，很得刘彻的欣赏。霍光之前任侍中，在霍去病死后任奉车都尉、光禄大夫。刘彻外出，霍光掌刘彻车马；刘彻入宫，霍光服侍刘彻左右。刘彻命人画了一幅周公背着周成王朝见诸侯的画（周武王死后，成王年幼，武王弟弟周公摄政，七年后还政），赐给霍光。霍光惶恐，深感责任重大。

刘彻经过痛苦的抉择，决定为国家大计考虑，赐死钩弋夫人。数日后，刘彻找了钩弋夫人的一个小过失，突然火冒三丈，大加斥责，钩弋夫人从未见过刘彻对自己发这么大的火，她立即脱下帽子、耳饰，叩头谢罪。刘彻喊道："把钩弋夫人带出去，送交掖庭（属少府，有秘密监狱，宫人有罪都关押到这里）下狱。"卫士进来押着钩弋夫人出门，钩弋夫人没想到深爱自己的这个男人突然翻脸无情，回头望刘彻，眼神里充满了哀怨。刘彻不敢看钩弋夫人的眼睛，大声说："快出去，你不得活！"钩弋夫人被赐死了。

过了些日子，刘彻空闲的时候，问左右："外面有什么议论？"

左右回答："人们在议论'且立其子，何去其母乎'。"

刘彻说："事情并非你等所能理解的。从古至今，国家乱，是由于主子年少，母亲年轻。女主寡居，骄纵傲慢，淫乱无度，无法约束。你们难道没听说过吕后之事吗？所以不得不先把钩弋夫人送走。"

公元前 87 年二月十二日，刘彻封八岁的刘弗陵为皇太子。

武帝驾崩

汉武帝刘彻封刘弗陵为太子的次日，把霍光、金日磾、上官桀等人叫到病榻前，任命霍光为大司马兼大将军，金日磾为车骑将军，上官桀为左将军，让他们接受遗诏，辅佐太子刘弗陵。同时任命搜粟都尉桑弘羊为御史大夫。

上官桀，生年不详，陇西上邽（今甘肃省清水县）人，年轻时在宫内做羽林期门郎（郎官一种，掌狩猎，虎贲郎前身）。有一次，他侍奉汉武帝刘彻赶赴甘泉宫，突然刮起了一阵大风，车辆迎着风，几乎不能前进，刘彻就命卸下黄罗伞盖，减少阻力，交给上官桀看管。上官桀抱着伞盖前进，顽强和大风搏斗，伞盖始终没有离开他的手。大风过后，又下起了雨，上官桀就用伞盖替刘彻挡雨。刘彻对上官桀的膂力很是赞叹，提拔他做了未央厩令。

有一次，汉武帝刘彻有病，静养了一段时间后痊愈。刘彻去马厩看马，但发现御马大都比以前瘦了，大怒，冲上官桀说："你以为我再也见不到御马了吗？"刘彻准备惩治上官桀，将他下狱。上官桀急忙叩头道："臣听闻圣体不安，每日每夜都在忧虑担心，心思就没有放在这些马上。"上官桀边说边掉泪。刘彻被他的话打动，认为上官桀忠于自己，于是任命他为侍中，再升为太仆。这次，被任命为左将军，上官桀成为辅政三大臣之一。

公元前 87 年二月十四日，刘彻病死于五柞宫，享年七十岁，在位五十四年，被葬于茂陵（今陕西省咸阳市兴平市东北）。汉武帝刘彻即位之初就罢黜百家，尊崇六经，开创了儒家学说两千多年来在中国的统治地位。他兴立太学，选拔各地优秀人才充实朝廷。聪明果断，善于用人，执法严厉无私。雄才大略，开疆拓土，使得西汉的领土面积比汉高帝刘邦、汉惠帝刘盈、汉文帝刘恒、汉景帝刘启时期要增加两倍左右。

但是，因为连年对外征伐，等到武帝末年的时候，消耗了大量的人力、物力、财力，汉廷国库空虚，民生凋敝，户口减半。巫蛊之祸，打击面过大，造成无数人无辜死亡，这也是汉武帝刘彻的污点。

　　综合判断，汉武帝刘彻仍然是中国历史上杰出的帝王之一，他的地位和秦始皇并列，被称为"秦皇汉武"。

　　二月十五日，刘弗陵登基为帝，史称汉昭帝。因为刘弗陵才八岁，需要人照料生活，就让他的姐姐鄂邑公主（盖长公主，不知道生母为谁）到皇宫居住，负责照顾刘弗陵。

　　霍光、金日磾和上官桀共同辅政，领尚书事。

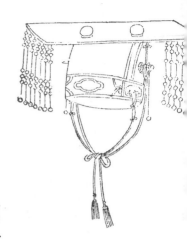

第十一章

霍光执政

苏武归汉

当年，苏武被匈奴单于流放到北海（今贝加尔湖）牧羊，供给时断时续。北方野鼠比较多，有时候没食物吃的时候，苏武就刨野鼠窝，捕捉野鼠和收集野草的果实吃。无论处境多么恶劣，苏武都拿着汉朝的符节，形影不离，时间一长，符节上面装饰的牦牛尾尽数脱落。

苏武和李陵在汉朝的时候，同为侍中，两个人相识。李陵投降匈奴后，道义有亏，不敢去见苏武。许久之后，单于派李陵去北海和苏武会面，劝苏武归降。李陵到了北海，见到苏武，摆酒置乐，劝苏武道："单于听闻我与子卿（苏武别称）关系一向不错，特派我来劝说足下，诚心以待。子卿应该明白，已经无法回到长安了，你这样做只是自讨苦吃。在这荒无人烟之地，谁又能看得到你的忠心和操守呢！你的哥哥和弟弟都因为犯错，恐惧而自尽。我来匈奴时，你的母亲也已不幸去世。你妻子年轻，听说已经改嫁了，只剩两个妹妹，两女一儿，如今又过了十多年，是生是死还不可知。人生短暂，譬如朝露，何必长时间地折磨自己呢！我刚开始投降的时候，恍恍惚惚，精神错乱，感到有负于汉，加上老母亲被收押，更是痛心疾首。子卿不愿意归降的心情，不会更甚于我。且陛下（指刘彻）春秋已高，法令无常，大臣无罪被诛灭全族者数十家。安危不可知，子卿这么做，又是为谁呢？"

苏武说："苏武父子并无功德，全靠陛下所成就，位列将军，爵位封侯（苏武父亲苏建曾为游击将军、平陵侯），兄弟皆为朝廷近臣，常愿肝脑涂地，以报效陛下。如今即使把我劈死、烹杀，我也无怨无悔。臣事君，犹子事父，子为父死，没有什么遗憾。请你不要再劝。"

李陵看无法说服苏武归降，就留下来陪苏武宴饮了几天，李陵准备告别，仍

▲ 明　佚名　苏李泣别图　美国弗利尔美术馆藏

不死心，说道："子卿请最后听我一言。"

苏武打断李陵的话，说："我之前就知道会死在这里。你如果一定要让我投降，我们就到此为止，我现在就死在你的面前。"

李陵见苏武态度坚决，喟然长叹道："真义士也！我和卫律之罪，比天还大呀！"李陵泪湿衣领。

李陵留下了牛羊数十头，然后和苏武道别。

刘彻去世后，李陵再次来到北海，告诉苏武刘彻去世的消息。苏武面朝南方，呼号痛哭，悲伤到吐血。数月间，苏武每天早上和晚上都为刘彻举行哀悼仪式。

单于挛鞮狐鹿姑病危，临终前，对元老重臣交代说："我的儿子们都还年少，不能治理国家，立我的弟弟右谷蠡王。"

挛鞮狐鹿姑死后，卫律和单于的正室大阏氏秘不发丧，假传单于号令，立儿子、左谷蠡王挛鞮壶衍鞮为单于（第十一任单于）。但他们的阴谋不久就外泄，左贤王、右谷蠡王非常恼怒，一气之下，准备投降汉朝，但又恐中途受到截击，无法到达。于是他们威胁卢屠王，准备西降乌孙。但卢屠王不惧威胁，把左贤王等人的阴谋告诉了挛鞮壶衍鞮。挛鞮壶衍鞮派人求证，右谷蠡王矢口否认，反咬一口，说是卢屠王准备造反。卢屠王被处死。左贤王和右谷蠡王占据了卢屠王的地盘，并且不再参加每年五月在龙城（今蒙古国哈尔和林市）的集会。

大阏氏行为不端，加之匈奴内部闹分裂，挛鞮壶衍鞮担心汉朝趁机攻打他们。卫律劝挛鞮壶衍鞮派使节和汉朝和亲，改善关系。汉朝也向匈奴派出了使节，使节追问苏武等人的下落，匈奴人说苏武已经死了。

后来，汉朝再派使节来到匈奴，常惠（苏武副使，被匈奴扣留）秘密来见使节，告知苏武的实际情况，并告知使节，应该这样同挛鞮壶衍鞮讲："天子在上林苑射猎，射得了一只大雁，这只大雁腿上绑着一封写在丝绸上的求救书，上面写明苏武在北海之中。"

使节大喜，以此法拜见挛鞮壶衍鞮。

挛鞮壶衍鞮信以为真，惊讶地看看左右，然后向汉使节致歉道："苏武等人确实还活着。"

于是，挛鞮壶衍鞮派人到北海把苏武接来，准备把苏武和马宏等人送回长安。

马宏是汉朝派往西域使节团使节、光禄大夫王忠的副手。他们和匈奴骑兵遭遇，王忠战死，马宏被俘，但马宏一直拒绝投降。

李陵摆酒，为苏武送行，祝贺苏武道："今足下还归，扬名于匈奴，功显于汉室，古代竹帛所记，丹青所画，也无法超越子卿。陵虽然懦弱无能，如果汉能宽赦我的罪行，保全我的老母亲，使我知耻后勇，难保不会有曹沫的壮举（鲁国大将曹沫率军与齐国交战，三战三败，鲁国割地求和。齐鲁会盟，曹沫趁机劫持齐桓公，要回被侵占的土地。）。然而，陵全族被戮，是奇耻大辱，陵还有什么值得顾惜的呢？罢了！说这些，只是让子卿明白我的心意而已，我已经是异域之人，从此我们将永别了。"李陵流下数行热泪，和苏武诀别。

苏武这时候和匈奴的妻子刚生下一个孩子，为了万全考虑，苏武决定把妻子留在匈奴。

离妻别子，苏武非常感伤和留恋，写下了《留别妻》诗一首。

除已经归降和去世者以外，随苏武回汉的一共九人。

公元前 81 年春季，苏武等人回到了京师长安。汉昭帝刘弗陵下诏，命苏武用太牢（牛、羊、猪）祭祀汉武帝陵墓，并任命苏武为典属国（官名，主管归附的少数民族事务），其他住宅、金钱等赏赐不再细表。常惠等人被拜为中郎。

苏武被扣留在匈奴共十九年，沧海桑田，当初正是壮年，如今已是须发皆白的老头儿。

执政的霍光和上官桀，之前都和李陵交情不错，他们派李陵的老朋友任立政等三人，出使匈奴，劝李陵回汉。李陵对他们说："回去容易，大丈夫不能再次受辱！"李陵后来老死于匈奴。

上官桀谋乱

刘彻死前指定了三位辅政大臣：霍光、金日磾和上官桀。金日磾已经去世，目前仅剩霍光和上官桀。霍光和上官桀关系起初还比较好，每当霍光休沐的时候，就把国事的处理权交给上官桀。两个人还是亲家，霍光的长女嫁给了上官桀的儿子上官安为妻。公元前88年，上官安和霍氏生了一个女儿。当上官安的女儿五岁的时候，上官安盼望和皇帝刘弗陵关系更亲近一层，就请求岳父霍光帮忙，把女儿嫁给年方十一岁的刘弗陵。霍光认为不妥，因为自己的外孙女还太小，所以没有同意。

前文说过，因为刘弗陵年幼，他姐姐鄂邑公主（盖长公主）入宫抚养他。鄂邑公主生活不检点，和儿子的宾客丁外人发生了私情。上官安向来和丁外人关系不错，他了解了丁外人与鄂邑公主的关系后，就游说丁外人："小女容貌端正，如果能得到长公主的青睐而封为皇后，我们父子在中朝，而小女在皇宫，权柄就会更重。能否成功，全赖足下。汉朝规矩，公主常嫁给列侯，足下何忧不能封侯呢！"

丁外人闻听，大喜，就向鄂邑公主转达了上官安的意思。鄂邑公主认为和权臣结亲，有利于巩固刘弗陵的地位，表示同意。于是，朝廷下诏，封上官安的女儿为婕妤。皇帝娶亲，是皇族的私事，霍光也不好强行过问。次年（公元前83年），刘弗陵又封上官氏为皇后。上官皇后成为中国历史上年龄最小的皇后。

上官安先后被任命为骑都尉、车骑将军，封桑乐侯。但上官安骄纵放荡，行为多有不端。上官桀父子为了报答丁外人和鄂邑公主，建议封丁外人为侯爵。霍光认为这不符合惯制，不同意。上官桀父子就降低要求，希望任命丁外人为光禄大夫，这样他就能获得皇帝的召见，霍光也不同意。这惹恼了鄂邑公主，她开始对霍光心存恨意，上官桀父子也对霍光抱怨不已。

上官桀的老丈人亲近一名叫充国的太医监，他私自进入内宫，被逮捕入狱，论罪当斩。鄂邑公主营救了充国，用二十匹马作为赎金，换回了充国的一条命。上官桀父子对鄂邑公主非常感激，同时深深怨恨霍光。

上官桀认为自己在武帝刘彻时期已经是太仆，位列九卿，位置比霍光高，皇后又是自己的亲孙女，而霍光只是外祖父，因此，他有了扳倒霍光，自己主政的想法。

燕王刘旦认为自己年龄大，应该比刘弗陵更有资格继承皇位。御史大夫桑弘羊认为自己对国家财政贡献不小，却无法为子弟谋求到理想的官职。因此，鄂邑公主、上官桀、上官安、桑弘羊和刘旦结成了统一战线，准备扳倒霍光。刘旦多次派使者向鄂邑公主、上官父子和桑弘羊赠送金银财宝。

上官桀让人以刘旦的名义准备了一份奏章，奏章中说："霍光出长安检阅羽林军的时候，太官先行去准备饮食，然后街道戒严，严禁行人上路，礼仪跟皇帝的一样。苏武在匈奴十九年不降，才被任命为典属国；而大将军长史杨敞，没有功劳，却被任命为搜粟都尉。霍光又擅自增加大将军府的校尉。霍光弄权专制，臣怀疑他有非常之心。臣愿意归还符玺，入宫宿卫，调查巨奸阴谋。"

趁霍光休沐的时候，上官桀把奏章交给了皇帝刘弗陵。出乎上官桀等人意料的是，刘弗陵压下了奏章，不予批示。

第二天早上，霍光上朝，得到消息，他停留在画室，没有上殿。因为霍光休沐时间已到，刘弗陵就问道："大将军何在？"

上官桀回答："因为燕王告发他的罪行，所以不敢进来。"

刘弗陵吩咐："召大将军！"

霍光上殿后，脱下了帽子，叩头请罪。

刘弗陵说："大将军请戴上帽子，朕知道这份奏章是假的，将军无罪。"

霍光长出了一口气，问："陛下怎么知道的？"

刘弗陵说："大将军到广明厅（长安城东）检阅禁卫军，不过几日内的事，征调校尉，也不出十日，燕国距离长安遥远，燕王如何能够得知？而且如果大将军要起兵，无须增加校尉。"

当时刘弗陵不过十四岁，逻辑思维能力却这么强，尚书等左右大臣都很吃惊。

上官桀派人把消息告诉了上书者，让他抓紧逃跑，朝廷派人紧急捉拿。上官桀等人惊惧，劝刘弗陵道："这是小事，不值得深究。"刘弗陵不听，但是无法抓到上书诬告之人。

后来，又有上官桀的党羽诬陷霍光，刘弗陵大怒道："大将军是忠臣，先帝让他辅佐朕，敢有诬陷者，格杀勿论。"从此以后，上官桀等人不敢再诬陷霍光。

上官桀等人认为这样下去迟早会露馅儿的，经过密谋，他们产生了一个惊天的阴谋：让鄂邑公主设宴宴请霍光，然后在席上设伏兵，将霍光诛杀当场，废黜刘弗陵，迎立燕王刘旦为帝。刘旦大喜，同上官桀等人书信往来频繁，并许诺事成后封上官桀为王。

刘旦联络了各郡国好汉数以千计。刘旦对幕僚说："盖长公主（鄂邑公主）告知我说，唯独顾忌的是大将军霍光和右将军王莽（非篡汉的王莽），今王莽已死，丞相田千秋又患病，我们的事一定能成。"刘旦命令部下整装待发。

上官安还有惊天阴谋，他准备借助刘旦的力量除掉霍光，在燕王刘旦入京时将刘旦除掉，然后再废黜刘弗陵，拥戴上官桀为帝。

有人问："皇后该怎么处置？"

上官安说："逐鹿之狗，哪里还顾得上小兔哇？刘旦登上帝位之后，万一转变态度，我们虽想成为平民百姓，也已经不可能了，这是百世不遇之良机。"

这件事被鄂邑公主的舍人、稻田使者（稻田皆置使者，收税）燕仓获知，他随即告诉了大司农杨敞。但杨敞为人胆小怕事，不敢禀报，声称有病，到别的地方养病去了。燕仓又找到了谏大夫杜延年，杜延年认为事态重大，立即禀告了霍光。霍光当即禀报刘弗陵，做了详尽的安排部署。

公元前80年九月一日，刘弗陵下发诏书，命丞相田千秋逮捕上官桀、上官安、桑弘羊和丁外人等人，把他们灭族。鄂邑公主在恐惧中自杀。

刘旦得到消息后，意识到发兵已经无法取胜，就按兵不发。他非常懊恼和不甘，知道自己的日子已经不多了，就摆下酒宴，和群臣、妻妾一一告别。不久，天子诏书到，责备刘旦，刘旦自缢而亡。刘旦的妻妾自杀者有二十多人。刘弗陵宽赦了刘旦的世子刘建，把他贬为平民。因为上官皇后年幼，没有参与上官桀等人的阴谋，又因为他是霍光的外孙女，所以得以保住皇后之位。

霍光推荐光禄勋张安世（御史大夫张汤之子）为右将军兼光禄勋，作为自己的副手。霍光又提拔杜延年为太仆兼尚书右曹、给事中，封建平侯，燕仓被封为宜城侯。杨敞身居九卿却不敢告发阴谋，明哲保身，没有被封侯。

平乌桓、楼兰

前文说过，匈奴冒顿单于大破东胡，东胡分裂，逃入乌桓山（今内蒙古自治区阿鲁科尔沁旗乌聊山）的被称为乌桓族，逃入鲜卑山（今大兴安岭）的被称为鲜卑族，另外还有柔然、库莫奚、契丹、室韦、蒙古等。乌桓族世代归附于匈奴，受他们的压迫。

汉武帝时期，汉朝派大军攻破了匈奴的东部地区。汉朝迁乌桓于上谷郡、渔阳郡、右北平郡和辽东郡的边塞之外，让他们替汉朝打前站，侦察匈奴的动静。汉朝还设置了护乌桓校尉来统领和监督他们，使他们不能和匈奴往来。后来，乌桓部落逐渐繁衍强大起来。

公元前 78 年冬季，辽东郡的乌桓部落起兵犯汉。

这时候，有投降汉朝的匈奴人告诉霍光说，乌桓曾经挖了匈奴单于的墓穴，匈奴深恨乌桓，准备出动两万名骑兵攻打乌桓。之前，匈奴进犯汉朝边塞，霍光想趁机攻打匈奴，就任命中郎将范明友（霍光的四女婿）为度辽将军，率领两万名骑兵从辽东郡出塞。匈奴闻风而逃。范明友趁机攻打乌桓，乌桓先为匈奴所攻，正处疲敝之时，汉军大胜，斩首六千多名乌桓人，斩获了三个乌桓王爷的人头。

当初扜弥国（今新疆维吾尔自治区于田县）畏惧龟兹国（今新疆维吾尔自治区库车县），把太子赖丹送到龟兹国充当人质。贰师将军李广利率军攻打大宛国后回军的时候，把赖丹带回了长安。后来，霍光任命赖丹为校尉，到轮台垦田。龟兹国王认为这样会危及自己的国家，竟然派兵把赖丹杀害了。

楼兰（今新疆维吾尔自治区若羌县）国王死去，匈奴首先得到消息，把在匈奴做人质的楼兰王的儿子安归送回了楼兰，安归继承了王位。汉朝得到消息，派使者来到楼兰，让安归到长安觐见汉昭帝刘弗陵，但安归拒绝。

当时汉朝骏马监傅介子（？—前 65）（汉开国功臣傅宽曾孙）正出使大宛，朝廷命他谴责楼兰和龟兹。傅介子到了楼兰和龟兹后，责问楼兰王和龟兹王，他们均表示谢罪。傅介子回到长安后，被提拔为中郎兼平乐监（刘彻在上林苑修建了平乐观）。

傅介子对霍光说："楼兰、龟兹数度反复，而不诛杀，不能不惩戒。介子见龟兹王平和、容易接近，我愿意前往刺杀他，向各国展示威吓。"

霍光同意，说道："龟兹太过遥远，你到楼兰去试试吧！"

于是傅介子率领士兵，携带大量金银财宝，扬言要赏赐外国，然后抵达了楼兰。楼兰王安归对傅介子并无好感，没有接见他。傅介子佯装继续西进，当走到楼兰西部边界时，让楼兰国的翻译回去告诉安归说："汉朝使者携带的黄金、绸缎要赏赐各国，如果国王不来取，他们就要赏赐西部别的国家了。"傅介子还把黄金等物拿出来给翻译展示了一番。

翻译见到安归后，告知了安归。安归想，不拿白不拿，毕竟是送上门的真金白银，于是亲自追上了傅介子等人。傅介子设宴招待安归，把黄金、绸缎拿出来给安归看，顿时亮瞎了安归的双眼。安归很兴奋，喝得有点高。傅介子看时机差不多了，就凑到安归的近前说："天子让我对王爷有私话交代。"

安归醉醺醺的，失去了判断力，起身跟傅介子来到内帐。这时候，埋伏在帐内的两个勇士，提剑从安归后背用力刺了进去，两柄剑刺透了安归的后背，在胸前交叉。安归当场死亡。安归的大臣、随从听到动静，知道不好，四散奔逃。

傅介子告谕众人："天子派我诛杀安归，更立他的弟弟尉屠耆为王，尉屠耆目前在汉，汉兵马上就到，你等不要妄动，否则就要灭国了！"

傅介子斩下安归的人头，乘快马飞驰长安，把安归的人头悬挂在了北门之下。

于是刘弗陵立尉屠耆为楼兰王，把楼兰国改为鄯善国，刻制了印章，把一名宫女赐给他为妻，并为他准备了车马、辎重。尉屠耆请求刘弗陵说："我身在汉已久，今归国，势单力薄，而前王儿子尚在，恐怕我会被杀。我国国内有一座伊循城（今新疆维吾尔自治区若羌县东北），那里土地肥美，请陛下派一将领在那里垦田存粮，让臣得以借助他的威势，镇服国人。"刘弗陵与霍光商量后，派出了一位司马，带领文武随从四十人，和尉屠耆一起回国。尉屠耆动身之日，丞相率领百官送到北城西门之外，设宴饯行。

因范明友和傅介子立功，公元前 77 年七月，朝廷封范明友为平陵侯，傅介子为义阳侯。

霍光废刘贺

公元前 74 年四月十七日，汉昭帝刘弗陵病死于未央宫，年二十一岁，被安葬在平陵（今陕西省咸阳市西平陵乡南）。刘弗陵在位期间，主要是由霍光掌权，他本人并没有多大施展空间，但他认准了霍光，并充分信任霍光，算得一位明君。

刘弗陵没有子嗣，汉武帝的六个儿子刘据、刘闳、刘旦、刘胥、刘髆和刘弗陵，目前仅剩刘胥在世。刘胥属于四肢发达、头脑简单之人，力能扛鼎，游乐无度，甚至能和熊、野猪等猛兽搏斗，早已被排除在继承人资格之外。刘据为废太子。刘闳没有子嗣。刘旦参与谋反，后代没有资格继承皇位。刘胥年长勇武，霍光很难控制住他，自然不会考虑他。

霍光把目光盯在昌邑王刘髆的后代身上。刘髆只有一个儿子刘贺，霍光和上官皇后等人商议后，决定拥立刘贺为帝。上官皇后下诏，派行大鸿胪事的少府史乐成、宗正刘德、光禄大夫丙吉和中郎将利汉，前去昌邑（今山东省金乡县西北）迎接刘贺。

刘贺生年不详，在封国内我行我素，狂放不羁，即使为爷爷刘彻服丧期间，仍然游猎不止，不接受规劝。朝廷诏书抵达后，刘贺欣喜若狂，第二天中午就从昌邑出发，急行一百三十五里路，于傍晚到达定陶，侍从所乘的马都累死了数匹。

刘贺一行到达济阳（今河南省兰考县东北）的时候，向当地政府索要长鸣鸡，又购买了积竹杖。抵达弘农（今河南省灵宝市东北）的时候，刘贺命大奴把一美貌女子藏在了行李车上。到达湖县（今河南省灵宝市西）的时候，史乐成等人发现了这个女子，就责问昌邑国相安乐，安乐就转告了昌邑国郎中令龚遂。龚遂追问刘贺，刘贺担心事情闹大，说不知情，把责任推到了大奴的身上。卫士长命令把大奴斩首。

刘贺一行抵达霸上的时候，朝廷派大鸿胪亲自前来迎接。刘贺换乘了皇帝的专用车辆，由昌邑国太仆寿成驾车，龚遂陪乘。将要到东都门（长安东城北面第一门）的时候，龚遂对刘贺说："按照礼仪，奔丧看见国都的时候应该哭泣。"刘贺说："我咽喉痛，哭不了。"直到未央宫东门，刘贺才开始哭泣。

六月一日，刘贺接受了皇帝印玺，即皇帝位。刘贺尊上官皇后为皇太后。上官皇太后本年才十五岁。

刘贺做了皇帝后，不知道收敛，依旧和以前一样，淫乐无度。他把昌邑国的旧僚召到长安，全部提拔。这些人阿谀奉承，沆瀣一气，把皇宫搞得乌烟瘴气。龚遂力劝，刘贺就是不听。

霍光非常愁闷，忧心忡忡。他征求大司农田延年的意见，田延年建议道："将军身负重托，是国家的柱石，如果认为此人不能用，为什么不禀明太后，选择贤能之？"

霍光问道："古代有这样的例子吗？"

田延年回答："伊尹为商朝丞相，废了太甲以安宗庙，后世认为他是忠臣。"

霍光于是任命田延年兼任给事中，让他和车骑将军张安世秘密谋划。

公元前74年六月二十八日，霍光召集丞相、御史、将军、列侯、九卿、大夫、博士到未央宫召开大会。

霍光说："昌邑王昏庸无道，恐怕会危及社稷平安，大家讨论一下该怎么办。"

绝大多数大臣闻听霍光之言，大惊失色，不敢表态，只是嘴里哼哼哈哈。

田延年离席，手按宝剑，厉声说道："先帝托付将军辅佐幼主，把天下安危系在将军身上，认为以将军的忠贤，能安刘氏江山也。今群小喧嚣，社稷将倾。如汉家无人祭祀，将军虽死，又有何面目见先帝于地下呢？今日之议，应速速决定，群臣有迟迟不应的，我将请示把他斩杀！"

群臣不敢再犹豫，纷纷跪倒，说道："万民之命，在于将军，我们愿听大将军吩咐！"

霍光和群臣入宫见上官太后，禀报了刘贺的具体表现，认为他不适合继续做皇帝。于是，上官太后驾临未央宫承明殿，命令禁止昌邑国的旧属进入宫门。

刘贺朝见太后回来，乘辇车准备回到未央宫温室殿，中黄门等刘贺入内，即

▲ 明　佚名　前代君臣故事图·霍光夺玺　美国弗利尔美术馆藏

刻关闭宫门，不让昌邑国的群臣入内。

刘贺不解，问道："这是为何？"

霍光跪倒，回答："皇太后有诏令，不让昌邑国群臣入内。"

刘贺说："慢慢说就是，何必如此，惊吓到朕了。"

张安世率领羽林军把昌邑国的二百多名官员全部捉拿，押送廷尉入狱。

刘贺还没有意识到他将被罢黜，问左右道："我的旧属有何罪，而大将军把他们都抓了起来？"

不一会儿，上官太后诏令到，召见刘贺。他才察觉事态严重，内心感到恐惧。上官太后盛装端坐于大殿置有兵器的帷帐（武帐）中，禁卫军数百人都手持兵刃，两旁站立，群臣依次上殿，然后召刘贺俯身宣听诏书。霍光和群臣联名弹劾刘贺，即位以来，共二十七天，持节命令各官署征发共一千一百二十七件事，荒淫混沌，有失帝王礼仪，惑乱汉室制度，应当被罢黜。

上官太后当即表态说："可。"

刘贺不甘心，说道："天子有直言谏诤之臣七人，虽无道也不会失去天下。"

霍光说："皇太后已经下诏废黜了你，怎么还敢称天子？"

霍光说着，拉起刘贺的手，解下他的玉带，呈送给上官太后。然后，他扶着刘贺下殿，出了金马门，群臣跟随相送。

刘贺面向西拜了拜，说："我愚钝，无法担起汉室事业！"

霍光把刘贺送到了昌邑国的官邸，抱歉地道："王爷自绝于天下，臣宁负王爷，不敢负社稷！愿王爷自爱，臣不能服侍左右了！"说罢，霍光含泪告别。

上官太后下令，护送刘贺返回昌邑，以两千户作为他的汤沐邑，他做昌邑王时的财产全部还归他所有。刘贺姐妹四人，都赐予一千户作为汤沐邑。废除昌邑国，改为山阳郡。

刘贺带到长安的旧属，除了曾经规劝他的龚遂和太傅王式，全部处死。

汉宣帝即位之后，封刘贺为海昏侯。封侯四年后，刘贺死去。

2011 年，海昏侯刘贺墓在江西省南昌市新建区大塘坪乡观西村被发现，经过发掘，出土大量金银财宝，为历次发掘的汉墓之最。

刘病已登基

当初巫蛊之祸时，太子刘据和三个儿子、一个女儿及所有妻妾全部遇害，刘据的长子刘进和史良娣当时生有一个儿子，名刘病已，仅仅几个月大，得以免死，被关押在大鸿胪的监狱。刘彻指派廷尉监丙吉（？—前55）负责办理巫蛊之案。丙吉为人正直，熟悉律令，心知太子并无谋反的事实，同情刘病已的遭遇，有意要保护刘病已。他选择了谨慎厚道的女犯人胡组、郭徵卿作为刘病已的奶妈，还选择了干净、宽敞和干燥一些的牢房供他们三人居住，让她们精心照料刘病已。丙吉心比较细，还不放心，每隔一天就来探视一次。

巫蛊之祸连续数年不能结案，刘病已一直被关押在大鸿胪的监狱。有一次，望气师对汉武帝刘彻说长安的监狱中有天子气。刘彻大惊，派人到各个监狱，命将在押的囚犯，无论罪行大小，一律处死。内谒者令郭穰连夜被派到大鸿胪的监狱，准备处决囚犯。丙吉关闭大门，拒绝郭穰进入，并对他说道："皇曾孙在。他人无辜被处死犹不可，何况是陛下的亲皇曾孙呢？"

直到天亮，郭穰都无法入内。他回宫复命，并弹劾丙吉。但此时的刘彻已经幡然醒悟，说："罢了，天意如此！"他命令大赦天下。大鸿胪的囚犯，也因为丙吉得以存活。

丙吉认为刘病已不应该继续被关押在监狱里，他派人把刘病已和胡组送交给京兆尹，京兆尹不敢接受。胡组刑期已满，准备返家，但刘病已对胡组有了感情，对她非常依赖，一旦见不到胡组，就闹情绪。丙吉就自己出钱，雇胡组和郭徵卿继续抚养小娃刘病已。后来，刘病已的供养中断，丙吉就拿出自己的米、肉，月月供给刘病已。刘病已几次生病，病情严重，丙吉四处求医问药，让刘病已得以病愈。丙吉四处打听，得知史良娣的母亲贞君和哥哥史恭还在，就把刘病已交还史家抚养。贞君虽然年老，但见到外孙后，哀怜不已，亲自精心抚养刘病已。

后来，朝廷下发诏书，命掖庭抚养刘病已，并把名字报给宗正。掖庭令张贺曾经是刘据的门客，巫蛊之祸的时候，张贺受到牵连，本该处死，弟弟张安世替他求情，他才得以保住性命。但是，他仍被处以宫刑，后出任多由阉人担任的掖庭令。张贺非常用心地供养刘病已。等到刘病已读书的年纪，张贺亲自教他读书识字。

刘病已长大成人后，张贺准备把孙女嫁给他，但被弟弟张安世阻止。暴室啬夫（官名。主暴室事，暴室为宫中织作染练之署，有宫人狱。）许广汉，有一女名许平君，也到了婚配的年龄，张贺准备从中撮合许平君和刘病已的好事。于是，张贺请许广汉喝酒。两人都受过宫刑，同病相怜，话题也比较多。酒至半酣，张贺说道："皇曾孙刘病已，跟陛下（刘弗陵）血缘关系很近，最次也会被封为关内侯，可以把女儿嫁给他为妻。"能和皇室攀亲，许广汉自然高兴，就满口答应了。

许广汉的妻子比较短视，得知许广汉要把女儿嫁给刘病已后，大怒，和许广汉大吵了一顿。但许广汉坚持自己的想法，还找人做媒，敲定了女儿和刘病已的婚事。张贺出钱，让刘病已到许家下聘礼。择得良辰吉日，张贺张罗着为刘病已迎娶许平君。

刘病已拜澓（fú）中翁为师，学习《诗经》。他天资聪明，又勤奋好学，不久便有所成。他深入民间，参加一些斗鸡斗狗的游戏，接触了底层各色人等，因此能体察乡里奸诈邪恶的事和人，以及吏治得失。他随皇室成员参加朝请（春曰朝，秋曰请）时，就住在长安尚冠里。

刘贺被废后，霍光和张安世及诸位大臣商议继位人选，比较来比较去，仍无法找到合适的继承者。这时候，丙吉上书霍光，推荐了刘病已："我曾经在大鸿胪的监狱见过他，那时还幼小，至今有十八九岁了，通经学，资质不凡，举止安详，为人和善。请大将军审慎大义，请卜者占卜，卜其宜与不宜。如宜，可以褒奖他，先入宫服侍太后，让天下周知。然后再定立，则天下幸甚。"

杜延年也听说过刘病已的为人，也劝霍光和张安世立刘病已为帝。

算起来，霍光和刘病已还是亲戚，他对刘病已有了天然的好感。刘据是卫子夫所生，卫子夫是霍去病的姨妈，霍去病是霍光同父异母的哥哥。霍光经过认真考量，并和上官太后及几个重要大臣沟通后，终于定下了大计。

公元前 74 年七月，霍光在庭中正襟危坐，召集丞相等以下官员商议立刘病已事宜。议定后，他和丞相杨敞等人联名上奏上官太后："孝武皇帝曾孙刘病已，年十八岁，跟随老师学习《诗经》《论语》《孝经》，躬行节俭，慈仁爱人，可以嗣孝昭皇帝（刘弗陵）后，奉承祖宗庙，子万姓。臣等冒死呈报！"

上官太后下诏批准。霍光派宗正刘德来到尚冠里，找到在此居住的刘病已，告知他朝廷的决定。刘病已由震惊到惊喜的复杂感情变化，不必细表了。刘病已沐浴后，穿上了刘德带来的御衣。这时候，太仆派来的轻便小车（軨猎车）已到，把刘病已送到了宗正府，让他先熟悉一些登基的流程和礼仪。

七月二十五日，刘病已来到未央宫拜见上官太后，上官太后封刘病已为阳武侯。因为不能立庶人为皇帝，所以上官太后先封刘病已侯爵。接着，群臣奉上皇帝玺绶，刘病已遂即皇帝位，并拜谒高祖庙。从刘贺被废，到刘病已登基，皇位空悬二十七天，而天下安定，可见霍光的掌控能力之强。

刘病已尊上官太后为太皇太后。刘病已封许平君为婕妤。这时候，许平君为刘病已生下的儿子刘奭（shì）已经有几个月大了。

霍光有意把小女儿霍成君嫁给刘病已，并册立为皇后。文武大臣也了解霍光的心思，只差正式向刘病已提出来。刘病已得到消息，他心生一计，派人寻找自己微贱时用过的一把旧剑，借以向群臣宣示，一把旧剑自己都不曾忘记，何况旧人！群臣了解了刘病已的心意，因而请求立许平君为皇后。十一月，刘病已封许平君为皇后。

如芒在背

汉宣帝刘病已把大将军霍光的采邑增加了一万七千户，使霍光的采邑总数达到了两万户。霍光长得并不高，大概是七尺三寸（约一米六八），皮肤白皙，眉毛稀疏，双眼明亮，留有一把漂亮的胡须，他为人稳重严整，每次出入殿门，都有固定的地点，内臣偷偷观察，几乎不差分毫。

宣帝刘病已初立时，需要拜谒高祖庙，霍光在车右陪乘。霍光神情一如既往地严肃，内心不可揣度。刘病已深知，自己的位置是霍光给的，霍光也随时可以废黜他，他畏惧霍光，在霍光面前感觉很不自在，很不舒服，如有芒刺在背（成语"如芒在背"出自此）。霍光也觉察出了刘病已的不自在，让车骑将军张安世代自己陪乘，刘病已这才敢自如地舒展身体，不再拘束。

在朝会时，霍光当着文武百官的面，叩头请求把朝政大权交给宣帝刘病已。刘病已很清楚，这是霍光在试探他，他不但没有接受，反而宣布朝中诸事先报告大将军霍光，然后再奏报。

从汉昭帝刘弗陵时代起，霍家多人在朝中担任要职，霍光的儿子霍禹和侄孙霍云都担任中郎将；霍云的弟弟霍山担任奉车都尉、侍中，兼领胡越兵（外族投降军队）；霍光的两个女婿范明友和邓广汉，分别担任未央宫和长乐宫的卫尉；兄弟、女婿、外孙等多人皆有资格参加朝会议政，担任诸曹大夫、骑都尉、给事中等。他们结为一体，盘踞朝廷，势力甚大。

霍光的妻子霍显想让女儿霍成君成为皇后，可是现任皇后许平君正值青春年华，正常接替几无可能。霍显处心积虑，一心想让女儿上位，开始谋划毒计。很快，机会就来了，皇后许平君再度怀孕，出现了妊娠反应，身体不适，准备召给她看过病的女医淳于衍入宫诊治。淳于衍之前很受霍家厚待，她的丈夫是担任宫中掖庭护卫的小官，他对妻子说："你应该先去拜见霍夫人，求她让我得到安池监的职位。"安池是地名，产盐，安池监是个肥差。

淳于衍听从丈夫的话，先到霍府拜见霍夫人，然后向霍显提出让丈夫出任安池监的想法。霍显听到淳于衍求她办事，内心一阵狂喜，意识到自己的机会也来了，于是她对淳于衍说道："少夫（淳于衍的字）为丈夫求取安池监一职，我也有一事求少夫，可乎？"

淳于衍很纳闷，霍家权倾朝野，还有什么事情会求自己呢？

她不假思索，回答道："夫人请讲，我赴汤蹈火，在所不辞！"

霍显说："霍将军向来疼爱幼女成君，希望她日后大富大贵，所以想烦劳少夫。"

淳于衍更加疑惑，问道："此话怎讲？"

霍显说："妇人产子是大事，等于是在鬼门关上走一遭，十死一生。如今皇后就要分娩了，可以趁机投毒除去她，成君就能成为皇后了。如果承蒙你帮助，办成了这件事，富贵将会与少夫共享。"

淳于衍大吃一惊，怎么也想不到霍显会让她谋害皇后，问道："皇后用药，是由几个太医共同配制的，还有先试药者，怎么办得到呢？"

霍显说："就看少夫用不用心了，将军统领天下，谁敢说三道四，出现危险情况的时候，自然会护着你，就怕少夫没有做这事的意思！"

淳于衍内心斗争激烈：如果不按霍显说的做，丈夫不但得不到安池监的职务，还会被霍显杀人灭口，若事情办成了，她就不用过苦日子了，会得到荣华富贵。

思索了好一会儿，她心一横，说道："愿尽力。"

霍显非常高兴，又鼓励了淳于衍一番。

淳于衍把附子（植物名，可入药，有毒）捣碎，带入了长定宫。许皇后生产后，淳于衍瞅准机会，取出附子掺到太医配制的大药丸中，让许皇后服用。

过了一会儿，许皇后身体有了反应，她用手捂头，痛苦地说："我的头涨痛，难道是药里有毒？"

淳于衍回答："没有。"

许皇后更加疼痛烦闷，不治而亡，年十八岁。

淳于衍失魂落魄，赶紧出宫去见霍显。霍显大喜，安慰她不用紧张，但为了掩人耳目，也不敢重赏淳于衍。

事后，有人上书状告诸位为皇后治病的医生，没有对症下药，要求把他们押入大牢，以大逆不道论处。霍显恐怕一旦淳于衍被押入大牢，会如实招供，就把事情的前后向霍光讲述了一遍，并说："既然失策做了这事，就请您不要让有关官员再逼迫淳于衍了。"

霍光听了霍显所讲，惊愕万分。事情一旦暴露，就是灭门之罪，他沉默不语。这时候，案件报告呈上，霍光向刘病已报告说，此事跟淳于衍没有牵连，请求不要再追究淳于衍的责任了。刘病已也没有往深里想，放过了淳于衍。

霍显劝霍光把霍成君送入宫中，霍光照做了。次年，即公元前70年三月，刘病已立霍成君为皇后。

霍光之死

　　公元前 68 年春季，霍光病重，汉宣帝刘病已派去多位御医为霍光治病，但均无起色。刘病已亲自驾临霍光府邸探视，看着被病痛折磨得不成样子的霍光，不由得流下了眼泪。

　　霍光上书谢恩说："臣愿分国邑三千户以封兄孙、奉车都尉霍山为列侯，继承骠骑将军的封祀。"霍光这里说的"兄""骠骑将军"，指的是冠军侯霍去病。霍去病死后，他的儿子霍嬗继承了冠军侯的爵位，霍嬗死时才十一岁，没有留下子嗣，因为汉朝侯爵不能传给兄弟或侄子，所以封国撤除。霍云和霍山均为霍去病的孙子。刘病已当日封霍光的儿子霍禹为右将军。

　　三月八日，霍光病死，年龄不详。霍光辅政前后长达二十年，他忠心辅佐汉室，辛勤为国操劳，终致天下太平无事，为宣帝中兴打下了基础，功劳不可谓不大。

　　上官皇太后和刘病已非常悲伤，亲自前去吊唁霍光，并命太中大夫任宣和侍御史五人持节守护灵堂，由一位公卿在现场主持操办丧事。刘病已赏赐金缕玉衣、金钱等物不计其数，把霍光安葬在茂陵（汉武帝刘彻陵）东，并安置了三百户人家守护陵墓，世代免除赋役。

　　霍光死后，权力出现了真空，御史大夫魏相（？—前 59）上书刘病已道："国家新失大将军，应该以功臣填补空缺，否则容易引起夺权纷争，车骑将军张安世事孝武皇帝三十余年，忠信谨厚，勤劳政事，国家重臣也，宜尊其位，以为大将军。"

　　刘病已同意，任命张安世为大司马兼车骑将军，领尚书事。刘病已封霍山为乐平侯，让他以奉车都尉的身份领尚书事。

　　魏相认为霍家权势过大，应该逐步削夺，刘病已把魏相引为心腹之臣，命他兼任给事中，可以入禁中参与朝政（汉朝三公、九卿皆居外朝，魏相兼任给事中后，可以入禁中，参与中朝之议）。霍显觉察出来刘病已想用魏相制衡霍氏的意图，于是对霍禹、霍山和霍云说："汝等无能，不能发扬大将军余业，今御史大夫被任命为给事中，他人如果诬告汝等，你们能够自救吗？"

不久，霍家和御史大夫家的家奴争道，互不相让，霍家的家奴竟直入御史府，准备毁坏大门，在场的御史叩头道歉，霍家家奴才悻悻而去。有人把这件事告诉霍显，霍显等人认为霍家人太过招摇，隐隐感到忧虑。

次年，刘病已封年九岁的皇子刘奭为皇太子，并任命丙吉为太子太傅，疏广（？—前45）为太子少傅，教导太子。丙吉为人厚道、低调，不宣扬过去自己保护年幼的刘病已之功，这时候刘病已还不知道丙吉对他有大恩。疏广从小好学，精于《论语》《春秋》。刘病已又封许广汉（许皇后的父亲）为平恩侯，霍云为冠阳侯。

霍显得到刘奭被立为太子的消息后，非常郁闷、恼怒，吃不下饭，终致吐血，悲愤地说道："此乃陛下平民时所生的儿子，怎么能被立为太子？日后皇后有子，只能当王啦？"霍显又生毒计，教女儿给太子下毒。霍皇后多次传召太子刘奭，赐给他食物，但刘奭的奶娘每次都先亲自品尝，霍皇后没有下毒的机会。

丞相韦贤（前143—前62）（继杨敞、蔡义之后为相）年老多病，请求辞职，刘病已批准，赐给他金一百斤，车马，送回府邸颐养天年。汉朝丞相退休的制度自韦贤始，之前从开国丞相萧何到韦贤的上一任丞相蔡义，共二十八位丞相，均死在任上，不是自然死亡，就是被杀。刘病已任命魏相为丞相，封高平侯，任命丙吉为御史大夫。

霍显及霍氏子弟，均奢华无度，竞相扩建府邸。霍云无心政事，以玩乐为重，每逢入宫值班的时候，他都谎称有病，找个手下去替班，自己率人外出打猎。霍显不守妇道，和监奴冯子都通奸。霍显还和几个女儿不分昼夜，随意进出上官太后居住的长信宫，毫无顾忌。霍山领尚书，这是个关键岗位。每当上情下达的时候，都需要通过尚书传达，自然必经过霍山这一关，刘病已为了防止霍山扣押奏折，规定官员和平民都可以通过密封信的形式向皇帝上书，不用通过尚书。这样一来，霍山的权力被大大削弱。刘病已又规定群臣可以单独晋见皇帝汇报工作，进一步架空霍山，霍氏家族大为不满。

霍光死后，霍家的影响力不如以前，对于霍家种种过往，也开始有人议论，特别是许皇后之死，有传言说是霍家所为。这话传到了刘病已的耳朵里，虽然没有得到证实，也足以让他大吃一惊。他认为霍家胆大包天，既然敢对许皇后下手，就会对自己下手，因此他开始警惕，决定削夺霍家的兵权。刘病已把未央卫尉、平陵侯范明友（霍光的女婿）调整为光禄勋，长乐卫尉邓广汉（霍光的女婿）调整为少府，把羽林监任胜（霍光的女婿）外放为安定郡太守，给事中、光禄大夫张朔（霍光的姐夫）外放为蜀郡太守，中郎将王汉（霍光孙的女婿）外放为武威郡太守。

刘病已任命张安世为卫将军兼未央宫和长乐宫卫尉，并把长安城十二个门的屯兵及北军全交给张安世统领。为了安抚霍家，刘病已任命霍禹为大将军，但不让他戴大司马所戴的大帽，让他戴小帽，不颁发他印绶，并罢了他的军权，只是名义上使霍禹和他父亲霍光同为大司马。刘病已又收了范明友度辽将军的印绶，使其专任光禄勋；收了骑都尉、光禄大夫赵平（霍光的女婿）骑都尉的印绶，使他不能再率领屯兵。刘病已又罢免了在胡越骑、羽林及两宫卫兵中担任指挥官的霍氏及其亲信的职务，换上了许家和史家（刘病已的祖母家）的子弟。

霍氏被诛

霍家被削职夺权，霍禹非常郁闷，声称有病，不上朝。他任右将军时的长史任宣前来问候，霍禹说："我有何病？天子如果不是因为我家将军（霍光）推举，怎么能坐上皇帝的宝座？今将军坟墓上的土未干，却尽数疏远、排斥我家的人，反而任用许家和史家的人，还夺去了我的印绶，令人死不瞑目。"

任宣见霍禹对刘病已怨恨很深，就劝他道："各自有时，如今许、史两家是天子至亲，富贵无比。大司马怀有如此怨恨，愚以为不可。"霍禹沉默不语，数日后，开始上朝处理政事。

霍显和霍禹、霍山、霍云面对如此困局，不时聚在一起商议对策。他们泪眼相对，抱怨不已。

霍山说："如今丞相（魏相）用事，天子信任，他大肆变更大将军时的法令，把公田赋予贫民，还到处宣扬大将军的过失。诸儒生多是贫困人家的子弟，他们从遥远的地方来到长安，饥寒交迫，生活问题都解决不了，却喜欢狂妄胡说，不避忌讳，大将军时常仇视他们。如今陛下喜欢和儒生交谈，人人都可以向陛下写信，多数都会提起我家的事。有书信中说大将军时主弱臣强，专制擅权，让他的子孙担任要职，兄弟骄纵放肆，恐危及宗庙。其言论触目惊心，我压下来没有上奏。后上书者变得狡猾，上奏的时候采用密信，由中书令直接去取，不经过尚书。陛下对我也不再信任。"

霍显问："丞相多次诋毁我家，难道唯独他没有罪吗？"

霍山回答："丞相廉洁清正，哪里有罪证？我家兄弟诸婿多不谨慎，才留下把柄。我又听说，民间议论纷纷说是霍家毒杀了许皇后。哪会有这种事，简直胡说八道！"

霍显惊惧万分，再也无法独自承受这种压力，就把实情告诉了霍禹他们三人。三人闻听，犹如晴天霹雳，惊问："传言果然非虚，为何不早点儿告诉我们？天子把霍家诸位女婿排斥放逐，就是因为这个吧！此等大事，诛罚甚重，如何是好？"

如果向皇帝坦承，无异于自取灭亡，目前唯有政变成功，才能挽救霍氏家族，于是他们开始谋划政变事宜。

霍云的舅舅李竟和张赦关系要好，张赦见霍家岌岌可危，就劝李竟道："今丞相和平恩侯（许广汉）当权，可以请太夫人（霍显）劝说上官太后，先诛杀此二人，然后罢黜陛下，全赖太后哇！"

原长安亭长张章，因故失官，到官殿北门上书，寄住在霍家马棚里，他在夜里听到养马奴互相议论说霍氏子孙准备谋反。第二天，他上书朝廷告发。

刘病已把此事交给廷尉调查，执金吾逮捕了张赦等人。刘病已敲山震虎，又下令不再深挖。

但霍山等人更加恐惧，他们商议说："天子敬重太后，所以不再深究，既然恶端已现，又有弑许皇后的事，陛下虽想宽恕，恐怕左右也不会听，时间久了还会爆发，一旦爆发就是灭族之罪，不如先发制人。"

于是，霍家命各女儿回去禀报丈夫，说："已经避无可避，唯有铤而走险。"

恰巧这时，李竟被指控和诸侯王联络，图谋不轨，交由有关部门审查。李竟在供词中牵涉了霍家。刘病已下诏说霍云和霍山不适宜在宫廷宿卫，免职回家。

霍家已成惊弓之鸟，疑神疑鬼，全家忧愁不已。霍山出主意道："丞相擅自减少宗庙羔羊、兔子、蛙等祭品，可以以此定罪。"

他们谋定让上官太后为博平君（刘病已寻找到外祖母王媪，封为博平君）设宴，召丞相魏相、平恩侯许广汉作陪，在酒席间，让范明友和邓广汉宣称奉太后诏，当场斩杀魏相和许广汉，然后废黜天子，改立霍禹。他们约定寻找合适时机开始行动。

但是，没过多久，刘病已对霍氏下手了，远调霍云为玄菟郡太守，太中大夫任宣为代郡太守。这时，霍山被揭发抄录禁书，被囚禁，霍显上书献出城西府邸和马匹一千匹，为霍山赎罪。

霍家阴谋政变的事情还是泄露了。公元前66年七月，霍云、霍山和范明友自杀，霍显、霍禹和邓广汉等人被捕。霍禹被腰斩，霍显及诸位女儿（霍皇后除外）、兄弟被绑缚于闹市斩首示众。霍皇后（霍成君）被废，软禁在上林苑的昭台宫（十二年后，霍成君自杀）。因霍氏被株连、被灭族的达数十家。

霍光对刘病已有拥立大功，刘病已却对霍家斩尽杀绝，未免太过冷血无情。霍家也成为继吕家、卫家之后，第三个倒台的外戚家族。

刘病已封揭发有功的张章为博成侯，其他揭发人员也予以加封。

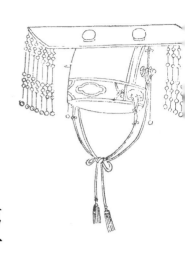

第十二章

宣帝中兴

冯奉世定莎车

当初，汉武帝刘彻把刘细君嫁给了乌孙国国王岑陬，刘细君死后，刘彻又把刘解忧嫁给了岑陬。岑陬死之前，儿子泥靡（岑陬的胡人妻子所生）年纪尚幼，岑陬就把王位传给了叔叔的儿子翁归靡，并交代翁归靡说，等泥靡长大了，再把王位传给泥靡。

翁归靡身材肥硕，被称为"肥王"，依据风俗，刘解忧又嫁给了翁归靡，并生下了三男两女，名字按年龄次序排列为元贵靡、万年、弟史（女）、大乐、素光（女）。

莎车国王无子，他非常喜爱刘解忧的次子万年。莎车国王死后，莎车的贵族商议立万年为王，这样既可以讨好汉朝，又可以讨好乌孙。于是，他们上书汉朝廷，请求立万年为国王。刘病已自然批准，派使者奚充国护送在长安为人质的万年返回莎车。万年即位为王，不久就骄傲起来，暴露了残暴凶恶的本性，动辄杀人，莎车人对他非常失望。

刘病已命令群臣推荐可以出使西域的人才，前将军韩增（？—前56）（开国功臣韩王韩信的玄孙）推荐了冯奉世（？—前39）。

冯奉世，字子明，上党潞（今山西省潞城市东北）人，后迁徙至杜陵（今陕西省西安市东南），他的祖先为战国时期韩国的上党郡太守。汉武帝末期，冯奉世以良家子的身份被选拔为中郎。汉昭帝时期，冯奉世因功劳被提拔为武安县长。后冯奉世因故失官，这时他已经三十多岁了。他专心学习《春秋》，明大义，读兵法，为后来的崛起储备了知识。前将军韩增很欣赏冯奉世，推荐他为军司空令。这次，韩增再推举冯奉世出使西域。

刘病已命冯奉世以卫侯（官名，属卫尉）的身份，持节，护送大宛等国使者返回西域。冯奉世一行人西行，抵达伊循城的时候，恰好莎车国发动政变。原莎车王的弟弟呼屠徵勾结邻国发动政变，杀死了万年，并把奚充国等汉朝使节一并杀死，呼屠徵随即自立为王。

这个时候，匈奴也派兵攻打车师城，但无法攻下，就撤兵而去。呼屠徵派人到各国扬言说："北道（天山南、塔里木盆地北）各国都已经归附了匈奴。"呼屠徵又派兵进入南道，胁迫南道各国与己结盟，背叛汉朝，南道各国迫于压力，全部叛汉，自鄯善国（古楼兰）以西，交通中断。

侍郎郑吉和校尉司马憙率被免罪的犯人在原车师国（今新疆维吾尔自治区吐鲁番市，匈奴立兜莫为车师王，把车师国东迁）的土地上屯田，处于北道之中，情势危险。冯奉世研判局势后，和副使严昌商议，认为应该首先解决莎车国的问题，否则，莎车国气焰会更加嚣张，更加难以制服，必会危及整个西域安全。拿定主意，他们派人持节到各国，宣称奉皇帝命令，征调军队讨伐叛逆。有的国家接受了调令，派军协助，南北两道共集结了约一万五千人。冯奉世率军攻打莎车国，攻破了莎车都城。呼屠徵走投无路，自尽而亡。冯奉世命令砍下呼屠徵的首级，派人骑快马送到了长安。

冯奉世立以前莎车王的直系亲属为新的莎车王。莎车被灭，西域其他各国纷纷宣布归附汉朝，西域遂告平定，冯奉世的声威震动西域。

冯奉世把各国军队遣返，并把战况向朝廷上报。刘病已非常高兴，召见韩增说："祝贺将军所举得其人。"

冯奉世继续西行，抵达了大宛国。这时，大宛国王已经得知冯奉世攻灭了莎车王，对他又敬又怕，对他的礼节超过之前的汉朝使节。大宛国王向刘病已进献了一匹名"象龙"的罕见名马。

冯奉世把这匹马带回了长安，刘病已大喜，认为冯奉世立下大功，命群臣商议冯奉世的侯爵封号。丞相魏相和诸位将军都认为可以，只有少府萧望之（约前114—前47）（大儒，萧何的七世孙）提出了反对意见。

他说："奉世奉旨出使西域，他的任务是护送使者回国，他中途假传旨意，征调各国军队，虽然立有功劳，但不能为后人效法。如果封了冯奉世，之后的使者若仿效奉世，争相发兵，邀功于万里之外，就会为国家多生事端，此风不可长。

所以不宜封冯奉世。"

　　刘病已认为萧望之的话很有道理，是为国家考虑，于是停止封冯奉世的侯爵，而任命他为光禄大夫、水衡都尉（官名，掌管上林苑及铸钱等事）。

刘病已更名

皇后霍成君被废，皇后之位空缺已经近两年了，刘病已准备从最受他宠爱的华婕妤（生女馆陶公主）、张婕妤（生子刘钦）和卫婕妤（生子刘嚣）中选择一位立为皇后。经过认真比较，刘病已认为张婕妤更贤惠，但也迟疑不决，后又担心重蹈霍皇后准备害死皇太子刘奭的覆辙，决心选择后宫一位没有孩子而又细心谨慎的女人为皇后，王婕妤成为首选。

王婕妤的祖先在汉高祖刘邦在位时期立过战功而赐封关内侯，从沛郡迁到长陵居住，一直传爵位到王婕妤的父亲王奉光。王奉光少时喜欢斗鸡，刘病已在民间时几次与王奉光相见，因而相识。王氏十几岁，每当要出嫁时，男方就突然死去，所以一直没有嫁出去。刘病已继位后，把王氏纳入后宫，后提任为婕妤。

公元前 64 年二月二十六日，刘病已封王婕妤为皇后，命她精心抚养太子刘奭。封王奉光为邛成侯。王皇后不受宠，刘病已很少召见她。

刘病已认为自己的名字太过普通，很难避讳，百姓一旦犯了忌讳，就是大罪，因此他下诏把名字改为"刘询"（后文就称"刘病已"为"刘询"了）。

御史大夫丙吉为人深沉敦厚，不喜欢自我夸耀，刘询登基以来，他从不肯向外人提起他曾经照料过刘询的事，所以朝廷也没有表彰他的功劳。当时掖庭有一位名则（姓不详）的宫婢想要受到封赏，让她丈夫上书皇帝刘询，讲述当年有抚育小刘询的功劳。刘询接到奏章后，交给掖庭令对证，宫婢则在供词中提到，丙吉可以作为证人。掖庭令不敢大意，亲自带着宫婢则到御史府向丙吉求证。丙吉认出了宫婢则，对她说道："你确实抚养过皇曾孙，但你照料得不够尽心，还受到过我的责打，你哪里有功？只有胡组和郭徵卿有抚养之恩。"掖庭令据实向刘询进行了奏报。

刘询非常震惊和感激，下诏找寻胡组和郭徵卿，但遗憾的是，她们均已死去，只找到了她们的子孙，刘询对他们予以厚赏。宫婢则虽然照料不周，但毕竟曾经付出过，刘询恢复了她的平民身份，赏钱十万。刘询亲自追问往事，才了解到丙吉对自己的救命之恩，但丙吉始终不说，刘询对丙吉赞赏、钦佩有加，下诏封丙吉为博阳侯。

当年，汉武帝开辟了河西四郡（酒泉郡、张掖郡、敦煌郡、武威郡），把匈奴和西羌隔离开，并把西羌诸多部落逐出了湟中（湟水左右之地，土地肥美）之地。刘询即位之后，派光禄大夫义渠安国巡视西羌，西羌的先零部落阴谋和匈奴勾结，因此游说义渠安国："我们愿意北渡湟水，到百姓没有耕种之处放牧。"义渠安国没有体察到先零部落的阴谋，表示同意，并上奏了朝廷。

后将军赵充国（前137—前52）多次同匈奴及氐人交战，通晓四夷之事，他得到消息后，弹劾义渠安国出使不敬之罪。但这时羌人根据义渠安国的承诺，争先恐后地渡过湟水，郡县制止不住。既而先零的酋长和诸羌部落酋长二百多人化解了仇恨，互相交换人质，缔结盟约，准备共同对付汉朝。

刘询得到消息后，很焦急，就向赵充国征询对策，赵充国说："羌人之所以容易制服，是因为他们互不隶属，自命不凡，互相攻击，水火不容。五十年前西羌造反时，也是先和解结盟，然后攻打令居（今甘肃省永登县西），和汉相持，用了五六年的时间才予以平定。匈奴数次引诱羌人，他们准备合兵攻打张掖、酒泉，匈奴许诺胜利后让羌人在此居住。臣现在怀疑是匈奴派使者到了羌中，做游说工作。臣恐怕此事不单单是羌族变乱，他们估计会勾结其他族作乱，我们应该防患于未然。"

一个多月后，羌人一酋长狼何果然派使者向匈奴借兵，准备攻打鄯善国和敦煌郡，切断汉朝和西域的交通线。赵充国认为："应该派使者通知边兵，加强戒备，并巡视诸羌，分化他们，以破坏他们的阴谋。"

刘询根据丞相和御史大夫的意见，派义渠安国到边疆巡视诸羌，辨别他们对汉朝的态度。

赵充国定西羌

义渠安国抵达羌中后，召集了先零部落头领三十多人议事，话不投机，义渠安国非常恼怒，命人当场把不顺从、态度坚决的几个头领斩杀。义渠安国又命进攻先零部落，杀死了一千多人。义渠安国的举动引发了诸羌的反弹，包括之前已投降汉朝的西羌部落及归义羌侯（汉朝封）杨玉等人，一起背叛了汉朝，他们联络其他族，攻打汉朝边塞，屠杀汉朝官员。义渠安国反击，大败，损失惨重，退守令居。义渠安国无法收拾残局，向朝廷请援。

刘询闻报后，准备派将率军攻打西羌，但当时赵充国已经七十多岁了，刘询认为他年龄大了，不适宜再担任主将，于是派御史大夫丙吉找赵充国征询将领人选。

赵充国不服老，说："没有比老臣更合适的了！"

刘询又派人问："将军预计羌虏的事态将向何处去？需要多少人马？"

赵充国回答："百闻不如一见，用兵很难遥测，臣愿意率军至金城（今甘肃省兰州市），再行把作战态势图和谋略呈报。然西羌小夷，逆天背叛，离灭亡已经不远了，请陛下把他们交给老臣吧，陛下勿忧。"

使者把赵充国的话转告了刘询。刘询笑着说："可以，就交给赵老将军吧！"

公元前 61 年四月，刘询命赵充国率军西击西羌。赵充国抵达金城后，率领一万名将士准备渡过黄河，但担心被西羌阻截，陷于危险之中，于是夜里命令三个校尉率骑兵，在口中衔枚，先行渡河，构筑营寨。天明后，营寨构筑完毕，赵充国命令依次渡河，很快，军队全部渡过了黄河。

这时候，西羌的一百多名骑兵来到了汉军营寨的旁边。赵充国命令："我军士马疲倦，不要出去对阵，这都是骁勇的骑兵部队，不易制服，他们可能是诱兵，攻击敌人要以消灭主力为目标，不能贪图小利。"

赵充国派斥候到四望侠（今青海省海东市乐都区境内）中侦察，竟然发现这里没有敌军守卫。赵充国大喜，急令大军迅速通过，抵达了落都（今青海省海东市乐都区）。赵充国召集各部校尉司马，对他们说："我知道羌虏不会用兵，假如他们派数千人防守四望侠，我军岂能通过？"赵充国常派斥候远程侦察，行军必保持高度戒备，驻军必修筑坚固的营垒，用兵非常谨慎。赵充国关爱士卒，先制订稳妥的方案再出兵。赵充国一行抵达了西部都尉府（属金城郡，今乐都西），每日供给将士丰富的饮食，将士争相效命。西羌派军多次前来挑战，赵充国命令坚守不出。

当初先零部落准备叛变时，罕部落和开（jiān）部落的酋长靡当儿的弟弟雕库获得消息后，心向汉朝，就报告给了金城郡的西部都尉。没过几天，先零果然造反了。但雕库所在部落的很多人都和先零部落在一起生活，西部都尉软禁了雕库，不让他返回部落。赵充国到来后，认为雕库并没有错，就把他放了回去，并让他向各酋长宣布汉朝的宽大措施：反叛者能铲除其他反叛者的，免罪，并根据被铲除反叛者的身份给予免罪反叛者相应奖赏，并把被铲除者的妻儿、财产赐给他。赵充国希望借此分化西羌，让他们自相残杀，然后趁其疲惫之际，再出兵平定。

其间，刘询也征调了包括三辅、金城、陇西、天水、安定、武威、张掖、酒泉等在内的多地军队，合计达六万人。刘询任命侍中许延寿为强弩将军，酒泉郡太守辛武贤为破羌将军。

赵充国引兵西进，抵达了先零部落所在，发起攻击，先零防守松懈，措手不及，丢弃辎重，渡湟水败退，汉军追杀，先零人争先恐后渡河，淹死者有数百人，被杀者有五百多人，汉军捕获了马、牛、羊等牲畜十多万头，车四千多辆。

赵充国率军继续西进，来到了罕和开部落的所在。赵充国攻心为上，下令不得焚毁村舍及随意践踏庄稼。酋长亲自前来拜见赵充国，赵充国设宴款待了他，并释放了俘虏的罕和开部落族人。罕、开部落遂告平定。

刘询命令强弩和破羌二军，于十二月和赵充国军会合，攻击先零部落。当时，羌人中归降的已经有一万多人，赵充国预计先零部落必会不战自溃，准备让骑兵先撤回，留下步兵就地屯田，待其自敝。赵充国把这个想法写成奏疏，正准备上奏的时候，刘询命令十二月合兵进击的诏令下达。赵充国坚持自己的想法，准备上书力争。他的儿子、中郎将赵卬感到忧虑，规劝他。赵充国不听，坚持上书，并指出"留屯田得十二便，出兵失十二利"。

刘询下令群臣讨论赵充国的主张，包括丞相魏相在内，大多赞成赵充国的主张。于是，刘询下诏批准了，并嘉奖了赵充国。但是，当时强弩将军许延寿和破羌将军辛武贤多次要求进攻，刘询也批准了，命他们和赵卬共同进击。经过激烈交锋，强弩军俘虏四千多人，破羌军斩首两千多人，赵卬军斩首降兵两千多人。赵充国军也获得俘虏五千多人。刘询下令撤兵，唯独留下赵充国军屯田。

公元前 60 年五月，赵充国上书说："西羌本有五万人，被斩首七千六百人，投降三万一千二百人，淹死的、饿死的有五六千人，脱逃的酋长煎巩和黄羝率领的只有四千人。酋长靡忘等人承诺把煎巩等人抓获。大势已定，请罢屯田兵。"

刘询下诏批准。赵充国班师而还。

秋季的时候，靡忘等人率领煎巩、黄羝及其所属的四千多人投降了汉朝。西羌之乱平定。

西域都护

匈奴单于挛鞮虚闾权渠（第十二任单于）率领十万大军，以打猎为名，窥察汉朝边境，伺机掠夺人口和财物。但匈奴大军还未抵达边境，一个叫题除渠堂的匈奴人投降了汉朝，向边关守将报告了匈奴大军的动向，边关守将把情况紧急上报朝廷。

刘询封题除渠堂为言兵鹿奚鹿卢侯。刘询任命后将军赵充国为主帅，率领四万多名骑兵，屯扎于边塞九郡（五原郡、朔方郡、云中郡、代郡、雁门郡、定襄郡、右北平郡、上谷郡、渔阳郡），严阵以待。正在这时，挛鞮虚闾权渠生病了，一个多月后病情加重，口吐鲜血。匈奴军也不敢再南下，于是撤军。挛鞮虚闾权渠认为自己命不久矣，为了给新单于一个稳定的环境，他派题王都犁胡次等人，出使长安，请求和好。汉朝还没有做出决定的时候，挛鞮虚闾权渠不治而亡。

挛鞮虚闾权渠是接替死去的哥哥挛鞮壶衍鞮（第十一任单于）单于之位的，根据匈奴的风俗，挛鞮虚闾权渠也娶了诸位嫂子，但他罢黜了哥哥的正宫皇后颛渠阏氏，另娶右大将军之女，封为大阏氏。颛渠阏氏的父亲为左大且渠（匈奴设有左右贤王、左右谷蠡王、左右大将、左右大都尉、左右大当户，左大且渠在左大当户下），怒不可遏。颛渠阏氏也不是省油的灯，她和右贤王挛鞮屠耆堂有了私情。根据安排，挛鞮屠耆堂要赴龙城参加活动，但颛渠阏氏劝阻他说，挛鞮虚闾权渠已经病入膏肓，不让他远行。几日后，挛鞮虚闾权渠病死，匈奴贵族郝宿王刑未央命人传召各位王爷，商议继位人选。诸王还未到时，颛渠阏氏抓住时机，和弟弟、左大且渠都隆奇（接替父亲职位）密谋，成功拥立右贤王挛鞮屠耆堂为单于，称为握衍朐单于，他也是第十三任单于。

挛鞮屠耆堂为人残忍，杀死了刑未央等人，专信都隆奇。挛鞮屠耆堂又把挛鞮虚闾权渠的近亲子弟排挤出朝廷，换上了自己家的子弟。挛鞮虚闾权渠之子挛鞮稽侯珊非常失意，投奔了自己的岳父乌禅幕。乌禅幕部落以他的名字命名，本是康居和乌孙之间的小国，数次受到大国欺凌，乌禅幕就率领他的部落数千人投降了匈奴。挛鞮狐鹿姑单于（第十任单于）把侄女（日逐王挛鞮先贤掸的姐姐）嫁给了乌禅幕，让他率领部众，生活在东部地区。

当初，挛鞮且鞮侯单于（第九任单于）死后，他的长子、左贤王应该继位，当时左贤王在外未归，匈奴贵族以为他有了意外，于是立挛鞮且鞮侯的次子、左大将为单于。左贤王在回城的路上，听说已经立了左大将为单于，就停留下来，不敢进京。左大将听说后，派人把左贤王召来，执意要把单于之位让给他。左贤王不肯，说自己身体有病。左大将坚持，说："如果你不幸病死，再把位子传给我。"左贤王这才接受了，遂登单于位，就是挛鞮狐鹿姑单于。挛鞮狐鹿姑封左大将为左贤王。几年后，左大将病死，但挛鞮狐鹿姑没让左大将之子挛鞮先贤掸继任左贤王，而是封为日逐王。挛鞮狐鹿姑封自己的儿子为左贤王。

日逐王挛鞮先贤掸跟现任单于挛鞮屠耆堂一向不和，担心受到迫害，准备率领部众投降汉朝，于是他派人来到了汉朝的边关渠犁（今新疆维吾尔自治区库尔勒市西孔雀河以东），和汉朝的骑都尉郑吉（？—前49）相见，商谈投降事宜。郑吉不敢怠慢，征发了渠犁、龟兹等国五万人迎接日逐王挛鞮先贤掸。挛鞮先贤掸率领部落一万两千人，小王裨将等十二人降汉。挛鞮先贤掸随郑吉到达了河曲（黄河转弯处，此在金城郡境内），一些匈奴人反悔，中途逃走，郑吉命人一一追杀。郑吉带挛鞮先贤掸抵达了长安，拜见刘询。刘询封挛鞮先贤掸为归德侯，食邑于汝南。

郑吉是会稽郡（治所吴县，今江苏省苏州市）人，以普通士兵的身份从军，多次随军出征西域，被提拔为侍郎。郑吉为人有勇有谋，意志坚强，熟悉外国事务。郑吉以侍郎身份屯田渠黎，积存粮食，曾经征发诸国军队一万多人，加上屯田兵一千五百人，攻破了投靠匈奴的车师国，被任命为卫司马，让他保护鄯善以西至莎车出西域的南道（出西域有二道，车师前王庭西行至疏勒为北道，南北道位于塔里木盆地南北边缘）。

郑吉这次收降了日逐王，加上之前破车师，威震西域，刘询命他保护通往西域的南北道，所以号称都护。西域都护这一职位的设置，自郑吉始。郑吉成为第一任西域都护。

日逐王降汉，挛鞮屠耆堂单于封他的堂兄挛鞮薄胥堂为新任日逐王，并诛杀了挛鞮先贤掸的两个弟弟。

张敞画眉

公元前55年正月，一代名臣、丞相、博阳侯丙吉去世，年龄不详。刘询提拔御史大夫黄霸（前130—前51）为丞相。黄霸也是一位名臣，他长期担任地方官员，清正廉洁，执法公正，善于治民，但缺乏朝廷工作经验，不熟悉运作规律，显得没有条理，名声受损。

有一天，京兆尹张敞（？—前47）家里养的鹖（hé）雀（产自羌中）飞到了黄霸府中的房子上，黄霸及府上数百人都看见了这些鹖雀。黄霸不认识鹖雀，认为这是神雀，是祥瑞的象征，准备报给皇帝刘询。当时黄霸府上有羌中人，不好当面揭穿，也装作不认识鹖雀。不久，黄霸得知这些鹖雀是张敞家里养的，才停止上奏。

张敞得知此事，举一反三，上书刘询，应该惩罚那些使诈博取名声之人。刘询赞许张敞所言，并批示照此办理。黄霸感觉很惭愧。

张敞，字子高，河东郡平阳县（今山西省临汾市）人，他的祖父曾为上谷郡太守，后家迁到茂陵（今陕西省兴平市）。张敞的父亲张福侍奉汉武帝，官至光禄大夫。张敞开始在太守府做属吏，再任甘泉仓长，稍后迁任太仆丞。当时刘贺刚继位，行事多不守法度，张敞上书劝谏："今天子以盛年初即位，天下莫不拭目倾耳，期盼善政，聆听教化，国家辅政大臣未得褒奖，而昌邑国的拉车小卒竟然先得到升迁，这是大过错啊！"过了十多天，刘贺被霍光废掉，张敞因劝谏有功，被提拔为豫州刺史。宣帝刘询继位之后，任命张敞为太中大夫、平尚书事。刘询忌惮被废掉的昌邑王刘贺，任命张敞为山阳郡（治所昌邑，今山东省金乡县西北）太守，监视刘贺。

后来，渤海郡（治所浮阳，今河北省沧州市东南）、胶东国（治所即墨，今山东省平度市东南）盗贼并起，张敞主动上书要求前去治理。于是刘询任命张敞为胶东国国相，赐黄金三十斤。

张敞到了胶东国，张榜悬赏缉拿盗贼者；抓获同伙投案者，可以减轻罪行，于是盗贼内部开始出现了火并。官吏抓捕盗贼有功的，张敞就上书为他们求官，被任命为县令者数十人。盗贼终于得到平定，吏民欢欣鼓舞。

当时颍川太守黄霸以治行考评第一的政绩被征调入京担任守京兆尹。京畿之地，权贵云集，情况复杂，黄霸水土不服，到任几个月后，工作不见起色，又被打回颍川，继续担任太守。后黄霸在太守任上干得风生水起，刘询嘉奖他，任命他为太子太傅，随后又提拔为御史大夫，再提拔为丞相。

京师重地，盗贼甚多，百姓和商人都深受其扰。刘询征调张敞为京兆尹，张敞到任以后，走访长安父老，得知盗贼的数个头领都生活富裕，出则有仆人骑马随从，闾里把他们当作长者看待。张敞召集他们，严厉责问，先不按他们的罪行，而是拿他们拖欠赋税说事，又让他们把盗贼抓来弥补过错。盗贼中的长者说："今一旦把他们召到府中，恐怕他们会惊慌逃跑，请暂且授予我们官职。"张敞就任命他们为小吏，让他们回去休假。小偷的头领回去之后，以升官的名义摆酒，盗贼都来祝贺，等到他们喝醉的时候，盗贼的头领拿红泥抹到他们的衣服上作为记号。

官府的捕快在门外守候，看见出来之人身上沾有红泥的，立即逮捕。一天工夫，逮捕了数百个小偷。张敞深挖他们的偷盗行为，有的小偷一个人竟然偷盗了一百多起。他们都被依法严惩。从此，市场上小偷几乎绝迹。刘询给予了嘉奖。

张敞和妻子的感情非常好，他的妻子小的时候摔跤受伤，碰到了眉角，眉角上有了缺点。为了弥补这个缺点，张敞每天都要为妻子描眉。这个事情逐渐传扬开来，儒生讲究三纲五常，张敞的这种行为在当时是被视作有违伦理道德的，是非常轻佻的行为。有人就上奏给了刘询。

有一天，刘询问张敞是否有这回事。

张敞回答："闺房之内，夫妇之私，更甚于画眉啊！"

刘询闻听，哈哈大笑。他爱惜张敞的才能，并没有责备他。但刘询心中认为他为人轻浮，之后也没有把他放在更重要的岗位上。

相如窃玉、张敞画眉、韩寿偷香（西晋时期）和沈约瘦腰（南北朝时期）被认为是古代的四大风流韵事。

呼韩邪单于降汉

匈奴左奥鞬王去世，挛鞮屠耆堂单于封左奥鞬王最小的儿子为奥鞬王，但把他留在王庭做人质，不准返回部落。奥鞬部落的贵族立已故左奥鞬王另外的儿子为奥鞬王，统领部众，向东迁徙。挛鞮屠耆堂大怒，派右贤王率领一万名骑兵攻击，但处于下风，损失了数千人。

挛鞮屠耆堂残暴肆杀，族人惊惧不安，对他产生了背离之心。太子、左贤王又多次诬告左谷蠡王、左大将、左大都尉、左大当户等左地将领，左地将领都非常恼怒。恰在这时，乌桓攻打匈奴东部的姑夕王，掠夺了不少匈奴人和财物，挛鞮屠耆堂大怒，怪姑夕王无能。姑夕王害怕被诛，便联合乌禅幕及左地将领，背叛挛鞮屠耆堂，拥立挛鞮稽侯珊为单于。挛鞮稽侯珊称为呼韩邪单于（第十四任单于），也是历史上著名的匈奴单于。

挛鞮稽侯珊等人征发了左地四五万人，整编后向西进发，当抵达姑且水（今蒙古国西南巴彦洪戈尔省图音河）北的时候，安营扎寨。

挛鞮屠耆堂恐惧，不战而逃，他派人对弟弟右贤王说：“左地攻打我，你肯发兵助我吗？”

右贤王恼怒地回答：“你不怜悯别人，杀害兄弟、贵族，你死在何处跟我无关，不要来污我！”

挛鞮屠耆堂自感众叛亲离，悔恨交加，自杀身亡。

左大且渠都隆奇投奔了右贤王，他的部众全部投降了挛鞮稽侯珊。挛鞮稽侯珊来到了王庭（今蒙古国哈尔和林市），稳定了几个月后，命令军队解散，各归故里。他又找到了遗落在民间的哥哥挛鞮呼屠吾斯，封为左谷蠡王。挛鞮稽侯珊派人到西部地区，离间右地贵族，希望他们主动能击杀右贤王后投诚。

都隆奇和右贤王商议，拥立日逐王牵鞮薄胥堂为单于，称为屠耆单于，和牵鞮稽侯珊分庭抗礼。他们征发了数万人东进，攻打牵鞮稽侯珊。牵鞮稽侯珊率军迎击，但被打败，他率众东走。牵鞮薄胥堂封长子牵鞮都涂吾西为左谷蠡王，少子牵鞮姑瞀（mào）楼头为右谷蠡王，守护王庭，他自己率队西归。几个月后，牵鞮薄胥堂又命右奥鞮王和乌籍都尉分别率领两万名骑兵，到东部地区驻防，防范牵鞮稽侯珊。

位于西部的呼揭王和唯犁当户妒忌位高权重的右贤王，密谋后，向牵鞮薄胥堂诬陷右贤王，说当初右贤王并不想立牵鞮薄胥堂，而是准备自立为单于。牵鞮薄胥堂听后，非常愤恨，没有细加分辨，派人杀死了右贤王父子。过后，牵鞮薄胥堂冷静下来，经过调查，发现右贤王是被冤枉的。他火冒三丈，派人前去诛杀唯犁当户。呼揭王害怕了，率众逃离，自立为呼揭单于。

右奥鞮王看到局势混乱，也自立为单于（车犁单于）；乌籍都尉自立为乌籍单于。这样一来，牵鞮稽侯珊、牵鞮薄胥堂、呼揭王、右奥鞮王和乌籍都尉五个单于并立，互不隶属，各自为政，匈奴的局势更加混乱。

牵鞮薄胥堂兵分两路：一路由他亲自率领，攻打车犁单于；一路由都隆奇率领，攻打乌籍单于。车犁单于和乌籍单于皆战败北逃，他们向胡揭单于靠拢，三个单于合兵一处，聚拢了四万人。一个群体里不能有三个一把手，乌籍单于和胡揭单于自认为实力没有车犁单于强，于是他们二人去掉了单于的称号，接受车犁单于的领导。牵鞮薄胥堂命左大将、都尉率领四万骑兵屯驻东部，防备牵鞮稽侯珊，他自己亲率四万骑兵向西攻打车犁单于。车犁单于不敌，向西北败退。牵鞮薄胥堂引兵到西南部驻扎。

匈奴内部混战，汉朝有大臣向刘询建议道："匈奴危害日久，可趁其混乱之际，举兵灭之。"刘询征求御史大夫萧望之的意见，萧望之认为不应该乘人之危，行不义之师，应该派使节前往匈奴抚慰，四夷听到后，必会感激中国之仁义，如果再协助他们各安其位，必会臣服中国。刘询认为有道理，听从了萧望之的意见。

牵鞮稽侯珊命弟弟右谷蠡王率军西击牵鞮薄胥堂的部众，杀死及俘虏了一万多人。牵鞮薄胥堂暴怒，亲自率领六万名骑兵反攻，但被打得大败，精锐尽失。他一时想不开，自杀而亡。都隆奇和牵鞮姑瞀楼头投降了汉朝。车犁单于向东投降了挛鞮稽侯珊。这时候，挛鞮稽侯珊的左大将乌厉屈和父亲乌厉温敦已经厌倦了内乱，率领数万名部众投降了汉朝。刘询封乌厉屈为新城侯，乌厉温敦为义阳侯。

李陵的儿子（此时李陵已死去十八年了）复立乌籍为单于，挛鞮稽侯珊率军攻击，乌籍单于不敌被杀。挛鞮稽侯珊重回王庭，但部众仅有数万人。这时候，东西两边情况又发生了变化：西边，挛鞮薄胥堂的堂弟休旬王自立为单于，称为闰振单于；东边，挛鞮稽侯珊的哥哥右贤王呼屠吾斯自立为单于，称为郅支骨都侯单于。匈奴又从五单于并立演变为三单于并立。

闰振单于率军进攻郅支骨都侯单于，但兵败被杀，他的部众被郅支骨都侯单于吞并。郅支骨都侯单于趁势攻打呼韩邪单于（挛鞮稽侯珊），大胜，呼韩邪单于逃走。郅支骨都侯单于入主王庭。

左伊秩訾王劝挛鞮稽侯珊向汉朝称臣，入长安拜见刘询，请求得到汉朝的帮助，这样才能平定匈奴内乱。挛鞮稽侯珊让高官讨论这项提议，得到一致反对。经过权衡，挛鞮稽侯珊力排众议，决定向汉朝称臣，他率部众南移，接近汉朝的边塞，然后派儿子右贤王挛鞮铢娄渠堂入汉作为人质。当到达五原郡的时候，挛鞮稽侯珊派人入塞，向守将表明愿意呈献国宝，于明年（甘露三年，公元前51年）正月入长安朝拜。

刘询接到边关守将的报告后，非常激动和重视，因为匈奴和中原政权已经斗争了二百多年，匈奴令中原政权头疼不已，如今匈奴单于来降，是亘古未有之盛事。刘询命大臣制定了相应的礼仪，并命车骑都尉韩昌率军前去迎接挛鞮稽侯珊，让所经过的五原、朔方、西河、上郡、北地、冯翊等郡，每个郡都派骑兵两千人陈列于道路两旁，以示隆重，同时也防备匈奴。

公元前51年正月，挛鞮稽侯珊进入了长安城朝拜刘询，刘询命他位在各位亲王之上，赐给他黄金制成的印玺及官服官帽、车辆、兵器、金银财宝等若干。后刘询又和挛鞮稽侯珊在长平板（今陕西省泾阳县）会面，当时诸蛮夷酋长、使节、汉朝王侯、大臣及群众数万人在渭桥围观，场面十分壮观。刘询命挛鞮稽侯珊免礼，数万人高呼"万岁"，响彻云霄。

刘询又在建章宫大摆酒宴，宴请挛鞮稽侯珊，向他展示汉朝的珍宝。这些奇珍异宝让挛鞮稽侯珊眼界大开，他充分认识到汉朝幅员辽阔，物华天宝，内心钦慕不已。

二月的时候，挛鞮稽侯珊准备回国，他向刘询请求，愿留居于幕南（瀚海沙漠南）的光禄塞（公元前 102 年光禄勋徐自为修建，五原塞北），受到攻击的时候，请求撤退到受降城寻求自保。刘询同意了，派长乐卫尉、高昌侯董忠和车骑都尉韩昌率领一万六千名骑兵，又征发边郡数千名兵士，送挛鞮稽侯珊一行出朔方鸡鹿塞（今内蒙古自治区西部磴口县西北）。刘询命董忠率军留下来协助挛鞮稽侯珊，助他诛杀不服从者，并转运边关存储的粮食，前后达三万四千斛，赠送给挛鞮稽侯珊。

麒麟阁画功臣

呼韩邪单于挛鞮稽侯珊入长安拜见汉朝皇帝刘询的消息传到西域后，西域各国受到极大震动，因为之前他们心中真正畏惧的是匈奴，匈奴战斗力强且残忍，如今连匈奴单于都臣服汉朝了，他们也都对汉朝更加尊崇。

莎车、西羌之乱平定，呼韩邪单于臣服，刘询内心非常骄傲，他登高远眺，志得意满。这时候，一阵凉风吹来，给刘询发热的脑袋降了降温，他想到，会有今天，有赖于霍光等人的辅佐，他要让这些功臣和自己共享荣光。那么，该怎么去彰显这些人的功劳呢？经过苦思冥想，刘询做出了一个有别于前代帝王的做法：给功臣画像，悬挂在麒麟阁中。麒麟阁位于未央宫中，传说汉武帝打猎时获得了麒麟，很高兴，命人修建了此阁，在此阁中画上了麒麟像，所以命名为麒麟阁。刘询评定了十一位有功于己的大功臣，命画工精心为他们作像，署上姓名和官职，悬挂于麒麟阁中。

这十一位功臣为首者为霍光，他的画像写道："大司马、大将军、博陆侯，姓霍氏（为对霍光表示尊重，不直接写他的名字）。"其余十人为卫将军富平侯张安世、车骑将军龙额侯韩增、后将军营平侯赵充国、丞相高平侯魏相、丞相博阳侯丙吉、御史大夫建平侯杜延年、宗正阳城侯刘德、少府梁丘贺、太子太傅萧望之和典属国苏武。刘询把他们比作周朝中兴之王——靖王姬靖的辅佐大臣方叔、召虎和仲山甫。

汉武帝罢黜百家，独尊儒术，儒学研究学者越来越多，形成了很多流派，为了厘清各个流派，为天下人统一范本，刘询在未央宫的石渠阁召集萧望之、刘向、韦玄成、薛广德、施雠、梁丘临、林尊、周堪、张山拊等大儒开会，讨论儒家各学派的异同，由萧望之经过仔细辨析后上奏，刘询最后拍板决定，决定增设研究梁丘贺注《易经》的博士，研究大小夏侯（夏侯胜、夏侯建）注《尚书》的博士，谷梁赤注《春秋》的博士。会议还决定增设博士至十四人。石渠阁会议在历史上是一次很重要的学术会议，解决了当时困扰汉学术界的很多重大问题。

刘询对太子刘奭总感到不满意，甚至说："乱我家者太子也！"刘询更喜欢聪明有才干的次子刘钦，刘钦的母亲张婕妤也深受刘询的宠爱。刘询有意废黜刘奭而立刘钦为太子，但他是个感恩之人，想到了结发妻子许平君和许家对自己的恩情，就打消了这个念头。

太子刘奭的各个妾中，他最喜欢司马良娣（地位仅次于太子妃），但公元前51年，正值青春年华的司马良娣突然生了重病。刘奭前去看望司马良娣。她拉着刘奭的手，虚弱地说："妾死非天命至此，而是诸位良娣、良人不停诅咒我，才杀了我。"刘奭这时候也失去了判断力，认为司马良娣说的句句在理。

不久，司马良娣病死。刘奭又痛又恨，痛的是失去了心爱的女人，恨的是后宫诸妾，所以他整天躺在床上闷闷不乐。这可急坏了刘询，他认为再选择一个年轻貌美的女子送给太子，也许他就会忘了司马良娣，于是，他命王皇后在后宫中挑选出身清白、貌美如花的可以供太子欢娱的女子，侍奉太子。

王政君（前71—13）被选中了。王政君的爷爷叫王贺，他们家之前在东平陵居住，后迁到了魏郡元成（今河北省大名县东北），王贺在汉武帝时期任绣衣御史，因为心肠软，执法不够严苛，被免职，但他也挽救了不少人的性命。王贺生子王禁。王禁少时在长安学习法律，到廷尉做了吏。王禁胸有大志，行为放荡，好酒色，娶了好几个妾，生下了四女八男。四女为王君侠、王政君、王君力和王君弟，八男为王凤、王曼、王谭、王崇、王商、王立、王根和王逢。王凤、王崇和王政君为同母李氏（正室）所生。

当初李氏怀王政君时，有一天，梦见月亮钻入了她的怀中。王政君出落得美貌苗条，柔和温顺，颇得妇人之道。到了婚配的年龄，王政君被许配给了人家，但还没有等到出嫁，她的未婚夫因故死去了。后东平王准备纳王政君为姬妾，但还没有等到结婚的那天，东平王也死了。连死了两个未婚夫，王禁认为不寻常，就让术士给王政君看相，术士相面后，对王禁说："令嫒当大贵，不可言。"这个看法和王禁不谋而合，于是，王禁有意培养王政君的文化修养，教她读书识字，练习弹琴。王政君十八岁时，王禁把她送入宫中，在掖庭为良家女，直到这次被选中，侍奉太子。

刘奭一见王政君，就被迷得神魂颠倒，迫不及待地宠幸了王政君。王政君马上就怀孕了，于甘露三年（前51）生下了一子。太子刘奭后宫姬妾十几人，无一人生子，这次王政君产下了儿子，便是嫡皇孙。刘询非常喜欢这个嫡皇孙，为他取名叫刘骜，字太孙，常把他带在左右。

公元前49年正月，呼韩邪单于挛鞮稽侯珊再次来到长安朝见汉宣帝刘询。刘询自然是隆重接待一番，然后赐给挛鞮稽侯珊一些金银财宝。次月，挛鞮稽侯珊回国。

三月的时候，天空出现异象，有星孛（我国古代对彗星的称呼）进入了王良星、阁道星，继而进入了紫薇星座。这预示着将有大事发生。

刘询生病了，而且病势沉重，为防万一，他开始安排后事。刘询命人把侍中、乐陵侯史高（刘询的表叔）、太子太傅萧望之、太子少傅周堪召到了病榻前。刘询任命史高为大司马、车骑将军，萧望之为前将军、光禄勋，周堪为光禄大夫，命他们接受遗诏辅政，领尚书事。

公元前49年十二月七日，刘询驾崩于未央宫，年四十三岁。刘询共在位二十六年，在霍光死后才真正掌握政权，实际掌权时间为二十一年。他早年游历民间，深谙民间疾苦，登上帝位后，励精图治，有功必赏，有罪必罚，官员兢兢业业，百姓安居乐业，威服西域、匈奴，呼韩邪单于稽首称藩，功劳光耀祖宗，勋业永垂后嗣。后世称刘询的执政时期为"宣帝中兴"。

刘奭即位，尊上官皇太后为太皇太后，王皇后为皇太后。刘奭又封王政君为皇后，王禁（王政君的父亲）为阳平侯。

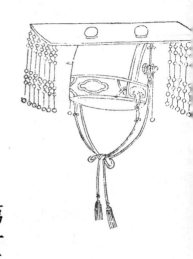

第十三章

虽远必诛

萧望之之死

　　史高、萧望之和周堪同为辅政大臣，史高是皇亲国戚，为首辅，萧望之和周堪是副手角色。萧望之是著名的儒家学者，和周堪在刘奭还是太子的时候，就教导过他，所以刘奭对他们特别信任，多次单独召见他们，谈论治国之术和王道之事。萧望之向刘奭推荐了皇族中精通经书，颇有德行的散骑常侍、谏大夫刘更生（刘向，楚元王刘交玄孙，阳城侯刘德的儿子）为给事中，和侍中金敞并在刘奭左右侍从，以备咨询。他们四个人同心协力，劝刘奭奉行古制，匡扶政治，刘奭多接纳他们的意见。萧望之他们和刘奭的这种亲密关系，直接影响了史高发号施令的效果，史高因此和萧望之出现了嫌隙。

　　中书令弘恭和仆射石显（两人均为宦官），自宣帝时期起，就久居枢要，熟练掌握文辞法令。刘奭继位之后，身体多病，他认为石显是个宦官，没有外党，精于本职，专一用事，可以信任，遂把政事交给他处理。事无大小，都通过石显转递给刘奭签批，石显受到的宠信盖过百官，百官皆对石显恭敬有加。石显为人十分精明，能窥测到刘奭的内心，进而逢迎，因此深得刘奭的宠信。但是，他为人阴险狠毒，喜欢中伤他人，睚眦必报，动辄以法律惩处。他和史高内外勾结，议事的时候常常坚持他们的意见，和萧望之等人相左。

　　萧望之认为这样下去，他们的处境就会很危险，于是采取手段反击，向刘奭建议道："中书是为政的根本，发号施令，是国家核心机构，应该由开明贤达之人担任。武帝为了在后宫游乐时方便处理政务，所以任用宦官担任此职，这不是古制，应该罢免中书宦者，以因应古不近刑人之制。"很快，史高、弘恭和石显等人就知道了萧望之的这项建议，对萧望之恨之入骨。他们也采取措施游说刘奭，反对改制。刘奭继位不久，谨慎从事，对萧望之的这项提议久议不决。不久，刘奭任命刘更生为宗正，使他从中朝官变为外朝官，离皇帝的距离远了，这对萧望之等人来说是个打击。

萧望之和周堪继续向刘奭推荐儒学之士充当谏官，会稽郡人郑朋准备投靠萧望之，以获取政治利益，他上书言说史高派人到郡、国捞取好处，又告发许、史两家外戚子弟的不法之事。刘奭把郑朋的奏章交给周堪处理，周堪命郑朋到金门马等候召见。这时候，郑朋又给萧望之写了一封信，表达了忠心。萧望之会见了郑朋，以诚待之，郑朋数次称颂萧望之，而贬低史高，并痛斥许家和史家的过失。不久，萧望之觉察到郑朋邪恶不正，就断绝与他交往。郑朋与大司农属官李宫同为待诏，周堪只是奏请李宫为黄门郎。

郑朋非常失落，他感到被萧望之和周堪阵营抛弃，对萧望之等人充满了怨恨，转而投靠了许、史集团，并解释自己过去的告发行为说："都是周堪和刘更生教我这么做的，我是关东人，何以能知道这些事。"侍中许章报告了刘奭，刘奭召见了郑朋。郑朋出官后，扬言说："我见到陛下，告发了前将军（萧望之）小过失五项，大罪一项，中书令在我旁边，知道我说了什么。"待诏华龙想加入周堪的阵营，但他品行不端，周堪拒绝接纳，华龙于是和郑朋勾连。萧望之听到了郑朋的话，就向弘恭和石显求证。弘恭和石显很恐惧，就胁迫郑朋和华龙状告萧望之等人阴谋罢免车骑将军史高，疏远皇帝和许、史二家皇亲国戚的关系。等到萧望之休沐的日子，弘恭和石显让郑朋和华龙呈上奏章。

刘奭对两大集团的斗争状况缺乏清醒的认知，反而命弘恭责问萧望之。萧望之回答："外戚在位，多骄奢淫逸，我只是为了匡正国家，非有邪念。"

弘恭和石显上奏道："萧望之、周堪和刘更生结成朋党，数次构陷大臣，破坏亲戚关系，准备专擅朝政，为臣不忠，诬上不道，请谒者把他们交给廷尉处理。"

刘奭继位不久，不了解最后一句话就是下狱的意思，于是就批准了。后来，刘奭传召周堪和刘更生，左右回答说是在狱中。刘奭大惊道："不是只叫廷尉问问就行了吗？"

刘奭斥责弘恭和石显，他们皆叩头请罪。刘奭命令道："让他们出来做事。"

弘恭等人自然不想再让周堪他们出来，这时候，史高在旁插话说："陛下新近继位，还未以德化闻于天下，而先案验师傅，既然把九卿（刘更生为宗正，九卿之一）、光禄大夫（周堪）下狱，应该决定把他们免职，以免贻笑于天下。"

这番话迷惑了刘奭，刘奭下诏说："前将军望之辅佐朕八年，无其他罪过，事情过去久远，难以搞明白，今赦免望之之罪，收前去将军光禄勋印绶；周堪和刘更生皆贬为庶人。"刘奭又任命郑朋为黄门郎。

过了几个月，刘奭念想起萧望之等人的功绩，就封萧望之为关内侯，食邑六百户，给事中，每月的初一和十五入朝。刘奭准备任命周堪和刘更生为谏大夫，但弘恭和石显从中作梗，他们皆被任命为中郎（谏大夫和中郎皆属光禄勋，谏大夫的俸禄比中郎高）。

刘奭准备让萧望之担任丞相，引起了史高、弘恭和石显的强烈不满，伺机出手，要再次扳倒萧望之等人。这时，恰好发生了地震，于是刘更生也对弘恭等人出手了，他命一位亲戚上书刘奭说，发生地震是因为弘恭等人，请求罢免弘恭和石显等邪恶之人，提拔萧望之等贤者，则天平之门就会打开，灾异的源头就会堵塞。弘恭和石显见到奏章后，认为是刘更生背后指示，请求调查，刘奭批准了。弘恭和石显抓获了刘更生的亲戚，酷刑之下，他供出了刘更生。于是，刘奭再把刘更生贬为平民。

这时候，萧望之的儿子、散骑常侍兼中郎萧伋上书为父亲喊冤。有关部门认为上次只是把萧望之送到了廷尉，并没有下狱，而萧望之指使儿子（他们误以为是萧望之指使）上书，把责任推给皇帝，因此建议把萧望之下狱。

刘奭说："萧师傅素来刚烈，怎么肯下狱？"

石显等人说："人命重要，萧望之的罪，不过是语言上的薄罪，陛下不必担心他会自杀。"刘奭这才同意。

公元前47年十二月，弘恭和石显等人密谋用计使萧望之自尽，将诏书密封交给谒者，让萧望之亲自解封。同时，他们命太常紧急征调执金吾的军队，包围萧府，制造恐怖气氛。谒者来到萧府，召萧望之来见。

看到府外的阵势，萧望之准备自杀，被他夫人制止，认为这不是天子之意。萧望之又问手下朱云该怎么办，朱云是刚烈之人，劝萧望之自尽。

萧望之长叹道："吾曾经位列将相，如今年过六十，却要遭受牢狱之灾，苟且求生，是不是活得太卑微了。"于是，他对朱云说："朱云，快拿药去，我已经等不及了！"朱云弄好鸩酒后，萧望之一饮而尽，自杀身亡。

　　刘奭接报后，大怒，拍着桌子喊道："朕早就怀疑太傅不会听任逮捕，果然杀死了朕的贤师傅。"当时正是用午膳的时间，刘奭吃不下去，不停哭泣，左右皆动容。刘奭召石显等人大加责备，他们脱下官帽请罪，过了许久，刘奭才放过他们。刘奭命萧望之的长子萧伋继承了关内侯的爵位。刘奭追思萧望之，每年都会派人到萧望之的坟前去祭祀。

　　不久，弘恭因病死去，刘奭任命石显为中书令。

郅支单于西迁

石显为人奸诈，害死了大儒萧望之，恐怕引起天下学士的讨伐，于是用心结交通晓经书的谏大夫贡禹，对他礼节周到，还把贡禹推荐给刘奭提拔官职。石显这招见了效果，舆论也开始称道石显，认为他并没有诬告萧望之。

这时候，关东发生饥荒，齐地尤其严重，发生了人吃人的惨事。而珠崖郡（汉武帝设置，今海南省海口市琼山区）发生民变，诛杀汉朝官吏，刘奭命大臣讨论是否出兵讨伐，有的主张出兵，有的主张放弃。经过权衡，刘奭决定放弃，撤销了珠崖郡。刘奭又接受了贡禹的建议，减少了各地离宫和长乐官的禁卫部队，并把御膳减半，以减轻百姓的负担。

刘奭再任命周堪为光禄勋，并任命张猛（张骞的孙子，周堪的弟子）为光禄大夫兼给事中，恢复了对周堪以往的信任。

当初郅支单于挛鞮呼屠吾斯以为呼韩邪单于降汉，一定会被扣留，一去不复返，于是引兵西征，准备平定右地。这时候，屠耆单于最小的弟弟挛鞮呼韩邪，也逃亡到了右地，收拢了两位兄长（屠耆、闰振）的逃兵，得到了数千人，自立为伊利目单于。伊利目单于率军移动，突然与西进的郅支单于军碰面，两军展开大战。伊利目单于不敌被杀，所部被郅支单于吞并，此时，郅支单于的军队达到了五万人。这时，传来汉朝善待呼韩邪单于并派军护送他北返的消息，郅支单于认为自己的力量不足于战胜汉朝和呼韩邪单于的联军，便选择继续西进，谋取地盘。

郅支单于率军逐渐接近乌孙国，想使诈吞并乌孙国，派使者去见小乌孙王乌就屠。乌就屠识破了郅支单于的奸计，将计就计，处死了来使，并征调八千名精骑出城，宣称迎接郅支单于。郅支单于发觉来者不善，两军战于一处，乌就屠军大败。郅支单于又率军向北进攻乌揭（今哈萨克斯坦斋桑湖至新疆维吾尔自治区阿尔泰山间额尔齐斯河流域）、坚昆（今叶尼塞河上游）、丁令（今西伯利亚贝加尔湖畔），吞并了这三国。郅支单于后来多次派兵攻打乌孙国，并取得胜利。坚昆东距匈奴王庭七千里，南距车师国五千里，他认为此地足够安全，于是居留下来，把王庭设在这里。不久，汉宣帝刘询死去，刘奭继位为帝。

郅支单于认为距离汉朝遥远，又恨汉朝帮助呼韩邪单于而不助己，所以扣留了汉朝的使节江乃始等人，并派人携贵重礼物出使汉朝，希望能换回在长安做人质十年的儿子奢鞮驹于利受（此前为了得到汉朝的支持，郅支单于送儿子到长安为人质）。卫司马谷吉主动向刘奭要求护送奢鞮驹于利受返回，刘奭同意了。谷吉等人一路迎风冒沙，历经千辛万苦，终于把奢鞮驹于利受安全送到了郅支单于的手里，郅支单于把对汉朝的愤怒发泄到了谷吉等人的身上，怒斩谷吉等人。等脑子冷静下来，郅支单于感觉惹了祸，怕受到汉朝和呼韩邪单于的联合攻击，准备再向西迁徙，恰恰这个时候，又收到了康居国（首都卑阗城，今哈萨克斯坦巴尔喀什湖西南锡尔河北岸突厥斯坦）的邀请。原来，康居国时常受到乌孙国的侵略，不堪其扰，康居国王和大臣商议后，准备引入郅支单于的军队抵御乌孙国。

郅支单于见到康居国的使节，听明来意，大喜如狂，遂与康居国缔结了盟约，引军西进。途中，他们遭遇寒流，死伤数万人，最后只剩下三千人。康居国王为了稳固他们的盟友关系，把女儿嫁给了郅支单于；郅支单于也投桃报李，把女儿嫁给了康居国王。这样一来，两个人互为女婿和岳父。郅支单于多次向康居国借兵攻打乌孙国，一度攻到了赤谷城下，烧杀抢掠而去。乌孙国不敢派兵追击，致使西部千里土地一片荒凉，成为空地。

再回到汉朝内部。周堪和张猛受到刘奭的重用，这自然引起了政敌石显及许、史家族的妒忌。恰逢天变，他们抓住机会诋毁周堪和张猛。刘奭不认为是周堪和张猛引起的天变，但碍于石显等人的强大压力，于是贬周堪为河东郡太守，张猛为槐里（废丘，今陕西省咸阳市新区沣西新城的东马坊遗址）县令。

三年后，天空又现日食，刘奭认为再招周堪和张猛入京的机会来了。他坚称这次天变是由石显和许、史皇亲等人引起的，他们吓得全部磕头认罪。刘奭又调任周堪为光禄大夫、领尚书事，张猛为太中大夫、给事中。但这时候的中书令石显兼管尚书，石显、牢梁、五鹿充宗、伊嘉和陈顺这五名尚书，除了石显本人，其余四人全是石显的嫡系，被石显牢牢控制。周堪虽然领尚书事，却被架空，有事还得托石显向刘奭转达。不巧的是，这时周堪患病，不能言语，不久就死了。张猛失去了援手，被石显诬陷，自杀于公车。

通晓《易经》的学士京房，被推荐到朝廷担任郎官，京房上书刘奭，要求惩处石显等人，被石显诬陷，京房和弟子张博皆被斩首。此事牵连了京房的朋友、御史大夫郑弘，他也被免职。御史中丞陈咸弹劾石显，也被石显反咬一口，被判处髡（kūn）刑（剃光头发），充当劳工。

石显权威更大了，公卿都非常畏惧他，生怕被他陷害。当时有民谣说："牢邪石邪，五鹿客邪！印何累累，绶若若（长而下垂的样子）邪！"

刘奭继位以来，发生了几次日食、地震等异常现象，刘奭就向给事中匡衡（生卒不详）询问原因。

匡衡说："陛下应该畏惧老天的警戒，怜悯天下苍生，减少奢华开销，修正制度，近忠臣，远奸佞，倡导仁义，匡正风俗，道德弘于京师，美名扬于四方。然后大化可成，礼让可兴也。"

刘奭对匡衡的回答很满意，提拔他为光禄大夫。匡衡在历史上颇有名气，"凿壁偷光"的成语就出自他。匡衡，字稚圭，东海郡承县（今山东省枣庄市峄城区）人，世代务农。他年轻时就非常好学，给人打工补贴家用，白天务工，晚上刻苦读书，但买不起灯油，就把墙壁挖了个洞，借用邻居家透过来的灯光认真读书。匡衡精力过人，后来成为一名饱学之士，尤其精通《诗经》，受到儒学之士的推崇。元帝刘奭继位后，任用匡衡为郎中，再任用为博士、给事中。

虽远必诛（上）

郅支单于挛鞮呼屠吾斯连连取胜，变得头脑膨胀，他以大国自居，对人傲慢无礼，康居国王看不惯他这一套，但也无可奈何，只好经常借故躲避郅支单于。郅支单于大怒，认为自己受到了轻视，于是怒斩康居国王的女儿及贵人、平民数百人，并残忍地把尸体肢解，扔到都赖水（今哈萨克斯坦塔拉斯河）之中。郅支单于又强迫康居人为自己修筑城池，每天征调五百劳力同时在工地劳动，用了两年时间，城池终于修建完成（单于城，也称郅支城，位于今哈萨克斯坦江布尔城）。郅支单于又派人前往奄蔡、大宛等国，强迫这些国家每年纳贡。这些国家慑于郅支单于的淫威，不敢不进贡。

汉朝先后派遣三拨人来见郅支单于，追问前使者谷吉的情况，但郅支单于对于汉朝的使者非常傲慢，故意侮辱使者，让使者难堪。对刘奭的诏书，他概不理会。他还觉得不过瘾，还通过西域都护上书戏耍刘奭说："处境艰难，愿意归附强汉，并送儿子入朝作为人质。"

是可忍，孰不可忍。公元前36年冬，刘奭决定对郅支单于采取行动，他派西域都护、骑都尉甘延寿（生卒不详）和副校尉陈汤（？—约前6）率大军西征。甘延寿是北地郡郁郅县（今甘肃省庆阳市）人，他武力超群。陈汤为山阳郡瑕丘县（今山东省济宁市兖州区东北）人，熟读经书和兵书战策，文采好，善写文章，建功立业之愿望强烈，多次要求出使外国。

陈汤为人沉稳，有勇有谋，想建立奇功，于是与甘延寿商议道："夷狄畏惧匈奴的强大，这是他们的天性，西域本就归附匈奴，况且今天郅支单于威名远播，进犯欺凌乌孙、大宛，常为康居国王出谋划策，目的是吞并它们。如果得到了这两个国家，北击伊列（古族名，西汉时活跃于今中亚卡拉干达一带），西取安息，南退月氏，几年之内，西域各国危矣！郅支单于其人剽悍好战，数次获胜，日久必成西域祸患。他虽在绝远之地，但无坚固的城池和强弩，我们可发屯田之兵，加上乌孙国的军队，直指单于城下，他想逃亡则无处可去，守则不足自保，千载之功可一朝而成也！"

甘延寿赞成陈汤的意见，准备上奏朝廷之后再开展行动。陈汤说："天子会与公卿商议，非凡的策略不是平常人所能预见的，到时候，我们的事必不会批准。"

甘延寿范犹豫了，他不敢擅自行动。巧的是，不久，甘延寿生病卧床，陈汤趁此机会大胆行动。他假称接到圣旨，命令征调各国军队、车师戊己校尉所及所领屯田兵。甘延寿得报，大惊，连忙挣扎着起床，准备制止陈汤。陈汤大怒，手按宝剑，怒目圆睁，叱责甘延寿道："大军已经集合，你这小子要泄大家的气吗？"甘延寿看这阵势，也不敢再阻拦。

大军集结完毕，共有四万人，陈汤兵分六路：三路从南道越葱岭，过大宛；三路由甘延寿率领，从温宿国（今新疆维吾尔自治区阿克苏一带）出发，从北道入赤谷城，过乌孙，沿着康居边界，抵达阗池（今伊塞克湖）西。出发当日，甘延寿和陈汤联名向刘奭坦承矫诏之罪，陈述了这样做的原因及作战方略。

这时，康居国副王抱阗率领数千骑兵，抢掠赤谷城东，杀死和俘虏乌孙大国王（昆弥）一千多人，抢夺牲口无数。抱阗率军驱赶着抢来的俘虏和牲口回军，遭遇了汉朝军队的殿后部队，又抢去汉军颇多辎重。陈汤率胡兵回击，杀死四百六十人，把抱阗抢夺的乌孙国四百七十人还给了大国王，把马牛羊留下来供军队食用。陈汤又捕获了抱阗贵人伊奴毒。

陈汤率军进入康居国东部边境后，命令军队不得侵扰百姓。陈汤得知康居贵人屠墨怨恨郅支单于后，就秘密和屠墨接洽，并最终见面。陈汤向他宣示了汉朝的威信，两个人饮酒结盟后，屠墨回城。陈汤引军继续前进，在距离单于城六十里的地方，安营扎寨。陈汤又捕获了康居国贵人贝色子男开牟。贝色子男开牟是屠墨母亲的弟弟，也怨恨郅支单于，表示愿意做汉军的向导，因此陈汤对郅支单于军队的情况一清二楚。

第二天，陈汤率军继续前进，抵达距离单于城三十里的地方，安营扎寨。

第三天，郅支单于派人到汉军问道："汉兵何以来此？"

汉军派人回复："单于之前表示要归降大汉，入朝拜见，天子怜悯单于弃大国而屈居康居，所以派都护将军来迎接单于及妻子儿女，唯恐单于左右惊动，因此未敢直达城下。"

双方使者又相互来往了几次，甘延寿和陈汤责备匈奴使者说："我们为了单于远道而来，至今还没有小王或大人前来见将军接受指令，为何单于忘了谋定的大计，失客主之礼呢！我们远道跋涉而来，人马疲惫，且粮食即将用尽，恐怕无法自行返回，请单于与大臣商议定夺。"

虽远必诛（下）

　　甘延寿和陈汤等不来郅支单于的回信。第二天，汉军饱餐战饭，抵达距离单于城三里的都赖水岸边，安营布阵。这时，汉军望见单于城上遍插五色旗帜，数百人身披铠甲，手拿兵器，迎风站立，城内又闯出一百多名骑兵在城下往来驰骋，一百多名步兵在门前排列鱼鳞阵（如鱼鳞般排列的阵势），演习用兵之法。甘延寿和陈汤暗自佩服郅支单于会用兵。正在这时，单于城上守军召唤汉军道："速来决斗！"

　　突然，城内冲出一百多名骑兵，直扑汉军阵营，汉军拉开弓弩，严阵以待。匈奴骑兵畏惧，退走。甘延寿和陈汤命令向城外的骑兵和步兵放箭，步骑兵皆退入城内。甘延寿和陈汤命令发起总攻，军鼓声响起，汉军从四面开始攻城。他们各司其职，挖壕沟，堵出口，盾牌军在前，弓弩手在后，仰射城楼上的守军。郅支单于披挂整齐，在城楼上巡视，指挥反击，并给守军鼓劲打气，郅支单于后宫的妻妾也齐上阵，用弓箭射击汉军。这时，汉军的一支飞箭正中郅支单于的鼻子，他顿时鲜血直流，急忙下楼躲避。他的妻妾也多有伤亡，楼上守军抵挡不住，撤走了。土城外还有两重木城，匈奴军从木城中射击，杀伤多名汉军，汉军用柴火焚烧木城。

　　入夜，匈奴数百骑兵准备出城逃跑，被射杀。夜半时分，木城被烧毁，匈奴军退入土城，登城高呼。这时，康居国的一万多名骑兵从十几个方向杀来，四面环城，和城内匈奴守军遥相呼应，连夜向汉军发起冲击。汉军顽强抵抗，康居国援军作战不利，后撤。天刚亮，城内内应动手，四面火起，汉军大喜，大声呐喊者冲向城池，战鼓声、号角声震天撼地。康居国援军慑于汉军声威，引军退却。汉军四面举起盾牌，进入了土城中。郅支单于带领男女一百多人进入了内室。汉军放了火，军士争相进入内室。郅支单于抵挡不住，身受重创，倒地而亡。军侯假丞杜勋挥刀斩下郅支单于的首级。

经过搜索，得到了汉朝的两个符节及谷吉所携带的帛书。汉军知道谷吉等人已遇害，非常悲愤，杀死了包括阏氏、太子、名王在内的一千五百一十八人，生擒一百四十五人，收降一千多人，赐予西域各国发兵援助汉军的十五个王。

公元前35年正月，郅支单于的首级被甘延寿和陈汤派人骑快马送到了长安，来人还携带了一封甘延寿和陈汤的联名奏章。奏章中说："臣甘延寿和陈汤，率领义军，行天子诛罚，有赖陛下神灵，阴阳调和，天空明朗，攻陷敌阵，战胜敌人，斩郅支首级及名王以下多人。宜悬挂郅支的头颅于蛮夷各国设在长安的官邸之间，以示万里，明犯强汉者，虽远必诛。"

刘奭大喜，命令把郅支单于的首级悬挂示众十日，十日后把首级安葬。斩首匈奴单于，这是自汉初和匈奴开战以来取得的前所未有的战绩，刘奭前往祖庙祭祀，向列祖列宗禀告，并大赦天下。文武大臣纷纷向刘奭道贺。刘奭命令摆酒，大宴群臣。

中书令石显当初想把姐姐嫁给甘延寿为妻，但被甘延寿拒绝，所以石显怀恨在心。甘延寿和陈汤胜利班师回朝后，此时已担任丞相的匡衡和御史大夫李延寿厌恶他们矫诏，都不给他们报功。陈汤为人一向贪财，缴获的金银财宝，很多都入了他个人的小金库。司隶校尉获知后，通知沿途郡县，逮捕军队的将士，进行查验。陈汤上书道："臣与将士共诛郅支单于，幸得擒杀，万里凯旋，我以为会有使者前来迎接慰劳，相反，司隶校尉逆势而动，逮捕将士审问，这是在为郅支报仇哇！"

刘奭看到奏疏后，立即命令释放逮捕的将士，并命令沿途郡县供应军队酒肉粮食。

刘奭命令议功，石显和匡衡认为："甘延寿和陈汤擅自行动，不诛杀他们，他们已是幸运，如果再给他们加官晋爵，则就会为后来的使者树立个非常不好的榜样，使他们激进冒险，生事于蛮夷，为国家招来灾难。"

刘奭从内心里赞许甘延寿和陈汤的功劳，想给他们加官晋爵，毕竟他们为国家扬眉吐气，但又不便直接驳回石显和匡衡的意见，因为他们的意见也是有一定道理的。刘奭犹豫不决，为甘延寿和陈汤定功的事迟迟不能决断。

这时候，前宗正刘更生仗义执言，上书刘奭，洋洋洒洒数言，引经据典，由古至今，建议封赏甘延寿和陈汤。刘奭深受触动，下定了决心。他下诏褒奖甘延寿和陈汤说："立功万里之外，威震百蛮，名显四海，为国除残，兵革之事从源头熄灭，边境得以安定。"于是，他赦免了甘延寿和陈汤的罪，命令公卿讨论封赏甘延寿和陈汤。

有人认为，应该按照捕斩单于的旧令进行封赏。石显和匡衡仍不同意，认为"郅支失国逃亡，在绝域窃取了单于的封号，并不是真正的单于"。

刘奭坚持封赏，封甘延寿为义成侯，陈汤为关内侯，食邑各三百户，赐金一百斤；任命甘延寿为长水校尉（北军八校尉之一，八校尉为中垒校尉、屯骑校尉、步兵校尉、越骑校尉、长水校尉、胡骑校尉、射声校尉、虎贲校尉），陈汤为射声校尉。

昭君出塞

呼韩邪单于挛鞮稽侯珊在汉朝的庇护下，日益发展壮大，于是返回了昔日匈奴的王庭，联络散布在其他地区的部众，逐渐安定下来。当他得到郅支单于被汉朝击斩的消息后，又喜又惧，喜的是一大强敌被灭，惧的是步郅支的后尘，于是他向刘奭上书："入朝拜见天子是我常常期待的事情，但郅支在西部，我担心他与乌孙联合来攻击臣，所以没能成行，今郅支已经伏诛，我愿入朝觐见。"刘奭同意了。

公元前 33 年正月，呼韩邪单于入长安拜见刘奭。刘奭以礼相待，并给予厚赏，呼韩邪单于提出请求做大汉的女婿。和亲匈奴，早已有之，刘奭便答应了，命掖庭令在后宫中选择五名良家女子赐给呼韩邪单于。

很多宫女不愿到塞北苦寒之地生活，托关系要求继续留在长安宫中。这时候，有一名叫王嫱（字昭君）的女子主动向掖庭令请求嫁给呼韩邪单于。王昭君是民间传说中的古代四大美女之一，她是西汉南郡秭归（今湖北省宜昌市兴山县）人，天生丽质，异常聪慧，琴棋书画，无所不精。建昭元年（前 38），王昭君在十七岁的时候，以民间女子的身份被选入掖庭，成为一名宫女。

据《西京杂记》记载，刘奭后宫美女众多，他不能一一召见临幸，就命画师毛延寿给宫女画像，他根据画像决定临幸哪一个。当时诸宫女为了得到皇帝的临幸，纷纷贿赂毛延寿，让他把自己画得漂亮一点儿，这样机会就多一些。贿赂多者达到了十万钱，少者也不下五万钱，唯独王昭君不肯贿赂毛延寿。毛延寿很不爽，就把王昭君往丑里画。因此，她没有被刘奭临幸过。一晃过去五六年，王昭君悲怨不已，听说要选宫人嫁给呼韩邪单于，就主动向掖庭令请求出塞。掖庭令向刘奭展示了五位美女的画像，刘奭确认没有自已非常喜欢的，于是批准。

呼韩邪单于向刘奭辞行，刘奭举办了盛大的宴会，给呼韩邪单于饯行。刘奭命召之前选定的五位美女入席，陪伴呼韩邪单于左右。五位美女盛装而至，个个花容月貌。其中一个女子，容貌绝佳，妆饰艳丽，让宫廷生辉，在座的人都被她吸引了。刘奭大惊，急问左右这个女子的名字，有人回答说叫王昭君，刘奭被王昭君迷倒了，准备留下她，但这样做，会在大庭广众之下失信呼韩邪单于，会使得呼韩邪单于心生怨恨，为国家招来祸患。刘奭权衡再三，终于还是批准王昭君出塞。呼韩邪单于走后，刘奭命令把毛延寿等画工处决。

呼韩邪单于抱得美人归，惊喜异常，上书说："愿为汉朝守护从上谷郡西自敦煌郡之间的边塞，传之无穷。请罢边塞吏卒，以休天子子民。"

刘奭下令讨论呼韩邪单于的建议，大部分人表示赞同，郎中侯应熟悉边关事务，认为不可，并给出了自己充分的理由。刘奭听从侯应的意见，下令不再讨论罢边塞官民的问题。为了不让呼韩邪单于心生疑虑，派车骑将军许嘉向他做了解释，中国四方皆有关塞，不只是北方才有，这样做也是为了防止奸邪之徒出塞祸害四方。呼韩邪单于表示理解。

当初，是左伊秩訾王向呼韩邪单于献计，才归降汉朝，换来今天的局面，后有人向呼韩邪单于进谗言，说左伊秩訾王自恃功大，常闷闷不乐。呼韩邪单于对左伊秩訾王起了疑心。左伊秩訾王觉察出了异样，害怕被害，便率领部众一千多人投降了汉朝。汉朝封他为关内侯，食邑三百户，赐给他王爵印绶。

呼韩邪单于这次来朝见，和左伊秩訾王相见，致歉道："王爷为我贡献的策略，得到了丰厚的回报，让匈奴至今安宁，都是王爷的功劳哇，恩德岂可忘记？我误会王爷，使王爷离我而去，不再顾念过往而留在汉朝，都是我的过失。如今我要禀告天子，请王爷重归王庭。"

左伊秩訾王说："单于得天命，自归于汉，得以安宁，得赖单于神明和天子庇佑，我哪里出了什么力？我既然已经降汉，又复归匈奴，是有二心。我愿为单于侍奉于汉，不敢听命，复归王庭！"

呼韩邪单于一再请求，但左伊秩訾王心意已决，他遗憾离去。

回到王庭后，呼韩邪单于封王昭君为宁胡阏氏，对她非常疼爱。为了报答汉

364

▲ 元 佚名 明妃出塞图 台北故宫博物院藏

朝，他还派使者到长安，进献白璧一双，骏马十匹，匈奴产的珠宝若干。但王昭君心存怨恨，写下了《怨旷思惟歌》(后人称为《昭君怨》) 表达心中的苦闷。后来，王昭君为呼韩邪单于产下一子，起名叫牵鞮伊屠智牙师，封右日逐王。

刘骜登基

刘奭一共有三子三女。王政君皇后生子刘骜，也是刘奭的长子，被封为皇太子；次子为山阳王刘康，母亲为傅昭仪；三子为信都王刘兴，母亲为冯昭仪。三女为平都公主、平阳公主和颍邑公主。

刘骜喜欢儒家著作，熟读《论语》，心胸开阔，有容人之量，但喜欢上饮酒作乐，乐燕乐（燕乐指宫廷宴会时所用的音乐，孔子云："损者三乐：乐骄乐，乐逸乐，乐燕乐。"），刘奭渐对刘骜失望，认为他没有接班的能力。刘康多才多艺，其母傅昭仪又深受刘奭的宠爱，因此刘奭准备废黜刘骜的太子之位，改封刘康为太子。

刘奭晚年多病，对国家大事也变得漠不关心，专注于音乐。他命人把乐队用的小鼓放置到宫内，他靠着栏杆，不断用铜丸投击鼓面，战鼓发出的声音如敲打一般的节奏，后宫美女及左右知音乐者都无法做到，刘康却能做到，刘奭大加称赞，对他的好感又增添几分。

乐陵侯史丹（史高之子）曾经为太子中庶子，服务太子刘骜十几年，对刘骜很有感情，因此对刘奭说道："所谓才者，敏而好学，温故知新，皇太子就是这样的人。如果选拔人才以丝竹鼓乐作为标准，则乐师陈惠、李微就会高于匡衡，可以担任丞相了。"

刘奭嘿嘿一笑，沉默不语。

刘奭病情加重，长时间卧床，傅昭仪和刘康经常陪伴左右，而皇后王政君和太子刘骜很少有机会能见着刘奭。刘奭病情渐重，精神恍惚，有时候烦躁不安，他数次问尚书汉景帝时废掉太子刘荣改立刘彻为太子的旧事。王政君和刘骜及刘骜的大舅、卫尉、阳平侯王凤忧心忡忡，计无所出。

史丹作为刘奭关系亲密的大臣，得以有机会进宫探视病情。有一次，史丹见刘奭一个人躺在病床上，径直来到病床前，跪在青边蒲席上，流着眼泪对刘奭说道："刘骜是嫡长子，所以被立为太子，已经十多年了，天下百姓人人皆知，都愿意做他的臣子。今山阳王深受宠信，朝野流言四起，认为国家有变，太子之位会动摇。倘若如此，群臣必不奉诏，以死相争。臣愿先求赐死以示群臣。"

刘奭心肠一向较软，不忍心看到史丹涕泪横流，史丹的话又言真意切，他猛然醒悟，喟然长叹道："吾日渐虚弱，太子、两王幼小，心里恋恋不舍，对他们的将来，我何尝不念呢！然而并没有更换太子的打算。且皇后谨慎，先帝（刘询）又爱太子，吾岂可违背！爱卿为什么这样说？"

史丹安慰了刘奭一番，退后几步，叩头道："臣愚昧，妄听人言，论罪当死！"

刘奭原谅了史丹，并对他说："吾病已经侵入五脏六腑，恐怕不能好起来了，你要专心辅佐太子，不要违背了我的心意！"

史丹呜咽而起，太子之位稳固了下来。右将军、光禄大夫王商和中书令石显也坚定拥护太子，出力不少。

公元前33年五月二十四日，刘奭在未央宫驾崩，享年四十三岁，被埋葬于渭陵（今陕西省咸阳市东北），史称刘奭为汉元帝。汉元帝多才多艺，善写大篆，能鼓琴吹箫，自己谱曲。少学儒学，继位之后，任用儒生贡禹、薛广德、韦贤、匡衡等人相继为相。但汉元帝优柔寡断，识人不明，受制于宦官、外戚，导致皇权式微，朝政混乱，加之天灾不断，宣帝时期的中兴大业开始走向衰落。

六月二十二日，二十岁的太子刘骜即皇帝位，大赦天下。尊皇太后王氏为太皇太后，皇后王政君为皇太后。任命王凤为大司马、大将军，领尚书事。后封许氏为皇后，许皇后是车骑将军许嘉的女儿。

一朝天子一朝臣，中书令石显被调任为长信中太仆，这是个掌管皇太后舆马的闲职，虽然增加了石显的俸禄，但他已经被边缘化了。石显没有了往日的依靠，又离开了权力的中心，于是丞相匡衡和御史大夫张谭无所顾忌，罗列石显过去的种种不法行为，上书刘骜。石显的死党牢梁和陈顺被免职，石显和妻子被打发回老家济南郡。石显憋闷上火，不肯进食，中途死去。靠着巴结石显而被任命为官的，全被罢免，少府五鹿充宗被贬为玄菟郡（今辽宁省新宾满族自治县）太守，御史中丞伊嘉被贬为雁门郡都尉。

匡衡又弹劾陈汤道："射声校尉陈汤，奉命出使西域，不正身以率下，私自贪污所获取的康居国财物，还对部下说'在外域之事，朝廷必宽大处理，不会追究'，这事虽在大赦前，但也不宜坐在现在的位置上。"陈汤因此被免职。

刘骜又封舅舅、光禄大夫、关内侯王崇为安成侯，封舅舅王谭、王商、王立、王根、王逢时为关内侯。

刘骜对父亲时代的重臣不再信任，而一心要依靠舅舅家人。他先后免去了许嘉的车骑将军之职，免去了张谭的御史大夫之职，提拔光禄大夫尹忠为御史大夫，免去匡衡的丞相之职，任命左将军、乐昌侯王商（非刘骜舅舅王商，重名重姓，此王商为刘询母亲王翁须一脉）为丞相。

这时，西域总督段会宗和乌孙国交恶，乌孙国派军把段会宗包围。段会宗派人骑快马上书朝廷，请求发西域诸国兵和敦煌兵解围。刘骜及丞相王商和大将军王凤及百官就事态进行讨论，数日之内无法决定。

王凤建议道："陈汤足智多谋，熟悉西域事务，可以征求他的意见。"

刘骜在宣室召见了陈汤，征求他对时局的看法，陈汤在攻打郅支单于的时候中了寒气，两臂不能自由屈伸，刘骜示意他不必行跪拜之礼，并拿出了段会宗的奏章给陈汤过目。

陈汤仔细看了一遍，镇定地说道："臣以为此事不必担忧。"

刘骜问："为什么这么说？"

陈汤回答："胡兵五个才相当于一个汉兵，为何？是因为他们的兵刃不够锋利，弓弩不够尖锐。如今他们虽然也从汉朝学习了制造技术，但汉兵仍然可以以一当三。又兵法曰'客倍而主人半，然后敌'（指围城而言），今包围会宗的人数不足以胜会宗，请陛下勿忧！且士兵不携带辎重的话日行五十里，携带辎重的话日行三十里，会宗准备征发各国及敦煌兵，需要时间才能到达，这是复仇之兵，非救急所用。"

刘骜又问道："该怎么办？是不是一定能解围？需要多长时间？"

陈汤知道乌孙国的兵心不齐，各怀鬼胎，不能久攻，战事不过数日，因此回答道：“已解矣！”然后，他扳着手指头算了算，又说，“不出五日，当有捷报传来。”

　　过了四天，前线军书到，书中说乌孙军队已经撤走，围已解。大将军王凤爱惜陈汤的军事才能，奏请任命陈汤为从事中郎，府中之事多听取陈汤的想法。

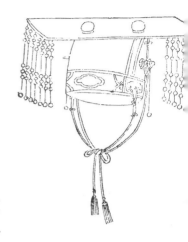

第十四章

王莽篡汉

王莽登场

前文说过，刘骜封舅舅王谭、王商、王立、王根、王逢时为关内侯，关内侯不属于真正的侯爵，是准侯爵。刘骜要让这五个舅舅做真正的侯爷，于是封王谭为平阿侯，王商为成都侯，王立为弘阳侯，王根为曲阳侯，王逢时为高平侯。五人同时封侯，人称"五侯"。

此时的丞相也叫王商（接替被免职的匡衡），他是汉宣帝的母亲王翁须之兄王武的儿子，是当今天子刘骜的表叔，为人敦厚正直。他对大将军王凤专权不满，明里暗里抵制王凤。琅邪郡发生灾害，太守杨肜向朝廷请求赈灾，杨肜是王凤的姻亲，王商认为打击王凤势力的机会到了。于是，他派人前往琅邪郡调查，追究杨肜治灾不力的责任，要把杨肜免职。王凤赶忙说情，希望王商放过杨肜，王商不肯，坚持上奏刘骜，请求把杨肜免职。但王商的奏章递上去之后，便没有了下文，刘骜压着不批。王凤由此怨恨王商，他指使一个叫耿定的人上书告发王商与父亲的奴婢私通，并派人杀害了妹妹的奸夫。

刘骜见到告发信后，不以为意，他认为这不过是捕风捉影的事，不足以损害到大臣。但王凤坚持要求查究，刘骜立场动摇，命令司隶校尉调查。这时，太中大夫张匡认为投机的机会到了，于是恶毒地攻击王商。司隶校尉逮捕了王商。刘骜准备大事化小，小事化了，他也了解张匡的为人，于是不让再调查王商，但王凤仍然固争，刘骜妥协。最终的结果是，王商被免职，王商急火攻心，三天后吐血而亡。王商的子弟，凡在宫中任职的，一律调往外地。王凤又指使人上书请求撤销王商的侯爵。刘骜坚决不准，命王商的长子王安继乐昌侯之位。通过这次政治斗争，王凤排除了关键岗位上的一个政敌。

刘骜为太子时，曾经跟随张禹学习《论语》，这次丞相之位空缺，刘骜任命张禹为丞相，封安昌侯。张禹为人懦弱，不敢和王凤作对，王凤独揽大权，他的家族子弟及亲信遍布朝廷。

公元前24年，定陶王刘康（刘骜的二弟）到长安朝见皇帝哥哥刘骜。此时刘骜已经二十九岁了，还没有儿子，刘骜对刘康说："我还没有儿子，人生无常，难以预测，一旦晏驾，我们就再也见不到面了，你就多留些时日，陪陪兄长吧！"于是，刘康就住在定陶国设在京师的宾馆，早晚进宫陪伴刘骜。大将军王凤认为刘康长留京师，对自己是威胁，当时碰巧发生了日食，王凤以此为由，向刘骜提出，阴盛阳衰，这是上天示警定陶王应该回到封国，不应该继续居留京师。古人迷信，加之王凤的话，刘骜命刘康返国，分别当日，他们兄弟洒泪而别。

京兆尹王章，一向敢于直言，虽然他是由王凤举荐担任京兆尹的，但他并不攀附王凤，而忠于朝廷，他用密信上书刘骜道："之所以发生日食，是因为王凤专权，蒙蔽主上。"

刘骜召见王章，询问详情，王章举出了王商被陷害的例子和这次定陶王被遣送回国的例子，并把张美人的例子举了出来。王章说，张美人是王凤小妾的妹妹，当时已经嫁人，按理说不应该再嫁天子，但王凤认为她能生子，又把她送入了宫中，直到目前，并没有听说她怀孕。而且，羌、匈奴尚且杀首子以"荡肠正世"（女子嫁过来后，为防止首子不是自己的，而残忍杀害），何况我朝天子娶了已经出嫁的女人。此三者皆是大事，陛下亲眼看到，亲身体会，足以推测其他没有看到的不法之事。王凤不宜久掌政权，应该把他免职，遣送府邸，另选忠心贤良之人取代他。

刘骜本来就对王商和刘康之事不满，顿时火冒三丈，当即下令王章推荐合适人选。王章推荐了信都王刘兴（刘骜的三弟）的舅舅、琅邪郡太守冯野王。冯野王是名将冯奉世的儿子，刘骜为太子时，就听说过他，于是准备以他取代王凤。

刘骜每次召见王章的时候，都让左右回避，这引起了皇太后王政君的堂弟、侍中王音的警惕。他秘密窃听，每次都把刘骜和王章的对话传给王凤。王凤得到要被罢免的消息，惊恐不安。议郎杜钦建议王凤以退为进。于是，王凤称病，主动向刘骜提出了辞呈，返回私宅。王政君得知消息，当着刘骜的面，流泪不已，不肯进食。刘骜内心不安，加之他自小依靠王凤，也不忍心罢免他，于是专门下诏安慰王凤，让他继续执政。王凤大喜，目的达到，随即宣称病愈，再度掌权。

王凤报复王章，命尚书状告王章把刘骜比作羌、胡一样的蛮夷之人，并图谋不轨，私自结交定陶王。王章被下狱，屈死狱中，他的妻子被流放到了合浦郡。冯野王也被免职。

从此，朝廷公卿对王凤更是忌惮，不敢直视。不久，御史大夫张忠死去，刘骜又任命王音为御史大夫。王家权势更是显赫，奔走王家之门者，络绎不绝。

公元前 22 年秋季，大将军王凤患病了，病情一天天加重。王凤的侄儿王莽，亲自在病床前照顾他。每次要服药的时候，王莽都亲自先尝凉热和是否有毒，然后才喂伯父服下。他一连在病床前服侍几个月，从不宽衣解带，弄得蓬头垢面。

王莽是王凤的弟弟王曼之子，字巨君，出生于公元前 45 年。他从小学习《礼经》，师从儒生陈参，勤奋博学，生活节俭，被子服装和其他儒生一样。王家多人被封侯，王曼早死，没有被封侯，当时王家其他子弟竞相奢侈、攀比，唯独王莽家里寒酸，这也养成了他对人谦恭礼貌、勤俭节约的习惯。他用心侍奉母亲和守寡的嫂子，以及失去父亲的侄儿，在外结交英俊之才，在内服侍众位伯父，礼节周到。

刘骜亲自前去探视舅舅王凤的病情，拉着王凤的手，流泪说道："将军如有不测，我将让平阿侯王谭接替将军！"

王凤挣扎着起身，流泪叩头道："王谭等人虽和臣是至亲，但行为不法，无法率领百姓，不如御史大夫王音严整，臣敢以死保之！"

王凤死之前，再上书保举王音，并指出王谭等五人不可用。因为王谭倨傲不恭，不听王凤的话，而王音对王凤恭敬有加，谦卑如子，所以王凤举荐王音。

王凤又把侄儿王莽托付给王政君和刘骜，请求他们予以关照。王凤死后，刘骜任命王音为大司马、车骑将军；又任命王莽为黄门郎，不久再提拔为射声校尉（北军八校尉之一）。

赵飞燕封后

　　丞相张禹年老，身体患病，他提出辞呈。刘骜批准了，并任命御史大夫薛宣为丞相，封高阳侯；任命京兆尹王骏为御史大夫。薛宣娶汉宣帝刘询之女敬武公主为妻，他是刘骜的姑父，精通律法。

　　许皇后为人聪慧，擅长读书写字，很受刘骜的宠爱。同时受到宠爱的还有班婕妤。班婕妤不但漂亮，而且能诵诗，深明大义。有一次，刘骜坐车在后宫游玩，兴致很高，让班婕妤和自己同车玩耍。班婕妤不肯，说道："我看到古代的图画，贤圣之君，皆有名臣在侧，三代（夏、商、周）末代的亡国之君，才有受宠的姬妾，如今我要一同乘坐，跟他们岂不有点类似吗？"

　　刘骜认为班婕妤说得很对，不再要求她和自己同车。皇太后王政君听说后，高兴地说："古有樊姬（樊姬是楚庄王的宠妾，楚庄王喜欢打猎，樊姬不食用猎物的肉，于是楚庄王停止打猎），今有班婕妤。"

　　后宫美女众多，刘骜逐渐对班婕妤冷淡。班婕妤为了拴住刘骜的心，把她的美貌侍女李平献给了刘骜。刘骜非常喜欢李平，封她为婕妤，赐姓卫。

　　有一次，刘骜乔装打扮，私自出宫游玩，顺便到访阳阿公主家。阳阿公主受宠若惊，设宴款待，并让舞女赵飞燕献舞。这个赵飞燕，就是历史上鼎鼎大名的大美女赵飞燕。她本是长安宫女所生，生年不详。她刚出生的时候，父母嫌弃她是个女婴，不想抚养，把她丢弃在一块荒地里。三天以后，父亲赵临再去查看，发现赵飞燕竟然还活着，大感惊异，便把她抱回家抚养。长大后，赵飞燕变得亭亭玉立，皮肤细润光滑，阳阿公主很喜欢她，把她带到府中，让她学习歌舞。赵飞燕悟性很高，跳起舞来步态轻盈，身轻如燕，阳阿公主就给她取名"飞燕"。这一次给刘骜献舞，赵飞燕也拿出了看家本领。只见她扭动身体，像飞翔的燕子一般轻盈，指尖划出美妙的弧度，裙角飘摆。赵飞燕的冰肌玉肤若隐若现，让刘骜如痴如醉。舞毕，刘骜大悦，把赵飞燕带入了宫中，夜夜临幸。

为了套牢刘骜，赵飞燕又把美貌的妹妹赵合德献给了刘骜。赵合德美艳绝伦，比姐姐赵飞燕更美，她入宫时，连皇帝身边见过众多美女的左右近侍都看呆了，啧啧赞叹。赵飞燕和赵合德姐妹，同时被封为婕妤，宠冠后宫。许皇后和班婕妤顿时失宠。

赵飞燕觊觎皇后之位，伺机扳倒许皇后。这时，许皇后的姐姐、平安刚侯夫人许谒施用巫蛊之术，诅咒怀有身孕的王美人，事情被发觉了。赵飞燕抓住时机，告发许皇后和班婕妤诅咒后宫其他美人及皇帝刘骜。皇太后王政君和刘骜大怒，让有关部门严厉拷问。公元前18年十一月，许皇后被废，软禁于御花园的昭台宫，许谒等人被处死，亲属皆被打回故里山阳郡。

在拷问班婕妤的时候，班婕妤对答："我听说'死生有命，富贵在天'，走正道还不一定能带来福气，何况是走歪门邪道呢！倘若鬼神有知，不会接受不臣之人的请托；倘若鬼神无知，请托何益！所以我不会去做这事。"

刘骜认为班婕妤说得有道理，赦免了她，并赏赐给她金一百斤。班婕妤很聪明，为了免遭赵氏姐妹毒手，请求前去长乐宫的长信殿伺候皇太后王政君。刘骜答应了。

刘骜准备立赵飞燕为皇后，但皇太后王政君嫌弃她出身低微，迟迟不肯同意。刘骜也不立其他后宫女子，让皇后之位空缺。王政君的外甥淳于长（王政君姐姐之子）为侍中，善于察言观色，为人贪婪。赵氏姐妹贿赂他，请他帮忙在皇太后王政君那里做工作。淳于长答应了，数次奔走于刘骜和王政君之间，经过长达一年的拉锯战，王政君因怜爱儿子答应了下来。

刘骜封赵飞燕的父亲赵临为成阳侯，使赵家的地位显赫。公元前16年六月七日，刘骜封赵飞燕为皇后，大赦天下。

赵飞燕被封为皇后不久，刘骜也渐渐对她冷淡了下来，很少临幸她，因为他这时候更宠爱赵合德，还专门在婕妤之上，增设了"昭仪"，封赵合德为昭仪。赵合德居住在昭阳殿中，中庭为红色，殿上涂以油漆，门槛用铜做成，并用黄金包裹，台阶用白玉铺就，壁中露出横木的部分多用黄金镶嵌，以蓝田玉、明珠、翡翠等装点。自古以来，后宫从未有如此奢华的。

▲ 明　唐寅　班姬团扇图　台北故宫博物院藏

赵飞燕居住在别的宫殿，深知母以子贵，目前刘骜没有儿子，如果她能生下儿子，就是皇太子，她的地位也就稳固了。但令她苦恼的是，刘骜宠幸她多次，她都没能怀上身孕。赵飞燕未达目的，铤而走险，不断和宫中的侍郎以及生儿子多的仆人同房，期盼怀上儿子。赵合德知道姐姐的所作所为，还替姐姐掩饰。她对刘骜说："臣妾的姐姐性情刚烈，容易得罪人，如果有人诬陷她，赵氏就会被满门抄斩了。"

赵合德表情凄然，说着说着，还掉下了眼泪。刘骜安慰了赵合德一番，表示绝不听信人诬告皇后，之后有人告发赵飞燕淫乱的，皆被斩首。于是赵飞燕不再顾忌，更加放荡，无人再敢告状，尽管这样，赵飞燕仍然没能怀上孩子。

太子刘欣

平阿侯王谭去世，刘骜命王商以特进（朝会时位置在三公之下，侯爵之上）的身份领城门兵，设置幕府。郎官杜邺和车骑将军王音关系比较好，从中调解王音和王商的关系，两个人的关系得以改善，并同时感激杜邺。王商上书刘骜，表示愿意分出一部分封邑给侄儿王莽，并封王莽侯爵。当时的社会知名人士长乐少府戴崇、侍中金涉和中郎陈汤都替王莽说情，所以刘骜认为王莽是个贤达人士，皇太后王政君也不断说王莽的好话。于是，刘骜封他为新都侯（以南阳郡新野县的都乡作为新都侯国，封邑一千五百户），又任命他为骑都尉、光禄大夫、侍中。

王莽心机很深，野心很大，并没有随着地位的升高而变得骄傲，反而变得更为谦恭，礼贤下士，培养节操。他用车马和皮裘等接济宾客，他散尽家财，收养名士，结交将相公卿和士大夫。在位者都争相举荐王莽，在野者四处奔走，散播王莽的美名。一时间，王莽的名声甚至盖过了各位伯叔父。

王莽敢做出一些矫揉造作的举动，而自己并不觉得惭愧。王莽私自买了一个女婢，他的堂兄弟知道后，取笑他。王莽遂对外说："后将军朱博没有儿子，我听说这个婢女适合生子，所以才买来。"当日，他就把这个婢女奉送给了朱博。他这样做，一是为自己开脱，二是取悦朱博。

当初，刘骜把自己的墓地指定在延陵（今陕西省咸阳市北），后又指定到昌陵（今陕西省西安市临潼区西南）。刘骜命将作大匠解万年率众修建昌陵。解万年鼓动陈汤，上奏刘骜，请求移民昌陵，建立县城。解万年这么做，是为了邀功请赏。陈汤上奏，请求先搬迁到那里，希望得到良田美宅。刘骜批准了陈汤的建议，设立了昌陵县，并把家产五百万钱的五千户人家强制迁到昌陵。

建设昌陵的工程量巨大，动用了数万劳力，耗时五年，仍然无法完工。刘骜深感震惊，决定不再修建昌陵，仍建延陵，并决定不再强迫移民。

这时候，车骑将军王音已经死去，刘骜任命王商为大司马兼卫将军。王商忌惮陈汤的勇猛，想借机除掉这个潜在的政敌，于是趁机上奏道："陈汤妄言昌陵仍有可能再迁徙移民，又说黑龙在冬季出现，是陛下私自数度出宫所致。"廷尉也奏报说："陈汤的话非常不合适，为大不敬。"

刘骜震怒，下诏说陈汤过去击斩郅支单于，有功于国家，可以免去死罪，就贬为庶人，和解万年一同流放到敦煌郡。

刘骜有两个弟弟：刘康和刘兴。刘康已于公元前23年死去，留下一子名刘欣。刘欣出生于公元前25年，母亲为丁姬，刘欣继承了父亲定陶王的爵位。刘兴之前为信都王，后改封为中山王，才学和能力平平。

公元前9年春季，刘兴和刘欣到京师长安朝见，除了必要的随从，刘兴只带了王国的太傅，而刘欣把王国的太傅、丞相和中尉这三个重要官员都带到了长安。刘骜感到奇怪，就问刘欣。刘欣回答："朝廷有令，诸侯王进京朝见，可以根据需要带国内两千石（俸禄）官员，太傅、丞相和中尉都是两千石官员，所以都把他们带来了。"刘骜点头，又让刘欣背诵《诗经》，刘欣能熟练背诵，还能对词句进行解释。刘骜很满意。

过了几天，刘骜问刘兴："贤弟只带太傅来京，是根据什么法令？"刘兴支支吾吾回答不上来。刘骜又让刘兴背诵《尚书》，刘兴刚开始还能背诵几句，背着背着就忘了。刘骜留刘兴一起用餐，刘骜都已经吃饱，放下筷子了，刘兴还在慢腾腾地吃。待到告辞下台阶的时候，刘兴系袜子的袜带松开了，拖拖拉拉的，他还浑然不知。根据这些行为，刘骜断定刘兴脑子不聪明，没有才能，而认为刘欣是个贤才，数次当众称赞他的才华。

刘欣的祖母为傅太后（刘奭的傅昭仪），当时和刘欣也一同来长安。她为人精明，私下里送给赵飞燕、赵合德姐妹及骠骑将军王根（王商死后，王根接替他的大司马之位，并被任命为骠骑将军）大量珍贵的礼物，为孙子铺路。赵飞燕姐妹和王根也想结交刘欣，因为刘骜已经四十四岁，还没有儿子，万一刘骜有个不测，刘欣就是最可能的继位人选，和刘欣搞好关系也有利于他们长期执政。所以在刘骜称赞刘欣的时候，他们也随声附和，劝刘骜立刘欣为太子。

刘骜传召大司马王根、宰相翟方进、御史大夫孔光（孔子的十四世孙）、右将军廉褒、后将军朱博入宫商议"中山、定陶王谁宜为嗣者"。

翟方进、王根、廉褒和朱博都认为："定陶王，是陛下兄弟之子，《礼记》说：'昆弟之子，犹子也。为其后者，为之子也。'定陶王宜为嗣。"

但孔光发表了不同意见，他认为："根据《尚书·盘庚》所记，商朝王位的继承顺序都是兄终弟及。中山王，是先帝之子，当今皇帝的亲弟弟，宜为嗣。"

刘骜赞同翟方进等人的观点，他认为"中山王不材"，又根据礼仪，"兄弟不得同享祭庙"，所以反对孔光的意见。

公元前 8 年二月九日，刘骜下诏，立刘欣为皇太子。同时，他为了安抚刘兴，封刘兴的舅舅、谏大夫冯参为宜乡侯，增加中山国（首府卢奴，今河北省定州市）封邑三万户。

刘骜派执金吾任宏暂时代理大鸿胪之职，前往定陶国迎接刘欣。刘欣接到诏书，既惊喜又意外，和定陶国的大臣经过紧密的商议，致谢说："臣材质不足以充当太子，更不敢占据太子官，臣愿意居住在定陶国的宾馆，早晚入宫请安，一旦陛下有了皇子，我再归国守藩。"刘骜接到奏章后，不同意刘欣的请求。因为孔光的意见和刘骜不合拍，刘骜贬孔光为廷尉，任命原廷尉何武为御史大夫。

刘骜又下诏，刘欣的祖母傅太后和母亲丁姬，继续留在定陶国，不得和太子刘欣相见。傅太后和丁姬派人携带厚礼到皇太后王政君那里做游说工作，希望可以允许她们定期看望刘欣。过了些时日，王政君同意了，准备让傅太后和丁姬每十日到太子家去一次。

刘骜说道："太子继承正统，当和朕共养陛下（汉朝也称呼太后为陛下），不能再顾及私亲。"

王政君说："太子自小由傅太后抚养长大，今让她去太子家，是回报她乳母之恩，造不成什么妨碍。"

刘骜也认为有道理，于是下令准许傅太后可以到太子家。丁姬没有抚养太子，仍然不能到太子家去。

排除政敌

　　大司马王根患病多时，数次向皇帝刘骜申请辞职休养。当时最有可能接替大司马职位的人选为卫尉兼侍中淳于长（王政君姐姐之子）和王氏子弟。王根八个亲弟兄里，目前仅剩他和红阳侯王立，之前大将军王商去世的时候，王立本有希望接替大将军之位的，但他被告发侵占宫廷土地，然后再卖给政府，收取巨额差价，所以刘骜没有任用王立，而是任用了他的弟弟、曲阳侯王根。王根弟兄里既然再无合适人选，王根就把目光瞄向了下一代，王氏下一代里，最突出的就是王莽，于是王根就把希望寄托在了王莽的身上。

　　刘骜对淳于长非常信任，淳于长权力炙手可热，很多王侯、刺史太守等官员都巴结他，竞相给他送礼，加上皇帝的赏赐，淳于长家财数目庞大。他为人奢侈，流连于莺歌燕舞之中。许嬫（mǐ）是龙额思侯韩宝的夫人，她也是被罢黜的许皇后的姐姐。韩宝死后，许嬫守寡，她颇有几分姿色，被淳于长看上。许嬫投入了淳于长的怀抱，淳于长竟然娶她过门。许皇后通过姐姐贿赂淳于长，游说刘骜，不求复得皇后之位，但求恢复婕妤身份。淳于长接受许皇后的巨额贿赂后，诈称会在刘骜面前美言，立许皇后为左皇后，许皇后非常高兴。许嬫每次进长定宫找妹妹，淳于长都要给她写信，信中对许皇后充满调戏之词。

　　淳于长位居九卿之职，更有可能接替王根掌握大权。王莽忧心忡忡，他收买眼线，暗中收集淳于长的黑材料，希望能扳倒淳于长，清除他前进道路上的绊脚石。而淳于长接受许皇后的贿赂，替她说情，并出言侮辱许皇后的事，被王莽掌握。趁着服侍患病的王根之际，王莽说道："淳于长看见将军患病，难掩喜色，自以为可以接替将军辅政，甚至开始和士大夫和贵游子弟讨论官员安排事宜。"王莽又把掌握的淳于长的黑材料讲给了王根听。

王根听闻，大怒道："真像你所说的那样，为何不早些告诉我？"

王莽回答："不知将军的心意，所以不敢说。"

王根命令王莽："你速去东宫，禀报皇太后！"

王莽拜见皇太后王政君，把淳于长骄奢淫逸，准备取代王根，接受许皇后贿赂为其游说，并侮辱许皇后等事罗列了一遍。

王政君听罢，非常生气，吩咐道："这小儿竟然荒唐至此，你去禀报皇帝！"

王莽拜见刘骜，又把淳于长的事情叙述了一遍。刘骜碍于王政君的面子，并没有给淳于长定罪，只是免去了淳于长的职务，把他遣送回定陵国（淳于长为定陵侯，定陵位于今河南省漯河市郾城区）。

王立当初没有能接替哥哥王商的职位，怀疑是淳于长从中作梗，对淳于长怀恨在心，如今淳于长失势，他派长子王融向淳于长索要平日所用的车骑。淳于长不但把车骑送给了王融，还送给王融大量珍宝，请他转交给王立，让王立替自己说情。王立见钱眼开，上书刘骜，请求把淳于长留到京师。这引起了刘骜的怀疑，他命令进行调查，王融被捕。王立唯恐王融全部交代，逼他自杀以灭口。事出反常必有妖，刘骜更是怀疑其中有大阴谋，命令彻查。于是淳于长被押送到了洛阳的监狱，被严厉逼问。淳于长经受不住拷问，和盘托出。刘骜暴怒，认为淳于长大逆不道，命人在狱中处死了他，并把他的妻子发配到合浦郡，把他的母亲遣送回故里魏郡元城。刘骜又派廷尉孔光持节，逼许皇后自杀。

丞相翟方进弹劾王立，刘骜不忍心治罪舅舅，把他遣送回了红阳国（今河南省叶县南）。翟方进又穷追王立的党羽，弹劾后将军朱博，钜鹿郡太守孙闳，他们均被免职。

在这次事件中，王莽立下首功，刘骜认为他忠诚正直，王根也不断推荐王莽，让他接替自己的职务。

公元前 8 年十一月，刘骜任命王莽为大司马，此时王莽才三十八岁。

王莽超出了同辈，继王凤、王音、王商和王根四位伯父之后辅政。他有意使自己的名誉盖过四位伯父，于是更加严格要求自己，约束自己的一言一行，聘请贤良作为自己的幕僚，把赏赐及封邑所得分发给士人，自己勤俭节约。

王莽的母亲生病的时候，公卿列侯派遣夫人到府上看望，王莽的妻子出门迎接。她穿着朴素，衣不拖地，见到她的人以为她是个仆人，经询问才得知她竟然是王莽的夫人，顿时产生了敬意。

丞相翟方进和大司空（刘骜改御史大夫为大司空）何武上奏说，刺史的地位比较低（六百石），却去监督两千石的官（太守），位置的轻重不相匹配，请罢刺史，设置州牧以符合古制。刘骜批准了，罢刺史，设置州牧，俸禄为两千石。

来年（公元前 7 年），天空出现异象，显示国家将有大的灾难，可能会危及皇帝刘骜，星象师说可以把灾祸转移给大臣，于是刘骜命人逼翟方进自杀。

成帝驾崩

楚王刘衍（汉宣帝刘询之孙，楚王刘嚣之子）和梁王刘立来京朝见，在京逗留一段时间后，因为第二日他们就要辞别回国了，刘骜特地留他们在未央宫的白虎殿过夜。因为丞相翟方进已死，刘骜准备任命左将军孔光为丞相，已经刻好了侯爵印，并拟定了诏书。当天晚上，刘骜又宠幸赵合德，当夜和往常一样，并无异常。第二天早起，刘骜穿衣准备起床，突然手臂不管用了，衣服从手中滑落，无法说话。赵合德惊慌失措，赶紧喊人叫来御医紧急诊治，但无力回天。公元前7年三月十八日，刘骜在未央宫驾崩，年四十六岁。

刘骜在王氏辅政的氛围下生活，并无多大建树，但社会整体状况平稳，也没有发生大的动荡和战争。他学识渊博、博览古今、善修仪容，有天子之威严。但他沉湎酒色，使得赵飞燕、赵合德姐妹惑乱后宫，王氏一族逐渐坐大。

宫内传言，汉成帝刘骜自从临幸赵合德之后，就再也没有碰过后宫的其他佳丽。刘骜的身体都被掏空了，为了获得更多的快感，他开始服用术士贡献的"仙丹"，剂量不断增大，"仙丹"有毒，刘骜也逐步中毒。这次身亡，就是因为中毒太深。刘骜成为中国历史上第一位死于春药的皇帝。

刘骜之前身体健康，没有什么疾病，这次突然驾崩，民间议论纷纷，要求追究赵合德的责任。皇太后王政君心痛之余，命令王莽会同御史、廷尉等调查皇帝的生活起居、发病等情况。赵合德承受不住压力，自杀而亡。

四月八日，皇太子刘欣即皇帝位，史称刘欣为汉哀帝。刘欣尊王政君为太皇太后，赵飞燕为皇太后。王政君做主，让刘欣的祖母傅太后和母亲丁姬每十天可以看望刘欣一次。刘欣封傅氏为皇后。傅氏是傅太后堂弟傅宴的女儿，刘欣为定陶王的时候，傅太后准备让傅家和刘家亲上加亲，就把傅氏嫁给了刘欣，成为王妃。

刘欣又封舅舅丁明为阳安侯，表兄弟丁满为平周侯，岳父傅宴为孔乡侯，赵钦（赵飞燕之弟）为新城侯。刘欣准备封傅太后的堂弟傅喜为侯爵，但傅喜坚决拒绝，只有作罢。

过了几个月，刘欣在未央宫设宴，内者令（少府属官）布置现场的时候，把傅太后的座位放在了太皇太后王政君的旁边。大司马王莽到现场检查的时候，发现了这一安排，责备内者令说："定陶太后是藩国的太后，怎么能和太皇太后并排在一起呢？"于是，傅太后的座位被撤走，另外设座。傅太后听说后大怒，不肯参加宴会，对王莽怀恨在心。

王莽请求辞职，刘欣为了安抚傅太后，批准了王莽的辞呈，赏赐给王莽五百斤金和安车。诸位公卿对王莽处置座位的做法表示赞许，于是刘欣对王莽更加恩宠，派中黄门到王莽家服务。

右将军傅喜好学问，有操行，很多官员都看好傅喜接替王莽的职位。傅喜平时多劝傅太后不要插手政治，加之上次他谦让，不接受侯爵，因此，傅太后不喜欢他，不让他接替王莽的职务。于是刘欣任命左将军师丹为大司马，封高乐侯。刘欣赏赐给傅喜一百斤金，收回了他的右将军印绶，以光禄大夫的身份回家养病；任命光禄勋彭宣为右将军。大司空何武和尚书令唐林替傅喜说情，刘欣又把傅喜召回了朝廷。

建平侯杜业和司隶校尉解光，上书弹劾曲阳侯王根和成都侯王况（王商之子）不守法度，刘欣为了打压王氏势力，把王根遣送回了封国曲阳国（今安徽省淮南市），撤销了王况的爵位，贬为平民。王根、王况和王商的嫡系官员，也被免职。

刘欣在傅太后的控制和支持下，进一步打击前朝官员，因故免去了何武的大司空之职，任命大司马师丹为大司空。傅喜受到了打击，放低了姿态，不久又被任命为大司马，封高武侯。

这时候，陈汤被流放到敦煌郡已经八年了，议郎耿育上书刘欣，为陈汤喊冤，认为陈汤立下大功，不应该受到如此待遇。刘欣认为耿育说得很有道理，于是把陈汤召回了长安，后陈汤在长安死去。

司隶校尉解光上奏说，许美人和女史曹宫曾被成帝临幸产子，但这两个儿子后来都找不到了，有充分的证据证明是被赵飞燕和赵合德姐妹害死的。其他被饮药堕胎的妃子无数。解光请求刘欣追究赵氏的刑责。

赵飞燕和傅太后关系良好，刘欣能当上太子，得益于赵飞燕的大力呼吁，因此，刘欣大事化小，撤销了赵飞燕弟弟赵钦成都侯的爵位和赵钦侄子赵䜣咸阳侯的爵位，贬他们为平民，并把赵氏家族流放到了辽西郡。

傅太后希望她的封号能和太皇太后王政君一样正式，但遭到了师丹、孔光等人的反对。在傅太后的压力下，刘欣以工作失误为由，免去了师丹的大司空职位，任命朱博为大司空。朱博之前因牵连淳于长案而被免职，这次刘欣起用他，也有平衡太皇太后王政君的意思。

四太后并立

汉元帝刘奭还在世的时候，有一次到上林苑的虎圈观看斗兽表演。当时后宫美女都在作陪，突然一头黑熊飞身跳出圈外，准备爬出栅栏扑向人群。事发突然，当时刘奭的左右侍从、大臣，包括傅婕妤在内的美人都大惊失色，也顾不上刘奭了，纷纷逃命。冯婕妤（冯媛）临危不惧，挡在了刘奭的面前，和黑熊对峙。左右侍卫缓过神来，拿起武器，把黑熊刺死。

刘奭问冯婕妤："人人皆惊惧，你为何敢挡着熊？"

冯婕妤回答："猛兽得到一个人后就会停止进攻，妾唯恐黑熊冲向御座，所以以身抵挡。"

刘奭对冯婕妤赞许不已，从此对她备加恩宠。傅婕妤非常惭愧，也从此对冯婕妤怀恨在心。

傅婕妤和刘奭生了儿子刘康，被封为定陶王。冯婕妤和刘奭生了儿子刘兴，被封为中山王。转眼三十年过去，傅婕妤就是现在的傅太后，冯婕妤就是现在中山国的冯太后。

现任中山王刘箕子是刘兴的儿子，自幼患有眚（shěng）病（肝厥，发时唇、口、手、足、指甲皆青），他的祖母冯太后非常疼爱孙子，亲自抚养他，不断祷告，请求为孙子祛除病痛。皇帝刘欣听说后，派中郎谒者张由，带着御医，前往中山国，为刘箕子看病。张由患有狂易病（精神失常），到达中山国后，突然病发，暴怒不已，西返长安。尚书责问张由，张由这时候也清醒了，感到恐惧。为了洗脱罪责，他诬告说发现冯太后诅咒皇帝刘欣和傅太后，才返回长安报信。

傅太后闻报后，大怒，回想起三十年前的旧事，准备新旧账一起算。于是，她派御史丁玄前往中山国查证，但数十天过去了，丁玄一无所获。傅太后又派中谒者令史立前去追查，并封官许愿。史立抵达中山国后，逮捕了包括冯太后妹妹冯习和冯太后守寡的弟媳冯君之等数十人，严刑逼问。被折磨致死者数十人，一些人经受不住酷刑，不得不按照史立的话签字画押。于是，史立报告道："冯太后等人准备咒死皇上，立中山王为帝。"

史立责问冯太后，冯太后拒绝承认罪责之词。

史立说："当年黑熊准备爬上栅栏，你是多么勇敢，如今又何其胆怯！"

冯太后长叹一声，对左右说："此乃宫中之事，这么多年了，史立如何知道？这是他效命他人，准备陷害于我！"

冯太后自然想到了是傅太后，知道自己已经无路可走，为了避免更糟糕的结局，她服毒自尽。宜乡侯冯参（冯太后弟弟）、冯君之、冯习及其丈夫、儿子，凡被牵连的，或自杀，或被处死，共死亡十七人。

张由被封为关内侯，史立被提拔为中太仆。

朱博和孔乡侯傅晏相互勾结，为傅太后尊号的事情积极奔走，但大司空傅喜和丞相孔光竭力反对，他们就诬告傅喜和孔光，傅喜又被免职。刘欣任命朱博为御史大夫（刘欣改大司空为御史大夫），任命阳安侯丁明（丁姬哥哥）为大司马、卫将军。之前设立太子的时候，孔光推荐的是刘兴，而非刘欣，如今又冒犯傅太后，因此，朱博和傅氏的在位官员一起诋毁孔光。人非圣贤，孰能无过？孔光被免职，贬为平民。刘欣任命朱博为丞相，封阳乡侯，任命少府赵玄为御史大夫。

朱博做丞相后，继续建议给傅太后加尊号，刘欣采用了他的建议，下诏说："定陶共皇后之称号，不应该再强调定陶；尊共皇太后为帝太太后，称永信宫；共皇后为帝太后，称中安宫。"

于是，太皇太后王政君，皇太后赵飞燕，帝太太后傅氏，帝太后丁姬四个太后并立，四个太后各设置少府、太仆。傅太后既被尊为朝廷的太后，更加骄傲自大，和王政君在一起聊天时，直接称王政君为"妪"。不久，帝太后丁姬死去，刘欣命把丁姬的灵柩运回定陶国，和自己的父亲刘康合葬。

傅太后对傅喜怨恨不已，命孔乡侯傅晏给丞相朱博传话，让朱博上奏撤销傅喜的侯爵。

朱博找御史大夫赵玄商议。赵玄说："之前事情已经解决，傅喜已经被遣送回封国，再进一步追究，是否合适？"

朱博说："我已经答应了孔乡侯，匹夫相约，还誓死践约，何况是至尊的傅太后！我唯有一死了。"

赵玄看朱博态度坚决，也知道朱博想借此讨好傅太后，因此答应了下来。

朱博想把事情做得更隐秘一些，不让人看出他是单独针对傅喜，而是为国着想。经过思考，他想到了前大司空汜乡侯何武曾经犯错被免职就国，和傅喜有些类似，于是，他上奏道："傅喜、何武之前在位子上的时候，没有什么建树，虽然已经被免职，爵位和封邑他们已不配拥有，请把他们贬为庶人。"

刘欣知道傅太后素来不喜欢傅喜，看到奏章后，认为朱博和赵玄是受到傅太后指使才这么做的。他非常厌恶这种行为，便把赵玄召来盘查，赵玄不敢不承认。刘欣大怒，因为文官（外朝官）都受朱博和赵玄的领导，刘欣命令左将军彭宣和中朝官员负责审问。事情查清后，刘欣免去了赵玄的死罪，罚做苦工；削减傅宴的封邑四分之一；对于首要分子朱博，刘欣命谒者持节命他到监狱报到。朱博自知不会有好下场，便自杀了，封国也被撤除。

刘欣命光禄勋平当为御史大夫，一个月后又任命他为丞相；任命京兆尹王嘉为御史大夫。为了安抚傅太后和丁姬家族，刘欣免去了彭宣的左将军职务，任命光禄勋丁望为左将军。又封傅太后的堂弟、侍中、光禄大夫傅商为汝昌侯。

几个月后，平当去世，刘欣任命王嘉接任丞相。

断袖之癖

董贤（前 23—前 1）字圣卿，云阳县（今陕西省淳化县西北）人，他的父亲董恭，为御史。董贤曾经是太子舍人，服务当时的太子刘欣。刘欣继位后，董贤被任命为郎，又过了两年多，董贤在殿阶之下报时刻，只见他面容英俊，身材笔直，玉树临风。刘欣望见，非常喜欢他的外表，认出了是董贤，为了确认，他问了一句："是舍人董贤吗？"

左右把董贤召到殿上和刘欣搭话。两人相谈甚欢，刘欣任命董贤为黄门郎，董贤从此开始得宠。当刘欣得知董贤的父亲董恭为云中侯后，当日就任命他为霸陵县令，再提拔为光禄大夫。董贤一表人才，性格柔和，吹捧功夫也是一流，深得刘欣的欢心，日益受宠，被任命为驸马都尉、侍中。刘欣出门的时候，他同车陪乘，入宫则服侍左右，十几天的时间就被赏赐财物巨万，身份显赫，震动朝廷。

董贤经常和刘欣同床而眠。一次，董贤压住了刘欣衣服的袖子，刘欣准备起身，董贤还在呼呼大睡，刘欣不忍心叫醒董贤，用刀子割破了袖子，然后再起身，始终没有惊动董贤。"断袖"一词也从此而来。每次轮到董贤休沐的时候，他都不肯出宫休息，而是留在宫内服侍多病的刘欣用药。董贤难得回家一次，刘欣特别下令让董贤的妻子入宫，住在董贤通常所住之处。

刘欣又召董贤的妹妹入宫为昭仪，地位仅次于皇后，把董昭仪所居住的地方更名为椒风，以和皇后所居住的椒房相衬。董昭仪、董贤和董贤的妻子早晚出入宫殿，同时服侍刘欣左右，刘欣赏赐董昭仪和董贤妻子各几千万钱。刘欣提拔董贤的父亲董恭为少府，赐爵关内侯，后再提拔为卫尉。刘欣又提拔董贤的岳父为将作大匠，董贤的小舅子为执金吾。

刘欣命人在未央宫北门旁为董贤修建了一座豪华的府邸，有前殿后殿之分，土木工程量巨大，建筑构思极巧，柱子、栏杆都用珍贵的丝织品包裹。董贤府中的所有人皆受到刘欣的赏赐，连御用兵器及上方（官署名，属少府，制作刀剑等）中的珍品，刘欣也毫不吝惜，赏赐给董府。皇家御用棺木及金缕玉衣，刘欣都赏赐给了董贤，生前的，身后的，一应俱全。刘欣又命人在自己选定的陵墓——义陵旁，为董贤修建墓地，让董贤百年之后在地下也能陪伴自己。

尚书仆射郑崇认为董贤享受的待遇已经严重超标，就上书劝谏。刘欣毫不反思，反而从此开始厌恶郑崇。尚书令赵昌是郑崇的政敌，他趁机诬告郑崇，郑崇被囚禁到了监狱，最后冤死。

之前东平国（首府无盐，今山东省东平县东南）境内因为山体滑坡，出现了一块巨石。古人迷信，东平王刘云和王妃就前去祭拜。消息传出后，河内郡人息夫躬和长安人孙宠，是两个投机分子，他们认为立功封赏的机会来了，于是联合中郎右师谭（右师为复姓），通过中常侍宋弘上书皇帝刘欣，揭发刘云夫妻"图谋不轨"，刘欣立即命令查办。最后，刘欣免去了刘云的死罪，流放房陵，刘云自杀。东平王王妃和刘云的舅舅伍宏（御医），都被斩首。孙宠等人"立功"，孙宠被任命为南阳郡太守，右师谭为颍川郡都尉，宋弘和息夫躬为光禄大夫兼左曹、给事中。刘欣准备封董贤侯爵，但董贤寸功未立，也并非皇亲国戚，刘欣一时找不到封侯的理由，侍中傅嘉看出了刘欣的心思，建议从东平王事件中找到突破口，在息夫躬、孙宠等人状告东平王的奏章上做文章，去掉宋弘的名字，加入董贤的名字，这样董贤就成了有功之人。刘欣大喜，命令傅嘉立即去办。

傅嘉办妥之后，刘欣命令把包括董贤在内，当初揭发东平王的"有功之臣"，都封为准侯爵的关内侯，为正式封侯做准备。过了一段时间，刘欣准备正式封董贤侯爵，唯恐丞相等人反对，事先他派孔乡侯傅晏去征求王嘉和御史大夫贾延呈的意见。果不其然，王嘉和贾延呈联合上表，表示反对。刘欣虽然很不高兴，也只好暂时搁置，等待他们态度转变。

几个月过去了，王嘉和贾延呈没有就董贤封侯之事再发表意见。刘欣很不痛快，下诏对群臣进行严厉责备，并封董贤为高安侯，孙宠为方阳侯，息夫躬为宜陵侯，右师谭为关内侯。同时，封傅太后亲弟弟傅郑恢的儿子傅子业为阳信侯。

哀帝驾崩

之前，王莽被遣送封国（新都国，今河南省新野县东南）后，他韬光养晦，闭门谢客。他的次子王获杀死了一名奴婢，王莽为了博取名声，严厉斥责了王获，逼令他自杀。转眼已经过去三年（前5—前2年），其间上书为王莽叫冤者数以百计。贤良周护、宋崇等人还在对策里为王莽歌功颂德，于是刘欣征召王莽和在平阿国的平阿侯王仁一同回京，侍奉王政君。

不久，傅太后去世后，丞相王嘉和御史大夫王崇对息夫躬和孙宠发起了弹劾，加之董贤也讨厌息夫躬和孙宠，刘欣下令免去了息夫躬和孙宠的职务，遣送回封国。刘欣又免去了傅太后和丁姬在宫中担任侍中、诸曹、黄门郎的亲信同党数十人。

刘欣假称傅太后有遗诏，准备把董贤的采邑增加一倍，达到两千户，但遭到了丞相王嘉的阻拦。刘欣认为在董贤的事情上，王嘉一再和自己作对，所以他怒不可遏。当初东平王刘云被交给廷尉梁相审理，梁相怀疑这是一起冤案，当时是冬季，他故意拖延审理时间，想等到来年春节大赦时，使刘云得到豁免。但刘欣看出了梁相的用意，将梁相削职为民。几个月后大赦，王嘉趁机推荐梁相有才能和品行，刘欣不予答复。二十多天后，刘欣准备加封董贤，被王嘉阻拦，刘欣遂拿梁相的事情追究王嘉。光禄大夫孔光指控王嘉欺君罔上，应该送交监狱治罪，这正合刘欣的心意。于是，王嘉被免职，移送廷尉监狱，王嘉在监狱内绝食二十多天后，吐血而亡。

刘欣任命孔光为丞相，又任命何武为前将军，彭宣为御史大夫。大司马丁明表现出对王嘉之死的惋惜之情，刘欣不满，把丁明免职，遣送回家，并任命定陶国前太傅、光禄大夫韦赏为大司马、车骑将军。但不到一个月，韦赏就死了，于是刘欣任命董贤为大司马兼卫将军，当时董贤才二十二岁。董贤虽位列三公，但常在官中办公，百官奏事都需要通过董贤上呈。

当初孔光为御史大夫的时候，董贤的父亲董恭为御史，是孔光的下属，如今董贤和孔光并列为三公，刘欣担心孔光看不起董贤，便命董贤私下去拜访孔光，测试孔光对董贤的态度。孔光是官场老油条了，他对皇帝刘欣的用意心知肚明。当董贤光临孔府的时候，孔光穿上官服，戴上官帽，衣冠整齐，提前在府门口恭迎。待看见董贤的车到来，孔光才后退着入内。等董贤的车来到中门，孔光退回了客厅。等董贤下车时，孔光急忙走出客厅，行跪拜礼。孔光对董贤的迎送极尽恭敬，刘欣听说后，大喜，立即任命孔光兄长的两个儿子为谏大夫、常侍。

有一次，在饮酒的过程中，刘欣注视着董贤，笑着说道："朕准备效法尧禅让舜的前例，你认为如何？"

中常侍王闳急忙劝道："天下乃高皇帝的天下，非陛下专有！陛下乘宗庙，当传子孙于无穷，帝王之业至重，天子不能把这作为儿戏呀！"

刘欣顿时沉默不语，左右都替王闳担忧。刘欣命把王闳遣送回郎署，不得再入禁中。王闳是王谭之子，看在太皇太后王政君的面子上，刘欣没有进一步治王闳的罪。后来，王政君代王闳向刘欣表示歉意，刘欣又把王闳召了回来。

公元前1年正月，匈奴第十八任单于挛鞮囊知牙斯和乌孙国王伊秩靡，到长安朝见刘欣。

汉朝和匈奴很长一段时间相安无事，现在回顾一下匈奴这些年的历史。公元前31年，第十四任单于挛鞮稽侯珊死去，因为正宫皇后的长子年幼，大阏氏的长子挛鞮雕陶莫皋被立为单于，他也是第十五任单于。王昭君之前和挛鞮稽侯珊生下了一子，名叫伊屠知牙师。挛鞮稽侯珊死后，按照匈奴的风俗，王昭君又嫁给了挛鞮雕陶莫皋，生下了两个女儿：长女名叫挛鞮云，被封为须卜公主；小女名字不详，封当于公主。挛鞮雕陶莫皋死后，其弟挛鞮且麋胥继位为单于，即第十六任单于。挛鞮且麋胥死后，其弟挛鞮且莫车继位，即第十七任单于。挛鞮且莫车死后，他的胞弟挛鞮囊知牙斯继位，也就是目前的第十八任单于。

刘欣非常高兴，对挛鞮囊知牙斯和伊秩靡大加赏赐，并大摆酒宴，招待他们，让百官作陪。挛鞮囊知牙斯看到汉朝的大司马董贤如此年轻，大感惊异，就询问翻译。刘欣让翻译回答道："大司马是大贤，所以才担任此位。"

公元前1年六月二十六日，刘欣在未央宫驾崩，享年二十五岁。刘欣乏善可陈，忠奸不分，汉朝在他手里进一步衰落。

刘欣无子，太皇太后王政君得知刘欣死去，首先想到的是皇位继承问题。她立即驾临未央宫，收取玺绶。王政君命人把董贤召到东厢房，询问丧事该如何办理。董贤失去了大靠山，内心忧虑，又不熟悉流程，无法对答，他脱帽谢罪。王政君说："新都侯王莽，之前以大司马身份办过先帝（汉成帝刘骜）的大事，他懂得事情该怎么办，我让他辅助你。"董贤叩谢。王政君又下令把兵符、百官奏事、中黄门及期门兵归王莽管辖，控制朝廷要害。

王莽按照王政君的指令，让尚书弹劾董贤在刘欣生病的时候没有亲自服侍进药，并严禁董贤进入宫殿的司马门。董贤面对眼前的状况，不知道该怎么办，便脱下帽子，赤脚到宫门外谢罪。谒者向董贤宣布王政君诏书："贤年少，未更事理，他为大司马，不合众心，现在收缴他的大司马印绶，免职返回官邸。"

董贤知道自己不会有好下场，回家当天，就和妻子自杀了。董家人非常惶恐，连夜把他们埋葬。王莽怀疑他们诈死，派人奏请验尸。董贤的棺木被挖掘出来后，送到了监狱。验尸官验证过之后，把董贤的尸体就地掩埋在了监狱之中。

王莽专权

　　大司马董贤被逼自杀，大司马之位空缺，王政君命大臣推荐接任人选。大司徒孔光等文武百官迎合王政君的意思，认为王莽之前曾经担任大司马一职，就联合推荐王莽接任。但前将军何武和左将军公孙禄认为不应该再使外戚担任大司马，就互相推荐对方接任大司马。最后的结果，自然是王政君任命王莽为大司马、领尚书事。

　　汉成帝刘骜有两个弟弟：刘康和刘兴。刘康有一子，就是汉哀帝刘欣；刘兴有一子，叫刘箕子。汉哀帝刘欣驾崩，无子，与皇家血脉最近的就是中山王刘箕子了，于是，王政君和王莽商议后，派车骑将军王舜（王莽的堂弟）前往中山国迎接刘箕子到长安继承皇位。

　　王莽利用这段时间，迅速排除异己，把傅氏和丁氏家族的官员全部免官夺爵，遣送故里；将董贤的父亲董恭在内的董氏家族，放逐合浦郡，抄没董家财产多达四十三万万钱。王莽命有关官员弹劾何武和公孙禄互相保举，图谋不轨，二人也被免职。目前担任南郡太守的毋将隆，关内侯张由，中太仆史立，泰山郡太守丁玄，当年诬告中山太后冯媛，统统免职。红阳侯王立，是王政君的亲弟弟，虽然没有官职，但王莽也颇忌惮这位长辈，劝说王政君把王立送回了红阳国。

　　王莽在清除异己的同时，也在培养自己的嫡系势力。他任用王舜、王邑（王商之子，王莽的堂弟）为心腹，任用甄丰、甄邯（孔光的女婿）负责判决，任用平晏主管机要事务，任用刘歆主管文字工作，任用孙建主管兵事。

　　大司马、大司徒和大司空本是鼎足之势，辅佐皇帝。如今，大司马王莽专权；大司徒孔光是三朝元老，胆小怕事，明哲保身；大司空彭宣看不惯王莽专权，却无力对抗，上书请求辞职。王政君批准彭宣以长平侯的身份返回封国，后来，彭宣在封国死去。王政君任命王崇为大司空，光禄勋马官为右将军，中郎将甄丰为光禄勋。

公元前 1 年九月一日，刘箕子登基为帝，史称汉平帝。三年之后，也就是公元 2 年，刘箕子把名字改为刘衎（kàn）。

刘箕子才九岁，太皇太后王政君临朝听政，大司马王莽主持朝廷日常事务，总领百官。王莽权力日盛，大司徒孔光担心会成为下一个被清除的对象，坐卧不安，于是请求辞职养老。孔光是大儒，是三朝元老，王莽对他也很尊敬，他禀报王政君后，任命孔光为帝太傅，负责教导年幼的刘箕子，又任命马官为大司徒、甄丰为右将军。

王莽暗示心腹上书王政君，要求晋封王莽为公爵。王政君封王莽为安汉公。刘箕子的母亲是卫姬，王莽为了防止刘箕子的舅舅卫宝等人干政，命令他们留守中山国，不得前往长安。为了安抚他们，他封卫姬为中山孝王后，卫宝、卫玄为关内侯。

大司空王崇面对王莽咄咄逼人的态势，明智地选择了退出，称病辞职。随即，甄丰被任命为大司空，孙建被任命为左将军，甄邯被任命为右将军。为了争取功勋家族的支持，王莽恢复了自汉建立以来，出于各种原因失去爵位的功臣后代侯爵、关内侯共一百一十七人。

王政君虽然贵为太皇太后，但毕竟是个女人，王莽抓住这一点，要让王政君觉得自己的威势和德政比前任都要高。王莽说服匈奴单于挛鞮囊知牙斯，让他把王昭君和呼韩邪单于之女须卜公主挛鞮云送回长安，入宫伺候王政君。王政君的虚荣心得到了极大的满足。《春秋公羊传》里讥讽两个字的名字，因此，王莽下令全国不得以两个字作为名字，匈奴单于名叫挛鞮囊知牙斯，挛鞮是姓，他的名是由四个字组成，不符合王莽的法令，因此，他派使者劝挛鞮囊知牙斯改名，承诺给予重赏。挛鞮囊知牙斯贪图汉朝的赏赐，因此改名为挛鞮知。王莽报告了王政君，王政君大喜，派使者前往嘉许，并赏赐大量金银财宝。

王莽的长子王宇对父亲的野心体察不够，担心王莽将皇帝刘箕子的母亲和舅舅卫宝家族留在中山国，待刘箕子长大后，会报复王氏家族，引发灭顶之灾。他不了解的是，他的父亲根本就不想让刘箕子长大。王宇为了避祸，私自给卫宝通信，并教卫姬上书谢恩，同时抨击丁氏家族和傅氏家族的罪恶，希望以此能得到进京的机会。王莽接到书信后，禀报了王政君，下诏褒奖了卫姬，并增加她的封邑七千户。卫姬想进京见儿子的愿望没有实现，就日夜啼哭。王宇又教她上书朝廷，说明想进京见儿子。王莽接信后，不准。

王宇和师傅吴章及大舅哥吕宽（王宇妻子吕焉的哥哥）商议办法，吴章认为这事不能只靠劝说，王莽迷信鬼神，可以从这里找到突破口，吴章同时类推说，可以让王莽把政权交给卫氏。打定主意后，王宇让吕宽在夜里端着一盆狗血喷洒到了王莽的府门上，不巧的是，被王府的门卫发觉了，吕宽急忙逃走。王莽追查到了王宇头上，大怒，把王宇送入监狱。王宇服毒自杀。吕焉怀有身孕，在监狱产子后被处决。吕宽潜逃没多久被捕，被灭了三族。除卫姬以外，卫家也被灭族。吴章最惨，被腰斩后，又被五马分尸。王莽趁机清除异己，凡口供中涉及之人，无一幸免。

元帝刘奭的妹妹敬武长公主，和丁氏家族及傅氏家族交好，她时常批评王莽。敬武长公主、红阳侯王立（王莽的叔父）、平阿侯王仁（王谭之子）都被王莽送入监狱，强逼自杀。王莽又派人到各地诛杀卫家的党羽及不归附自己的豪杰人物，前将军何武、前司隶校尉鲍宣、护羌校尉辛通、函谷都尉辛遵、水衡都尉辛茂、南郡太守辛伯等数百人被杀。一时间，天下震动。

王莽篡汉

　　王莽的最大靠山是太皇太后王政君，目前王政君已经年老，万一有个三长两短，王莽的地位就会受到威胁。为了巩固地位，公元 4 年二月，王莽把十三岁的长女嫁给了十三岁的皇帝刘箕子（刘衍）为妻。其女被立为皇后。

　　一个国家国力强盛的标志之一，就是四方臣服，之前匈奴单于已经改名，东夷进贡了珍宝，南方的黄支国（今越南南部）进贡了犀牛，就差西方还没有动静。为了显示自己的治理功勋卓著，王莽派中郎将平宪等人带着大量的金银财宝、绫罗绸缎，前往羌中（今青海省东北部）说服西羌向汉朝献出部分土地，西羌部落酋长贪图汉朝财物，答应献出鲜水海、允谷、盐池等地。王莽非常高兴，下令设置了西海郡（郡府在今青海省海晏县）。

　　文武百官称颂王莽的功劳，建议赐给王莽"九锡"。公元 5 年五月，刘箕子赐给王莽绿韨衮冕衣裳、瑒琫瑒珌、句履、鸾路乘马、龙旂九旒以及皮弁素积、戎路乘马、彤弓矢、卢弓矢、左建朱钺、右建金戚、甲胄一具、秬鬯二卣、圭瓒二、九命青玉珪二、朱户纳陛。署宗官、祝官、卜官、史官、虎贲三百人。王莽叩拜接受。九锡是古代天子赐给诸侯、大臣的九种器物，是一种最高礼遇，王莽接受的这些赏赐，远远高于九锡。几年之后，王莽就篡汉自立，因此九锡也成为权臣篡位的标志。接受九锡，就会改朝换代，成为自然。

　　刘箕子的身体日益强壮，思想也变得成熟，因自己的母亲卫姬不能来京和自己团聚，以及舅舅家族被杀，而对王莽耿耿于怀，口有怨言。王莽在宫中耳目众多，很快得知刘箕子对自己态度的变化。他脊背发冷，认为应该先下手为强。公元 5 年十二月腊日，趁着拜贺刘箕子之际，王莽献上了椒酒。王莽提前在椒酒之中下了毒，刘箕子饮酒后，身体不适，随即驾崩于未央宫，年仅十四岁。刘箕子也成为中国历史上第一位被毒死的皇帝。

王政君下令寻找继承帝位的合适人选，元帝刘奭的后人已经全部去世，宣帝刘病已的曾孙尚存人世的，有五个王爷和四十八个侯爷，王莽认为他们都已年长，不好掌控。因刘箕子是宣帝刘病已的曾孙，他说："兄弟不得继承皇位。"他把宣帝的玄孙全部召到长安，进行挑选，结果刘婴（广戚侯刘显之子）被选中。

公元 6 年三月一日，王莽拥戴两岁的刘婴为皇太子，被称为"孺子"。王政君批准王莽摄行皇帝事。

安众侯刘崇眼见王莽一步步危及汉室江山，而各刘氏诸位王无动于衷，和封国丞相商议后，率先起兵反抗，但攻打宛县失败，被诛杀。王莽的嫡系趁机向王政君上书说："刘崇等人谋逆，是以为摄行皇帝事的权力比较轻，请尊重以镇服海内。"王政君已经无力制衡王莽，于是下令，王莽朝见她的时候，自称"假皇帝"。

东郡（今河南省濮阳市西南）太守翟义（前丞相翟方进之子）和表兄弟陈丰，感念刘氏恩德，不愿意看着汉室江山被王莽篡夺，密谋反抗。翟义和东郡都尉刘宇、严乡侯刘信、武平侯刘璜缔结盟约，趁着秋季阅兵的时候，诛杀了观县（今河南省清丰县）县令，征召勇士。东平王刘信也交出部队，接受联军调度。盟军推举刘信为皇帝，翟义自称大司马兼柱天大将军。联军西进，不断有人加入军队，抵达山阳郡（今山东省金乡县西北）的时候，军队多达十万人。

王莽任命孙建为奋武将军，王邑为虎牙将军，王骏为强弩将军，王况为震威将军，刘宏为奋冲将军，王昌为中坚将军，窦况为奋威将军，命七人率军剿灭联军。朝廷军队和联军在菑县（今河南省民权县东）展开大战，联军大败，刘璜被斩。随后朝廷军队又攻陷了翟义的根据地圉（yǔ）县（在今河南省杞县南圉镇）。翟义被捕，被五马分尸。刘信得以逃脱，从此杳无音信。翟义起义的消息传到关中，平民赵朋、霍鸿自称将军，聚众攻打长安。虎牙将军王邑和虎贲将军王级得胜后回师长安，平定了赵朋和霍鸿的起事。

平灭了叛军之后，王莽更觉得有老天相助，加紧了篡夺的步伐。这时候，各地在不断地呈报祥瑞。比如齐郡突然出现了新井，巴郡出现了石牛，雍县出现了巨石。梓潼（今四川省梓潼县）人哀章，当时在长安的太学读书，素无品行，决心大赌一把。他制作了一个铜匮（铜制的柜），里面放上了两个竹简，一个写着"天帝行玺金匮图",另一个写着"赤帝玺某传予皇帝金策书"。里面的"某"字,就是"邦"字,避讳刘邦的名,上面写着王莽为真天子,太皇太后应该听从天命。

王莽命人把各种符瑞呈报太皇太后王政君,表达了要即位的意思,王政君大惊失色。刘婴还没有登基,传国玉玺就保存在王政君的长乐宫中。王莽派王舜拜见王政君,索要传国玉玺。王政君痛哭流涕,说道:"我是汉家的老寡妇,随时随地都可能死掉,准备和此玉玺同葬,你们不会得到的!"

王舜也悲伤不已,但他的使命就是要得到玉玺,不然没法交差。过了一会儿,他抬起头,对王政君说:"臣已经无话可说,王莽必须得到传国玉玺,太皇太后难道真能做到不给他吗?"

王政君久经政治风霜,感觉王舜话语恳切,如果自己真不给,王莽必会抢夺,到时候不给也得给。她拿出玉玺,扔到了地上。她冲王舜说:"我已老死,但也会预料到你们兄弟会被灭族!"传国玉玺是由和氏璧镌刻而成,撞击之下,一个角给碰坏了。

王舜捧起玉玺,奏报王莽,王莽非常高兴。玉玺缺的角,王莽命人用金子镶上。

公元 9 年元月,王莽正式废掉西汉的称号,开启了"新朝"。立国二百一十五年的西汉终结。

参考书目

1.（汉）司马迁撰，（宋）裴骃、（唐）司马贞、（唐）张守节注．三家注史记［M］．天津：天津古籍出版社，2017.

2.（汉）班固撰，（唐）颜师古注．汉书［M］．北京：中华书局，2012.

3.（汉）班固撰，王继如主编．汉书今注［M］．南京：凤凰出版社，2013.

4.（汉）黄石公著，刘泗编译．素书［M］．上海：上海三联书店，2015.

5.（宋）司马光编著，（元）胡三省音注．资治通鉴［M］．北京：中华书局，2013.

6.（宋）王益之撰，王根林点校．西汉年纪［M］．北京：中华书局，2018.

7.（清）严可均辑，任雪芳审订．全汉文［M］．北京：商务印书馆，1999.

8.（清）王夫之著，舒士彦点校．读通鉴论［M］．北京：中华书局，2013.

9.（北魏）郦道元著，陈桥驿译注，王东补注．水经注［M］．北京：中华书局，2016.

10.二十五史刊行委员会．二十五史补编［M］．北京：中华书局，1955.

11.余太山．两汉魏晋南北朝与西域关系史研究［M］．北京：商务印书馆，2011.

12.彭卫，杨振红．中国风俗通史·秦汉卷［M］．上海：上海文艺出版社，2002.

13.陈直．汉书新证［M］．天津：天津人民出版社，1959.

14.柏杨．中国历史年表［M］．北京：人民文学出版社，2012.

15.严耕望．两汉太守刺史表［M］．北京：北京联合出版公司，2020.

16.周振鹤．西汉政区地理［M］．北京：商务印书馆，2017.

17. 谢国桢.两汉社会生活概述［M］.北京：北京出版集团公司北京出版社，2016.

18. 顾颉刚.秦汉的方士与儒生［M］.北京：北京出版集团公司北京出版社，2016.

19. 蒋建中.古今官职诠释［M］.北京：中国书籍出版社，2015.

20. 张传玺，杨济安.中国古代史教学参考地图集［M］.北京：北京大学出版社，1984.

21. 薛国屏.中国地名沿革对照表［M］.上海：上海辞书出版社，2017.

22. 葛剑雄.西汉人口地理［M］.北京：商务印书馆，2014.

23. 孙家洲.中国古代思想史·秦汉卷［M］.南宁：广西人民出版社，2006.

24. 陈茂同.中国历代职官沿革史［M］.天津：百花文艺出版社，2005.

25. 陶希圣.西汉经济史［M］.太原：山西人民出版社，2014.

26. 范传贤，杨世钰，赵德馨.中国经济通史·第二卷［M］.长沙：湖南人民出版社，2002.

27. 杨宽.中国古代都城制度史研究［M］.上海：上海人民出版社，2016.

28. 许抗生，聂保平，聂清.中国儒学史·两汉卷［M］.北京：北京大学出版社，2011.

29. 杜瑜.中国历代疆域［M］.北京：中国国际广播出版社，2011.

30. 汪高鑫.董仲舒与汉代历史思想研究［M］.北京：商务印书馆，2016.

31. 郑杰文，李梅.中国学术思想编年·秦汉卷［M］.西安：陕西师范大学出版社，2005.

32. 易小平.西汉文学编年史［M］.上海：上海古籍出版社，2012.

33. 柏杨.中国帝王皇后亲王公主世系录［M］.北京：中国友谊出版公司，1986.

34. 周振鹤，李晓杰，张莉.中国行政区划通史·秦汉卷（上下）［M］.上海：复旦大学出版社，2019.

35. 祝总斌.两汉魏晋南北朝宰相制度研究［M］.北京：北京大学出版社，2017.

36. 林道心 . 中国古代万年历［M］. 石家庄：河北人民出版社，2003.

37. 廖伯源 . 秦汉史论丛（增订本）［M］. 北京：中华书局，2008.

38. 罗建新 . 谶纬与两汉政治及文学之关系研究［M］. 上海：上海古籍出版社，2015.